21 世纪法学系列教材

国家安全法学

National Security Law

主　编　李　竹　肖君拥

撰稿人　肖君拥　刘林波　谢菁菁
以撰写章节先后为序　吴　畅　武强胜　谭伟民

法律出版社
——北　京——
始创于1954年

好书,同好老师和好学生分享

图书在版编目(CIP)数据

国家安全法学 / 李竹，肖君拥主编. -- 北京 : 法律出版社，2019(2024.4 重印)

ISBN 978-7-5197-3579-1

Ⅰ. ①国… Ⅱ. ①李… ②肖… Ⅲ. ①国家安全法-法的理论-中国-高等学校-教材 Ⅳ. ①D922.141

中国版本图书馆 CIP 数据核字(2019)第 118458 号

国家安全法学
GUOJIA ANQUAN FAXUE

李 竹 肖君拥 主编

责任编辑 郑怡萍
装帧设计 凌点工作室

出版发行 法律出版社
编辑统筹 法律教育出版分社
责任校对 杨锦华
责任印制 刘晓伟
经　　销 新华书店

开本 710 毫米×1000 毫米 1/16
印张 21.75 **字数** 352 千
版本 2019 年 8 月第 1 版
印次 2024 年 4 月第 5 次印刷
印刷 三河市龙大印装有限公司

地址:北京市丰台区莲花池西里 7 号(100073)
网址:www.lawpress.com.cn
投稿邮箱:info@lawpress.com.cn
举报盗版邮箱:jbwq@lawpress.com.cn
销售电话:010-83938349
客服电话:010-83938350
咨询电话:010-63939796

书号:ISBN 978-7-5197-3579-1
定价:49.00 元
凡购买本社图书,如有印装错误,我社负责退换。电话:010-83938349

出版说明

法律出版社作为中国历史最悠久、品牌积淀最深厚的法律专业出版社，素来重视法学教育图书之出版。

原“21世纪法学规划教材”系列作为本社法学教育出版的重心，延续至今已有十余年。该系列一直以打造新世纪新经典教材为己任，遍揽名家新秀，因其卓越品质而颇受瞩目并广受肯定。当前，根据法学教育发展变化的客观需要，本社将原有教材系列调整重组，形成新编“21世纪法学系列教材”，以便更好地为法学师生服务。

中国的法学教育正面临深刻变革，未来的法学教育势必以培养高素质法律人才为目标，以知识教育与应用教育相结合、职业教育与素质教育相结合、精英教育与大众教育相结合为导向，法学教育图书的编写与出版也将由此进入变革与创新的时代。

为顺应未来法学教育的改革方向和发展趋势，本社将应时而动，为不同学科、不同层次、不同阶段、不同需求的法学师生量身打造法学教材及教学辅助用书。在教材方面，将推出课堂教学系列、实训课程系列、通识课程系列、简明本系列、双语教学系列等；在教学辅助用书方面，将推出案例教程系列、法规教程系列、练习与测验系列、法学讲座系列、专业培训系列等。或革新，或全新，以厚基础、宽口径、多元化、开放性为基调，力求从品种、内容和形式上呈现崭新风采，为法学师生提供更好教本与读本，同享规划教材之盛。

“好书，同好老师和好学生分享”。本社在法学教育图书出版上必将继往开来，以精益求精的专业态度，打造全新“21世纪法学系列教材”，传播法学知识，传承法学理念，辅拂法律教育事业，积累法律教育财富，服务于万千法学师生和明日法治英才。

法律出版社

编 写 说 明

2014 年是非常重要的一年，当年 4 月中旬，习近平总书记的重要讲话系统提出“总体国家安全观”。在 10 月下旬，中共十八届四中全会通过《中共中央关于全面推进依法治国若干重大问题的决定》，确立了“全面依法治国”的治国方略。从此，我国的国家安全法治开启了新的一页，相关的国家安全立法、执法、司法、守法领域都出现了新的气象，全社会的国家安全意识观念得到了广泛普及提升。随着国家安全治理体系和治理能力的优化提升，中华民族伟大复兴之路具备了安全稳定的前提。

根据法律出版社领导要求，21 世纪法学规划教材《国家安全法学》编写组坚持“总体国家安全观”，坚持“全面依法治国”，有较高的政治站位和学术水准，精准结合 2015 年新《国家安全法》，兼及近年来几部相关重要法律，准确全面地阐述国家安全法治基础理论与历史，国家安全法的基本原则，国家安全的国际合作，维护国家安全的若干任务，国家安全治理与保障体系，公民、组织的权利义务，相关违法责任等一系列内容。作为法律专门教材，全书坚持说理和说法、案例和法条的有机融合，努力做到严肃权威、完整准确、深浅适中、可读性强，配有相关案例解析。辅文除引导学生思考的练习题外，创新性地加入课程阅读指南，使得读者在全面学习国家安全法相关基础知识的同时，能够针对疑难知识点进行延伸阅读。

本书适合法学本科生、研究生及相关领域的法律职业人员学习使用，也可供法学相近专业的学生、党政机关企事业单位干部以及广大社会公众选用阅读。

本书撰稿人来自国际关系学院教学科研团队，由李竹教授和肖君拥教授共同主编。经过较长时间准备，主编商讨拟定章节设置，并三次精心修改统稿。李竹教授早年本科、硕士毕业于西南政法大学，博士毕业于北京大学法学院，从事国家安全法研究逾三十年，是我国国家安全法研究领域的开创者和奠基人。肖君拥教授博士毕业于中国社科院研究生院法学系,从事相关研究与教学二十年,目前承担相关领域的研究生、本科生人才培养任务。其他撰稿人均有相关理论研究成果。

本书初稿撰写分工如下:

肖君拥:第一章、第二章、第三章;

刘林波:第四章、第五章;

谢菁菁:第六章;

吴　畅:第七章、第八章、第九章;

武强胜:第十章、第十一章;

谭伟民:第十二章、第十三章。

本书的顺利出版,要特别感谢我们撰写者的团队协作,感谢相关单位领导和亲友的关心支持,感谢清华大学法学院博士生刘林波同志在统稿工作中的协助支持。最后特别感谢本书“助产士”:资深出版人丁小宣分社长以及责任编辑郑怡萍女士!

主　编

2019 年 6 月 15 日

目　录

第一章　导论：国家安全法治

中国特色社会主义建设已经进入新时代。党的十九大报告提出的“十四个坚持”，其中有两条：“坚持全面依法治国”和“坚持总体国家安全观”，都需要在国家安全法治的理论与实践中加以探索创新。2015 年新颁行的《中华人民共和国国家安全法》（以下简称《国家安全法》），绝大部分公民都有能力阅读并理解其条文。但理解法律背后的理论、理念，案件背后的制度依据和法理依据，需要对《国家安全法》进行法理、案例等多维度的研习。国家安全法既是国家安全法治的开端，也是国家安全法治的体现。学习《国家安全法》，要将其置于国家安全法治的整体系统中加以认知。

第一节　国家安全法治及其必要性

一、国家安全法治的含义

（一）法治简说

法治是什么？简言之，法治就是“根据法律治理国家”。“法治”与“人治”相对。古希腊时期，亚里士多德在《政治学》中明确主张“法治优于一人之治”。他认为，“法治应该包含两重含义：已成立的法律获得普遍的服从，而大家所服从的法律又应该是本身制定得良好的法律”。[1] 在当代语境中，法治（the rule of law）的字面意思是指“法律的统治而非人的统治”。这个定义被人们广为接受，主要源自英国近代著名法学家戴雪所著的《英宪精义》。[2] 该

---

〔1〕［古希腊］亚里士多德：《政治学》，吴寿彭译，商务印书馆 2010 年版，第 199 页。

〔2〕参见［英］汤姆·宾汉姆：《法治》，毛权国译，中国政法大学出版社 2012 年版，第 3 页。

著中提出的“法律主治”[3]观点,奠定了现代法治理念的基础。1959年国际法学家大会通过的《德里宣言》确立了三项法治原则:(1)立法机关发挥创设和维护得以使每个人保持“人类尊严”的各种条件;(2)制止行政权滥用,又要使政府能有效维护法律秩序,能保证人们具有充分的社会和经济生活条件;(3)实行司法独立和律师自由。这份宣言大致揭示了法治的结构性内涵。

中国古文中很早就出现“法治”一词,譬如《管子·明法》:“以法治国,则举措而已”;《晏子春秋·谏上九》:“昔者先君桓公之地狭于今,修法治,广政教,以霸诸侯”;《商君书·任法》:“任法而治国”;等等。需要注意的是,古文中的“法治”不同于今天我们所言说的“法治”。中国古代主张法治的人,主要是春秋战国时期的法家,代表人物有商鞅、申不害、慎到、荀子、韩非等。其中韩非是法家法治思想的集大成者,“治民无常,唯以法治”[4]。韩非将商鞅的“法”、申不害的“术”和慎到的“势”融于一体,提出了以赏罚二柄为抓手、以富国强兵为目的、以“王子犯法,庶民同罪”为要求,服从服务于君主专制统治的法家法治思想。法家法治思想既不同于古代希腊的法治思想,也不同于近现代的西方法治思想,本质上属于“人治”思想的范畴。

由于20世纪前半叶动荡的社会环境,法治思想未能在中国广泛传播,法治实践也未得到认真开展。即便到了1949年中华人民共和国成立,法治研究不仅未能走向兴盛,相反受“左”倾错误的影响,法治被看作资产阶级的专利,成为研究的禁区。1978年改革开放之后,法治研究才受到重视。1980年理论界展开了一场“人治”与“法治”的大讨论,形成了“法治派”、“法治与人治并重派”和“取消派”(实际上是人治派)。这场讨论启动并持续推动我国对法治问题的研究走向深入,才有后来党的十五大(1997年)将依法治国上升为执政党的治国方略,并明确载入《中华人民共和国宪法》(以下简称《宪法》)。现在,法治也是我国社会主义核心价值观的内容之一。

习近平总书记指出,法治是人类文明的重要成果之一,法治的精髓和要旨对于各国国家治理和社会治理具有普遍意义。[5] 2014年10月党的十八届四

---

[3] 戴雪的“法律主治”思想包括:“除非明确违反国家一般法院以惯常方式所确立的法律,任何人不受惩罚,其人身或财产不受侵害”;“任何人不得凌驾于法律之上,且所有人,不论地位条件如何,都要服从国家一般法律,服从一般法院的审判管辖权”;“个人的权利以一般法院提起的特定案件决定之”。参见[英]戴雪:《英宪精义》,雷宾南译,中国法制出版社2001年版。

[4] 《韩非子·心度》。

[5] 参见习近平:《加快建设社会主义法治国家》,载《求是》2015年第1期。

中全会通过的《中共中央关于全面推进依法治国若干重大问题的决定》重申:依法治国是实现国家治理体系和治理能力现代化的必然要求,事关我们党执政兴国、事关人民幸福安康、事关党和国家长治久安。法治,既是经济发展、社会进步的客观要求,也是巩固党的执政地位、确保国家长治久安的根本保障。党的十八大以来,我国在科学立法、依法行政、行政体制改革、监察体制改革、司法体制改革等方面有了较大进展,甚至发生了历史性变革,如民法总则立法、监察立法、法治政府考核体系构建、行政审批制度改革、司法人员分类管理及其法官员额制、以审判为中心的诉讼制度改革、司法责任制等。

习近平总书记在党的十九大报告中强调,"全面依法治国是中国特色社会主义的本质要求和重要保障""全面依法治国是国家治理的一场深刻革命,必须坚持厉行法治",并且进一步要求"成立中央全面依法治国领导小组,加强对法治中国建设的统一领导"。这是新时代法治中国建设的总动员。"社会矛盾和问题交织叠加,全面依法治国任务依然繁重,国家治理体系和治理能力有待加强"。客观来看,我国在立法、执法和司法等领域的法治建设还存在许多短板:有些重大法治改革措施还存在许多体制机制的障碍,有待突破,法治建设与改革的系统性、整体性、协同性存在不足,[6]从而导致我国整体法治化水平还不是很高,法治化水平与社会经济发展水平还不相适应等。我们对此绝不能掉以轻心。

(二)国家安全法治的概念

国家安全是法治的前提,法治是维持国家安全状态、保障国家安全能力的最佳方式。国家安全法治是一国整体法治的重要组成部分,更是一国法治的重要基础。加强国家安全法治建设,是全面依法治国的题中应有之义。如何定义国家安全法治?本书认为,国家安全法治就是人人普遍服从遵守良善的国家安全法律,国家依法维护和实现国家安全。

在法治思想发展史上,有"形式法治"和"实质法治"的不同侧重主张。主张"形式法治"的法律实证主义思想认为,法治就是要追求法的安定和"法律统治",最大限度地信奉法律的权威和作用,而不是树立君王权威、道德教化或神圣旨意,认为法治要有立法的程序规则、执法的程序性规则、法律的透明性和稳定性、普适性、预期性和清晰性等要素。而在自然法思想中,主张政府

---

〔6〕 参见本书编写组编著:《党的十九大报告学习辅导百问》,党建读物出版社、学习出版社 2017 年版,第 49 页。

要遵从执行一套明确的普遍性的法律规则，以确保政府服从于"社会契约"，以保障公民个人的生命、自由和财产。公权力不仅要廉洁高效，更要努力以看得见的方式达到"实质正义"。我国自1978年开始重启社会主义民主法制以来，在有关法治的思想认识深度和社会变革广度方面进展显著。从高度浓缩概括的十六字指导方针的变迁就可以看出党和国家在法治建设理念的"升级换代"：以"科学立法、严格执法、公正司法、全民守法"取代了过去的"有法可依、有法必依、执法必严、违法必究"。新的法治建设指针紧扣法治运行的环节特点，精辟扼要，公平理性，突出法治的过程和结果导向，既重视法律制度的完备和科学，也强调法律的有效实施。

从形式上看，国家安全法治就是要依法维护国家安全。维护国家安全要有可依之法。这并不是说，一国制定了一部或者几部名为国家安全法的法律，就解决了维护国家安全的所有问题。国家安全治理是复杂的系统工程，涉及方方面面，相关的法律规范体系必定相当庞杂。国家安全法律体系必须适应一国的具体国情，纵向和横向的法律法规要体系完备、科学设置、有效衔接、指引明确。

从价值上看，国家安全法治要求有国家安全"良法"和"善治"。"良"与"善"是人们的一种主观评判，的确存在评价标准与尺度不一的情况。但总体来说，要达到上述标准，国家安全的立法要突出对公民的权利保障，要有效遏制政府的相应权力（当然也不能走到相反的一端，以至于应对国家安全威胁乏力），要讲求程序正当，要在保密和公开、迅捷应急与公众参与等矛盾关系中实现平衡，法律制度的整体框架与微观规范要有利于国家安全治理的效能提升。

在中国，改革开放、依法治国与加强维护国家安全的历史进程是大体同步的。在改革开放进程中，人们日益感受到维护国家安全事业的重要，认识到国家安全法治的必要。由于党和国家对国家安全法治事业的高度重视和大力推动，在总体国家安全观的指引下，随着国家治理体系和治理能力的现代化变革，全国上下在有关国家安全法治的理论研究、实践探索和制度完善等方面取得了丰硕成果，国家安全法治建设呈现出良好的发展态势。我国现行《宪法》体现了对国家安全的重视。我国国家安全法律从无到有，从粗糙转向系统细致；对国家安全的管理也逐步实现了统一领导、分工负责；国家安全司法也随着国家整体司法体制机制改革实现了"公正""效率"目标；社会各界维护国家安全的自觉性大大增强。当然，正如前面分析，我国法治建设总体状况存在有待完善之处一样，国家安全法治领域也同样存在这样那样的不足，需要不断革新完善，以实现既能应对眼前的各种风险，又有助于谋求长期的安全稳定。

(三)国家安全法治概念的特征

国家安全法治概念不仅在内容上包含了国家安全治理必须有法,而且着重表达了国家安全治理必须依法的理念,突出法律在保障、促进、实现国家安全工作中的重要地位。

1. 国家安全法治内含崇尚法律的理念和精神。法治理念和法治精神是法律制度的灵魂,法治思维和法治方式是对法治原则的思想内化和行为外化。法治理念支配国家经济、社会、文化、安全、发展的法律制度安排。法治精神指引、制约法律资源与其他资源的社会性配置。因此,真正的"法治"必须以崇尚法律的理念和法治观念作为内在的精神支撑。当代中国的法治建设不仅是制度的创新与完善,而且是尚法观念的普遍养成。法律面前人人平等,法律要具有最高的权威和普遍的拘束力。"法律工具论""人治之下的法治"等观点,与当代法治中国建设所要求的理念和精神是完全对立的,必须坚决予以摒弃。国家安全法治的理念与精神,不仅仅履行维护国家安全职责的公职人员需要熟习强化,全体社会成员也要大大增强国家安全法治观念。

2. 国家安全法治的首要任务是依法办事。1978 年《中国共产党第十一届中央委员会第三次全体会议公报》确立了"有法可依、有法必依、执法必严、违法必究"的法制建设方针,其实质就是依法办事。"有法可依"是依法办事的前提,"执法必严"是依法办事的中心环节,"违法必究"是依法办事的保障。国家安全法治意味着要有科学完备的国家安全法律制度体系,国家安全法律的执行必须严格,违反国家安全法律的行为必须得到追究。

3. 国家安全法治的建设路径及其评估标准。我国国家安全法治建设相较于外国,既有共性也有个性。我国国家安全法治建设统筹于中国共产党领导的中国特色社会主义法治建设之中,总目标定位于"建设中国特色社会主义法治体系,建设社会主义法治国家"。根据党和国家"全面依法治国"的战略部署,法治中国建设的基本途径是:坚持依法治国、依法执政、依法行政共同推进,坚持法治国家、法治政府、法治社会一体建设,实现科学立法、严格执法、公正司法、全民守法。这也是我国国家安全法治建设的"路线图"。我国国家安全法治建设要秉持五项基本原则:坚持中国共产党的领导,坚持人民主体地位,坚持法律面前人人平等,坚持依法治国和以德治国相结合,坚持从中国实际出发。这五条原则也可归纳为我国国家安全法治建设的"方法论"。

国家安全法治不存在一个绝对、恒久、完美的标准。评估某国的国家安全法治状况，需要结合该国的具体国情，包括历史和现实因素，从制度体系、法律实施效果、法治监督与保障体系、公众的认同参与等方面加以全面评价。依据法律来进行国家安全治理，意味着社会调控方式选择了“法治”，否定了“人治”“德治（礼治）”。国家立法机关要依宪法颁行国家安全法律，在进行合宪性审查时需考虑文件或行为是否合乎宪法的“国家安全”原则；政府严格依法处理涉及国家安全的事项；司法机关依法对有关危害国家安全案件行使审判权、检察权；公民和社会组织的安全权利和自由受到法律的切实保护；国家机关维护国家安全的权力受到法律的严格制约。达到了这种状态，我们大致可以认定为实现了国家安全法治。

二、国家安全法治的必要性

（一）全面推进依法治国的需要

根据 1997 年党的十五大报告给出的定义：依法治国，就是广大人民群众在党的领导下，依照宪法和法律规定，通过各种途径和形式管理国家事务，管理经济文化事业，管理社会事务，保证国家各项工作都依法进行，逐步实现社会主义民主的制度化、法律化，使这种制度和法律不因领导人的改变而改变，不因领导人看法和注意力的改变而改变。

2012 年党的十八大报告提出，要按照全面建成小康社会的战略目标和要求，到 2020 年全面落实依法治国基本方略。习近平总书记提出：“全面推进依法治国也是解决我们在发展中面临的一系列重大问题，解放和增强社会活力、促进社会公平正义、维护社会和谐稳定、确保国家长治久安的根本要求。”〔7〕

〔7〕《习近平谈依法治国》，载《人民日报》（海外版）2016 年 8 月 17 日，第 12 版。另可参见中国共产党新闻网：http://theory.people.com.cn/n1/2016/0817/c49150-28642089.html，2018 年 1 月 8 日最后访问。习近平总书记在不同场合强调，依法治国是坚持和发展中国特色社会主义的本质要求和重要保障；坚持中国特色社会主义法治道路，最根本的是坚持中国共产党的领导，建设中国特色社会主义法治体系、建设社会主义法治国家，坚持依法治国、依法执政、依法行政共同推进，坚持法治国家、法治政府、法治社会一体建设；要推进科学立法，完善以宪法为统帅的中国特色社会主义法律体系；要严格依法行政，加快建设法治政府；要坚持公正司法，努力让人民群众在每一个司法案件中都能感受到公平正义；要增强全民法治观念，使尊法守法成为全体人民共同追求和自觉行动；要建设一支德才兼备的高素质法治队伍；全面依法治国，必须抓住领导干部这个“关键少数”。学习这些重要论述，对于深刻理解全面依法治国的重大意义，系统把握全面依法治国的指导思想、总目标、基本原则和总体要求，深入贯彻落实党的十八届四中全会精神，按照协调推进“四个全面”战略布局的要求不断开创依法治国新局面，具有十分重要的意义。参见中共中央文献研究室编：《习近平关于全面依法治国论述摘编》，中央文献出版社 2015 年版。

2014 年 10 月,党的十八届四中全会通过《中共中央关于全面推进依法治国若干重大问题的决定》。至此,“依法治国”从最初的单一概念,扩展成为“全面依法治国”这一有目标、有举措的系统工程蓝图。完备的法律规范体系、高效的法治实施体系、严密的法治监督体系、有力的法治保障体系、完善的党内法规体系的“法治体系”,依法治国、依法执政、依法行政的“共同推进”,以及法治国家、法治政府、法治社会的“一体建设”,这些要求极大地丰富了“依法治国”的内涵。“全面依法治国”需要坚持党的领导、人民当家作主、依法治国有机统一,依法治国和以德治国相结合,覆盖科学立法、严格执法、公正司法、全民守法的全过程。

2017 年 10 月,党的十九大报告中再次部署、深化依法治国实践。全面依法治国是国家治理的一场深刻革命,必须坚持厉行法治。成立中央全面依法治国领导小组,加强对法治中国建设的统一领导。各级党组织和全体党员要带头尊法学法守法用法,任何组织和个人都不得有超越宪法法律的特权,绝不允许以言代法、以权压法、逐利违法、徇私枉法。

2020 年 11 月召开的中央全面依法治国工作会议,正式提出“习近平法治思想”,明确了习近平法治思想在全面依法治国、建设法治中国中的指导地位。习近平法治思想博大精深,有关于全面依法治国政治方向的论述,“坚持党对全面依法治国的领导”“坚持以人民为中心”“坚持中国特色社会主义法治道路”;有关于全面依法治国重点任务的论述,“坚持依宪治国、依宪执政”“坚持全面推进科学立法、严格执法、公正司法、全民守法”“坚持统筹推进国内法治和涉外法治”;有关于全面依法治国重要地位的论述,“坚持在法治轨道上推进国家治理体系和治理能力现代化”;有关于全面依法治国工作布局的论述,“坚持建设中国特色社会主义法治体系”“坚持依法治国、依法执政、依法行政共同推进,坚持法治国家、法治政府、法治社会一体建设”;有关于全面依法治国重要保障的论述,“坚持建设德才兼备的高素质法治工作队伍”“坚持抓住领导干部这个‘关键少数’”。除了明确这“十一个坚持”以外,习近平总书记强调全面依法治国要认识处理好政治和法治、改革和法治、发展和安全、依法治国和以德治国、依法治国和依规治党等辩证关系。习近平法治思想的意义重大、方法科学,为我们全面依法治国提供了思想旗帜、根本遵循和行动指南。[8]

---

〔8〕 参见《习近平法治思想概论》编写组编:《习近平法治思想概论》,高等教育出版社 2021 年版,第 15 ~17 页。

维护国家安全,是中国特色社会主义建设事业顺利进行、实现国家长治久安和中华民族伟大复兴的重要保障。国家安全是全面依法治国的前提,没有国家安全,全面依法治国就丧失了起码的基础条件。国家安全法治是全面依法治国的应有之义,更是全面推进依法治国的重点工作和难点领域。国家安全法治的实效,直接关系到全面依法治国的绩效。毋庸讳言,国家安全法治对于很多人来说,还是个新概念、新事物;对国家安全法治的必要性、可行性,社会各界的认识还存在分歧;相关立法出台时间不长,相应的法律实施机制、公众接受度等法治化水平并不理想。套用木桶由最短的板决定其容量的“木桶理论”,国家安全法治就是全面依法治国之“桶”的那块“短板”。国家安全法治这条腿,只有与别的腿一般齐,全面依法治国才能走得平稳。

(二)依法维护国家安全的需要

从根本上说,维护国家安全的方式,有“人治”和“法治”两大类型的区分。现代国家的治理理论,已经从正反两个方面证明“法治”是最可靠的路径选择。结合我国的历史与现实,党十八大报告提出,要提高领导干部运用法治思维和法治方式深化改革、推动发展、化解矛盾、维护稳定的能力。

要实现维护国家安全的目标,不能凭一时热切的主观愿望,而是要持之以恒以正确的思想理论作为指导,遵循相关的宪法法律制度和战略部署,科学地评估形势,有效应对各种危险,夯实各项工作基础,提升相关能力,广泛动员各方面乃至全体社会成员的力量。

依法维护国家安全,不仅强调有“依法”的自觉,更强调要有维护国家安全的“良法善治”。首先,要有维护国家安全的可依之法,维护国家安全的法律体系、法律指引是健全和明确的。其次,维护国家安全的法律制度要真正关心关怀国民,不滥用国家安全权力,不过分影响限制公民的基本权利和自由。国家安全法要获得民众的普遍理解、支持乃至信仰。

在当前落实“四个全面”以及实现“国家治理体系和国家治理能力现代化”目标的新形势下,依法维护国家安全,也同样要努力建构这五个方面:完备的国家安全法律规范体系、高效的国家安全法治实施体系、严密的国家安全法治监督体系、有力的国家安全法治保障体系、完善的国家安全党内法规体系。这五大体系既是衡量国家安全法治实效的“标尺准绳”,也是建设国家安全法治的“着力点”。我们在国家安全法治的整体部署以及具体每项工作任务的落实方面,应该从一开始以及进程中就时时观照、主动对齐,确保行进在正确的轨道上,不致跑偏走邪。

第二节　国家安全法治的重点与难点

一、构建完备的国家安全法律规范体系

党的十八届四中全会提出,“良法是善治之前提”,要发挥立法的引领和推动作用。国家安全立法工作要遵照“科学立法、民主立法和依法立法”的要求,根据《中华人民共和国立法法》(以下简称《立法法》)的有关规定,紧紧围绕提高立法质量这个关键,更好发挥国家安全立法在表达、平衡、调整社会利益方面的重要作用,努力使每一项国家安全立法都符合宪法精神,反映人民意志并得到人民拥护。

中华人民共和国成立后的法制建设,为维护国家安全发挥了重要作用。改革开放后,维护国家安全的法制建设取得长足发展,国家安全法律法规也日臻完善。[9] 国家安全立法在2014年之后提速。全国人大常委会于2014年审议通过《中华人民共和国反间谍法》(以下简称《反间谍法》)、作出《关于修改军事设施保护法的决定》;2015年审议通过《国家安全法》、《中华人民共和国反恐怖主义法》(以下简称《反恐怖主义法》);2016年审议通过《中华人民共和国境外非政府组织境内活动管理法》(以下简称《境外非政府组织境内活动管理法》)、《中华人民共和国国防交通法》(以下简称《国防交通法》)、《中华人民共和国网络安全法》(以下简称《网络安全法》);2017年审议通过《中华人民共和国国家情报法》(以下简称《国家情报法》)、《中华人民共和国核安全法》(以下简称《核安全法》);2018年审议通过《中华人民共和国英雄烈士保护法》;2019年审议通过《中华人民共和国密码法》;2020年审议通过《中华人民共和国香港特别行政区维护国家安全法》、《中华人民共和国生物安全法》、《中华人民共和国出口管制法》、《中华人民共和国国防法》(修订);2021年审议通过《中华人民共和国数据安全法》、《中华人民共和国反外国制裁法》、《中华人民共和国陆地国界法》;2023年审议通过《中华人民共和国对外关系法》、《中华人民共和国爱国主义教育法》、《中华人民共和国粮食安全保

---

〔9〕 全国干部培训教材编审指导委员会组织编写:《全面践行总体国家安全观》,党建读物出版社、人民出版社2019年版,第106页。

障法》;2024年审议通过《中华人民共和国保守国家秘密法》(修订)。其中,《国家安全法》作为核心法律,大致可以统率整个国家安全法律部门。据不完全统计,与国家安全直接相关的法律有45部,直接相关的国家安全行政法规有60部,与国家安全治理有关的法律法规200部。地方性法规和地方政府规章这一规范层级,也有不少涉及国家安全管理事项。我国还是一些有关国家安全、国际安全公约与条约的缔约方,需依照国际法承担相应的维护安全的责任和义务。

从总体上讲,我国目前的国家安全立法基本能够满足维护国家安全的需要,但仍需进一步完善:在一些重要国家安全领域还存在不少立法空白,如生物、电磁、太空、极地、深海、海外利益保护与海外军事行动等方面亟待立法;有些安全领域的规则位阶偏低,法律约束力不够;有些国家安全领域,还主要依靠政策、文件来管理应对;有的立法可操作性不强,有的立法难以适应现实需要。这些立法供给不足的情形,需要国家立法机关和国家安全治理机关通盘加以考虑,及时"立改废"。相关法律的起草、审议通过与实施,必须经得起"合宪性审查"。

二、形成高效的国家安全法治实施体系

高效的国家安全法治实施体系要求以有效的法律实施维护国家安全法律的生命力与权威,其核心在于建设法治政府,推动国家安全机关依法行政。国家安全机关要依法全面履行法定职责,充分保障人民群众合法权益,树立良好社会形象。除了依法行政、建设法治政府的要求之外,也要高度重视深化司法体制改革工作。司法体制改革一直就是法治中国建设的重点,甚至被认为是依法治国的突破口,是建设高效的法治实施体系的重要依托。司法体制改革最终的效果要取决于各项改革之间的"综合配套",整体建设。

鉴于国家安全的极端重要性以及新时期我国国家安全形势的极端复杂性,国家安全法治实施体系不仅仅局限于国家安全机关和负有国家安全直接职责的部门,还包括全体民众。在我国,各级党委政府要认真贯彻落实总体国家安全观以及党中央有关国家安全治理的决策部署,落实领导责任,依法行使国家安全法律法规赋予的职权,切实加强维护国家安全保障,加强国家安全宣传教育。广大党员干部必须把维护国家安全作为头等大事,增强忧患意识和责任意识,不断提高维护国家安全的能力水平,切实做好维护国家安全各项工作。维护国家安全人人有责。根据宪法和法律规定,公民也要认真履行维护

国家安全的义务,自觉维护国家安全利益。

三、编织严密的国家安全法治监督体系

法治监督事关依法治国能否真正落实。坚持依法治国首先要坚持依宪治国,坚持依法执政首先要坚持依宪执政,这就要求重视宪法实施的监督。根据我国宪法规定,全国人民代表大会"监督宪法的实施",全国人大常委会"解释宪法,监督宪法的实施"。因此,完善宪法监督制度,健全宪法解释程序机制,激活相关机关的"护宪"职权,意义重大。

法治监督体系的重心是加强对公权力的监督。行政权力具有管理事务领域宽、自由裁量权大等特点,法治监督的重点之一就是规范和约束行政权力。公权力必须受到有效监督,维护国家安全的有关国家机关的公权力也同样如此。[10] 我国多主体、多层次的国家安全法治监督体系已大体形成:(1)全国人大及其常务委员会依法行使法律监督权。[11] (2)司法机关对于国家安全法律的监督主要体现在司法领域,人民法院和人民检察院对于涉及危害国家安全案件审判中出现问题的纠错机制,即审判监督程序。国家安全领域的刑事案件量刑可以很重,在审判过程中一旦发生事实认定错误或者法律适用错误,将给当事人造成难以弥补的损失,因此司法机关在监督机制和程序上更为慎重。除了对于审判的监督外,人民检察机关对于国家安全领域犯罪的侦查过程中侦查机关能否做到符合法定程序,也要予以法律监督。(3)承担维护国家安全职责的行政机关也有加强法律监督的法律义务。上级机关对于下级机关作

〔10〕《中共中央关于全面推进依法治国若干重大问题的决定》提出,"加强党内监督、人大监督、民主监督、行政监督、司法监督、审计监督、社会监督、舆论监督制度建设,努力形成科学有效的权力运行制约和监督体系,增强监督合力和实效"。十九大报告进一步明确了监督的实质内涵,提出了有效的权力监督网络:"强化自上而下的组织监督,改进自下而上的民主监督,发挥同级相互监督作用,加强对党员领导干部的日常管理监督。深化政治巡视,坚持发现问题、形成震慑不动摇,建立巡视巡察上下联动的监督网。"这样,进一步疏通了监督的制度渠道,强化了监督的实效。为了确保国家监察全覆盖落到实处,十九大报告要求深化监察体制改革,成立监察委员会,制定国家监察法,实现对所有行使公权力的公职人员监察全覆盖。

〔11〕譬如,2017年6月1日,《网络安全法》开始施行。2017年8月至10月,包括王胜俊在内的6名全国人大常委会副委员长,分赴内蒙古、黑龙江、重庆等6省区市,检查网络安全法、关于加强网络信息保护的决定实施情况。"一部新制定的法律实施不满3个月即启动执法检查,这在全国人大常委会监督工作中尚属首次"。2017年12月24日,全国人大常委会副委员长王胜俊代表执法检查组做执法检查报告 。执法检查仅仅是国家立法机关行使法律监督权的方式之一。

出的行政行为，上级领导对于部属的职务行为，负有监督义务。国家安全领域的行政机关在行政行为特别是行政执法上，具有较强的专业性和特殊性。作为外部机关很难做到全方位的监督。这就更需要行政机关内部建立一套行之有效的监督机制，来保障国家安全领域行政和执法行为在法律的框架内运行。(4)根据我国《宪法》和《中华人民共和国监察法》(以下简称《监察法》)，我国设立国家监察机关，行使监察权，标志着我国朝着建立集中统一、权威高效的中国特色国家监察体制迈出重要一步，将真正实现监察全覆盖，监督无死角。可以预见，监察机关将在国家安全领域对于预防和查办腐败、渎职行为，发挥重要的作用。(5)在国家安全领域，中国共产党既是领导者，也是监督者。习近平总书记强调："党领导立法、保证执法、带头守法。"党在国家安全领域的监督，是可以跨越立法、执法、司法、守法的界限，因而是全方位、多角度的监督，既可以有效地监督国家安全法律体系的整体构建和运行，又可以深入法律实施每个环节的细枝末节进行监督。因此，党的监督是国家安全法律监督体系的重要组成部分，也是国家安全法律监督体系的灵魂。

我国的法治监督体系，还包括社会舆论和人民群众。在国家安全法律的监督领域，社会舆论监督是国家安全法律监督体系的重要组成部分。长期以来由于新闻媒体的宣传报道和对社会问题的披露，有效地促进了法治社会的建设进程。在构建国家安全法律监督体系的进程中，更要注意充分发挥新闻媒体和社会舆论的监督作用，及时回应舆论关注的热点问题。人民群众是国家安全的终极价值目的和实现手段。因此，在构建国家安全法治监督体系中，人民群众将发挥根本性的作用。

四、筑铸有力的国家安全法治保障体系

党中央在十九大之后决定组建中央全面依法治国委员会，以加强党对法治建设的统一领导，这是党中央深化依法治国实践重要的举措。中央全面依法治国委员会是全面推进依法治国的重要组织保障。新时代在法治建设的各个方面、各个环节，都要以中央全面依法治国委员会的顶层设计为依据。没有政治保障、组织保障、力量保障，依法治国难以全面有效推行。同时，依法治国对法治工作队伍的正规化、专业化、职业化要求，促使我们建立健全法治人才队伍的培养、准入、交流、职业保障制度。

中国共产党是我国的执政党，在各项社会主义建设事业中发挥着领导者的作用。国家安全法治保障体系必须自觉服从党中央的统一部署。各机构各

部门严格依法承担维护国家安全的法定职责,不仅牢固树立政治意识,更要自觉加强维护国家安全的能力建设,积极主动应对风险,实现安全。

国家安全法治工作队伍建设也是一项长期的任务。从事国家安全法治工作的国家工作人员不仅要政治过硬,更要业务精湛。对专门人才,既要严格要求,也要关怀爱护;要综合锻炼培养,充分信任使用,在实践中提高他们的综合素养能力。

五、完善国家安全相关党内法规体系

《中共中央关于全面推进依法治国若干重大问题的决定》将"形成完善的党内法规体系"作为全面推进依法治国总目标的重要内容,指出"党内法规既是管党治党的重要依据,也是建设社会主义法治国家的有力保障"。党的十九大报告要求:"增强依法执政本领,加快形成覆盖党的领导和党的建设各方面的党内法规制度体系,加强和改善对国家政权机关的领导。"党的十八大以来,我们党加强党内法规体系建设,其中诸多涉及维护国家安全的内容,如(1)2015年10月,中共中央办公厅颁布《党委(党组)意识形态工作责任制实施办法》。(2)2016年12月9日,中共中央政治局审议通过《关于加强国家安全工作的意见》。(3)2018年4月17日,中央国家安全委员会第一次会议审议通过了《党委(党组)国家安全责任制规定》。此外,一些党内法规的部分内容与维护国家安全息息相关,如《政法工作条例》第6条规定,政法工作应遵循原则之一:"坚持总体国家安全观,维护国家主权、安全、发展利益",第10条规定,县级以上地方党委应当对本地区政法工作中的多个事项落实领导责任,其中包括"统筹政法工作中事关维护国家安全特别是以政权安全、制度安全为核心的政治安全重要事项"。《干部教育培训工作条例》第21条规定"开展总体国家安全观教育,增强干部国家安全意识和推进国家安全建设的本领。"

中国共产党是中国特色社会主义事业的领导核心。中国共产党领导是中国特色社会主义最本质的特征。国家安全工作攸关党的执政地位和国家存亡,必须毫不动摇坚持中国共产党对国家安全工作的绝对领导。把党的领导贯彻到依法维护国家安全工作的全过程和各方面。《国家安全法》第4条、第5条分别规定,"坚持中国共产党对国家安全工作的领导,建立集中统一、高效权威的国家安全领导体制""中央国家安全领导机构负责国家安全工作的决策和议事协调,研究制定、指导实施国家安全战略和有关重大方针政策,统筹协调国家安全重大事项和重要工作,推动国家安全法治建设”。

我们已经进入中国特色社会主义建设新时代。这要求有关国家安全的党内法规的制定、备案、解释、执行等方面工作必须得到高度重视和切实加强。要从理论和实践层面理顺国家安全党内法规和国家安全法律法规的关系。同时,对国家安全党内法规在从严治党、管党方面的效果进行评估,为修改完善国家安全党内法规提供依据。完善党内法规是我国国家安全治理体系、安全治理能力现代化的必然要求。中国共产党作为中国各项事务的领导者,其内部法规对国家影响甚大。全面推进依法治国,必须努力形成国家安全法律法规和国家安全党内法规制度相辅相成、相互促进、相互保障的格局,共同致力于国家安全事业的健康发展。

第三节 国家安全法学:学什么? 怎么学?

一、国家安全法学的研究对象

国家安全法学是法学研究领域的一个重要分支。国家安全法规范调整的社会关系与维护保障的对象任务十分重要。《国家安全法》第 1 条明确了国家安全法的立法宗旨:为了维护国家安全,保卫人民民主专政的政权和中国特色社会主义制度,保护人民的根本利益,保障改革开放和社会主义现代化建设的顺利进行,实现中华民族伟大复兴。学习研究《国家安全法》,以下几个知识板块必须熟悉:(1)什么是国家安全,我国的国家安全领导体制与战略规划、基本法律原则有哪些。(2)维护国家安全的基本任务。(3)维护国家安全的法律职责。国家机关及其工作人员履行国家安全职责有哪些具体要求。(4)国家安全制度体系。(5)国家安全的保障体系。(6)公民、组织的法律义务和权利。(7)维护国家安全的国际国内法律体系。(8)国家安全法治的目标与实现。(9)外国的国家安全法律制度。(10)国家安全法与国际安全法。

国家安全法学研究的范围十分广泛,既包括各种维护国家安全的法律制度,也包括各领域国家安全典型案例与事件,还包括国家安全法律意识与观念。开展国家安全法学学习研究,需要调动多领域的知识:在法学领域包括但不限于法理学、宪法学、行政法学、刑法学、国际法学、民法学等;在法学相邻学科,需要了解掌握政治学、管理学、社会学、经济学、历史学、哲学等学科专业的知识与方法。

二、国家安全法学的学习方法

作为国家安全法课程的研习者,应树立宪法与法治思维,关注法律文本与案例,养成独立的学习与研究习惯。在此基础上,应掌握以下基本学习方法:(1)认真阅读教材,全面掌握国家安全法的基本框架与内容;(2)拓展了解国家安全法研究文献和案例材料,熟练利用图书馆、网络和其他途径获取国家安全法的第一手资料;(3)熟悉国家安全法的历史与理论,密切关注外国国家安全法的制定与实施的实践,深入了解国家安全法的实际运作情况;(4)观察、研究中国问题,了解中国国家安全法的立法及其实施状况;(5)能"学""问"结合,主动思考发现国家安全法的理论与实践方面的问题,通过研究、讨论、求教、调查和其他多途径方法,发掘研究素材,开发研究选题,创新研究思路与方法。

通过开展研究性学习,在研究中树立国家安全法治观念,在研究中普及国家安全法治知识、提升维护保障国家安全的综合能力。

课程阅读指南

1. 要进一步了解我国国家安全法治研究情况,可参阅:

《习近平法治思想概论》编写组编:《习近平法治思想概论》,高等教育出版社2021年版。

肖君拥、张志朋:《中国国家安全法治研究四十年:回眸与展望》,载《国际安全研究》2019年第1期。

2. 要进一步了解加强国家安全法治建设的必要性,可参阅:

肖君拥:《为何要加强国家安全法治建设》,载《人民论坛》2018年第13期。

卓泽渊:《必须提升对于国家安全的法治化认知》,载《法制日报》2016年4月15日,第2版。

思考题

1. 如何界定国家安全法治的概念?为什么国家安全法治是必要的?
2. 国家安全法治的重点难点是什么?
3. 如何理解国家安全法治的理论体系?

第二章　国家安全法的历史与理论

国家安全观念,是一国在一定时期内对国家安全认识水平的反映。国家安全立法随着不同时期国家安全观念的变化而呈现出不同的特点。国家安全法律实践又深化着一国对国家安全概念的认知,国家安全理论与法治实践之间的相互作用,推动着对国家安全认识的不断升华。一定程度上决定了一国要走什么样的国家安全道路。本章分三节对我国国家安全法的历史与理论进行简要介绍。

第一节　中国国家安全立法简史

一、我国古代国家安全立法

严格来说,中国古代有丰富的国家安全思想,但并不存在近现代意义上的国家安全立法。理由如下:

(1)中国古代国家安全机关由中央国家机关直接管理。如古代的间谍机构、情报机构均由高级官员或皇帝直接组建,无法律规定,如明朝的厂卫;有的甚至完全违反中央国家机关意志组建,如曹操设置的以“能刺举而辨众事”为职能的校事。因此,这些机构与其说是国家安全机关,不如说是人治时代维护掌握最高权力者安全的工具,没有纳入法律的调整范围。

(2)国家安全法所调整的社会关系在中国古代未由国家安全法调整,而表现为伦理道德与刑法的内容。根据中国法制史的通说,中华法系的基本特点是礼法结合,因此,国家安全法对个人、组织的积极要求在中国古代表现为道德伦理,违反该积极要求的则直接由刑法调控。

(3)中国古代没有相关国家安全的法律。[1] 国家安全的范围并不是固定不变的,而是随着国家安全观的变化而变化。2014 年总体国家安全观提出后,生态安全成为国家安全的一个范畴,因此,环境保护法成为关涉国家安全法律。中国古代也有以环境保护为内容的法律,如秦《田律》中关于春二月禁止捕猎、禁止砍伐的规定,但因为当时的国家安全思想中并未纳入生态安全的观念,所以秦《田律》并不是关涉国家安全的法律。

维护国家安全尤其是政治安全、政权安全,始终是关系国家生存和发展的永恒主题。早在奴隶社会和封建社会,为维护政权统治,统治阶级将威胁政权的行为规定为最严重的犯罪并科予重刑。《左传 · 昭公九年》记载:“夏有乱政,而作禹刑。商有乱政,而作汤刑。周有乱政,而作九刑。”源于北齐律的“重罪十条”及后来的“十恶”中均将威胁封建统治秩序的“谋反”“谋大逆”“谋叛”“内乱”等作为立法的重点予以明确。尽管这不是现代意义上的国家安全立法,但却为后世相关立法提供了借鉴。

二、我国近现代的国家安全立法

我国现代意义上国家安全立法的雏形,始见于《大清新刑律》。该刑律中规定的危害国家安全的犯罪,主要有侵犯皇室罪、内乱罪、外患罪、妨碍国交罪,泄露机务罪等。在《大清新刑律》中,危害国家安全的犯罪开始真正与普通危害社会安全的犯罪剥离,这一做法为后来的北洋政府所承袭。国民党政权建立后的 1927 年,武汉国民政府颁布了我国现代史上第一部惩治“反革命”的法律——《反革命罪条例》。1935 年颁布的《中华民国刑法》将危害国家安全罪规定为以下几种:(1)内乱罪,包括普通内乱罪和暴动内乱罪两种;(2)外患罪,包括通谍开战罪、刺探和收集国防秘密罪等 14 个罪名;(3)妨碍国交罪,包括侵害友邦元首或外交代表罪、违背局外中立命令罪等。除此之外,当局还颁行了大量涉及国家安全的单行刑事立法,如 1931 年的《煽动叛乱法》、1940 年的《叛国法》等。

1949 年后的国家安全立法,可以分为四个阶段:

1. 1983 年之前为奠基阶段。此阶段,尤其是中华人民共和国成立初期,维护国家安全的突出任务就是保卫新生的人民政权。因此,打击“反革命”成为国家安全立法的重点。1949 年,中国人民政治协商会议第一届全体会议通

---

〔1〕 关涉国家安全法律、专门国家安全法律的分类参见本书第三章第二节的介绍。

过了具有临时宪法性质的《中国人民政治协商会议共同纲领》,规定了镇压反革命活动,严惩战犯和反革命首要分子的内容。1951 年,据此制定颁布了《中华人民共和国惩治反革命条例》;1952 年 7 月,公安部又颁布了《管制反革命分子暂行办法》。在保护国家秘密方面,1951 年,政务院颁布了《保守国家机密暂行条例》。这些条例,对于保卫新生的人民政权发挥了积极作用。但囿于时代局限性,特别是在贯彻实践中,客观上造成了镇压反革命运动和使用反革命罪扩大化的倾向。

2. 1983 年至 1993 年为起步阶段。1983 年,全国人大决定在国务院下设专门的反间谍机关,即国家安全部。1983 年 9 月 2 日第六届全国人民代表大会常务委员会第二次会议了通过相关决定,明确国家安全机关承担原来由公安机关主管的间谍、特务案件的侦查工作,可以行使宪法和法律规定的侦查、拘留、预审和执行逮捕的职权,解决了国家安全部建部之初“无法可依”的问题。1987 年,外交部、最高人民法院、最高人民检察院、公安部、国家安全部、司法部共同出台了《关于处理涉外案件若干问题的规定》(外发〔1987〕54 号)〔2〕,为解决相关涉外案件明确了指导方针。这一时期,国家安全部亦组织专门力量着手研究国家安全法的立法问题,经过长达十年的酝酿,1993 年 2 月 22 日,第七届全国人大常委会第三十次会议审议通过了《国家安全法》,在当时的形势下,这一法律的出台,既满足了维护国家安全工作的需要,又适应了社会主义法治建设的总体形势,为国家安全立法开启了新局面。

3. 1994 年至 2013 年为探索阶段。《国家安全法》(1993 年)颁布一年后,国务院颁布出台了《中华人民共和国国家安全法实施细则》(以下简称《国家安全法实施细则》,国务院令第 157 号)。1997 年新修订的《中华人民共和国刑法》(以下简称《刑法》),将“反革命罪”更名为“危害国家安全的犯罪”,使危害国家安全这一罪名更加明确。与此同时,一批涉及国家安全工作的配套法规,如《中华人民共和国邮政法》(以下简称《邮政法》)、《中华人民共和国保守国家秘密法》(以下简称《保守国家秘密法》)、《中华人民共和国出境入境管理法》(以下简称《出境入境管理法》)也为国家安全立法提供了有益补充。一些地方也纷纷通过地方性法规、行政规章等地方立法的形式,如《吉林省实施〈中华人民共和国国家安全法〉若干规定》《天津市实施〈中华人民共和国国家安全法〉规定》《重庆市实施国家安全法规定》等进一步完善了国家安

〔2〕 该文件已被《关于处理涉外案件若干问题的规定》(外发〔1995〕17 号)废止。

全立法体系。特别值得一提的是,2005 年 3 月 14 日,第十届全国人民代表大会第三次会议全票通过了《反分裂国家法》,有力震慑了“台独”分裂势力的嚣张气焰,起到了良好的政治效果。

4. 2014 年至今为跨越发展阶段。以习近平同志为核心的党中央高度重视依法维护国家安全工作,要求“把法治贯穿于维护国家安全的全过程”。2014 年 11 月 1 日,第十二届全国人大常委会第十一次会议审议通过了《反间谍法》,1993 年版的《国家安全法》同时废止。2015 年 7 月 1 日第十二届全国人民代表大会常务委员会第十五次会议通过了新的《国家安全法》。之后,我国相继出台了一系列重要的维护国家安全的法律法规。可以说,国家安全立法进入了“快车道”和“黄金期”。

第二节　总体国家安全观

当前,中华民族伟大复兴展现出光明前景,国家安全形势保持总体稳定、缓和、向好的基本态势,但同时面临前所未有的挑战,影响安全的风险和危险日渐增多、日趋复杂。面对国家安全形势变化出现的新特点、新趋势,为构筑更为坚固的国家安全屏障,必须以全新的理念思考国家安全,以全局的视角定位国家安全,以整体的思路规划国家安全。总体国家安全观是以习近平同志为核心的党中央对国家安全理论和实践的重大创新,体现了党和国家奋力开创国家安全工作新局面的战略智慧和使命担当。

一、总体国家安全观的形成背景

总体国家安全观的形成,既有客观的现实需求,也有深厚的思想土壤,反映了我国国家安全工作面临的新形势、新任务。

面对错综复杂的国际环境和艰巨繁重的国内改革发展稳定任务,中国共产党带领全国各族人民顽强拼搏、开拓创新,奋力开创了党和国家事业发展的新局面。我国的经济实力、科技实力、国防实力、国际影响力又上了一个新台阶。在经济方面,经济结构优化,发展动力转化,发展方式转变。在科技方面,一批重大科技成果已达到世界先进水平。在国防方面,强军兴军成就显著。在外交方面,全方位外交取得重大进展,对外开放不断深入。与此同时,城镇化水平稳步提高,居民收入不断增长;依法治国得到加强,廉政建设明显改观;

开展社会主义核心价值体系建设,国家文化软实力不断增强。

同时,我国也面临多重挑战。作为世界上最大的发展中国家,我国人均国内生产总值的世界排名不高,发展中的不平衡、不协调、不可持续问题依然突出,城乡发展差距和居民收入差距依然较大。科技创新能力不强、产业结构不合理、农业基础薄弱,部分行业产能过剩,重大安全事故频发。基本公共服务供给不足,人口老龄化加快,消除贫困任务艰巨。法治建设有待加强,领导干部的思想作风和能力水平有待进一步提高,党风廉政建设和反腐败斗争形势依然严峻。在一些地区,群体性事件时有发生,加之境外势力的渗透,维护社会和谐稳定和国土安全的任务艰巨。再加上环境污染和资源高消耗问题,使我国的生态安全和资源安全也面临严峻挑战。这些矛盾叠加,风险隐患与危险挑战增多,要求我们必须不断开拓国家安全工作新局面、新境界。

当今世界正发生广泛深刻的变化,新机遇与新挑战层出不穷。各种国际战略力量不断分化组合,国际体系加速演变调整。世界经济在曲折复苏,新一轮科技革命和产业变革蓄势待发,全球治理体系深刻变革,这些都影响着国家面临的安全挑战以及维护安全的方式。世界大战暂时不会出现,但局部战争威胁一直存在。民族宗教矛盾、边界领土争端复杂多变,冲突不止、危机频发仍是一些地区的常态。非传统安全威胁上升,引发国际社会高度重视。各国已就气候变化、恐怖主义、网络安全、能源与粮食安全、经济发展、金融危机、重大传染性疾病等全球性挑战,在联合国这一平台开展各种国际合作。在应对地区冲突、环境恶化、自然灾害等原因导致的人道主义问题,世界各国和国际组织的解决能力在不断加强。分析世界格局变化,在充分估计国际斗争和矛盾的尖锐性、国际秩序重建的长期性的同时,也要看到世界和平与发展的时代主题、国际体系变革方向不会改变。

中国与世界的关系正发生历史性变化。自加入世界贸易组织(WTO)以来,我国逐步成为全球最大贸易国,是日本、俄罗斯、韩国等国家的最大贸易伙伴。同时,我国对外投资规模也迅速扩大。在能源等大宗商品的进口上,我国对外部的依赖性与日俱增。随着我国国家利益迅速拓展,海外中国公民的人身及财产安全,国家在境外的政治、经济及军事利益,驻外机构及驻外公司企业的安全,对外交通运输线及运输工具安全等,成为维护国家安全的重要目标。我国也积极参加地区和全球安全的治理。中国是联合国安理会常任理事国,也是派遣维和人员最多的国家。我国海军在亚丁湾执行护航任务,为维护国际航道安全作出重要贡献。在解决气候变化、核扩散等地区与全球性问题过程中,中国发挥了不可替代的作用。中国提出共同建设“一带一路”倡议,倡导建立金砖国家开发银行、亚洲基础设施投资银行,推动建立以合作共赢为核心的新型国际关系,在与世界一道前进的潮流中赢得了统筹发展与安全的战略主动。

应该认识到,我国作为一个发展中大国,仍面临多元复杂的安全威胁,生存安全问题和发展安全问题、传统安全威胁和非传统安全威胁相互交织。周边安全环境复杂多变,既有海洋权益争端,又有陆地领土争端。民族分离主义、敌对势力颠覆活动等因素造成威胁,“台独”势力及其分裂活动威胁到台海局势稳定,其他分裂势力不甘沉寂,各种反华势力对国家统一的威胁仍然存在。非传统安全威胁不容忽视,国际和地区局势动荡、恐怖主义、海盗活动、重大自然灾害和疾病疫情、海外能源资源战略通道安全以及海外利益安全等问题凸显。因此,应增强危机意识和忧患意识,充分评估外部环境的各种安全风险和挑战。

从传统上看,我国数千年来,和平、和睦、和谐的“和文化”追求深深扎根于中华民族的精神世界之中。古代的政治家大多遵循“恩威并施、以恩为本”的规训,在“战”与“和”的选择中总体倾向于“和”,在“和”“恩”“德”“礼”的教化影响下,促进了民族融合,并接近理想目标“天下太平、世界大同”。中国古人处理“中国”与“周边国家”关系的实践,被称为“朝贡体系”。这种模式下,“礼仪之邦”“厚往薄来”,与周边关系和睦,多不干涉周边国家内政。古代安全战略思想在今天仍有现实意义。

1949 年以后,党中央始终重视国家安全问题,形成不同时期国家安全战略思想。毛泽东时代明确国家安全的首要任务是保卫社会主义政权、国家独立以及国家主权和领土完整。重视国防建设的经济基础,认为“只有经济建设发展得更快了,国防建设才能够有更大的进步”〔3〕。在注重主权安全的同时,毛泽东时代也强调国际主义,在国际关系中提出“和平共处五项原则”:互相尊重主权和领土完整、互不侵犯、互不干涉内政、平等互利、和平共处。20 世纪 80 年代中后期,邓小平提出,世界战争危险不再迫近,和平与发展是世界的两大主题。邓小平认为,国家安全不仅包括军事和政治安全,也包括经济和科技等安全,要高度重视国内的内部安全:“中国的问题,压倒一切的是需要

---

〔3〕《毛泽东文集》(第 7 卷),人民出版社 1999 年版,第 27 页。

稳定。没有稳定的环境，什么都搞不成，已经取得的成果也会失掉。”[4]20世纪90年代之后，党中央提出新安全观，逐步将其确立为我国解决国际安全问题的核心理念。江泽民指出：“反对一切形式的霸权主义和强权政治。国际社会应树立以互信、互利、平等、协作为核心的新安全观，努力营造长期稳定、安全可靠的国际和平环境。”[5]这种新安全观意味着，各领域安全、国内安全与国际安全相互联系，不可分割。进入21世纪后，党中央提出构建和谐世界的主张。胡锦涛曾指出：“要用更广阔的视野审视安全，维护世界和平稳定。”[6]总体上看，新安全观的视野开阔，强调合作和共同安全，反映我国在新的国际格局中对自身安全利益与国际安全目标的新认知与政策主张。

二、总体国家安全观的提出

党的十八大以来，党中央丰富和发展了国家安全理论，主要包括：强调坚持维护国家主权、安全、发展利益，推进建设文化强国、网络强国和新型大国关系，构建中国特色现代军事力量体系，搭建强有力的国家安全工作统筹平台。还有，推动海洋强国建设，推进区域安全合作，阐明核安全观，等等。这些发展，涉及国家安全利益问题、安全战略目标问题和实现安全的手段保证问题。

2013年11月，党的十八届三中全会决定，成立中央国家安全委员会，完善国家安全体制和国家安全战略，确保国家安全。2014年1月24日，中央政治局召开会议，研究决定中央国家安全委员会设置。这表明党中央从顶层设计层面重视国家安全管理、提升国家安全治理水平。

2014年4月15日，习近平总书记主持召开中央国家安全委员会第一次会议，指出：“我们党要巩固执政地位，要团结带领人民坚持和发展中国特色社会主义，保证国家安全是头等大事。”“……建立集中统一、高效权威的国家安全体制，加强对国家安全工作的领导。”[7]这标志着总体国家安全观首次正式提出，为开创国家安全工作新局面指明了方向；为新时代国家安全工作提供了强大思想武器。

党的十九大将坚持总体国家安全观纳入新时代坚持和发展中国特色社会

---

[4]《邓小平文选》（第3卷），人民出版社1993年版，第284页。

[5]《江泽民文选》（第3卷），人民出版社2006年版，第298页。

[6] 胡锦涛：《同舟共济　共创未来：在第六十四届联大一般性辩论时的讲话》，载《人民日报》2009年9月25日，第2版。

[7]《习近平谈治国理政》，外文出版社2014年版，第200页。

主义的基本方略，并写入党章，反映了全党全国人民的共同意志。总体国家安全观是习近平新时代中国特色社会主义思想的重要组成部分，是当代中国对世界的重要思想理论贡献。总体国家安全观植根于中国特色社会主义新时代的国家安全治理实践，继承了我们党维护国家安全的理论成果和实践经验，体现了中华文化底蕴、彰显了中华民族风骨，推动了中国特色国家安全理论和实践实现历史性飞跃。

总体国家安全观内涵丰富、思想深邃，是一个系统完整、逻辑严密、相互贯通的科学理论体系。其核心要义集中体现为"一个总体""十个坚持"。作为关键的"总体"，强调大安全理念，强调系统思维和科学统筹；作为核心要义的"十个坚持"包括：坚持党对国家安全工作的绝对领导，坚持中国特色国家安全道路，坚持以人民安全为宗旨，坚持统筹发展和安全，坚持把政治安全放在首要位置，坚持统筹推进各领域安全，坚持把防范化解国家安全摆在突出位置，坚持推进国际共同安全，坚持推进国家安全体系和能力现代化，坚持加强国家安全干部队伍建设。[8]

党的二十大报告指出："国家安全是民族复兴的根基，社会稳定是国家强盛的前提。必须坚定不移贯彻总体国家安全观，把维护国家安全贯穿党和国家工作各方面全过程，确保国家安全和社会稳定。"在二十届中央国家安全委员会第一次会议上，习近平总书记进一步强调："加快推进国家安全体系和能力现代化，以新安全格局保障新发展格局，努力开创国家安全工作新局面。"2014 年以来，总体国家安全观重要思想理论的内涵不断丰富、拓展，为我国当前及今后国家安全领域各项工作提供了根本遵循和行动指南。在新的历史起点上，我们要准确把握总体国家安全观的内涵创新、理论品格和重大意义，全面贯彻落实总体国家安全观，领悟新时代国家安全事业的伟大成就与历史经验，在以中国式现代化全面推进中华民族伟大复兴的新征程上，不断推进国家安全体系和能力现代化。

三、总体国家安全观的地位和作用

（一）总体国家安全观的地位

总体国家安全观是新形势下党中央对我国面临的各种安全问题和安全挑

---

〔8〕参见中共中央宣传部、中央国家安全委员会办公室：《总体国家安全观学习纲要》，学习出版社、人民出版社 2022 年版，第 1 ~9 页。

战的系统回应，是马克思主义时代化、中国化在安全领域的最新体现，是推进国家治理体系和治理能力现代化的重大理论成果，是指导新时期国家安全工作的纲领性思想，标志着党和国家对国家安全问题的理论认识提升到了新的高度。概言之，总体国家安全观是中国国家安全理论的最新成果。

总体国家安全观认为，国家安全是整体、系统的。不同领域的安全相互联系、相互作用。例如，国家政治安全与国家领土安全密切相关，领土不完整，国家就无政治安全可言。要实现经济安全，不但需要以政治安全、军事安全和社会安全为前提，还需要以科技安全、网络安全和资源安全为支撑。恐怖主义带来的安全问题体现了境内与境外安全威胁的交织，恐怖主义活动可能发生在任何时间、任何地点，不受边界限制，因此解决此类安全问题需要系统应对。国家间的军事政治对抗属传统安全领域，但因对抗所引发的货币战、贸易战、能源冲突则属于非传统安全领域。生态安全属于非传统安全问题，但水体、空气的跨境污染，可能导致国家间关系紧张并带来传统的政治安全问题。再如，社会不稳定，金融体系发生危机，科技不安全，发展就会出问题；发展出问题，社会就会动荡，国防建设必将受影响，安全便会出问题。面对生态环境恶化、气候变化、资源枯竭等问题，不是一国可以独自解决的，需要开展国际合作，参与全球治理，谋求共同安全。

总体国家安全观认为，国家安全是总体、全面的。其涵盖的领域，既包括政治安全、国土安全、军事安全等传统安全领域，也包括经济安全、文化安全、社会安全、科技安全、网络安全、生态安全、资源安全、核安全和海外利益安全等非传统安全领域。还需要关注太空、深海、极地等新型安全领域。只有全面认知安全的问题领域，才能够真正理解国家安全的属性与特点。对于影响安全的因素，按照总体国家安全观要求，既要关注战争冲突、政治颠覆、情报窃密、分裂破坏、恐怖袭击、文化渗透等人为因素，也要关注地缘环境、气候变化等自然因素；既要关注国际局势、时代主题、经济转型等宏观因素，也要关注实现安全的各种具体因素。对于实现国家安全的途径，总体国家安全观强调工作体制机制和法制建设，涉及军事、政治、外交、情报等领域，同时也要求经济、文化、教育、社会等领域建立相应工作机制；既重视军事攻防、情报保障、外交斡旋等手段，也重视经济发展、社会和谐、文化交流、科技进步等手段。

总体国家安全观认为，国家安全是可持续的。谋求国家安全，不是权宜之计，而是为了长治久安。国家面临的安全问题短期内难以消失，甚至有可能发生复杂变化，因此维护国家安全必定是一个持续的过程。要实现国家安全状态的可持续,必须统筹当前和长远,针对各种突出问题开展机制化和常态化的综合治理。当然,总体国家安全观也非常重视可持续发展,重视生态安全和资源安全,强调生态环境保护,要以可持续发展促进可持续安全。

(二)总体国家安全观的作用

基于总体国家安全观对“国家安全”的准确认知,对其地位和作用可从两个方面认识。

1. 总体国家安全观是指导国家安全工作的强大思想武器。在新的时代,要有效维护国家安全,必须以总体国家安全观为指导,增强忧患意识,强化底线思维,有效防范、管理、应对国家安全风险。要统筹国际国内两个大局,对内要凝聚民心增强信心,维护国家长治久安;对外要争取良好外部条件,维护国家主权、安全和发展利益,维护国家统一,争取各国友好支持,扩大国际伙伴关系网络。

2. 总体国家安全观是保障实现中华民族伟大复兴的新理念。我国已经进入实现民族复兴的关键阶段,既面临发展机遇,也面临困难和挑战。安全是国家生存与发展的必要条件。国内环境和谐稳定,国际环境和平安宁,是国家富强和民族复兴的基本前提。历史经验表明,国家安全失去保障,中华民族就无法掌握自己的命运;也只有保障好国家安全,中华民族才能更加顺利地走上复兴之路。总体国家安全观以实现中国梦为重要目标。我国正处于由“大”向“强”跃升发展的新起点,唯有全面的安全保障,方能从“将强未强”跨越到“全面强盛”。民族复兴的领域越全面,对国家安全的需求就越广泛。践行总体国家安全观,是实现中华民族伟大复兴的中国梦的坚强保障。

第三节 中国特色国家安全道路

总体国家安全观的提出背景、丰富的内涵外延、地位和作用,对于我国走什么样的国家安全道路产生重要影响。我国走的是一条“中国特色的国家安全道路”,其主要特点包括五个方面,以下分述之。

一、坚持党对国家安全工作的绝对领导

国家安全工作能否创造新局面、掌握主动权,关键是道路选择。中国共产党是中国特色社会主义事业的领导核心。中国共产党领导是中国特色社会主

义的本质特征。国家安全工作既是中国特色社会主义事业的重要组成部分，也是中国特色社会主义事业的坚强安全保障。“党对国家安全工作的领导，是社会主义制度的必然政治要求，是维护国家安全和社会安定的根本政治保证。”〔9〕《国家安全法》第4条规定：“坚持中国共产党对国家安全工作的领导，建立集中统一、高效权威的国家安全领导体制。”这是以法律的形式确认党的领导原则。

坚持党对国家安全工作的绝对领导关系到社会主义的前途命运。党的领导是中国社会历史发展的必然要求，是人民的选择。在中国特色社会主义事业建设过程中，中国共产党处于总揽全局、协调各方的核心地位。在新的历史时期，必须将国家安全工作置于党的领导之下，为社会主义事业发展提供坚强可靠的安全保障。实现国家的长治久安是时代赋予国家安全工作的重大使命，坚持党对国家安全工作的绝对领导，是完成这一使命的根本保证。随着我国的快速发展，面临问题越多，遇到阻力越大，由此面临的内外安全压力也越来越大。面对复杂严峻形势，迫切需要通过加强党对国家安全工作的绝对领导，总揽国家发展与安全大局，为实现“两个一百年”奋斗目标提供可靠安全保障。

国家安全工作的首要任务是保证政权安全和制度安全。我国的国体是人民民主专政。人民民主专政本质是人民当家作主。全心全意为人民服务是中国共产党的根本宗旨，只有坚持党的领导，才能确保人民当家作主。这决定了国家安全工作必须置于党的绝对领导之下，为人民当家作主提供安全支撑。在方向问题上，必须保持清醒，坚定不移推动社会主义制度自我完善和发展。中国特色社会主义制度是适应我国国情的根本制度，必须坚决维护。国家安全工作必须立足于确保中国特色社会主义制度安全，保证中国社会主义事业走在正确道路上。进入21世纪，随着国际国内形势发展变化，我国维护政治安全和社会稳定的压力明显增大。为此，国家安全工作必须坚决捍卫国家政权安全和制度安全，旗帜鲜明维护党的权威，为发展提供安全稳定的国内政治环境。

在国家安全形势变化条件下，要求切实加强党对国家安全工作的绝对领导，全面提升维护国家安全的能力和水平。为确保党对国家安全工作的绝对

---

〔9〕 钟国安：《以习近平总书记总体国家安全观为指引 谱写国家安全新篇章》，载《求是》2017年第8期。

领导落到实处,第十九届中央国家安全委员会第一次会议审议通过了《党委(党组)国家安全责任制规定》。下一步,要大力加强国家安全工作思想政治建设,增强忧患意识、危机意识和使命意识,充分认识坚持党的绝对领导的重要性。党的组织领导是政治领导、思想领导的保证。坚持党对国家安全工作的绝对领导,需要通过党的各级组织的集中统一领导来实施。党对国家安全工作的绝对领导需要通过党的干部、党的各级组织和广大党员来实施。如果党的领导能力不足,国家安全的各项工作就会落空。党要切实担负起领导国家安全工作的重任,必须不断提升自身领导能力。

二、坚持国家利益至上

习近平总书记强调:“国家安全要以人民安全为宗旨,以政治安全为根本,以国家利益至上为准则。”国家利益是国家制定和实施安全战略的出发点,也是国家判断安全状态的主要标准。所谓国家利益,是指一个主权国家在国际社会中生存需求和发展需求的总和,包括国土、人口和主权等,也包括和平的周边环境、充分的能源供应和平等的贸易关系等。国家利益不是单一的,而是由国家不同领域和不同主体的多种利益构成的,是不可分割的整体。国家利益有排他的一面,也有共同的一面。当国家利益受到威胁或侵犯时,需要通过斗争才能维护国家利益。而在军控、生态、反恐、打击跨国犯罪等领域,国家间需要通过合作实现自身安全。随着国家间相互联系、依存的程度不断加深,创新国家安全理念,搭建安全合作平台,已成为大势所趋。

国家利益关系民族与国家兴亡,反映了多数人的共同需求,是国际关系中作用最持久、影响力最大的因素,是调整国家对外关系的基本着眼点。国家利益高于地方利益,整体利益高于局部利益。维护本国利益要兼顾他国合理关切,谋求各国共同发展。

国家安全工作的根本使命就是捍卫国家利益。国家利益是人民利益的集中体现。国家利益至高无上,人民利益高于一切,二者相辅相成。我国是人民民主专政的社会主义国家,国家一切权力属于人民,维护国家利益,最终受益的是广大人民群众。有效维护国家利益,离不开国家安全工作的坚强保障。国家利益受到侵犯时,必须有效予以回击。《国家安全法》规定了维护国家安全的任务,要求在所有的安全领域维护国家利益,为实现国家安全目标提供保障。维护国家利益是国家安全工作的最高目标,这也是中国特色国家安全道路的必然选择。

时代在变,国家利益也在变。随着我国与外部世界的联系互动更为深入,国家利益逐渐超出传统领土范围,向世界特别是海外有关区域扩展,向国际海底、外层空间、网络空间、极地等新兴领域拓展。因此,国家安全工作必须树立维护国家利益的机遇意识,强化维护国家利益的底线思维,创新维护国家利益的方式方法,提高保护利益边界的能力。

三、坚持以人民安全为宗旨

人民安全是国家安全的核心,人民安全高于一切,是总体国家安全观的精髓。人民群众是维护国家安全最为可靠的力量源泉。必须紧密依靠人民群众,充分调动人民群众的爱国热情,最大限度发挥人民群众的积极性和创造力,广泛凝聚民心、士气、智慧和力量。只有紧紧依靠人民,才能打造出维护国家安全的铜墙铁壁。人民安全是国家安全的基石和归宿。维护国家安全不仅需要强大武装力量,更需要广大人民群众的支持。人民安全感越强,国家安全就越有依靠。

保障人民安全是国家安全工作的根本任务。要维护人民的根本利益,保障人民当家作主的各项权利,为人民创造良好的生存发展条件和安定的工作环境,保障人民的生命财产安全和其他合法权益。当前及今后一段时间,维护国家安全既要加强国防力量建设,又要加强社会治理,最大限度降低对人民群众造成的安全威胁。

以人民安全为宗旨,蕴含"从群众中来、到群众中去"的国家安全工作路线。国家安全工作的根本路线是密切联系群众,要通过自身工作最广泛、最紧密地团结群众,多做凝聚民心、让群众满意的工作。国家安全工作要始终坚持以民为本、以人为本。贯彻总体国家安全观,既要着眼于实现全体人民的安全,又要保障每个人的安全。既要增强保障人民安全的物质基础,也要不断促进社会公平正义。坚持共享发展,着力增进人民福祉,建立健全社会公平保障体系。

四、坚持共同安全

当今世界,各国人民命运与共、唇齿相依。全球化深入发展,使国家间利益交织、相互依赖。任何国家都不可能脱离世界而实现自身安全,也不可能将自身安全建立在其他国家不安全的基础上。习近平总书记主张的"共同安全"理念,顺应了国际安全形势发展潮流,是对当今世界主要安全问题和共同安全利益的准确把握,是维护自身安全与国际安全的重要举措。

国际社会中,各国实力有别,意识形态和政治制度各异,但各国主权平等,在安全领域都是利益攸关方,休戚与共。(1)安全应该是普遍的。各国面临越来越多具有普遍性的安全难题,如气候变暖、金融危机、恐怖主义、核扩散、难民潮、传染病、网络攻击等。只有各国共同合作,才能实现普遍安全。(2)安全应该是平等的。国家谋求安全没有大小和强弱的等级之分,所有国家都平等地享有权利和负有义务。反对让弱小国安全利益成为大强国交易的对象,不能任意牺牲弱小国安全利益,不漠视、排斥弱小国的安全利益。(3)安全应该是包容的。文明的多样性和各国的差异性应该转化为促进安全合作的活力和动力。歧视和区别对待将形成国家间交往沟通的障碍,不利于互信机制的建立。因此要提倡相互尊重理解,"各美其美,美人之美,美美与共,天下大同"。

坚持共同安全符合时代发展潮流。一国的发展离不开其他国家的稳定。践行共同安全理念,首先要立足于推进区域一体化,让维护地区安全成为区域成员国的共同追求。坚持共同安全是维护我国和平发展的需要。改革开放四十年来,我国是经济全球化的受益者,也是重要推动者。随着自身实力的增长,我国具备了更强参与国际安全事务的能力。倡导共同安全,是我国推进国际安全合作的现实选择。这也展示了我国积极融入国际社会的负责任态度,树立良好的国家形象,增强了对我国的信任和理解。

维护共同安全唯有各方面形成合力。推进国际安全合作需要有关各方相向而行。各国要尊重和维护《联合国宪章》的宗旨和原则,弘扬和平共处五项原则,推动和平解决国际争端。推进国际安全合作势在必行,只有各国携手,共同应对全球安全威胁,才能有效实现国家安全目标。推进国际安全合作,关键在于处理好大国关系。大国关系要和谐,共同安全就有了保障。大国遵守国际法,对各国会起到示范和导向作用。在一些重大国际问题方面,中国有大国的原则和执着,坚持义利并举,既维护正义,又不失国家利益。同时,作为亚洲区域大国,我国应该通盘考虑地区安全情势,多管齐下,综合施策,协调推进地区安全治理。

五、坚持促进中华民族伟大复兴

把国家安全工作放置于中华民族伟大复兴的历史进程中加以领导和运筹,是中国特色国家安全道路的基本发展方向。要不断提高战略谋划能力、开拓创新能力,牢牢掌握做好国家安全工作的主动权。中华民族伟大复兴是当代中国最伟大的梦想。中国梦的根本要求是全面建成小康社会,前提条件是实现国家富强、民族振兴、人民幸福。对内求发展、求变革、求稳定,对外求和平、求合作、求共赢。中国办好自己的事,既是对自己负责,也是为世界做贡献。事实表明,中国的发展不仅给中国人民带来富裕安康,也给世界各国人民带来了和平与进步!

维护国家安全是中华民族伟大复兴的重要保障。实现中华民族伟大复兴,保障国家安全是头等大事。在这一历史进程中,要始终高度警惕国家被侵略、被颠覆、被分裂的危险,始终高度警惕改革发展稳定大局被破坏的危险,始终高度警惕中国特色社会主义进程被打断的危险,始终不渝地坚持走中国特色国家安全道路。

课程阅读指南

1. 要加深理解总体国家安全观的内容、意义,可参阅:

中共中央党史和文献研究院编:《习近平关于总体国家安全观论述摘编》,中央文献出版社2018年版。

全国干部培训教材编审指导委员会组织编写:《全面践行总体国家安全观》,人民出版社、党建读物出版社2019年版。

中共中央宣传部、中央国家安全委员会办公室:《总体国家安全观学习纲要》,学习出版社、人民出版社2022年版。钟国安:《以习近平总书记总体国家安全观为指引　谱写国家安全新篇章》,载《求是》2017年第8期。

陈文清:《牢固树立总体国家安全观在新时代国家安全工作中的指导地位》,载《求是》2019年第8期。

马振超:《总体国家安全观:开创中国特色国家安全道路的指导思想》,载《行政论坛》2018年第4期。

2. 要进一步了解总体国家安全观与中国特色国家安全道路的关系,可参阅:

孙建国:《坚定不移走中国特色国家安全道路——学习习近平主席总体国家安全观战略思想》,载《求是》2015年第5期。

高祖贵:《以总体国家安全观指引中国特色国家安全道路》,载《当代中国史研究》2015年第2期。

徐光裕、王瑾:《热话题与冷思考——关于总体国家安全观与中国特色国家安全道路的对话》,载《当代世界与社会主义》2014年第6期。

思考题

1. 如何认识中国国家安全立法的立法阶段?
2. 如何理解总体国家安全观的内涵?如何在国家安全法治实践中贯彻落实总体国家安全观?
3. 如何阐释中国特色国家安全道路?

第三章　中国国家安全法制体系

当今世界立法体制，主要有单一、复合、制衡的立法体制类型。相比之下，中国现行立法体制颇具特色。目前，我国已形成了一元多层次的立法体系。我国《立法法》在坚持国家法制统一的大原则下对这种“一元多层次”的立法实践进行了确认。我国国家安全法律制度体系是中国特色社会主义法律体系的组成部门，在我国独具特色的立法体制下，我国国家安全法律制度体系也具备了自身特点，形成了以宪法相关规定为基础、以《国家安全法》为核心、包括国家安全法律、行政法规、地方性法规、部门规章、地方政府规章等规范类别的制度体系。本章分六节对我国国家安全法律制度体系进行简要介绍。

第一节　《宪法》有关维护国家安全的规定

作为国家根本大法的我国现行《宪法》于 1982 年 12 月 4 日通过，在 1988 年、1993 年、1999 年、2004 年、2018 年先后经历五次修改。有关国家安全最直接的规定体现在《宪法》第 28 条：“国家维护社会秩序，镇压叛国和其他危害国家安全的犯罪活动，制裁危害社会治安、破坏社会主义经济和其他犯罪的活动，惩办和改造犯罪分子。”除此之外，《宪法》序言中强调要“坚持四项基本原则”，“对敌视和破坏我国社会主义制度的国内外的敌对势力和敌对分子，必须进行斗争”。《宪法》第 1 条第 2 款规定：“社会主义制度是中华人民共和国的根本制度。中国共产党领导是中国特色社会主义最本质的特征。禁止任何组织或者个人破坏社会主义制度。”第 29 条第 1 款规定，国家武装力量的任务是“巩固国防，抵抗侵略，保卫祖国，保卫人民的和平劳动，参加国家建设事业，努力为人民服务”。

《宪法》在第二章“公民的基本权利与义务”中，以较大篇幅规定了公民有维护国家安全的宪法义务:“中华人民共和国公民有维护国家统一和全国各民族团结的义务。”(第52条)“中华人民共和国公民必须遵守宪法和法律,保守国家秘密,爱护公共财产,遵守劳动纪律,遵守公共秩序,尊重社会公德。”(第53条)“中华人民共和国公民有维护祖国的安全、荣誉和利益的义务,不得有危害祖国的安全、荣誉和利益的行为。”(第54条)“保卫祖国、抵抗侵略是中华人民共和国每一个公民的神圣职责。依照法律服兵役和参加民兵组织是中华人民共和国公民的光荣义务。”(第55条)

国家安全法律有很强的行政法色彩,但不能机械地将其划归为行政法律部门。国家安全法律行政法化,不足以反映出国家安全法律的地位和作用。在我国社会主义法律体系中,应以宪法作为构建国家安全法律体系的指引。《中共中央关于全面推进依法治国若干重大问题的决定》指出:“坚持依法治国首先要坚持依宪治国,坚持依法执政首先要坚持依宪执政。”在国家安全(法律)制度体系构建过程中,必须遵循宪法的原则和精神,与宪法保持一致。换句话说,建构国家安全体系的顶层设计是要规划好国家安全宪法。

从宪法学的角度,如何保证在我国的国家安全领域,特别是国家安全体系的构建中保障宪法的实施,需要借鉴部门宪法释义学的研究成果,阐明“国家安全宪法”这一重大基础概念。所谓“部门宪法”,乃是与传统“国家宪法”相较而言,其具体形态有“经济宪法”“劳动宪法”“社会宪法”“教育宪法”“文化宪法”“宗教宪法”“环境宪法”“科技宪法”等。部门宪法的基本逻辑就在于,从社会功能领域出发,以从实存的社会秩序出发,以宪法原则和基本权规定为线索,总结和归纳出该领域基本性、最高性的规范,使之成为宪法在具体生活领域的“投射”。

就国家安全领域而言,其所规制保护的内容和涉及的权利、义务关系范围都是极其广泛的,从总体国家安全观所包含的广义国家安全到特定领域的国家安全无所不及。而国家安全法律部门与宪法的关系也更为紧密,两者互相映衬,为公民权利和国家权力划定了边界。因此,国家安全宪法作为一个学术概念是完全可以成立的。

第二节　国家安全法律的分类

自总体国家安全观提出以来,党和国家对国家安全领域立法高度重视,中央国家安全委员会的职责之一就是推进国家安全法治建设,全国人大常委会在国家安全领域的立法从数量和速度上来看都是空前的。到目前为止,已经形成了以《国家安全法》为纲领,涵盖了《反间谍法》、《反恐怖主义法》、《境外非政府组织境内活动管理法》和《网络安全法》等各细分领域的国家安全法律体系框架,国家安全法律体系已经大体形成。

按照总体国家安全观的要求,国家安全涵盖了十几个领域的安全,范围似乎无所不包。但从功能和地位分析,纳入国家安全法律体系的各部法律在性质与地位上各有不同。依据各法所体现国家安全相关问题的程度不同,可以将国家安全法律体系的类别划分为国家安全综合性法律、专门国家安全法律、关涉国家安全法律三种。

(一)国家安全综合性法律

国家安全综合性法律,是国家安全法律制度体系中其他法律的纲领,起到统领、示范的作用,也为其他法律的制定提供了接口。《国家安全法》就是我国国家安全法律制度体系的综合性法律,是国家安全法律体系的核心和总则,因此我国的核心国家安全法律即《国家安全法》。[1] 随着国家安全法律体系的不断完善和法典化趋势的加强,这种基础性、综合性在未来会有更好的体现。

(二)专门国家安全法律

即在总体国家安全观下的十几类国家安全领域中的国家安全法律,与国家安全综合性法律相比,专门国家安全法律局限在国家安全之下的某一安全领域;与关涉国家安全法律相比,国家安全的条款在整个法律中占比高,体现明显。自 2014 年 4 月总体国家安全观提出以来,《反间谍法》(2014 年)、《反恐怖主义法》(2015 年)、《境外非政府组织境内活动管理法》(2016 年)、《网络安全法》(2016 年)、《国防交通法》(2016 年)、《国家情报法》(2017 年)等

---

〔1〕“国家安全法为构建中国特色国家安全法律制度体系,推进国家安全各项工作法治化提供了基础支撑。国家安全法是一部维护国家安全的综合性、全局性、基础性的法律,在国家安全法律制度体系中起统领、支撑作用。国家安全法对国家安全领导体制机制,国家安全工作应当遵循的原则,维护国家安全的任务、职权划分、保障措施规定了完整的框架,预留了接口。国家安全法的制定,为开展国家安全工作和制定其他国家安全相关法律法规和配套规定提供了依据和遵循。在这部法律的统领下,国家安全领域的法律制度建设、规范体系和保障体系等各项建设,将得到进一步完善和发展。”参见李建国:《全面实施国家安全法　共同维护国家安全:在贯彻实施国家安全法座谈会上的讲话》,载《中国人大》2016 年第 8 期。

都属于专门国家安全法律。其实，在总体国家安全观提出之前，就已经出台了一些专门国家安全法律，如政治安全领域的《保守国家秘密法》、《中华人民共和国戒严法》（以下简称《戒严法》），国土安全领域的《出境入境管理法》、《反分裂国家法》、《中华人民共和国领海及毗连区法》（以下简称《领海及毗连区法》），军事安全领域的《中华人民共和国军事设施保护法》（以下简称《军事设施保护法》）、《中华人民共和国国防法》（以下简称《国防法》），经济安全领域的《中华人民共和国反垄断法》（以下简称《反垄断法》），社会安全领域的《中华人民共和国突发事件应对法》（以下简称《突发事件应对法》），等等。

（三）关涉国家安全法律

与专门国家安全法律体系类似的是，关涉国家安全法律同样可以纳入某一特定的国家安全领域之中，但从法律的主旨和关涉国家安全的程度上看，与专门国家安全法律相比，此类法律的关涉程度有限。一个典型特征是整部法律只有个别条款涉及国家安全，且多为排除性适用条款。关涉国家安全法律的确与国家安全相关，但却不能完全地将之纳入国家安全法律体系，或者成为国家安全部门法。一是其本身可能就属于其他法律部门体系，典型的如《刑法》《中华人民共和国刑事诉讼法》《中华人民共和国民法总则》等；二是关涉国家安全法律立法的主要目的和原则是针对特定领域的非国家安全事项，而非纯粹的国家安全立法；三是将关涉国家安全法律设定在国家安全法律体系的外围，可以更加灵活地解决国家安全法律部门与其他法律部门的衔接和联系问题，使社会主义法律体系的构建和部门划分更加协调。

第三节　几部专门国家安全法律解读

一、《反间谍法》重点内容解读

2014 年 11 月 1 日，第十二届全国人大常委会第十一次会议审议通过《反间谍法》。《反间谍法》是在原《国家安全法》（1993 年）的基础上修订出台的，是规范和保障反间谍斗争的专门法律。作为我国反间谍工作领域的一部重要法律，该法使我国反间谍工作进一步规范化、制度化和法治化，对防范、制止和惩治间谍行为，切实维护国家安全，起到基础性法律保障作用。

随着形势的发展变化,各种危害国家安全的新主体新行为新危害日益多元,反间谍斗争面临诸多新挑战。2023 年 4 月 26 日,第十四届全国人大常委会第二次会议表决通过修订后的《反间谍法》,该法于 2023 年 7 月 1 日起施行。新修订的《反间谍法》共 6 章 71 条,在 2014 年《反间谍法》得基础上,新增条文 29 条,修订条文 41 条。这次新修订《反间谍法》,是贯彻习近平法治思想和总体国家安全观的生动实践;是落实党的二十大"完善国家安全法治体系"部署的重要举措;是在法治轨道上加快构建新安全格局的有力保障。这次修法是对我国反间谍法律制度的全面修订、系统完善,实现了一系列重大创新和突破。

(一)2023 年《反间谍法》的特点

1. 全面贯彻习近平法治思想和总体国家安全观。以习近平新时代中国特色社会主义思想为指导,将党中央对反间谍工作的重大决策部署转化为国家意志,更好维护国家安全。《反间谍法》依照宪法制定,是在反间谍工作领域全面实施宪法的过程。修订《反间谍法》是新时代在总体国家安全观指引下加强反间谍工作的重要举措,也是立足国家安全法治体系,使法律之间同频率衔接的必要的法治升级。

2. 坚持问题导向,回应时代的需要。当前国家安全问题日益复杂,实践中出现的新情况、新问题亟须在法律上定性并寻找解决方案。针对 2014 年《反间谍法》实施中存在的"间谍行为"概念不清晰、安全防范制度不健全、行政执法赋权不足等重点、难点问题,完善相关法律规定。

3. 兼顾赋权与限权,加强对行使公权力的监督制约。

4. 注重系统观念。立足我国反间谍工作实践,借鉴国外立法经验,加强相关法律衔接,健全完善中国特色反间谍法律制度。

(二)2023 年《反间谍法》修订的内容

1. 进一步强化党中央对反间谍工作的集中统一领导。总则第 2 条将"反间谍工作坚持中央统一领导"进一步明确为"反间谍工作坚持党中央集中统一领导";增加"坚持总体国家安全观"作为反间谍工作的指导思想;新增第 5 条"国家建立反间谍工作协调机制,统筹协调反间谍工作中的重大事项,研究、解决反间谍工作中的重大问题"。

2. 针对性完善对间谍行为的界定。针对当前传统安全威胁和非传统安全风险相互交织,各类间谍情报活动主体更加复杂、领域更加广泛、目标更加多元、手法更加隐蔽的严峻敌情,2023 年新修订的《反间谍法》与时俱进地完善了间谍行为的内涵外延,将“投靠间谍组织及其代理人”“针对国家机关、涉密单位或者关键信息基础设施等的网络攻击、侵入、干扰、控制、破坏等行为”明确为间谍行为。同时,根据实践中的情况,具体明确了相关主体窃密的对象范围是“国家秘密、情报以及其他关系国家安全和利益的文件、数据、资料、物品”。

3. 体系化设置反间谍安全防范专章。2023 年新修订的《反间谍法》将“积极防御”“依法惩治”“标本兼治”列入反间谍工作的基本原则,要求“筑牢国家安全人民防线”。特别是总结固化反间谍安全防范实践中行之有效的做法,增设“安全防范”专章,明确国家机关、人民团体、企业事业组织和其他社会组织承担本单位反间谍安全防范工作的主体责任,压实地方政府和行业主管部门职责分工内的管理责任,强化国家安全机关的指导监督责任,要求重点单位强化反间谍人防、物防、技防措施,细化国家安全机关对涉及国家安全事项的建设项目实施的许可制度,明确有关方面积极开展反间谍宣传教育的职责和公民举报间谍行为的义务,有效解决了“防什么”“谁来防”“怎么防”的问题。

4. 全面规范反间谍行政执法保障。一方面,完善了反间谍调查措施,增加查阅调取数据、传唤、查询财产信息、不准出入境等行政执法职权;明确国家安全机关执法规范要求,严格审批程序;增加对发现的网络安全风险等的通报和处置措施;增加对国家秘密、情报的鉴定评估机制;增加行刑衔接的规定。另一方面,加强对反间谍工作的保障与监督,增加对相关人员予以保护、营救、安置、抚恤优待等规定;增加规定鼓励反间谍领域的科技创新,发挥科技在反间谍工作中的作用;明确国家安全机关应当严格执行内部监督和安全审查工作制度;明确应当加强反间谍专业力量人才队伍建设和专业训练,提升反间谍工作能力。

5. 多层次扩大行政处罚适用种类和范围。在 2014 年《反间谍法》对间谍行为等危害国家安全的违法行为只能予以警告、没收违法所得财物的基础上,新增多项规定:一是增设多种行政处罚措施,明确对尚不构成犯罪的间谍行为,国家安全机关可以单处或并处警告、罚款、行政拘留,并可由有关部门予以处分。二是增设对单位的处罚,对实施间谍行为的单位、直接负责的主管人员和其他直接责任人员,国家安全机关可以罚款,并建议有关主管部门依法责令停止从事相关业务、提供相关服务或者责令停产停业、吊销有关证照、撤销登记。三是增设对帮助间谍行为和未履行反间谍安全防范责任等其他违法行为的处罚，进一步织密法网。

二、《国家情报法》重点内容解读

2017 年 6 月 27 日，第十二届全国人大常委会第二十八次会议审议通过《国家情报法》。2018 年 4 月 27 日，第十三届全国人大常委会第二次会议通过《关于修改〈中华人民共和国国境卫生检疫法〉等六部法律的决定》，该决定对《国家情报法》的部分内容进行了修改。该法旨在加强和保障国家情报工作，维护国家安全和利益，首次从法律层面规范了国家情报工作，[2]共包含总则、国家情报工作机构职权、国家情报工作保障、法律责任、附则等五个章节 32 个条款。有学者将《国家情报法》的条款整理制作了表格（见表 1），对我们理解《国家情报法》的重点内容具有参考意义。

表 1 《国家情报法》具体内容及条款分类统计[3]

章名	具体内容	条款分布	条款数量/条
第一章 总则	制定目的	第 1 条	1
	情报工作作用	第 2 条	1
	国家情报体制	第 3 条	1
	国家情报工作坚持的原则	第 4 条	1
	各单位及公民的责任	第 5 ~ 7 条	3
	人民的权益	第 8 ~ 9 条	2
第二章 国家情报工作机构职权	境内外职权	第 10 ~ 11 条	2
	与有关部门及个人合作	第 12 ~ 14 条	3
	经批准后可获得职权	第 15 ~ 18 条	4
	情报工作要依法办事（“6 不准”）	第 19 条	1

〔2〕 参见郭守祥、韩治国：《〈国家情报法〉释放哪些安全“情报”》，载《保密工作》2017 年第 9 期。

〔3〕 参见邓灵斌：《〈国家情报法〉解读——基于总体国家安全观视角的思考》，载《图书馆》2018 年第 8 期。

续表

章名	具体内容	条款分布	条款数量/条
第三章　国家情报工作保障	国家对情报工作的保障	第20～25条	6
	国家对情报工作的监督审查制度	第26～27条	2
第四章　法律责任	阻碍或冒充国家情报工作人员开展情报工作	第28～30条	2
	泄露国家情报工作秘密	第29条	1
	国家情报工作机构及其工作人员的违法违纪行为处罚	第31条	1
第五章　附则	《国家情报法》正式施行时间	第32条	1
总　计			32

(一)明确了情报工作的指导思想和基本原则

《国家情报法》第2条规定了国家情报工作的指导思想及其功能作用:"国家情报工作坚持总体国家安全观,为国家重大决策提供情报参考,为防范和化解危害国家安全的风险提供情报支持,维护国家政权、主权、统一和领土完整、人民福祉、经济社会可持续发展和国家其他重大利益。"

《国家情报法》第4条规定了情报工作应坚持的三项原则:(1)坚持公开工作与秘密工作相结合;(2)坚持专门工作与群众路线相结合;(3)坚持分工负责与协作配合相结合。以上三个原则是对情报工作规律和实践的总结,是情报工作特殊性所决定的原则。除此之外,情报工作还应遵循法治国家所要求的一些最基本的原则,如法治和保障人权原则。对此,我国《国家情报法》第8条也进行了专门规定:"国家情报工作应当依法进行,尊重和保障人权,维护个人和组织的合法权益。"

(二)明确了我国情报工作的体制机制

《国家情报法》规定,国家建立健全集中统一、分工协作、科学高效的国家情报体制。"集中统一、分工协作、科学高效"十二字要求即是我国情报体制的总体框架,以下分别对十二字要求的内涵进行初步分析。

"集中统一",集中体现为情报领导制度。《国家情报法》规定,中央国家安全领导机构对国家情报工作实行统一领导,制定国家情报工作方针政策,规划国家情报工作整体发展,建立健全国家情报工作协调机制,统筹协调各领域国家情报工作,研究决定国家情报工作中的重大事项。中央军事委员会统一领导和组织军队情报工作。

“分工协作”,主要体现在三个层面的协作。第一个层面,国家情报工作机构之间的分工协作。《国家情报法》第5条明确规定我国国家情报工作机构分为国家安全机关、公安机关情报机构、军队情报机构,三类情报机构之间要进行分工配合。第二个层面,国家情报工作机构与其他国家机关之间的配合。《国家情报法》规定,各有关国家机关应当根据各自职能和任务分工,与国家情报工作机构密切配合。第三个层面,组织、公民配合国家情报工作机构的工作。《国家情报法》规定,任何组织和公民都应当依法支持、协助和配合国家情报工作,保守所知悉的国家情报工作秘密。

“科学高效”,是对情报工作成效提出的要求。为确保情报工作顺利开展,提高情报工作的质量和效率,《国家情报法》从四个方面规定了保障措施:(1)国家加强国家情报工作机构建设,对其机构设置、人员、编制、经费、资产实行特殊管理,给予特殊保障。(2)国家建立适应情报工作需要的人员录用、选调、考核、培训、待遇、退出等管理制度。(3)该法第二章规定了国家赋予国家情报工作机构的诸多职权。(4)国家情报工作机构应当适应情报工作需要,提升开展情报工作的能力。运用科学技术手段,提高对情报信息的鉴别、筛选、综合和研判分析水平。

(三)规定了国家情报工作机构及其工作人员的职权

《国家情报法》明确赋予国家情报工作机构依法使用必要的方式、手段和渠道,在境内外开展情报工作的职权,主要包括五个方面:(1)提供情报依据,依法搜集、处理境外机构、组织、个人实施或指使、资助他人实施,或境内机构、组织、个人与境外机构、组织、个人相勾结实施的危害国家安全、利益的相关情报,为防范、制止和惩治上述行为提供情报参考;(2)与有关个人和组织建立合作关系,委托开展相关工作;(3)按照国家有关规定,开展对外交流合作;(4)可以要求有关机关、组织和公民提供必要的支持、协助与配合;(5)根据工作需要,采取技术侦察与身份保护。[4]

国家情报工作机构人员依法执行任务时,可以行使以下职权:(1)进入限制场所调查、了解询问相关人员和查阅调取资料。国家情报工作机构工作人

〔4〕 参见郭守祥、韩治国:《〈国家情报法〉释放哪些安全“情报”》,载《保密工作》2017年第9期。

员依法执行任务时,按照国家有关规定,经过批准,出示相应证件,可以进入限制进入的有关区域、场所,可以向有关机关、组织和个人了解、询问有关情况,可以查阅或者调取有关的档案、资料、物品。(2)通行便利。国家情报工作机构工作人员因执行紧急任务需要,经出示相应证件,可以享受通行便利。(3)依法征用权力。国家情报工作机构工作人员根据工作需要,按照国家有关规定,可以优先使用或者依法征用有关机关、组织和个人的交通工具、通信工具、场地和建筑物,必要时,可以设置相关工作场所和设备、设施,任务完成后应当及时归还或者恢复原状,并依照规定支付相应费用;造成损失的,应当补偿。(4)免检权。国家情报工作机构根据工作需要,按照国家有关规定,可以提请海关、出入境边防检查等机关提供免检等便利。[5]

(四)明确国家情报工作保障措施

《国家情报法》规定的保障措施,既包括加强情报机构能力建设方面的(在上文对"科学高效"的解释部分进行了介绍),也包括综合保障方面的,以下主要介绍综合保障措施。(1)保护、营救。国家情报工作机构人员,以及有合作关系的人员及其近亲属人身安全受到威胁时,应予以保护、营救。(2)安置。为国家情报工作作出贡献并需安置的人员,国家有关部门及国有企事业单位应予以协助。(3)抚恤优待。对因开展国家情报工作或支持、协助和配合国家情报工作而导致伤残或牺牲的人员,按国家有关规定给予抚恤优待。(4)补偿。对因支持、协助和配合国家情报工作的开展导致财产损失的,按国家有关规定给予补偿。(5)表彰奖励。国家对在国家情报工作中作出重大贡献的个人和组织给予表彰和奖励。

(五)规定了法律责任

《国家情报法》对四个方面的行为予以规制:(1)违反本法规定,阻碍国家情报工作机构及其工作人员依法开展情报工作的。(2)泄露与国家情报工作有关的国家秘密的。两种行为都可以由国家情报工作机构建议相关单位给予处分或者由国家安全机关、公安机关处警告或者十五日以下拘留;构成犯罪的,依法追究刑事责任。(3)冒充国家情报工作机构工作人员或者其他相关人员实施招摇撞骗、诈骗、敲诈勒索等行为的,依照《中华人民共和国治安管

---

〔5〕 参见中国检察出版社、龙图集团编:《法治影响生活·2017中国法治蓝皮书》,中国检察出版社2018年版。

理处罚法》(以下简称《治安管理处罚法》)的规定处罚;构成犯罪的,依法追究刑事责任。(4)国家情报工作机构及其工作人员有超越职权、滥用职权,侵犯公民和组织的合法权益,利用职务便利为自己或者他人谋取私利,泄露国家秘密、商业秘密和个人信息等违法违纪行为的,依法给予处分;构成犯罪的,依法追究刑事责任。[6]

三、《反恐怖主义法》重点内容解读

2015 年 12 月 27 日,第十二全国人大常委会第十八次会议通过《反恐怖主义法》。2018 年 4 月 27 日,全国人大常委会关于修改《〈中华人民共和国国境卫生检疫法〉等六部法律的决定》对该法进行了修正。该法是在总结近年来我国防范和打击恐怖活动的经验、借鉴国外有效做法的基础上制定的,共十章 97 条。该法系统地规定了反恐怖主义工作的基本原则、体制机制、安全防范、情报信息等内容,为我国依法打击恐怖活动提供了坚实的法律支撑和保障。以下简要分析其重点内容。

(一)规定了我国反恐怖主义的立场、方针、原则

《反恐怖主义法》规定,我国反恐怖主义的基本立场是:反对一切形式的恐怖主义,依法取缔恐怖活动组织,对任何组织、策划、准备实施、实施恐怖活动,宣扬恐怖主义,煽动实施恐怖活动,组织、领导、参加恐怖活动组织,为恐怖活动提供帮助的,依法追究法律责任。反恐怖主义的工作方针是:将反恐怖主义纳入国家安全战略,综合施策,标本兼治,加强反恐怖主义的能力建设,运用政治、经济、法律、文化、教育、外交、军事等手段,开展反恐怖主义工作。国家反对一切形式的以歪曲宗教教义或者其他方法煽动仇恨、煽动歧视、鼓吹暴力等极端主义,消除恐怖主义的思想基础。反恐怖主义的工作原则是:坚持专门工作与群众路线相结合,防范为主、惩防结合和先发制敌、保持主动的原则。以上仅仅是根据我国多年反恐工作经验总结出来的几项原则,除此之外,还应遵循法治国家提出的一般性原则要求:依法进行,尊重和保障人权,维护公民和组织的合法权益;尊重公民的宗教信仰自由和民族风俗习惯,禁止任何基于地域、民族、宗教等理由的歧视性做法。

---

[6] 参见中国检察出版社、龙图集团编:《法治影响生活 · 2017 中国法治蓝皮书》,中国检察出版社 2018 年版。

(二)规定了反恐怖主义工作的体制机制

根据《反恐怖主义法》,反恐怖主义工作的体制机制主要体现在以下几个方面:

1. 领导机制。《反恐怖主义法》规定,国家设立反恐怖主义工作领导机构,统一领导和指挥全国反恐怖主义工作。设区的市级以上地方人民政府设立反恐怖主义工作领导机构,县级人民政府根据需要设立反恐怖主义工作领导机构,在上级反恐怖主义工作领导机构的领导和指挥下,负责本地区反恐怖主义工作。

2. 国家机关反恐工作责任制。《反恐怖主义法》规定,公安机关、国家安全机关和人民检察院、人民法院、司法行政机关以及其他有关国家机关,应当根据分工,实行工作责任制,依法做好反恐怖主义工作。

3. 武装力量防范和处置机制。《反恐怖主义法》规定,中国人民解放军、中国人民武装警察部队和民兵组织依照本法和其他有关法律、行政法规、军事法规以及国务院、中央军事委员会的命令,并根据反恐怖主义工作领导机构的部署,防范和处置恐怖活动。

4. 反恐工作联动配合机制。《反恐怖主义法》规定,有关部门应当建立联动配合机制,依靠、动员村民委员会、居民委员会、企业事业单位、社会组织,共同开展反恐怖主义工作。

5. 反恐情报工作机制。《反恐怖主义法》规定,我国设立国家反恐怖主义情报中心,实行跨部门、跨地区情报信息工作机制,统筹反恐怖主义情报信息工作,地方建立跨部门情报信息工作机制。这一机制可以从两个方面理解:一方面,反恐怖主义情报信息的收集、汇集、分析和研判工作要实现跨部门、跨地区。另一方面,反恐怖主义情报信息分析、研判的成果要实现按工作需要跨部门、跨地区分享。[7]

(三)规定了如何认定恐怖活动组织和人员

《反恐怖主义法》从以下几个方面进行了规定:(1)认定申请主体。国务院公安部门、国家安全部门、外交部门和省级反恐怖主义工作领导机构对于需要认定恐怖活动组织和人员的,向国家反恐怖主义工作领导机构提出申请。(2)认定主体。国家反恐怖主义工作领导机构根据本法相关规定,认定恐怖

---

〔7〕 参见《国家安全法律知识读本:注解版》,中国法制出版社 2018 年版,第 107 页。

活动组织和人员，由国家反恐怖主义工作领导机构的办事机构予以公告。此外，有管辖权的中级以上人民法院在审判刑事案件的过程中，也可以依法认定恐怖活动组织和人员。(3)认定标准。该法第3条明确规定了恐怖主义、恐怖活动、恐怖活动组织、恐怖活动人员、恐怖事件5个概念的定义。这一条规定即是国家反恐怖主义工作领导机构中级以上人民法院的认定标准。(4)救济程序。被认定的恐怖活动组织和人员对认定不服的，可以通过国家反恐怖主义工作领导机构的办事机构申请复核。国家反恐怖主义工作领导机构应当及时进行复核，作出维持或者撤销认定的决定。复核决定为最终决定。

(四)规定了安全防范措施

《反恐怖主义法》主要规定了四个方面的防范措施：

1. 基础防范措施。包括反恐怖主义宣传教育，电信、互联网服务提供者进行网络管控，物流运营单位的安全查验及信息登记，电信、互联网、金融、住宿、长途客运、机动车租赁等业务经营者、服务提供者的客户身份查验制度，枪支等武器、弹药、管制器具、危险化学品、民用爆炸物品、核与放射物品、传染病病原体等物质监督管理制度，防范恐怖主义融资制度，反恐怖主义工作对城乡规划、技防物防的要求。

2. 禁止极端主义。包括三个层面的内容：(1)对宣扬极端主义的处理。对宣扬极端主义，利用极端主义危害公共安全、扰乱公共秩序、侵犯人身财产、妨害社会管理的，应当及时予以制止，依法追究法律责任。(2)对极端主义活动的处理。发现极端主义活动的，应当责令立即停止，将有关人员强行带离现场并登记身份信息，对有关物品、资料予以收缴，对非法活动场所予以查封。(3)报告义务。任何单位和个人发现宣扬极端主义的物品、资料、信息的，应当立即向公安机关报告。

3. 重点目标保护。包括三个层面的内容：(1)重点目标的确定和备案。公安机关应当会同有关部门，将遭受恐怖袭击的可能性较大以及遭受恐怖袭击可能造成重大人身伤亡、财产损失或者社会影响的单位、场所、活动、设施等确定为防范恐怖袭击的重点目标，报本级反恐怖主义工作领导机构备案。(2)重点目标管理单位的安全防范职责。包括制定防范和应对处置恐怖活动的预案、措施，定期进行培训和演练；建立反恐怖主义工作专项经费保障制度，配备、更新防范和处置设备、设施；指定相关机构或者落实责任人员，明确岗位职责；实行风险评估，实时监测安全威胁，完善内部安全管理；定期向公安机关和有关部门报告防范措施落实情况；对重点目标同步设计、同步建设、同步运行技防、物防设备、设施；对重要岗位人员进行安全背景审查，对不适合的人员调整工作岗位，并将有关情况通报公安机关。(3)公安机关和有关部门的职责。公安机关和有关部门应当掌握重点目标的基础信息和重要动态，指导、监督重点目标的管理单位履行防范恐怖袭击的各项职责。公安机关、中国人民武装警察部队应当依照有关规定对重点目标进行警戒、巡逻、检查。

4. 国(边)境管控与防范境外风险。《反恐怖主义法》规定了四个方面的内容：(1)国(边)境管理。包括在重点国(边)境地段和口岸设置拦阻隔离网、视频图像采集和防越境报警设施，严密组织国(边)境巡逻，对抵离国(边)境前沿、进出国(边)境管理区和国(边)境通道、口岸的人员、交通运输工具、物品，以及沿海沿边地区的船舶进行查验。(2)出入境监管。出入境证件签发机关、出入境边防检查机关对恐怖活动人员和恐怖活动嫌疑人员，有权决定不准其出境入境、不予签发出境入境证件或者宣布其出境入境证件作废。海关、出入境边防检查机关发现恐怖活动嫌疑人员或者涉嫌恐怖活动物品的，应当依法扣留，并立即移送公安机关或者国家安全机关。(3)境外利益保护。国务院外交、公安、国家安全等主管部门应当建立境外投资合作、旅游等安全风险评估制度，对中国在境外的公民以及驻外机构、设施、财产加强安全保护，防范和应对恐怖袭击。(4)驻外机构安全防范。驻外机构应建立健全安全防范制度和应对处置预案，加强对有关人员、设施、财产的安全保护。

(五)关于情报信息与调查

关于情报信息工作，《反恐怖主义法》规定了四个方面内容：(1)依靠群众，加强基层基础工作，建立基层情报信息工作力量。(2)公安机关、国家安全机关、军事机关在其职责范围内，因反恐需要，可采取技术侦察措施。(3)有关部门应当提供在安全防范工作中获取的信息。(4)对情报信息进行筛选、研判、核查、监控等处理，在此基础上可采取相应的安全防范、应对处置措施。

关于公安机关对恐怖活动嫌疑的调查权，《反恐怖主义法》规定了几个方面内容：盘问、检查、传唤，提取或者采集肖像、指纹、虹膜图像等人体生物识别信息和血液、尿液、脱落细胞等生物样本，并留存其签名，询问有关人员，向有关单位和个人收集、调取相关信息和材料，查封、扣押、冻结存款、汇款、债券、股票、基金份额等财产，对恐怖活动嫌疑人员采取约束措施。

(六)关于应对处置

总结近年来应对处置恐怖事件的经验教训，《反恐怖主义法》对应对处置机制、措施和恢复社会秩序等作了四方面规定:(1)国家建立健全恐怖事件应对处置预案体系,明确应对处置的指挥长负责制和先期指挥权。(2)制止和处置恐怖活动,应当优先保护直接受到恐怖活动危害、威胁人员的人身安全。(3)规定了可以采取的各项应对处置措施,并对使用武器的条件、信息发布等作了规定。(4)为尽快恢复社会秩序,降低并消除恐怖事件的影响,该法对恢复生产生活、查明真相、补偿援助、优先重建、总结评估等作了规定。

(七)规定了开展反恐怖主义国际合作的内容

关于反恐国际合作,《反恐怖主义法》规定了以下四个方面的内容:(1)开展反恐怖主义国际合作的依据,可以是我国缔结或参加的国际条约,也可以根据平等互惠原则。(2)开展国际合作的主体,可以是国务院授权的中央有关部门,也可以是国务院或中央有关部门批准的边境地区的县级以上人民政府及其主管部门。(3)开展国际合作的内容,包括反恐怖主义政策对话、情报信息交流、执法合作和国际资金监管合作。(4)对国务院公安部门、国家安全部门、中国人民解放军、中国人民武装警察部队派员出境执行反恐怖主义任务进行了规定。

四、《网络安全法》重点内容解读

2016年11月7日,第十二届全国人大常委会第二十四次会议通过了《网络安全法》。该法提出我国致力于"推动构建和平、安全、开放、合作的网络空间,建立多边、民主、透明的网络治理体系"。这是我国第一次通过国家法律的形式向世界宣示网络空间治理目标,提高了我国网络治理公共政策的透明度,有利于提升我国对网络空间的国际话语权和规则制定权。该法共七章79条,在内容方面有六个突出的亮点:(1)确立了我国网络空间主权原则;(2)规定了网络产品和服务提供者、网络运营者保证网络安全的法定义务;(3)明确了政府职能部门的监管职责,完善了监管体制;(4)强化了网络运行安全,明确了重点保护对象为关键信息基础设施,彰显了个人信息保护原则;(5)明确规定了网络产品和服务、网络关键设备和网络安全产品的强制性要求的准则;(6)强化了危害网络安全责任人处罚。[8]

[8] 参见张启浩、谢力:《〈中华人民共和国网络安全法〉解读》,载《智能建筑》2017年第9期。

（一）明确了网络空间主权原则

《网络安全法》确立了三项基本原则：网络主权原则、网络安全与信息化发展并重原则、共同治理原则。[9]《网络安全法》第1条开宗明义，将维护网络空间主权作为立法的最重要目的之一。网络主权理论源于《联合国宪章》关于国家间主权平等的规定，网络空间与一国的领空、领海一样，都是国家主权的延伸。尊重网络主权就是尊重国家主权，就是不搞网络霸权，不利用网络干涉他国内政和从事、纵容或支持危害他国国家安全的行为。网络主权论作为推动全球互联网治理体系变革的基础，经过中国互联网实践三十多年的经验总结，通过《网络安全法》已经完全进入法律制度层面。[10] 第2条明确规定《网络安全法》适用于我国境内网络以及网络安全的监督管理。这是我国网络空间主权对内最高管辖权的具体体现。

（二）明确网络产品和服务提供者、网络运营者的安全义务

《网络安全法》将原来散见于各种法规、规章中的规定上升到法律层面，对网络运营者等主体的义务和责任作了全面规定，包括守法义务、遵守社会公德、商业道德义务等。关于网络产品和服务提供者的安全义务，该法规定：网络产品和服务应当符合相关国家标准的强制性要求。网络产品、服务的提供者不得设置恶意程序；发现其网络产品、服务存在安全缺陷、漏洞时，应当立即采取补救措施，按照规定及时告知用户并向有关主管部门报告。网络产品、服务的提供者应当为其产品、服务持续提供安全维护；在规定或者当事人约定的期限内，不得终止提供安全维护。关于网络运营者的安全义务，该法规定：网络运营者开展经营和服务活动，必须遵守法律、行政法规，尊重社会公德，遵守商业道德，诚实信用，履行网络安全保护义务，接受政府和社会的监督，承担社会责任。

（三）明确了政府职能部门的监管职责

《网络安全法》将现行的网络安全监管体制法制化，将制度上升为法律，用法律条款明确规定了网信部门与其他相关网络监管部门的职责分工。第8条规定，国家网信部门负责统筹协调网络安全工作和相关监督管理工作。国

[9] 参见孟璐：《网络空间法治化建设探讨——兼析我国〈网络安全法〉》，载《重庆科技学院学报》（社会科学版）2018年第5期。

[10] 参见朱巍：《论互联网的精神》，中国政法大学出版社2018年版，第95页。

务院电信主管部门、公安部门和其他有关机关依照本法和有关法律、行政法规的规定，在各自职责范围内负责网络安全保护和监督管理工作。这种一个部门牵头、多部门协同的监管体制，符合当前互联网与现实社会全面融合的特点，满足了我国监管需要，解决了监管工作分工不明、责权不清的现实问题，对提高监管效率和治理效果具有积极意义。

（四）健全关键信息基础设施、个人信息保护制度

《网络安全法》第三章用了1/3的篇幅规范网络运行安全，特别强调要保证关键信息基础设施的运行安全。网络运行安全是网络安全的重心，关键信息基础设施安全则是重中之重，与国家安全和社会公共利益息息相关。之所以要将关键信息基础设施安全置于国家主权层面的安全高度，是因为这些信息基础设施安全涉及国计民生和国民根本利益。我国《网络安全法》第31～39条分别对关键信息基础设施的类别、责任主体、性能维护、安全义务类型、审查机制、保密措施、数据存储、安全评估和部门协调责任等方面进行了详细规定。[11] 其中，第37条规定重构了数据跨境传输的规则，我国开始基于网络主权原则对数据跨境传输进行法律限制：一是通过对个人信息和重要数据本地化存储的立法，加强对数据跨境流动的控制和管辖；二是规制的主体是关键信息基础设施的运营者；三是数据跨境流动的安全评估机制，即如果遇有特殊情况，需要数据境外跨境流动时，应当按照网信主管部门制定的办法进行安全评估。[12]

《网络安全法》在如何更好地对个人信息进行保护这一问题上有了相当大的突破，首次在法律层面规定了个人信息保护的基本原则。一方面，它确立了网络运营者在收集与使用个人信息过程中的合法、正当和必要原则。形式上，进一步要求通过公开收集和使用规则，明示收集、使用信息的目的、方式和范围，经被收集者同意后方可收集和使用数据。另一方面，《网络安全法》加大了对网络诈骗等不法行为的打击力度，特别对网络诈骗严厉打击的相关内容，切中了个人信息泄露乱象的要害，充分体现了保护公民合法权利的立法原则。此外，针对目前个人信息非法买卖和非法分享的乱象，《网络安全法》规定了未经被收集者同意，网络运营者不得泄露、篡改和损毁其收集的个

〔11〕 参见朱巍：《论互联网的精神》，中国政法大学出版社2018年版，第95页。

〔12〕 参见王春晖：《〈网络安全法〉六大法律制度解析》，载《南京邮电大学学报》（自然科学版）2017年第1期。

人信息的义务。[13]

（五）规定了网络产品和服务、网络关键设备、安全产品的强制性要求

《网络安全法》第 22 条规定，“网络产品、服务应当符合相关国家标准的强制性要求”。第 23 条规定：“网络关键设备和网络安全专用产品应当按照相关国家标准的强制性要求，由具有资格的机构安全认证合格或者安全检测符合要求后，方可销售或者提供……”这两条规定是对设备安全的强制性要求，实践中必须贯彻落实，特别是在政府采购招标中应当将其纳入资格性要求中贯彻落实。[14] 目前国家行政管理制度中正在执行的信息安全专用产品强制规定有三种：计算机信息系统安全专用销售许可证（公安部颁发），国家信息安全产品认证证书（中国信息安全认证中心）、信息技术产品安全测评证书、涉密信息系统产品检测证书，即将施行的网络安全审查制度。

（六）强化了危害网络安全责任人处罚

在第六章“法律责任”部分，《网络安全法》用 17 个条文对违法行为如何处理作了规定，可从承担法律责任的主体类型、法律责任类型、处罚种类三个方面予以把握。(1)承担法律责任的主体类型包括特定责任主体（如网络运营者、网络服务提供者等）、不特定主体（如从事危害网络安全活动的个人和组织）、监管责任主体。(2)应承担法律责任的类型包括未履行网络运行安全义务的法律责任、未履行网络产品和服务安全义务的法律责任、违反用户身份管理规定的法律责任、违法开展网络安全服务活动的法律责任、侵犯个人信息权利的法律责任、违反关键信息基础设施采购国家安全审查规定的法律责任、未履行信息安全管理义务的法律责任、对违法行为人的信用惩戒、执法部门渎职的法律责任等。(3)处罚的种类包括行政处罚、经济处罚、刑事处罚。

五、《境外非政府组织境内活动管理法》重点内容解读

2016 年 4 月 28 日，第十二届全国人大常委会第二十次会议通过《境外非政府组织境内活动管理法》。2017 年 11 月 4 日，第十二届全国人大常委会第三十次会议决定：对《境外非政府组织境内活动管理法》作出修改，删去第 24

---

[13] 参见张璟：《〈网络安全法〉十大亮点解读　一文看清互联网信息泄露来龙去脉》，载《计算机与网络》2017 年第 12 期。

[14] 参见张启浩、谢力：《〈中华人民共和国网络安全法〉解读》，载《智能建筑》2017 年第 9 期。

条中的“聘请具有中国会计从业资格的会计人员依法进行会计核算”内容。《境外非政府组织境内活动管理法》共七章54条,包括总则、登记和备案、活动规范、便利措施、监督管理、法律责任等,以下简要介绍其重点内容。

(一)明确了对境外非政府组织的管理体制

《境外非政府组织境内活动管理法》明确对境外非政府组织实施“双重管理体制”,境外非政府组织在我国境内开展活动同时受到登记管理机关和业务主管部门的监督管理。该法规定,国务院公安部门和省级人民政府公安机关为境外非政府组织在境内开展活动的登记管理机关,负责境外非政府组织代表机构的登记、年度检查,境外非政府组织临时活动的备案,对境外非政府组织及其代表机构的违法行为进行查处;国务院有关部门和单位及省级人民政府有关部门和单位,是境外非政府组织在中国境内开展活动的业务主管单位,对境外非政府组织设立代表机构、变更登记事项、年度工作报告提出意见,指导、监督非政府组织及其代表机构依法开展活动,协助公安机关等部门查处境外非政府组织及其代表机构的违法行为。此外,该法还规定国家建立境外非政府组织监督管理工作协调机制,负责研究、协调、解决境外非政府组织在中国境内开展活动监督管理和服务便利中的重大问题,目前该机构已经成立。[15]

(二)明确了境外非政府组织开展活动的形式

《境外非政府组织境内活动管理法》明确了境外非政府组织在我国境内开展活动的两种途径:一种为依法登记设立代表机构,另一种为临时活动备案。登记设立代表机构的,经依法申请并获准登记之后,凭代表机构登记证书依法办理税务登记、刻制印章,在中国境内开立银行账户。未设立代表机构的境外非政府组织,则需要与境内的中方合作单位合作开展临时活动。若要开展临时活动的,则需要中方合作单位按照国家规定办理审批手续,并到登记管理机关备案。

(三)规范境外非政府组织在我国境内的活动

根据《境外非政府组织境内活动管理法》规定,境外非政府组织在我国境内活动应遵守的法律义务包括:遵守我国法律,不得危害中国的国家统一、安

---

〔15〕 参见马剑银:《〈境外非政府组织境内活动管理法〉的制定与实施》,载《社会体制蓝皮书:中国社会体制改革报告(2017)》,社会科学文献出版社2017年版,第262~272页。

全和民族团结，不得损害中国国家利益、社会公共利益和公民、法人以及其他组织的合法权益；不得从事或者资助营利性活动、政治活动，不得非法从事或者资助宗教活动；以登记的名称，在登记的业务范围和活动区域内开展活动；不得在我国境内设立分支机构（国务院另有规定的除外）；不得对中方合作单位、受益人附加违反中国法律法规的条件；不得取得或者使用规定以外的资金；不得在我国境内进行募捐；向社会公开年度工作报告；接受公安机关、有关部门和业务主管单位的监督管理等。

（四）规定了为境外非政府组织在我国境内开展活动提供的便利措施

《境外非政府组织境内活动管理法》规定，国家保障和支持境外非政府组织在中国境内依法开展活动，并为其开展活动提供必要的便利和服务。（1）为解决登记难问题，制定境外非政府组织活动领域和项目目录，公布业务主管单位目录，为境外非政府组织开展活动提供指引。（2）县级以上人民政府有关部门为境外非政府组织提供政策咨询、活动指导服务，公布申请登记和临时活动备案的程序供境外非政府组织查询。（3）依法享受税收优惠。（4）境外人员担任代表的，依法办理就业等工作手续。

（五）赋予相关国家机关监督管理职权

《境外非政府组织境内活动管理法》赋予了登记管理机关在法定情形下可以采取行政强制措施的权限，包括：约谈境外非政府组织代表机构的首席代表以及其他负责人，现场检查，询问相关当事人，查询、复制甚至封存有关资料，查封与扣押，冻结银行账户。其他诸如国家安全、外交外事、财政、金融监管、海关、税务、外国专家和反洗钱主管部门等，也在其职责范围之内对于境外非政府组织境内开展的活动依法实施监督管理。

（六）规定了境外非政府组织违法后应承担的法律责任

对境外非政府组织的处罚包括警告、责令限期停止活动、吊销登记证书、取缔临时活动等。此外，值得注意的是“黑名单”制度，该法第48条规定，对有颠覆国家政权、分裂国家等违法犯罪情形的境外非政府组织，国务院公安部门可以将其列入不受欢迎的名单，不得在中国境内再设立代表机构或者开展临时活动。对直接责任人员的处罚包括警告、行政拘留、追究刑事责任等，对于境外人员违反本法规定的，可以依法限期出境、遣送出境或者驱逐出境。

六、《核安全法》重点内容解读[16]

2017年9月1日，第十二届全国人大常委会第二十九次会议通过《核安全法》。该法旨在保障核安全，预防与应对核事故，安全利用核能，保护公众和从业人员的安全与健康，保护生态环境，促进经济社会可持续发展。《核安全法》在法律层面对核安全的基本原则、制度及监督管理体制等重大问题作出规定。

（一）明确国家坚持理性、协调、并进的核安全观

《核安全法》明确规定，要加强核安全能力建设，保障核事业健康发展，强调从事核事业必须遵循确保安全的方针。明确国家坚持理性、协调、并进的核安全观，要求核安全工作必须坚持安全第一、预防为主、责任明确、严格管理、纵深防御、独立监管、全面保障的原则。"理性"旨在突出核能事业安全与发展之间的辩证关系，"协调"旨在阐明核安全领域国家自主与国际合作的关系，"并进"旨在阐明四个方面的并重：发展与安全并重、权利与义务并重、自主与协作并重，以及治标与治本并重。[17]

（二）明确各相关主体的核安全责任

《核安全法》明确规定，核设施营运单位对核安全负全面责任。核设施营运单位应当具备保障核设施安全运行的能力，应设置核设施纵深防御体系，有效防范技术原因、人为原因和自然灾害造成的威胁，确保核设施安全。应当对核设施进行定期安全评价，并接受国务院核安全监督管理部门的审查。为核设施营运单位提供设备、工程以及服务等的单位，也应当负相应责任。国务院核安全监督管理部门负责核安全的监督管理。任何单位和个人不得危害核设施、核材料安全。值得注意的是，核安全管理工作涉及国务院核安全监督管理部门、核工业主管部门、能源主管部门和公安部门、卫生主管部门、交通主管部门等多个部门职能，有必要建立国家核安全协调机制，统筹相关工作，形成合力，保障核安全。[18]《核安全法》第6条第3款也对此作出规定："国家建立核安全工作协调机制，统筹协调有关部门推进相关工作。"

---

〔16〕 本部分主要参考中国检察出版社、龙图集团编：《法治影响生活·2017中国法治蓝皮书》，中国检察出版社2018年版。

〔17〕 参见《国家安全法律知识读本：注解版》，中国法制出版社2018年版，第258页。

〔18〕 参见《国家安全法律知识读本：注解版》，中国法制出版社2018年版，第261页。

(三)明确核安全事故的应急制度

在管理制度上,《核安全法》明确规定,国家根据核设施的性质和风险程度等因素,对核设施实行分类管理。同时明确规定,国家建立核设施安全许可制度、建立放射性废物管理许可制度。除了法律规定的四种特定情形,核设施建造许可证的有效期不得超过10年。有效期届满,需要延期建造的,应当报国务院核安全监督管理部门审查批准。

特别值得注意的是,《核安全法》针对核事故应急准备与响应制度作出了详细规定,包括对核事故应急预案、应急演练、应急经费保障、应急救援、应急信息发布、事故调查等内容。

(四)强化信息公开和公众参与

《核安全法》明确规定,国务院有关部门及核设施所在地省、自治区、直辖市人民政府指定的部门应当在各自职责范围内依法公开核安全相关信息。国务院核安全监督管理部门应当依法公开与核安全有关的行政许可,以及核安全有关活动的安全监督检查报告、总体安全状况、辐射环境质量和核事故等信息。核设施营运单位应当公开本单位核安全管理制度和相关文件、核设施安全状况、流出物和周围环境辐射监测数据、年度核安全报告等信息。对依法公开的核安全信息,应当通过政府公告、网站以及其他便于公众知晓的方式,及时向社会公开。特别强调的是,核设施营运单位和核设施所在地省、自治区、直辖市人民政府应当就涉及公众利益的重大核安全事项通过问卷调查、听证会、论证会、座谈会,或者采取其他形式征求利益相关方的意见,并以适当形式反馈。

此外,《核安全法》还专章规定了法律责任,对相关责任人可以依法给予处分、治安管理处罚等,对相关单位可以责令改正、给予警告、处20万元以上100万元以下的罚款、责令停止建设或者停产整顿等。违反本法规定,构成犯罪的,依法追究刑事责任。

第四节　国家安全法规规章

本节介绍的国家安全法规规章特指有关国家安全的行政法规、部门规章、军事法规、军事规章,有关国家安全的地方性法规、地方政府规章相关内容在本章第五节予以介绍。根据我国《立法法》的规定,国务院有权根据宪法和法律,制定行政法规。行政法规可以就下列事项作出规定:(1)为执行法律的规定需要制定行政法规的事项;(2)《宪法》第89条规定的国务院行政管理职权的事项。行政法规中规定国家安全事项的,最典型的当属《中华人民共和国反间谍法实施细则》《中华人民共和国保守国家秘密法实施条例》《外国记者和外国常驻新闻机构管理条例》《中华人民共和国计算机信息系统安全保护条例》等。

根据我国《立法法》第80条的规定,国务院各部、委、行、署和具有行政管理职能的直属机构,可以根据法律和国务院的行政法规、决定、命令,在本部门的权限范围内,制定规章。《立法法》第103条规定,中央军事委员会根据宪法和法律,制定军事法规。中央军事委员会各总部、军兵种、军区,可以根据法律和中央军事委员会的军事法规、决定、命令,在其权限范围内,制定军事规章。军事法规、军事规章在武装力量内部实施。

目前,国务院、相关部门以及最高人民法院、最高人民检察院联合或单独颁行了许多行政规章或规范性文件,如《禁止寄递物品管理规定》《银行业金融机构协助人民检察院公安机关国家安全机关查询冻结工作规定》《关于依法保障律师执业权利的规定》《关于进一步规范司法人员与当事人、律师、特殊关系人、中介组织接触交往行为的若干规定》《关于办理刑事案件严格排除非法证据若干问题的规定》等。中央军委也联合或单独颁行了诸多军事法规,中央军事委员会各总部、军兵种、军区还颁行了众多军事规章,它们或多或少与维护国家安全工作相关。2011年3月,我国发布《2010年中国的国防》白皮书,首次全面介绍了中国军队法规体系建设等情况。据统计,截至2010年12月,国务院、中央军委联合制定的军事行政法规97件,中央军委制定的军事法规224件,各总部、军兵种、军区和武警部队制定的军事规章3000多件。近年来,我国军事法规体系建设又取得新进展,其中多个法规涉及维护国家安全,如《中国人民解放军军事训练监察条例》《中国人民解放军执行重大任务中政治工作规定》《中国人民解放军信息通信战备工作规定》《专职人民武装干部工作规定》等。

第五节　维护国家安全的地方立法

本节分两类介绍地方立法中关于维护国家安全的相关规定：一类是根据《立法法》的规定享有立法权的省（自治区、直辖市）、设区的市的相关立法；另一类则较为特殊，是指香港、澳门特别行政区关于维护国家安全的立法。

一、省（自治区、直辖市）、设区的市关于维护国家安全的地方立法

根据《立法法》第72、82条等的规定，省、自治区、直辖市的人民代表大会及其常务委员会根据本行政区域的具体情况和实际需要，在不同宪法、法律、行政法规相抵触的前提下，可以制定地方性法规。设区的市的人民代表大会及其常务委员会根据本市的具体情况和实际需要，在不同宪法、法律、行政法规和本省、自治区的地方性法规相抵触的前提下，可以制定地方性法规，报省、自治区的人民代表大会常务委员会批准后施行。省、自治区、直辖市和设区的市、自治州的人民政府，可以根据法律、行政法规和本省、自治区、直辖市的地方性法规，制定规章。

从目前通过互联网检索到的地方性法规和地方政府规章看，有关国家安全的规定不多，属于地方政府规章类别的规范性文件要明显多于地方性法规类别。可以归类为地方性法规的地方国家安全立法如：《四川省涉外建设项目国家安全事项管理条例》《河南省国家安全技术保卫条例》《山东省国家安全技术保卫条例》《山西省涉及国家安全事项建设项目管理条例》《南昌市涉及国家安全事项建设项目管理条例》等。可以归类为地方政府规章的有关国家安全规范性文件主要涉及四个方面的规定：(1)关于国家安全审查的规章，如《青岛市涉外建设项目国家安全事项审查规定》《辽宁省涉外建设项目国家安全事项审查规定》《广西壮族自治区涉外建设项目和场所国家安全事项管理办法》等。(2)关于国家安全机关执法保障的规章，如《南京市国家安全机关工作人员使用侦察证暂行办法》等。(3)关于技术保卫的规章，如《湖北省国家安全技术保卫办法》《浙江省国家安全技术保卫办法》等。(4)实施性规定，如《重庆市实施国家安全法规定》《福建省国家安全工作若干规定》等。

二、特别行政区关于维护国家安全的地方立法

根据《宪法》第 31 条规定，我国设立了香港和澳门两个特别行政区。根据《中华人民共和国香港特别行政区基本法》（以下简称《香港基本法》）和《中华人民共和国澳门特别行政区基本法》（以下简称《澳门基本法》）第 23 条的规定，（特别行政区）应自行立法禁止任何叛国、分裂国家、煽动叛乱、颠覆中央人民政府及窃取国家机密的行为，禁止外国的政治性组织或团体在香港特别行政区进行政治活动，禁止香港特别行政区的政治性组织或团体与外国的政治性组织或团体建立联系。第 23 条关于特别行政区自行立法禁止危害国家安全行为的规定，是一国两制下的一项特殊安排，体现了国家对特别行政区的信任与尊重。无论是特别行政区政府还是居民，维护国家安全不仅是义务，更是一项神圣职责；不仅是贯彻落实一国两制方针和基本法的需要，更是港澳社会和居民的根本利益所在。香港特别行政区政府曾拟议颁行有关国家安全的立法，但进展有曲折，现在仍未完成这一宪制责任。

澳门特别行政区政府力推国家安全立法工作并取得了重要成果，2009 年 2 月 25 日，澳门特别行政区立法会通过了《澳门特别行政区维护国家安全法》。2018 年 9 月 3 日，《澳门特区政府公报》刊登第 22/2018 号行政法规《澳门特别行政区维护国家安全委员会》，规定了该委员会的职责、组成、运作等内容。《澳门特别行政区维护国家安全法》的制定实施、维护国家安全委员会的运行，不仅会对澳门产生深远的影响，同时会对香港相关立法产生推动作用。

第六节　维护国家安全的国际法渊源

上述国家安全法律无疑属于我国国内法。但是，其效力范围并不只及于本国人和域内。其既有行政法规范，又有刑事法规范；既适用于本国境内的外国人，也适用于在国外的本国公民，还可适用于外国人在我国领域外危害中国国家安全的行为。故国家安全法的实施必然与国际法产生联系，甚至与某一外国法产生管辖权的冲突。国家安全立法、执法、司法等活动必须妥善处理好国内法与国际法的关系，确定涉外刑事案件管辖权，依法处理实施危害中国国家安全行为的外国人，积极参与国际刑事司法协助，依法处理涉外行政案件，

保障涉外行政案件当事人的行政救济权利。在防止核扩散,打击分裂主义、极端主义、恐怖主义,应对气候变化等方面,我国还缔结和加入了一系列国际条约、公约,承担维护国际安全的义务和责任。

国家安全法的制定与实施必须遵守国际法基本原则,同时要善于运用这些原则来捍卫国家主权和安全。譬如,国家安全涉外执法,各国应平等适用对罪犯的惩处方面的诉讼与合作,彼此尊重其立法与司法权、国家的属地和属人管辖权,尊重各国对其领土与国民的管辖权;坚持不干涉内政原则,坚决反对来自各方面敌对势力对我国内政的粗暴干涉,打击"台独""藏独""疆独"势力的分裂活动,捍卫国家主权、领土完整;在坚持国际合作原则方面,国家安全职责机关与他国以及国际组织通力合作,以及时有效地防范和打击各种危害国家安全的活动。

国际法最重要的渊源是国际条约和国际习惯。各国一般把国际习惯视为国内法的一部分,不会制定与国际法相冲突的国内法,我国亦如此。对于国际条约,各国法律会规定其在国内法中的地位。但我国宪法及宪法性法律、刑事法律没有明确规定相关条约的地位,民商事法律规定相关条约优先。根据我国《宪法》、《立法法》以及《中华人民共和国缔结条约程序法》,国际条约在我国分为"由全国人大常委会批准的条约和重要协定"、"由国务院核准的条约和协定"以及"不需要批准和核准的条约和协定"三个级次。其地位与相应国内法等同,依循"上位法优于下位法,同位法国际条约优先"原则予以适用。

我国《刑法》第9条规定,"对于中华人民共和国缔结或者参加的国际条约所规定的罪行,中华人民共和国在所承担的条约义务的范围内行使刑事管辖权的,适用本法"。此规定尽管没有明确国际条约在刑法中的地位,但首次在国内刑事立法中增加了与国际条约有关的内容,使国际条约在我国成为刑事法律的补充。在中国,国家安全执法机关除了适用我国国内一系列国家安全法律法规之外,还应严格遵守我国缔结和参加的双边、多边条约。譬如,《联合国特权与豁免公约》《维也纳外交关系公约》《禁止酷刑和其他残忍、不人道或有辱人格的待遇或处罚公约》《公民权利和政治权利国际公约》以及我国与他国签订的双边司法协助协定。

国家安全涉外执法除了要遵守国际法基本原则、我国参加的国际条约以外,还应熟悉了解国际法中的国籍制度、普通外国人和享有特权与豁免的外国人的法律地位以及庇护、引渡制度等,它们都与我国国家安全的涉外执法活动有关。

课程阅读指南

1. 进一步了解我国国家安全法治体系建设情况,可参阅:

康均心:《全球反恐背景下国家安全法治体系构建》,载《山东大学学报》(哲学社会科学版)2017 年第 2 期。

莫纪宏:《构建"以人民安全为宗旨"的国家安全法治体系》,载《检察日报》2017 年 4 月 15 日,第 3 版。

2. 进一步了解法律法规衔接、配套立法等情况,可参阅:

王林:《〈国家安全法〉与〈反恐怖主义法〉衔接研究》,载《商丘师范学院学报》2017 年第 8 期。

刘金瑞:《〈网络安全法〉实施一周年配套立法的回顾与展望》,载《中国信息安全》2018 年第 7 期。

3. 进一步了解特别行政区国家安全立法情况,可参阅:

李竹:《论我国特别行政区的国家安全立法》,载《苏州职业大学学报》2006 年第 3 期。

黄志勇:《论香港特区维护国家安全立法的合理性——以香港基本法第二十三条立法为视角》,载《政法学刊》2012 年第 6 期。

底高扬:《香港特区国家安全立法中的社会关切之回应》,载《法学》2017 年第 11 期。

吴昱江:《香港现行法律对煽动性言论的规制》,载《法学论坛》2019 年第 1 期。

吴为等:《澳门〈维护国家安全法〉解读》,载《江南社会学院学报》2016 年第 4 期。

思考题

1. 我国国家安全法律制度体系的宏观建构是怎样的?
2. 我国宪法如何界定维护保障国家安全的职责与义务?
3. 试结合我国某一基础或领域国家安全法律制度,剖析其如何制度化保障国家安全?

第四章　国家安全法的基本原则

国家安全法的基本原则是指贯穿于国家安全法律制度体系之中，指导和统率国家安全法律规范、在国家安全法律制度体系中具有基础性作用的基本法律原则。《国家安全法》是一部具有综合性、全局性、基础性的国家安全法，在总则部分规定了法治原则、尊重和保障人权原则、国家安全与经济社会发展相协调原则、统筹全面国家安全原则、预防为主与标本兼治原则、专门工作与群众路线相结合原则、共同安全原则。在上述国家安全法基本原则之中，既有与其他法律共性的一些法律原则，如法治原则、尊重和保障人权原则，也有体现国家安全工作特殊性的一些法律原则，如统筹全面国家安全原则、共同安全原则。国家安全法律规范体现为具体的法律条文，国家安全法律规范的制定须与国家安全法的基本原则相一致，其内容须体现国家安全法基本原则的精神。因此，理解好国家安全法基本原则是正确理解、准确适用国家安全法律规范的基础和前提。

第一节　法治和保障人权原则

一、法治和保障人权原则概述

《宪法》作为根本法，规定了国家安全工作和活动的各项基本法律原则，为依法维护国家安全指明了法治化的方向，是制定国家安全法的根本依据。我国《国家安全法》第1条规定“根据宪法，制定本法”，这不仅体现在《国家安全法》相关条文重申了全国人大及其常委会、国家主席、国务院、中央军委等国家机关维护国家安全的职责，也体现在《国家安全法》对法治原则、尊重和保障人权原则等宪法基本原则的落实。《国家安全法》第7条规定：“维护国家安全，应当遵守宪法和法律，坚持社会主义法治原则，尊重和保障人权，依法保护公民的权利和自由。”通过在法律条文中明确宣示维护国家安全应当遵循法治原则、尊重和保障人权原则，有利于在维护国家安全工作中强调安全价值的同时，不以牺牲公民基本权利为代价，体现现代国家法治精神，有效提升国家安全法治化水平。

（一）法治和保障人权原则的含义

法治原则通常包括宪法至上、尊重和保障人权、权力必须依法行使等内容。维护国家安全应坚持法治原则，具体而言，除了遵循一般意义上的法治原则，尤其突出强调依法维护国家安全，坚持人民主体地位，坚持法律面前人人平等，坚持从中国实际出发。《国家安全法》既授予有关机关和部门充分必要的维护国家安全的职权，同时又对这些职权进行必要的约束和规制，防止权力滥用和误用，也防止法定权力的不作为造成人民和国家的损失。《国家安全法》既是授权法，也是限权法，体现了权由法定、权依法行使等基本法治观念，是运用法治思维和法治方式治国理政在国家安全工作上的生动体现。[1]

人权是人之作为人都应该享有的权利，是现代社会的道德和法律对人的主体地位、尊严、自由和利益的最低限度的确认。我国《国家安全法》第 7 条规定，维护国家安全，应当尊重和保障人权，依法保护公民的权利和自由。这是“尊重和保障人权”继 1999 年写入《宪法》、2012 年写入《刑事诉讼法》后，再次写入我国重要立法之中，充分体现了国家安全法对人权保障原则的重视和尊重。在国家安全法治领域，国家安全与人权保障的关系体现在两个方向：一是以积极的国家安全建设促进和保障公民获得安全的基本人权；二是以法律规制国家安全工作，防范国家机关及其工作人员违法侵犯公民的权利，加强国家安全工作中的人权保障。[2]

（二）法治和保障人权原则的要求

新时期依法治国的“十六字方针”是：科学立法、严格执法、公正司法、全民守法。这为社会主义法治建设提出了新的发展方向和目标。国家安全法治是社会主义法治的重要组成部分，要使法治原则在维护国家安全活动中得到落实，就要推进科学立法、民主立法，逐步构建起以国家安全法为基本法律的国家安全法律制度体系；要加强国家安全领域的严格执法和公正司法，防范、

---

〔1〕 参见王振民：《维护国家安全的根本法律保障》，载《人民日报》2015 年 7 月 30 日，第 11 版。

〔2〕 参见刘小妹：《〈国家安全法〉充分体现人权保障原则》，载《人民法治》2016 年第 8 期。

制止和依法惩治一切危害国家安全的行为;要推进全民守法,坚持全民国家安全法治教育,增强全民国家安全法治观念。[3]

近年来,在落实这些要求方面,我们做出了不少努力。如在科学立法方面。2014年4月,中央国家安全委员会成立,其职能之一就是推进国家安全法治建设。2014年10月,党的十八届四中全会通过的《中共中央关于全面推进依法治国若干重大问题的决定》提出:"贯彻落实总体国家安全观,加快国家安全法治建设,抓紧出台反恐怖等一批急需法律,推进公共安全法治化,构建国家安全法律制度体系。"随后,国家安全立法进入加速发展阶段,全国人大常委会出台《反间谍法》《网络安全法》《反恐怖主义法》《国防交通法》《境外非政府组织境内活动管理法》《国家情报法》《核安全法》等法律,国家安全法律制度体系不断完善。虽说立法是推进国家安全法治建设的起点和重要步骤,但比较完善的国家安全法律制度体系的形成并不是国家安全法治建设的完成。[4] 法律的权威在于实施,法律的生命也在于实施。我们在严格执法、公正司法方面也开展了许多工作,如2016年最高人民法院工作报告指出:2015年,全国法院系统积极参与反恐怖反分裂反邪教斗争,加大对煽动分裂国家、组织领导参加恐怖组织、传播暴力恐怖音频等打击力度。各级法院审结危害国家安全、暴力恐怖犯罪案件1084件,判处犯罪1419人。

二、维护国家安全坚持法治和保障人权原则的必要性

(一)全面推进依法治国的要求

《中共中央关于全面推进依法治国若干重大问题的决定》提出:全面推进依法治国,总目标是建设中国特色社会主义法治体系,建设社会主义法治国家。要实现这一目标就要把国家的各项工作纳入法治轨道中来,国家安全工作作为国家的一项重要工作,理应顺应全面推进依法治国提出的要求。"国家安全工作虽然存在某些特殊性,但这不仅不能成为法制化和规范化要求的例外,恰恰相反,这正是国家安全工作需要加强法律调控和监督的理由。"[5] 过去维护国家安全很多时候不是靠法治思维、法治方式,很多维护国家安全的规定不是公开的文件,不会写到法律之中,现在根据《国家安全法》的要求,会

[3] 参见郑淑娜主编:《中华人民共和国国家安全法解读》,中国法制出版社2016年版,第31页。
[4] 参见刘跃进:《以总体国家安全观构建国家安全总体布局》,载《人民论坛》2017年第34期。
[5] 李敏:《简论国家安全法制对依法治国的重要作用及其实现》,载《河北法学》2003年第3期。

有越来越多的国家安全制度、机制、措施写入法律,从行政措施变成法律制度。[6] 国家安全法治是社会主义法治的有机组成部分,通过规范立法、执法、司法等环节,努力实现国家安全工作由主要依靠政策转向主要依靠法律,在法律授权的边界内开展活动,做到依法决策、依法行政和依法管理,才能不断提高法治化水平。

(二)维护国家安全工作自身的需要

运用法治思维和法治方式,通过法律维护国家安全是维护国家安全的必由之路和有效途径,早已成为各国维护国家安全的通行做法和国际惯例。[7] 美国、英国、法国、德国、俄罗斯等国家均制定了本国维护国家安全的综合性法律。我国制定出台《国家安全法》就是把法治贯穿于维护国家安全工作的重要举措,该法"覆盖了国家安全各领域的工作,是一部名副其实的国家安全基本法"。[8]《国家安全法》不仅规定了相关国家机关维护国家安全的职权及职权行使的条件、程序、范围、边界等内容,为防止权力的滥用,还规定了监督、追责条款。依据宪法制定的国家安全法,解决了长期以来职权未法定情况下"只做不说"带来的法律风险。[9]

三、法治和保障人权原则的体现

(一)在《国家安全法》中的体现

法治原则的核心要义是限制公权、保护私权。落实法治原则,就必须确保任何组织和个人都不得有超越宪法和法律的特权,在国家安全工作领域也不例外。《国家安全法》对公权力的约束,既有内部视角关于权力行使的程序、权限、范围、条件等限制,也有外部视角的监督。如《国家安全法》第 66 条规定,采取处置国家安全危机的管控措施,应遵循合理性原则。该法第 82 条规定了公民和组织提出批评建议、申诉控告和检举的权利,实质上就是公民、组织就国家安全工作对国家安全机关及其工作人员的监督权。该法第 83 条规

---

〔6〕 参见全国"七五"普法统编教材编写组编:《领导干部法治读本》,法律出版社 2017 年版,第 165 页。

〔7〕 参见何晶晶、李强:《依法维护国家安全——专访香港中联办法律部部长王振民》,载《人民法治》2016 年第 8 期。

〔8〕 马怀德:《国家安全的法律保障——学习贯彻〈中华人民共和国国家安全法〉》,载《求是》2016 年第 4 期。

〔9〕 参见王勇:《宪法是国家安全工作根本依据》,载《法制日报》2015 年 12 月 4 日,第 7 版。

定,在国家安全工作中,采取限制公民权利和自由的特别措施时,应遵循合法性和合理性要求。

(二)在其他国家安全法律中的体现

在其他国家安全法律中的体现形式可分为三种:(1)某项法律的出台本身就是法治原则的体现。如《国家情报法》的颁布实施,是中国由不公开承认情报工作到公开承认情报工作、由情报工作无法可依到情报工作有法可依、由行政命令主导情报工作到法律规范主导情报工作的重大转变,为中国情报工作健康发展提供了基本的法律依据和法律保障。[10] (2)在具体法律条文中予以宣示。如《反恐怖主义法》第6条规定,反恐怖主义工作应当依法进行,尊重和保障人权,维护公民和组织的合法权益。《反间谍法》第5条规定,反间谍工作应当依法进行,尊重和保障人权,保障公民和组织的合法权益。《国家情报法》第8条规定,国家情报工作应当依法进行,尊重和保障人权,维护个人和组织的合法权益。《网络安全法》第12条规定,国家保护公民、法人和其他组织依法使用网络的权利。(3)规定公民、组织获得赔偿等权利。如《核安全法》第11条第2款规定:"公民、法人和其他组织依法享有获取核安全信息的权利,受到核损害的,有依法获得赔偿的权利。"

(三)在规范性文件中的体现

《中共中央关于全面推进依法治国若干重大问题的决定》将完善的党内法规体系纳入中国特色社会主义法治体系。因此,不应忽视党内法规和规范性文件在国家安全法治中的作用。如2015年1月,中共中央政治局审议通过《国家安全战略纲要》,纲要提出"要做好各领域国家安全工作,大力推进国家安全各种保障能力建设,把法治贯穿于维护国家安全的全过程"。2016年12月,中共中央政治局审议通过《关于加强国家安全工作的意见》,该意见提出:"必须坚持国家安全一切为了人民,一切依靠人民;必须坚持社会主义法治原则;必须开展国家安全宣传教育,增强全社会国家安全意识。"

---

〔10〕 参见刘跃进:《〈国家情报法〉将情报权力关进法治笼子》,载《国防参考》2017年第13期。

第二节　国家安全与经济社会发展相协调原则

《国家安全法》第8条第1款规定："维护国家安全，应当与经济社会发展相协调。"这就确立了维护国家安全应坚持国家安全与经济社会发展相协调的原则。理解这一原则，可从国家安全与经济社会发展相协调原则的含义、要求、体现三个方面入手。

一、国家安全与经济社会发展相协调原则的含义

习近平总书记在中央国家安全委员会第一次会议上指出：既重视发展问题，又重视安全问题，发展是安全的基础，安全是发展的条件，富国才能强兵，强兵才能卫国。发展是要解决吃饭问题，而安全涉及生存问题。国家发展与国家安全是辩证统一的关系，相互促进、相辅相成：国家只有持续不断地发展，其安全才能得到不断地加强；而国家只有保持基本的安全，才有可能得到稳定地发展。[11] 对国家安全与经济社会发展相协调原则的含义可从以下两个方面进行把握。

（一）国家安全为经济社会发展提供稳定的环境

国家安全为经济社会发展提供稳定的环境体现在：（1）发展需要安全稳定的环境。国家要发展就少不了外来条件的因应关系，少不了在政治经济上与世界其他国家和地区往来交流。国家利益和经济发展不仅限于本国的自然资源和经济增长条件，还要有与外界进行交流往来的安全保障，这种保障不仅限于本国的力量，尚需要国际秩序的保障。因而国家的发展也就对安全提出了要求。显然，国家越发展，对国家安全的需求也就越高。[12] （2）安全是求发展的必要条件。从世界各国的发展来看，一个国家如果解决不好自己的主权和安全问题，政权随时可能被推翻，安全利益随时可能被侵犯，经济社会发展进程便可能中断或者受到影响。确保国家主权完整不受侵犯、确保社会安定有序不陷入动乱，是发展得以顺利实现的根本保证。[13] 从"利莫大于治，害莫

---

〔11〕 参见李竹：《国家安全立法研究》，北京大学出版社2006年版，第2页。

〔12〕 参见叶章蓉：《国家安全与发展》，载《欧洲研究》1993年第6期。

〔13〕 参见蒋熙辉：《统筹发展和安全　走中国特色国家安全道路》，载《人民论坛》2017年第32期。

大于乱"的古训，到今天一些国家和地区深陷战火和苦难，再到恐怖主义带来的巨大危害，都在告诉我们，没有安全的基础、稳定的环境，什么都搞不成。我国历来重视保卫国家安全，1949 年后，通过抗美援朝战争、对印自卫反击战、对越自卫反击战等措施，为我国经济社会发展创造了稳定的环境，实现了经济社会的快速发展。

（二）经济社会发展促进国家安全保障水平的提高

一个国家的安全，虽然受到国际环境和政治地缘关系等因素的影响，但主要还是取决于自身力量的发展。经济是社会的基础，也是国家安全的基础，发展经济对于国家安全来说起着战略性的基础作用。第二次世界大战后美国的国家安全之所以能够得到较好的保障，拥有坚实的经济基础是原因之一。苏联的国家机器不能说不强大，苏联的国家安全机构不能说不强大，苏联的国家安全工作不能说不努力，但苏联还是解体了，一个重要原因就是没解决好经济问题。〔14〕 改革开放后，随着生产力的大幅提高，国家综合实力不断增强，我国在军事、国防、科技、太空等多个领域维护国家安全的能力不断提升，比如歼20 战机的研发和列装部队、001A 型国产航母的建造、北斗卫星导航系统的建设等。在维护国家安全的装备、能力提升背后，需要巨大的经济投入和强大的工业能力，需要以强大的综合国力为支撑。因此，只有经济社会全面充分平衡发展才能为持久安全打牢基础，经济实力的不断增强、民主政治的不断完善、社会公平正义的实现和个人安全意识的增强，为我们实现更高层次、更高水平的安全提供了强有力支持，为我们提高治理水平和能力、进一步提升安全能力提供了有力保障。〔15〕

二、国家安全与经济社会发展相协调原则的要求

实践证明，国家安全与经济社会发展，不是主次从属关系，也不是轻重先后的关系，而是共生共亡、枯荣与共的关系，不能因为发展的需要而只满足于基本安全的保障，也不能只考虑安全问题而忽略发展利益。只有平衡推进维护国家安全工作和促进经济发展事业，才能实现安全与发展的有机结合、协调共进。党的十九大报告指出，统筹发展和安全，增强忧患意识，做到居安思危，是我们党治国理政的一个重大原则。这是在党的政治报告中第一次将统筹发

〔14〕 参见刘跃进主编：《国家安全学》，中国政法大学出版社 2004 年版，第 290 ~ 291 页。

〔15〕 参见蒋熙辉：《统筹发展和安全　走中国特色国家安全道路》，载《人民论坛》2017 年第 32 期。

展和安全上升到治国理政的一个重大原则高度。当前,中国特色社会主义事业进入新时代,这是我国发展新的历史方位。站在新的历史方位上,中共中央提出了新时代坚持和发展中国特色社会主义的14条基本方略,其中第4条为“坚持新发展理念”,第10条“坚持总体国家安全观”,这也体现了统筹安全与发展的理念。

(一)继续集中精力实现经济社会发展

鸦片战争后一百多年“落后挨打”的教训深刻揭示,中国最大的不安全因素,就是发展缓慢,停滞不前。所以,发展是硬道理。[16] 党的十九大报告指出,发展是解决我国一切问题的基础和关键,发展必须是科学发展,必须坚定不移贯彻创新、协调、绿色、开放、共享的发展理念。中华人民共和国成立以来,特别是改革开放以来,我们坚定不移地坚持发展是硬道理的战略思想,用几十年的时间走完了发达国家几百年走过的历程,取得了举世瞩目的成就。然而,我国经济发展仅仅是完成了阶段性的目标,还需要通过继续努力来保障“两个一百年”奋斗目标的实现。

1. 从根本上来说,国家安全深刻地受到生产力发展的影响和制约。[17] 习近平总书记强调:“发展是基础,经济不发展,一切都无从谈起。”过去,拥有强大的武力尚可保障国家领土和资源的安全;现在,国家经济不发展,就不可能有效地维护自身稳定,也就无安全可言。[18] 综合国力的竞争归根结底是科技创新能力的竞争,因此,在推动科技创新中发展生产力,不断提升我国综合国力,才能在此基础上提升我国保障国家安全的国力基础。

2. 维护国家安全要从本国国情出发。社会主义初级阶段是当代中国的最大国情、最大实际,在任何情况下都要牢牢把握这个最大国情。我国发展不平衡、不协调、不可持续的问题依然突出,经济发展与资源环境的矛盾突出,祖国统一大业尚未完成,建设和维持强大的国防、进行有效的军事斗争需要强大的经济后盾做支撑。集中精力进行社会主义建设,不断增强国家综合实力、核心竞争力、抵御风险能力,才能为维护国家安全提供坚实保障。

3. 通过发展经济可以消除不安全因素。经验表明,无论是民族主义还是极端主义,往往能够在贫穷人口中间找到市场。贫穷人口往往较之富裕

---

〔16〕 参见江涌:《安全也是硬道理——国家经济安全透视》,人民出版社2015年版,导言部分。

〔17〕 参见杜钢、钮菊生:《生产力发展与国家安全论》,载《江南社会学院学报》2017年第3期。

〔18〕 参见张婷:《经济发展与国家安全》,载《党政干部论坛》2000年第3期。

人口更容易被极端主义动员，并且容易走向暴力。[19] 通过促进经济社会发展，不断提高群众的收入水平和生活水平，可以消除滋生不安全、不稳定因素的土壤。

（二）把维护国家安全作为头等大事

苏联解体、东欧剧变、阿拉伯之春等一再揭示：发展是硬道理，安全也是硬道理。[20] 习近平总书记指出，我们党要巩固执政地位，要团结带领人民坚持和发展中国特色社会主义，实现中华民族伟大复兴的中国梦，保证国家安全是头等大事。国家安全是国家发展的最重要基石、人民福祉的最根本保障。我国《国家安全法》第 2 条把"国家政权、主权、统一和领土完整、人民福祉、经济社会可持续发展"作为国家核心利益，这是国家存在和发展的根本，是民族生存和发展的根本，也是在任何发展阶段、发展水平都必须坚守的国家安全底线。1949 年以来特别是改革开放以来，党和国家始终把建设巩固国防和强大军队作为中国特色社会主义事业的重要组成部分，始终坚定维护国家统一、领土完整、人民安全，始终着力营造和平发展的内外环境，为社会主义现代化建设赢得了宝贵时间，确保了我国各项事业取得长足发展，确保了人民生活水平不断提高、国家实力不断增强。如果国家安全受到威胁，甚至政权不稳，边境不宁，人民处于动乱和流离失所的境地，经济社会各项事业仰人鼻息、漏洞频现，就难以实现国家富强、民族振兴、人民幸福的"中国梦"。

三、国家安全与经济社会发展相协调原则的体现

在国家安全法治领域中，国家安全与经济社会发展相协调的原则主要体现为三种形式：

1. 在法律法规的总则部分进行规定。如我国《网络安全法》第 3 条规定，坚持网络安全与信息化发展并重，是国家网络安全和信息化工作的基本原则。《国防交通法》第 3 条规定，国家坚持军民融合发展战略，促进经济建设和国防建设协调发展。2017 年 6 月，商务部公布《中华人民共和国出口管制法（草案征求意见稿）》，该草案第 8 条规定："出口管制应当遵循总体国家安全观，坚持维护安全与经济发展相协调。"全国人民代表大会常务委员会《关于维护互联网安全的决定》规定了立法目的，"促进我国互联网的健康发展，维护国

〔19〕 参见郑永年、杨丽君：《中国崛起不可承受之错》，中信出版社 2016 年版，第 240 ~ 241 页。
〔20〕 参见江涌：《安全也是硬道理——国家经济安全透视》，人民出版社 2015 年版，导言部分。

家安全和社会公共利益，保护个人、法人和其他组织的合法权益”。《中华人民共和国电信条例》第1条规定立法目的为“规范电信市场秩序，维护电信用户和电信业务经营者的合法权益，保障电信网络和信息的安全，促进电信业的健康发展”。

2. 在党内规范性文件中进行规定。如中共中央、国务院、中央军委印发的《关于经济建设和国防建设融合发展的意见》，该意见提出经济建设和国防建设融合发展的主要目标是使经济建设为国防建设提供更加雄厚的物质基础，国防建设为经济建设提供更加坚强的安全保障。

3. 在自律公约中进行体现。如在网络安全领域，提高网络安全保护水平，促进行业健康发展，既需要行业协会和政府相关部门尽到监管的责任，也需要企业加强自律。一些行业自律公约就体现了统筹发展与安全的目标，如2016年，百度、新浪、搜狐、爱奇艺、优酷等20余家从事网络表演（直播）的企业共同发布了《北京网络表演（直播）行业自律行动公约》。

第三节　统筹全面国家安全原则

《国家安全法》第8条第2款规定：“国家安全工作应当统筹内部安全和外部安全、国土安全和国民安全、传统安全和非传统安全、自身安全和共同安全。”这就确立了统筹全面国家安全的原则，以下从该原则的含义、特点、要求三个方面进行具体阐述。

一、统筹全面国家安全原则的含义

理解统筹全面国家安全原则，主要从统筹内部安全和外部安全、国土安全和国民安全、传统安全和非传统安全、自身安全和共同安全四个方面进行把握。

（一）统筹内部安全和外部安全

内部安全主要强调我国社会内部因素对国家安全的影响，外部安全主要强调世界和地区因素对我国安全环境的影响。我国《国家安全法》第2条规定，国家安全是指国家处于不受内外威胁的状态，这就要求统筹内部安全和外部安全，只有同时既免除外部威胁和侵害，又免除内部混乱和疾患，才能实现真正的国家安全。当前我国的国家安全形势,“内外因素比历史上任何时候都要复杂”,可以说是内忧外患并存,内忧甚于外患,因而讲国家安全时,就不能只讲外部安全或对外安全问题,而必须更重视内部安全或对内安全问题。[21] 此外,还有一些安全问题,既是内部安全问题,也是外部安全问题,如恐怖主义所导致的安全问题,这类问题体现了境内、境外安全威胁的交织,对这类问题必须统筹应对。

(二)统筹国土安全和国民安全

国土安全涵盖领土、自然资源、基础设施等要素,是指领土完整、国家统一、海洋权益及边疆边境不受侵犯或免受威胁的状态。国土安全是立国之基,是传统安全备受关注的首要方面。[22] 国民安全是指国民群体和个体在生存、繁衍和发展等方面的根本利益及基本权利的不受侵害和威胁。[23] 一定范围的国土和一定数量的国民是一个国家最基本的构成要素,国土安全与国民安全理应得到人们的同等关注。然而长期以来,人们谈到维护国家安全时,更多的是指捍卫国家的主权独立和领土完整,人的安全几乎被忽略。[24] 国土安全立足于对物的关切,但国家不是物的简单累积和拼凑,脱离了人民这一国家主体,国土安全就成了没有意义的口号。物的关切只有建立在人的关切的基础上才有存在的意义和生命力。统筹国土安全与国民安全,就超越了重国土安全而轻国民安全的传统安全观和传统安全治理模式,厘清了人民在国家安全中的主体、核心地位,为国家安全找到了最根本的支撑和依托。《国家安全法》第3条提出,总体国家安全观强调以人民安全为宗旨。在国家安全法中,“人民安全”与“国民安全”概念大致可以通用,对“人民安全”可以从两个方面来理解:一方面,以人民安全为宗旨,说到底就是要维护中华民族的生存权和发展权,让全体中国人民分享发展成果,基本权利得到保护,人的尊严受到尊重,安全得到保障。[25] 另一方面,以人民安全为宗旨,意味着人民安全是国家安全第一位的重要内容,是国家安全最核心的组成部分,是国家安全活动的根本目的,这是我国社会主义国家政权的民主本质。

---

〔21〕 参见刘跃进:《论总体国家安全观的五个“总体”》,载《人民论坛》2014年第11期。

〔22〕 参见《总体国家安全观干部读本》编委会:《总体国家安全观干部读本》,人民出版社2016年版,第89页。

〔23〕 参见刘跃进主编:《国家安全学》,中国政法大学出版社2004年版,第56页。

〔24〕 参见李黎:《总体国家安全观:中国特色国家安全新理念》,载《党政论坛》2015年第3期。

〔25〕 参见郑淑娜主编:《中华人民共和国国家安全法解读》,中国法制出版社2016年版,第15页。

（三）统筹传统安全和非传统安全

传统的安全观把主权、领土、政治安全作为国家安全的重中之重，维护国家安全主要依靠军事力量和手段。随着人类社会发展和国际形势的变化，恐怖主义、网络、生态等非传统领域的安全问题日益突出，成为威胁国家安全的重要因素。政治安全、国土安全、军事安全等传统安全领域与经济安全、文化安全、科技安全、生态安全、资源安全等非传统安全领域的问题相互联系、相互影响，并在一定条件下可能相互转化。习近平总书记指出，当前我国国家安全内涵和外延比历史上任何时候都要丰富，时空领域比历史上任何时候都要宽广，内外因素比历史上任何时候都要复杂。随着形势任务的发展变化，国家安全的领域将不断拓展和延伸，统筹传统安全与非传统安全，才能准确把握安全问题的综合性、联动性、多变性等属性和特点。总体国家安全观既讲非传统国家安全问题又讲传统国家安全问题，因而在国家安全构成要素及安全威胁因素和安全保障上实现了传统与非传统的统一。[26]

（四）统筹自身安全和共同安全

自身安全更多强调从一国本身角度出发考虑的安全状态，共同安全则是从全局出发，充分考虑国与国在维护各自安全中的相互关系，努力形成“1 + 1 > 2”的安全状态。2017 年 2 月，习近平总书记召开国家安全工作座谈会时指出：“认清国家安全形势，维护国家安全，要立足国际秩序大变局来把握规律，立足防范风险的大前提来统筹，立足我国发展重要战略机遇期大背景来谋划。”一方面，统筹自身安全和共同安全，与我国面临的外部安全环境密切相关。我国所面对的安全问题，很多是全球性问题，或者是与别国利益相关的问题，必须开展国际合作，参与全球治理，谋求共同安全。当今时代，国际安全问题越来越多需要通过多边机制和合作对话解决。[27] 另一方面，我国进入实现民族伟大复兴的关键阶段，既面临重要发展机遇，也面临前所未有的困难和挑战。历史经验表明，国家安全失去保障，中华民族就无法掌握自己的命运。统筹自身安全和共同安全，才能为实现中华民族伟大复兴的“中国梦”提供坚实的安全保障。

---

〔26〕 参见刘跃进：《非传统的总体国家安全观》，载《国际安全研究》2014 年第 6 期。

〔27〕 参见《总体国家安全观干部读本》编委会：《总体国家安全观干部读本》，人民出版社 2016 年版，第 30 页。

二、统筹全面国家安全原则的特点

总体国家安全观强调必须把科学统筹作为国家安全工作的根本方法，既立足当前，又着眼长远；既整体推进，又突出重点；既重维护，又重塑造；既讲原则性，又讲策略性；既讲需求，又讲能力；充分调动各方面积极性，汇聚起维护国家安全的强大力量。[28] 统筹全面国家安全原则体现了浓厚的辩证思维和系统思维，对于我国国家安全工作具有重要指导作用。

（一）体现了整体思维

整体思维，要求以整体和全面的视角把握认识对象。统筹全面国家安全原则，超越了以往国家安全思想和实践在国际国内、不同领域、不同方面之间的相互区隔、各自局限，改变就事论事、头痛医头、脚痛医脚、彼此羁绊的局面，把攸关国家安全的主要因素放到一个完整系统里。[29] 这样就把各领域影响国家安全的因素作为一个整体来看待，有利于准确把握国家安全问题的实质，防止以偏概全产生认识偏差。

（二）体现了辩证思维

统筹全面国家安全原则，强调以辩证的思维方式处理不同安全要素之间的关系，不是平等地看待不同的安全要素，而是根据其在系统中的位置对相互之间的关系进行分析，对外部安全与内部安全、国土安全与国民安全、传统安全与非传统安全、自身安全与共同安全等关系进行统筹考虑，一分为二地看待当前我国国家安全面临的有利条件和诸多挑战，体现了两点论和重点论的统一。[30]

（三）体现了系统思维

系统思维是人们运用系统观点，把对象的互相联系的各个方面及其结构和功能进行系统认识的一种思维方法。统筹全面国家安全原则，要求国家在安全问题上集中统筹而非四面出击、分散资源，这意味着面临复杂联动的安全挑战，存在对安全诉求的排列组合问题，总体国家安全观要求进一步厘清各种

---

〔28〕 参见钟国安：《以习近平总书记总体国家安全观为指引　谱写国家安全新篇章》，载《求是》2017年第8期。

〔29〕 参见中央党校中国特色社会主义理论体系研究中心：《中国国家安全理论与实践的重大创新》，载《求是》2017年第5期。

〔30〕 参见王明进：《总体国家安全观的哲学境界与世界价值》，载《人民论坛》2017年第29期。

安全诉求之间的联系并对其进行优先满足的次序排列，这不仅实现了安全资源的优化配置，更有利于实现安全战略上的有序和有效。[31]

（四）体现了底线思维

统筹全面国家安全原则，要求国家安全既要维护也要塑造。一方面，要严密防范各种安全风险集聚交汇形成风险综合体，守住不发生系统性风险和不犯颠覆性错误的底线，有力有效维护国家安全。另一方面，要主动塑造内外安全环境，善于观大势，加强对国家安全形势的跟踪研判，力求在变局中把握规律，在乱象中趋利避害，在斗争中争取主动。[32] 前一方面“维护”，强调的是守住国家安全的底线，后一方面“塑造”则强调发挥主观能动性，争取最好的结果。

三、统筹全面国家安全原则的要求

当前，我国面临的国家安全形势呈现内外联动、新旧叠加、时空交错的特点，坚持统筹全面国家安全原则，才能切实实现维护国家安全的目的。

1. 纯粹重视外部安全，无法有效地维护国内安全；纯粹注重国内安全，也并不能有效维护国内安全。国内和国际、内部和外部需要有一个统筹。[33] 习近平总书记指出：当前，我国面临对外维护国家主权、安全、发展利益，对内维护政治安全和社会稳定的双重压力，各种可以预见和难以预见的风险因素明显增多。这就要求我们统筹国内国外两个大局，更好地维护国家安全。统筹内部安全与外部安全，一方面要求两者不能顾此失彼，尤其要防止内外因素相互联动，内部安全问题和外部安全问题一旦找到结合点，产生共振，形成叠加效应，对国家安全的危害尤其严重，可能冲击国家安全底线，冲击社会主义制度和党的执政根基；另一方面要求继续把外部因素作为国家安全的重要内容的同时，更要把内部因素作为维护国家安全的重中之重，找到内部安全和外部安全的结合点，实现两大安全战略的有机结合。

2. 国土安全更多地强调国家领土主权完整统一，国民安全则更多地强调一国之民的安全、利益得到有效保护，两者是相辅相成、紧密相关的。国土安

---

〔31〕 参见何文姬：《总体国家安全观：多种行为体的共同安全》，载《学理论》2015 年第 27 期。

〔32〕 参见钟国安：《以习近平总书记总体国家安全观为指引　谱写国家安全新篇章》，载《求是》2017 年第 8 期。

〔33〕 参见赵柯：《树立新的安全观念》，载《领导科学论坛》2016 年第 10 期。

全是国民安全的基本条件，国民安全是维护国土安全的根本目的。提出统筹国土安全和国民安全，是要纠正传统安全观只讲国土安全，不讲国民安全的倾向，而且突出强调国民安全在整个国家安全体系中的主导性地位。[34] 统筹国土安全和国民安全，就要求既要考虑静态的固有领土主权安全，又要考虑领土之上国民动态的各项生存发展需求。一个国家的安全，是由居住和生活于其中的一个个具体国民的安全感来衡量的，若国民无安全感，则国家必然不安全。不断提高人民的安全感、获得感、幸福感是检验国家安全的根本标准。[35] 我国是人民民主专政的社会主义国家，要牢记人民是国家的主人，维护国家安全工作要坚持以民为本、以人为本，坚持国家安全一切为了人民、一切依靠人民，真正夯实国家安全的群众基础。

3. 统筹传统安全和非传统安全，需要不断拓展和加深对国家安全的理解认识，不断掌握和应用维护各领域国家安全的新思路新方法。面对传统安全与非传统安全相互交织、相互作用的现实，必须辩证地处理好各类安全之间的关系，在继续重视传统安全问题的同时，要重视把非传统安全问题纳入国家安全战略视野，并对传统安全问题和非传统安全问题涉及的方方面面进行综合思考、系统研究，突出国家安全的综合性和整体性，[36] 把传统安全与非传统安全统一于国家安全、社会稳定，借助军事、经济、科技、文化等多种手段，才能综合保障国家的安全。

4. 国家安全并不是一个国家的单方面安全，一国的安全在某种程度上依赖于他国，安全必须建立在共同生存和发展的基础上。因此，统筹自身安全和共同安全，要求把本国的安全需求放到世界安全形势中考虑，需要与其他国家交流合作，维护共同安全。必须更加善于把握合作与斗争的平衡术，在推动共同安全中谋求自身安全，既重视自身安全，又重视共同安全，打造命运共同体，推动各方朝着互利互惠、共同安全的目标相向而行。[37]

---

〔34〕 参见刘跃进：《总体国家安全观：民心基础与理论溯源》，载《人民论坛》2014 年第 16 期。

〔35〕 参见钟国安：《以习近平总书记总体国家安全观为指引　谱写国家安全新篇章》，载《求是》2017 年第 8 期。

〔36〕 参见李黎：《总体国家安全观：中国特色国家安全新理念》，载《党政论坛》2015 年第 3 期。

〔37〕 参见李黎：《贯彻落实总体国家安全要义分析》，载《党政干部论坛》2017 年第 7 期。

第四节　预防为主、标本兼治原则

一、预防为主、标本兼治原则的含义

《国家安全法》第 9 条规定,维护国家安全,应当坚持预防为主、标本兼治。这就确立了预防为主、标本兼治原则。“预防为主”,就是要立足长远、立足基础,尊重国家安全工作的客观规律,注重及时发现影响国家安全的苗头、隐患,及时采取措施,并不断强化维护国家安全的能力。“标本兼治”源自中医学术用语,指的是既要解决问题的表象病症,又要根除病源、病因。

2015 年 5 月,习近平总书记在全国国家安全机关总结表彰大会上指出,当前,我国正处在全面建成小康社会、全面深化改革、全面依法治国、全面从严治党的重要时期,面临复杂多变的安全和发展环境,各种可以预见和难以预见的风险因素明显增多,维护国家安全和社会稳定任务繁重艰巨。正是因为影响国家安全的因素非常复杂,威胁国家安全的隐患不会完全消除,维护国家安全是动态的、不断发展的过程,所以,国家安全工作要坚持预防为主、标本兼治。

二、预防为主、标本兼治原则的要求

“凡事预则立,不预则废。”“居安思危,思则有备,有备无患。”各有关部门要按照国家安全高于一切的要求,把预防为主、标本兼治的原则落实到维护国家安全的实际工作中,具体而言,就是要落实两方面的要求。

(一)明确工作重点,做好预防工作

预防为主、标本兼治原则要求把危害国家安全的风险预警、危害评估、应急预案作为维护国家安全工作的首要任务,而不是把工作的重点放在如何应对已经发生的危害国家安全的事件,或者如何惩治已经发生的危害国家安全的行为上。一旦现实危害已经形成或出现,将对国家安全造成不可估量的损失。因此,要谋划在先,防范在前,尊重规律,摸索经验,采取有效的预防控制措施,千方百计预防可能危害国家安全事件的发生,做到防患于未然,将国家安全风险和危机消灭在萌芽状态。

(二)协调发挥治标、治本的功能

治标和治本是一个问题的两个方面,是内在统一、相辅相成的,治标突出"惩"的作用,治本重在"防"的功能,要坚持把预防和治乱结合起来,既防患于未然,又正本清源。预防为主、标本兼治原则要求从危害国家安全的个别行为现象中挖掘幕后的、深层次的背景、动机等,研究其破坏活动的规律,从而做到标本兼治,斩草除根,把对国家安全的危害降低到最低程度。[38]

治标、治本两者不可偏废,但重在治本。从根本上来讲,要解决中国的国家安全问题还是在内因。《阿房宫赋》可以说是中国第一篇关于国家安全的文章,它讲了国家安全的标和本、内因和外因关系的问题,"灭六国者六国也,非秦也。""灭秦者秦也,非天下也。"内因永远是决定性的,我们今天面临国家安全的风险和挑战也是一样的,必须从内部找原因。只有确立、健全、完善长期执政的制度、体制、机制,才能战胜风险和挑战。比如,面对同样的国家安全风险和挑战,有些国家没有关系,有些国家却一有风吹草动,政权就不稳,甚至政权被推翻了。所以,维护国家安全要标本兼治。治标很重要,治本更重要,要从本上解决国家长治久安的问题。[39]

三、预防为主、标本兼治原则的体现

预防为主、标本兼治原则适用于各个国家安全领域,在不同的领域有不同的体现形式,以下对该原则在政治安全、社会安全、生态安全领域的体现形式进行简要分析。

(一)政治安全领域

政治安全包括主权安全、领土安全、政权和政治制度安全以及意识形态安全。预防为主、标本兼治原则在政治安全领域的体现形式主要有二:(1)明文予以确认。如在《中国共产党章程》中规定,党坚持标本兼治、综合治理、惩防并举、注重预防的方针,建立健全惩治和预防腐败体系,坚持不懈地反对腐败,加强党风建设和廉政建设。又如《监察法》第6条规定,国家监察工作坚持标本兼治、综合治理。(2)虽未明文进行规定,但可以推出这一原则。如《反间

---

〔38〕 参见郑淑娜主编:《中华人民共和国国家安全法解读》,中国法制出版社2016年版,第44页。

〔39〕 参见全国"七五"普法统编教材编写组编:《领导干部法治读本》,法律出版社2017年版,第166~167页。

谍法》第2条规定,反间谍工作坚持积极防御的原则;《保守国家秘密法》第4条规定,保密工作实行积极防范、突出重点、依法管理的方针。对“积极防御”“积极防范”进行分析可知,“防御”“防范”实质上强调的就是“预防为主”原则,因为一旦间谍行为、泄密行为发生,即使事后对其进行了惩治,国家安全所受到的影响甚至遭受的损失也无法挽回。“防御”“防范”的修饰词是“积极”,它强调我们不是消极等待,而是要主动开展工作,及时获取间谍活动动态和失泄密隐患,从而彻底消除隐患,体现的是“标本兼治”原则。

(二)社会安全领域

预防为主、标本兼治原则在社会安全领域的第一种体现形式为中共中央出台的规范性文件。如2001年《中共中央　国务院关于进一步加强社会治安综合治理的意见》中提出:“‘打防结合,预防为主’是做好社会治安综合治理工作的指导方针。”2004年《中共中央关于加强党的执政能力建设的决定》提出:“坚持打防结合、预防为主、专群结合、依靠群众,加强和完善社会治安综合治理工作机制。”2006年《中共中央关于构建社会主义和谐社会若干重大问题的决定》提出:“加强社会治安综合治理,增强人民群众安全感。坚持打防结合、预防为主、专群结合、依靠群众的方针。”

第二种形式是在社会安全领域相关法律的总则部分予以规定。如《突发事件应对法》第5条规定,突发事件应对工作实行预防为主、预防与应急相结合的原则。《中华人民共和国食品安全法》(以下简称《食品安全法》)第3条规定,食品安全工作实行预防为主、风险管理、全程控制、社会共治。《中华人民共和国安全生产法》第3条规定,安全生产工作坚持安全第一、预防为主、综合治理的方针。《中华人民共和国防震减灾法》(以下简称《防震减灾法》)第3条规定,防震减灾工作,实行预防为主、防御与救助相结合的方针。《反恐怖主义法》第4条规定,综合施策,标本兼治,加强反恐怖主义的能力建设,运用政治、经济、法律、文化、教育、外交、军事等手段,开展反恐怖主义工作。《中华人民共和国禁毒法》第4条规定,禁毒工作实行预防为主,综合治理的方针。全国人大常委会《关于加强社会治安综合治理的决定》提出,社会治安综合治理必须坚持打击和防范并举,治标和治本兼顾,重在治本的方针。

(三)生态安全领域

预防为主、标本兼治原则在生态安全领域的体现形式也可以分为两种:党内规范性文件、生态安全领域相关法律总则部分相关规定。如中共中央、国务院印发的《关于加快推进生态文明建设的意见》提出，按照以人为本、防治结合、标本兼治、综合施策的原则，建立以保障人体健康为核心、以改善环境质量为目标、以防控环境风险为基线的环境管理体系。《中华人民共和国环境保护法》（以下简称《环境保护法》）第5条规定，环境保护坚持保护优先、预防为主、综合治理、公众参与、损害担责的原则。《中华人民共和国水法》第4条规定，开发、利用、节约、保护水资源和防治水害，应当全面规划、统筹兼顾、标本兼治、综合利用、讲求效益，发挥水资源的多种功能，协调好生活、生产经营和生态环境用水。《中华人民共和国水污染防治法》第3条规定，水污染防治应当坚持预防为主、防治结合、综合治理的原则。《中华人民共和国防沙治沙法》第3条规定，防沙治沙工作应当遵循预防为主，防治结合，综合治理原则。

第五节　专门工作与群众路线相结合原则

《国家安全法》第9条规定，维护国家安全，应坚持专门工作与群众路线相结合，充分发挥专门机关和其他有关机关维护国家安全的职能作用，广泛动员公民和组织，防范、制止和依法惩治危害国家安全的行为。这就确立了国家安全法治领域专门工作与群众路线相结合原则（可简称为专群结合原则），以下从该原则的含义、要求、体现三个方面进行介绍。

一、专群结合原则的含义

专群结合是党和国家机关开展斗争和工作的一个优良传统和突出特色，是我国政法、公安、消防、安全、社会治安等工作的一大优势，被誉为“东方经验”。[40] 专群结合原则包含两层含义：专门工作与群众路线相结合；专门机关与有关部门相结合。

1. 专门工作与群众路线相结合。维护国家安全的专门工作，主要是指专门机关依照职权开展的有关专业工作，包括依法搜集涉及国家安全的情报信息，依法行使行政执法和刑事执法职权，对危害国家安全的活动开展有关侦查、调查工作等。坚持“一切为了群众，一切依靠群众”“从群众中来，到群众

---

〔40〕　参见王良虎、徐华富：《专群结合：反腐斗争的“东方经验”》，载《池州学院学报》2009年第2期。

中去”的群众路线,一直是我们党的优良传统。依靠人民群众,是我国国家安全工作的基本原则,是同危害国家安全行为作斗争的优良传统在国家安全法中的重要体现,也是我国国家安全工作的一个重要特点。专门工作与群众路线相结合,是国家安全工作的政治优势和重要原则,是我们克敌制胜的重要法宝和鲜明特色。

2. 专门机关与有关部门相结合。坚持专门机关与有关部门相结合,就是要充分发挥专门机关和其他有关机关维护国家安全的职能作用,发挥中央国家机关和地方国家机关的作用,做到维护国家安全全国一盘棋,形成维护国家安全的整体合力。

二、专群结合原则的要求

在新时代的国家安全工作中,必须实现“专”“群”工作的有机辩证统一。保持社会的长期和谐稳定,实现人民群众安居乐业是目的,实施“专群结合”方针是手段,“专”“群”工作必须紧密结合并长期坚持下去。〔41〕具体而言,落实专群结合原则可从以下几个方面着力:

1. 坚持相信群众、依靠群众的观点。那种认为只要技术和设备先进就可以解决所有问题的观点是错误和有害的。〔42〕彭真同志早就说过,那种认为过去大张旗鼓搞运动需要依靠群众,现在搞隐蔽斗争,反革命分子更加隐蔽狡猾,群众没用了的看法是不对的。把广大群众都发动起来,有几万万只眼睛、几万万双手,公安机关就神通广大了,反革命活动的空隙就少了。依靠群众,过去需要,今后同样需要。习近平总书记指出:办法就在群众中,群众的实践是最丰富最生动的实践,群众中蕴藏着巨大的智慧和力量。在当今改革开放的环境下,国家安全工作面临的形势复杂,涉及面广,充分发动群众、依靠人民群众,建立起群众性的防线,才能形成维护国家安全的“铜墙铁壁”,切实有效地做好维护国家安全工作。

2. 充分发挥专门机关的职能作用。国家组建了专门机关,并通过法律规定了其维护国家安全的职责任务,为方便其开展工作还赋予其专门的工作措施和手段,按照“法定职责必须为”的要求,专门机关履行维护国家安全的职

---

〔41〕 参见李清林:《实施专群结合方针 维护社会治安稳定》,载《中国党政干部论坛》2003 年第 8 期。

〔42〕 参见李竹主编:《中国国家安全法学》,人民出版社 2006 年版,第 12 页。

责责无旁贷。此外，专门机关在维护国家安全的长期实践中，熟悉了危害国家安全行为、因素的特点和规律，掌握了较多的国家安全风险点，积累了丰富的斗争经验，培养了专业技能，具备维护国家安全的主导作用和职能优势。

3. 充分发挥广大人民群众的积极性。没有人民群众的积极参加和大力支持，国家安全工作就成为“无源之水，无本之木”，就没有基础，也就失去了胜利的保障。在充分发挥专门机关主导作用和职能优势的前提下，广泛动员、组织、依靠全社会力量，发挥广大人民群众的积极性，形成以专门机关为骨干，以政权优势为依托，以广大人民群众广泛参与为基础的工作格局，才能真正做好国家安全工作，维护国家安全和社会政治稳定。

在长期的工作实践中，我们坚持这一优良传统取得了许多维护国家安全工作的重要成功经验。例如，实践证明，危害国家安全的活动大多是秘密进行的，但这些活动都是在社会生活中进行的，很多情况下，人民群众的发现、及时报告和协助配合，是专门机关开展侦察调查工作所必需的，对及时发现、防范和处置危害国家安全的活动非常重要。专门机关在具体案件的调查、侦察等活动中，也需要与案件有关或者了解案情的公民客观、充分地提供证据，甚至可以吸收他们协助调查、了解情况、开展工作，需要广大群众的支持配合和保密，甚至有时候还需要人民群众配合完成相关秘密工作等。在调查情况、收集证据时，专门机关也离不开人民群众的支持和协助。[43]

4. 必须正确处理专门机关与其他国家机关的关系。国家安全机关、公安机关、有关军事机关等维护国家安全的专门机关要依法履行职责，其他国家机关也要履行好维护国家安全的职责和支持配合专门机关开展专门工作，做到各负其责、各司其职，通力协作、齐抓共管，形成整体合力。

5. 必须严格依法办事。依靠群众同依法办事是一致的，只有严格依法办事，才能得到群众的支持和拥护，发挥群众的作用。[44] 要把实践中行之有效的原则、经验、做法通过立法固定下来，以提升有效维护国家安全的能力，也有利于动员各个方面力量广泛参与和支持维护国家安全工作。如保护和奖励制度。《反间谍法》第 7 条规定，国家对支持、协助反间谍工作的组织和个人给予保护，对有重大贡献的给予奖励。《反恐怖主义法》第 10 条规定，对举报恐

---

〔43〕 参见郑淑娜主编：《中华人民共和国国家安全法解读》，中国法制出版社 2016 年版，第 45 ~ 46 页。

〔44〕 参见李竹主编：《中国国家安全法学》，人民出版社 2006 年版，第 12 页。

怖活动或者协助、制止恐怖活动有突出贡献的单位和个人，以及在反恐怖主义工作中作出其他突出贡献的单位和个人，按照国家有关规定给予表彰、奖励。《国家情报法》第7条规定，国家对支持、协助和配合国家情报工作的个人和组织给予保护。第9条规定，国家对在国家情报工作中作出重大贡献的个人和组织给予表彰和奖励。为细化落实奖励制度，2017年4月，北京市国家安全局公布了《公民举报间谍行为线索奖励办法》。

案 例 鼓励举报危害国家安全的行为

北京市国家安全局发布《公民举报间谍行为线索奖励办法》一年来，共接到社会各界群众及境外人士拨打“12339”举报电话和信访渠道举报近5000次。以下介绍一起典型案例。

某高校博士李某，在境外参加学术会议期间，结识了一名自称某国际研究机构研究员的男子皮特，回国后一直与其保持联系，两人多次通过邮箱交流学术问题，皮特也多次从境外给李某邮寄学术资料及小礼物。经过长达一年的交往后，皮特提出可以为李某办理“绿卡”，条件是向其提供正在参与的涉密科研项目情况。李某将此情况通过“12339”举报电话向国家安全机关反映。经国家安全机关核查，发现皮特正是境外间谍情报机关人员，及时指导李某摆脱了其纠缠，有效避免了国家利益受损。由于举报及时，李某不仅没有受到处罚，而且还受到了国家安全机关的奖励。

三、专群结合原则的体现

（一）在《国家安全法》分则部分的体现

关于“专门工作”的规定，如《国家安全法》第42条规定了国家安全机关、公安机关、有关军事机关开展维护国家安全专门工作的职权；第74条规定了国家采取必要措施，招录、培养和管理国家安全工作专门人才和特殊人才，依法保护有关机关专门从事国家安全工作人员的身份和合法权益，加大人身保护和安置保障力度；第75条规定，国家安全机关、公安机关、有关军事机关开展国家安全专门工作，可以依法采取必要手段和方式等。

关于“群众路线”的规定，如《国家安全法》第11条规定，公民、各人民团体、企业事业组织和其他社会组织都有维护国家安全的责任和义务。第12条规定，国家对在维护国家安全工作中作出突出贡献的个人和组织给予表彰和奖励。第14条确定每年4月15日为全面国家安全教育日。第六章专章规定了公民、组织的义务和权利，明确了公民和组织应当遵守宪法、法律关于国家安全的规定，及时报告危害国家安全活动的线索，保守所知悉的国家秘密等内容。为加强对危害国家安全犯罪行为、间谍行为和其他危害国家安全行为线索的举报受理工作，2015年11月，全国国家安全机关向社会发出通告，国家安全机关受理公民和组织举报电话"12339"正式开通。自2018年4月15日起，国家安全部开通互联网举报受理平台网站www.12339.gov.cn.接受组织和个人的举报信息。

（二）在专门国家安全法律总则部分的体现

在其他国家安全法律总则部分的规定，如《国家情报法》第4条规定，国家情报工作坚持公开工作与秘密工作相结合、专门工作与群众路线相结合、分工负责与协作配合相结合的原则。《反间谍法》第2条规定，反间谍工作坚持中央统一领导，坚持公开工作与秘密工作相结合、专门工作与群众路线相结合、积极防御、依法惩治的原则。《反恐怖主义法》第5条规定，反恐怖主义工作坚持专门工作与群众路线相结合，防范为主、惩防结合和先发制敌、保持主动的原则。

（三）在党内规范性文件中的体现

专群结合原则在中共中央关于国家安全的规范性文件中也有体现，如2004年《中共中央关于加强党的执政能力建设的决定》提出，有效发挥司法机关惩治犯罪、化解矛盾和维护稳定的职能作用。坚持打防结合、预防为主，专群结合、依靠群众。2015年中共中央办公厅、国务院办公厅《关于加强社会治安防控体系建设的意见》提出，继承和发扬专群结合的优良传统。

第六节　共同安全原则

《国家安全法》第10条规定："维护国家安全，应当坚持互信、互利、平等、协作，积极同外国政府和国际组织开展安全交流合作，履行国际安全义务，促进共同安全，维护世界和平。"这就通过法律形式确立了共同安全原则，这一原则顺应了地区和国际安全合作的潮流，是我国制定对外安全政策和处理国际安全问题的价值观和基本原则。

一、共同安全原则的含义

"共同安全"这一概念最早由"安全与裁军问题独立委员会"1982年在一份名为《共同安全:生存的蓝图》的报告中提出。"共同安全"具有以下突出特点:强调"与对手共同寻求安全,而不是与对手进行对抗";竞争双方可以得到共同的安全,而不是"此消彼长"的零和关系。[45]

以习近平同志为核心的党中央提出共同安全理念,是顺应国际安全形势发展潮流的必然选择,是对当今世界主要安全问题和共同安全利益的准确把握。习近平总书记指出:"各国和各国人民应该共同享受安全保障。……面对错综复杂的国际安全威胁,单打独斗不行,迷信武力更不行,合作安全、集体安全、共同安全才是解决问题的正确选择。"[46]通过《国家安全法》将共同安全理念法治化,把共同安全原则确立为国家安全法的一项基本原则,进一步规范了共同安全的内涵。共同安全原则具有丰富而深刻的内涵,"共同"就是尊重和保障每一个国家的安全。共同意味着安全是双向的,自己安全也要保证其他国家安全。要全面理解共同安全原则的内涵,可从普遍性、平等性、包容性三方面入手。

(一)共同安全具有普遍性

安全的普遍性,就是尊重保障每一个国家的安全,一个国家的安全不能建立在其他国家不安全的基础上。[47] 有些国家,比如美国,追求绝对安全,容不得对美国安全可能构成的任何风险,甚至把自己国家的安全建立在其他国家的不安全基础之上。[48] 这种安全观就不是平等的安全观,是不具有普遍性的"孤立"的安全观。然而,当今世界,各国人民命运与共、唇齿相依。全球化深入发展意味着,国与国之间利益交织,彼此关切,形成深层次的相互依赖。只有在具有普遍性的安全体制中,才具备让所有国家实现共同安全的条件。任何国家都不可能脱离世界而实现自身安全,也不可能将自身安全建立在其他国家不安全的基础上。比如,美国在反恐中仅注重维护自身安全,反而出现了

---

〔45〕 参见丛鹏主编:《大国安全观比较》,时事出版社2004年版,第19页。

〔46〕 《习近平谈治国理政》,外文出版社2014年版,第273~274页。

〔47〕 参见杨鲁慧:《共同安全:凝聚亚洲新型安全观》,载《理论视野》2015年第3期。

〔48〕 参见全国"七五"普法统编教材编写组编:《领导干部法治读本》,法律出版社2016年版,第167页。

"越反越恐"的尴尬局面。

（二）共同安全具有平等性

在国际社会中，各国实力强弱不同，意识形态和社会政治制度各异，利益诉求千差万别，但都是国际社会中平等的成员，在安全互动中都是利益攸关方，是相互依赖、休戚与共的关系。[49] 安全的平等性，实质上就是各国作为独立平等的主权行为体，都享有平等地获得安全保障的权利。平等意味着在安全问题上所有国家都应依据权利而不是权力行事。因此，安全的平等性是各个国家既有平等参与地区安全事务的权利，同时也有维护地区安全事务的责任。[50]

（三）共同安全具有包容性

文明的多样性和各国的差异性应该转换为促进安全合作的活力和动力。每个国家有独特的历史文化传统，政治制度各不相同，意识形态互有差异，这是国际社会的一种客观现实。包容的安全理念体现了承认现实的精神，是尊重并照顾各方合理安全关切的务实观念。[51] 共同安全所体现的包容性，提倡尊重多样性，提倡各方互相理解，提倡妥善处理和照顾不同的利益关切和诉求，力求实现"各美其美，美人之美，美美与共，天下大同"。

二、共同安全原则的要求

习近平总书记指出："实现各国共同安全，是构建人类命运共同体的题中应有之义。"[52] 国家安全已成为世界安全的一部分，与他国安全、地区安全、国际安全、世界安全等紧密联系在一起。[53] 各国安全相互关联、彼此影响，安全利益你中有我，我中有你，没有绝对安全的世外桃源，必须摒弃唯我独尊、损人利己、以邻为壑等狭隘思维，把合作作为唯一选择。[54] 落实共同安全原则，构

---

〔49〕 参见张雪嫣：《共同安全与中国特色国家安全》，载《中共山西省委党校学报》2017 年第 3 期。

〔50〕 参见杨鲁慧：《共同安全：凝聚亚洲新型安全观》，载《理论视野》2015 年第 3 期。

〔51〕 参见《总体国家安全观干部读本》编委会：《总体国家安全观干部读本》，人民出版社 2016 年版，第65～66 页。

〔52〕 参见 2017 年 9 月 26 日，习近平总书记在国际刑警组织第 86 届全体大会开幕式上的主旨演讲。习近平：《坚持合作创新法治共赢，携手开展全球安全治理》，载《人民日报》2017 年 9 月 27 日，第 2 版。

〔53〕 参见刘跃进主编：《国家安全学》，中国政法大学出版社 2004 年版，第 53 页。

〔54〕 参见张历历：《总体国家安全观与"共同安全"》，载《环球》2017 年第 22 期。

建普遍安全的人类命运共同体,就要摒弃旧式安全观,摆脱零和博弈思维,秉持合作共赢的理念,建立新型安全框架。

（一）推动区域一体化和地区安全合作

1. 推动区域一体化。践行共同安全理念,必须立足于推进区域一体化,让更多地区的经济社会能够均衡发展,促进区域之间的经济交流和发展,缩小国家之间的贫富差距。在推进区域一体化过程中,区域成员之间通过连续的相互交融,共同利益会不断增加,由此将会产生牢固的共同体观念。这里的共同体主要是经济共同体。

2. 推进地区安全领域的合作,构建安全共同体。随着越来越多的国家接受共同安全理念,在区域一体化进程中维护共同安全的动力会越发强劲。习近平主席指出:“今天的亚洲,区域经济合作方兴未艾,安全合作正在迎难而上,各种合作机制更加活跃,地区安全合作进程正处在承前启后的关键阶段。”[55] 开展地区安全领域的合作,就要建立地区安全合作组织和沟通机制。例如,2001 年,我国与俄罗斯等五个国家成立了上海合作组织,签署了《打击恐怖主义、分裂主义和极端主义上海公约》,成员国在联合反恐、打击跨国组织犯罪、维护信息安全等方面成果显著,逐步建立健全了危机预警、联合执法和情报交流等相关机制。此外,2014 年,我国举办了亚洲相互协作与信任措施第四次会议,该会议已经成为亚洲覆盖范围最大、成员数量最多、代表性最广的地区安全论坛。今后,要在坚定捍卫核心利益的基础上,秉承积极对话、认真沟通的原则,妥善处理各类问题,共同维护地区稳定大局;要继续倡导建立地区安全合作组织和沟通机制,提高安全制度化水平和安全互信级别,引导地区安全议题设置,努力提高我国对地区安全事务的影响力和塑造力;要主动提供更多公共安全产品,从而构建对我国更加有利的地区安全合作框架。[56]

综上所述,经济共同体的建设不会自动导致安全共同体的形成,安全共同体的发展也不会自动导致十分紧密的命运共同体的完成。[57] 命运共同体的发展又分为三个层次:国家命运共同体、区域命运共同体、人类命运共同体。

---

[55] 2014 年 5 月 21 日,习近平主席在亚洲相互协作与信任措施会议第四次峰会上的讲话。

[56] 参见张雪嫣:《共同安全与中国特色国家安全》,载《中共山西省委党校学报》2017 年第 3 期。

[57] 参见周方银:《命运共同体:国家安全观的重要元素》,载《人民论坛》2014 年第 16 期。

人类命运共同体是建立在国家、区域共同体基础之上的。[58] 要建立人类命运共同体，当前仍需在构建经济共同体、安全共同体上继续着力。

(二)推动国际安全领域的合作

当今世界，各国面对越来越多具有普遍性的问题。气候变暖、金融危机、恐怖主义、核扩散、难民潮、传染病、网络攻击等问题，都不是某一个国家单独面临的问题，也不是一个国家能独自解决的问题，需要各国共同参与。各国只有共同合作，才能实现普遍安全。推动国际安全领域的合作，需要重点把握两个方面。一方面，要处理好大国关系。大国对共同安全的建设负有特殊责任，大国对国际规范的认同，可以起到导向和示范作用，并且对各国的遵约起推动作用。大国和谐，共同安全就有保障；大国纷争，则共同安全就无从谈起。另一方面，要践行正确的义利观，处理好同外部世界的关系。2014 年 7 月，国家主席习近平在韩国国立首尔大学演讲时明确了坚持正确义利观的内涵与意义，“在处理国际关系时必须摒弃过时的零和思维，不能只追求你少我多、损人利己，更不能搞你输我赢、一家通吃。只有义利兼顾才能义利兼得，只有义利平衡才能义利共赢”。正确义利观的根本是辩证地处理好道义和利益的关系，实现二者的统一。[59]

(三)推动和平解决国际争端

《联合国宪章》规定的主权平等、用和平方法解决国际争端、不得侵害别国领土完整或政治独立、不得干涉别国内政等基本原则，对维护世界和平与安全发挥着举足轻重的作用。和平解决国际争端，要遵循公认的国际关系准则。我国提出的和平共处五项原则，尊重理解各国合理的安全关切，既融合了我国崇尚和平、追求和谐的优秀传统文化，也将《联合国宪章》的宗旨和原则以更富有实践性的方式展现出来，主张通过对话协商提升互信，通过合作共建和平，体现了共同安全的新理念。尊重和维护《联合国宪章》的宗旨和原则，弘扬和平共处五项原则，是和平解决国际争端的重要保证。

---

〔58〕 参见杜刚、钮菊生：《命运共同体：国家安全保障从理念到实践的一种求索》，载《江南社会学院学报》2016 年第 3 期。

〔59〕 参见秦亚青：《正确义利观：新时期中国外交的理念创新和实践原则》，载《求是》2014 年第 12 期。

三、共同安全原则的体现

（一）体现为国内法的相关规定

在国内法中的规定，主要是关于开展安全交流合作、履行国际安全义务等内容的条款。如《核安全法》第13条规定："国家组织开展与核安全有关的国际交流与合作，完善核安全国际合作机制，防范和应对核恐怖主义威胁，履行中华人民共和国缔结或者参加的国际公约所规定的义务。"《反恐怖主义法》第68条规定，根据缔结或参加的国际条约，或按照平等互惠原则，与其他国家、地区、国际组织开展反恐怖主义合作。《中华人民共和国出口管制法（草案征求意见稿）》第1条关于立法宗旨的规定是，"维护国家安全和发展利益，履行防扩散等国际义务"。第10条第1款规定："国家出口管制主管部门根据缔结或参加的国际条约，或者按照平等互惠原则，与其他国家、地区、国际组织、国际机制等开展出口管制合作与交流，参与国际规则的制定。"

（二）体现为国际条约的内容

下面仅选择在反恐怖主义领域我国签署或参加的相关条约进行介绍，大致分为两类。（1）我国已加入的国际公约。如1963年东京《关于在航空器上实施的犯罪和某些其他行为的公约》、1970年海牙《关于制止非法劫持航空器的公约》、1971年蒙特利尔《关于制止危害民用航空安全的非法行为的公约》、1973年纽约《关于防止和惩治侵害应受国际保护人员包括外交代表的罪行的公约》、1979年纽约《反对劫持人质国际公约》、1980年维也纳《核材料实物保护公约》、1988年罗马《制止危害航海安全的非法行为公约》、1988年蒙特利尔《制止在国际民用航空机场进行非法暴力行为的议定书》、1997年纽约《制止恐怖主义爆炸国际公约》、2000年《制止向恐怖主义提供资助国际公约》等。（2）我国签署的双边条约，如《中华人民共和国和俄罗斯联邦关于打击恐怖主义、分裂主义和极端主义的合作协定》。

（三）体现为规范性文件的内容

这里主要是指党内规范性文件，如党的十八届四中全会通过的《中共中央关于全面推进依法治国若干重大问题的决定》提出："积极参与国际规则制定，推动依法处理涉外经济、社会事务，增强我国在国际法律事务中的话语权和影响力，运用法律手段维护我国主权、安全、发展利益。强化涉外法律服务，维护我国公民、法人在海外及外国公民、法人在我国的正当权益，依法维护海外侨胞权益。深化司法领域国际合作,完善我国司法协助体制,扩大国际司法协助覆盖面。加强反腐败国际合作,加大海外追赃追逃、遣返引渡力度。积极参与执法安全国际合作,共同打击暴力恐怖势力、民族分裂势力、宗教极端势力和贩毒走私、跨国有组织犯罪。"

课程阅读指南

1. 以下四篇文献均对国家安全法基本原则进行了介绍,对比进行阅读,可以加深对国家安全法基本原则的理解和认识。

全国"七五"普法统编教材编写组编:《领导干部法治读本》,下篇"维护国家安全"一文,法律出版社 2017 年版,第 157 ~ 173 页。

《总体国家安全观干部读本》编委会编:《总体国家安全观干部读本》,第四章"加强国家安全法治建设",人民出版社 2016 年版,第 215 ~ 217 页。

全国人大常委会法制工作委员会国家法室编著:《中华人民共和国国家安全法解读》,中国法制出版社 2016 年版,第 29 ~ 52 页。

周叶中、庞远福:《论国家安全法:模式、体系与原则》,载《四川师范大学学报》(社会科学版)2016 年第 3 期。

2. 王振民教授、马怀德教授全程参与了《国家安全法》的起草工作,阅读以下两篇对他们的专访文章,有助于准确把握我国国家安全法的主要内容和基本原则。

何晶晶、李强:《依法维护国家安全——专访香港中联办法律部部长王振民》,载《人民法治》2016 年第 8 期。

瑶荷、张慧超:《国家安全的法律保障——专访中国政法大学副校长马怀德教授》,载《人民法治》2016 年第 8 期。

3. 以下三篇文章有助于更好理解国家安全法中的法治原则和尊重和保障人权原则。

刘小妹:《〈国家安全法〉充分体现人权保障原则》,载《人民法治》2016 年第 8 期。

冯卫国:《总体国家安全观与反恐对策思考》,载《理论探索》2017 年第 5 期。

刘林波:《以宪法基本原则统领国家安全立法》,载毕雁英等:《国家安全法治问题研究》(第二辑),法律出版社 2017 年版。

思考题

1. 如何理解国家安全法的基本原则与宪法基本原则的关系?
2. 有观点认为,恐怖主义是人类的公敌,挑战社会的底线,因此反恐可以突破法律限制,可以不讲程序,不讲权利。如何评价这种观点?
3. 如何认识统筹全面安全原则的哲学基础?

第五章　外国国家安全法治

第二次世界大战之后，许多国家纷纷建立了国家安全法律制度体系。通过制定专门的国家安全法律，以法律的形式确立维护国家安全的基本制度，明确维护国家安全的各项任务，构建国家安全保障体系，成为世界各国的通行做法。考察各国国家安全法律制度体系后可以发现，尽管各国文化传统、社会制度、意识形态、法治体系等均有不同，但各国均十分重视本国的国家安全问题，都注重运用法治思维和法治方式保障国家安全。各国国家安全法律制度体系虽存在不同程度的差异，但大致上可分为宪法中涉及国家安全的条款、国家安全综合性立法、国家安全领域专门立法等类型。宪法中涉及国家安全的条款，是各国维护国家安全的根本依据。出台综合性立法是各国国家安全立法的主要趋势，国家安全综合性立法有利于统筹安排国家安全各领域的任务，有效协调不同国家安全机关之间的工作，明确责任分工和配合机制，提高国家安全领域的治理效能。针对不同国家安全领域的专门立法，为各领域落实维护国家安全责任提供了法律依据。根据本国法律规定，各国纷纷建立了符合本国特点的国家安全决策协调咨询机制、执行机制、监督机制。本章分五节对美国、俄罗斯、德国、英国、法国5个大国的国家安全法治情况进行介绍。[1]

第一节　美国国家安全法治概况

一、美国国家安全立法情况

第二次世界大战后，美国主要以颁布制定法、总统行政命令和判例法来调整和规范美国国家安全工作。虽然美国的法律体系属于英美法系，但在规范

---

〔1〕 本章各节所出现的法律规范性文件，无特殊标明，均指该节所对应国家的规范性文件。——编者注

和调整国家安全机构及其活动方面，却陆续制定颁布了几十部有关国家安全工作的成文法，构成了以成文法为主、判例法为辅的国家安全法律制度体系。[2] 以下主要介绍成文法的内容。

(一)美国宪法关于国家安全的规定

美国宪法确立了法治政府、三权分立与制衡、个人利益至上原则以及联邦制、多党制和总统制等宪政制度。美国国家安全立法是其整个法律制度的一部分，必然也是美国宪政制度的具体体现。在美国宪法所确立的宪政制度中与国家安全立法关系最直接的莫过于联邦主义和三权分立原则。[3] 如根据美国《宪法》第1条规定，国会的国家安全权力主要是宣战权及一般防御情况下的权力或其他的战争权力。根据美国《宪法》第2条，总统的国家安全权力包括外交权、战争统帅权、紧急情况权力、行政特权。

(二)国家安全综合性法律

1947年，美国制定了《国家安全法》，该法是美国关于国家安全的基本法，是美国国家安全的"一个全面的纲领性文件"，刚颁布时只有6章。[4] 几经修改，目前共11章。第1章"国家安全的协调"，规定设立"国家安全委员会"，在国家安全委员会之下设立中央情报局。第2章"国防部"。第3章"杂项"，规定有关国家安全人员的薪金、身份及经费使用的授权等内容。第4章空白。第5章"情报活动的责任"，主要是关于国会的监督。第6章"对情报活动的保护"，主要是对美国间谍、情报员及秘密情报来源的保护。第7章"情报工作文件的保护"，对中央情报局、国家地理空间情报局等美国国家安全机构在情报工作中产生的文件如何保护进行了规定。第8章"获取机密信息"。第9章"对间谍活动实施制裁"。第10章"教育对国家情报工作的支持"。第11章"其他规定"，对有关国际条约与双边协定在美国情报活动的适用进行了规定。[5]

(三)国家安全专门立法

根据美国法律的界定，"国家安全"是指美国的国防和外交。而国防、外

---

〔2〕 参见黄爱武：《战后美国国家安全法律制度研究》，法律出版社2011年版，第63页。
〔3〕 参见李竹：《国家安全立法研究》，北京大学出版社2006年版，第67~68页。
〔4〕 参见李竹：《国家安全立法研究》，北京大学出版社2006年版，第46页。
〔5〕 参见黄爱武：《战后美国国家安全法律制度研究》，法律出版社2011年版，第31页。

交属于联邦政府的专有权力。因此,国家安全事务的立法权力属联邦权力范畴。“国家安全”的外延并不固定,而是不断变化的,如奥巴马政府的国家安全战略扩大了“国家安全”概念的外延,在国内情报、经济、教育、能源、联邦财政赤字、医疗、移民、基础设施、自然灾害、有组织犯罪、科学和创新、贸易和旅行等方面定义了国家安全。下面简要介绍重点国家安全领域的主要法律法规。

安全与情报领域:(1)国家安全机构组织法,如《中央情报局法》(1949年)、《国家安全局法》(1959年)、《国家图像与绘图局法》(1996年)。(2)划分国家安全机构职能的立法,如12333号总统行政命令《美国情报活动》、《情报组织法》(1992年)、《反情报和安全促进法》(1994年)、《情报改革和预防恐怖主义法》(2004年)。(3)规范国家安全机关工作程序的立法,如《综合犯罪控制和街道安全法》(1968年)、《外国情报监视法》(1978年)、《情报法》(1994年)、《爱国者法案》(2001年)、《保护美国法》(2007年)、《美司法部部长关于联调局国内行动的指导原则》(2008年)。(4)保护情报人员身份的立法,如《情报人员身份保护法》(1982年)。(5)加强国家安全保密工作的立法,如《信息自由法》(1966年)、《机密情报程序法》(1980年)、12958号总统行政命令《国家安全信息保密》《国家安全信息保密实施细则》、13587号总统行政命令《进行机构改革以促进秘密网络系统安全并实现涉密信息的可靠共享和保护》。(6)防范和惩治危害国家安全行为的立法,如《军人间谍罪惩治法》(1985年)、《关于制裁泄露国家经济和商业情报者的法令》(1988年)、《间谍惩治法》(1991年)、《经济间谍法》(1996年)。(7)加强国家安全教育的立法,如《国家安全教育法》(1991年)。

经济安全领域:美国在经济安全领域里的法律分散于各种联邦法、行政法规、各州法律的大量判例之中,以下简单介绍其中比较核心的法律法规。能源安全:美国虽没有一部以能源安全命名的法律,但从20世纪70年代起,美国的能源法律体系不断完善。美国能源安全集中于能源储备,因此其能源安全法律包括1975年《能源政策与节约法案》《能源政策和储备法案》等。2006年出台的《国家能源政策法》被视为美国能源战略的具体化和能源政策的集大成者。金融安全:美国是金融监管较为严厉的国家,有关法律以《1933年银行法》《1933年证券法》《1999年金融服务现代化法案》等为代表。对外资金融机构的监管方面,美国的法律有《联邦储备法》《国民银行法》《国际银行法》《金融服务竞争法案》《加强对外资银行监管法》等。对外贸易中的经济安全:

主要有《1930年关税法》《1974年贸易法》《1979年贸易协定法》等,其中与经济安全相关的法条侧重于知识产权、关税壁垒、反倾销与反补贴、外资并购四个方面。美国保护本国知识产权的重要法律条款主要有两个:特殊301条款和337条款。此外,为加强外资并购安全审查,2007年美国颁布了《外国投资与国家安全法》,对已存在的美国外国投资委员会从结构、功能以及责任方面在法律上进行确认和制度化。农业安全:包括《1938年农业调整法》《1948年农业法》《1949年农业法》《1954年农业法》《2007—2012农业法案》等,其中有关农业补贴、粮食储备、农产品贸易的法律规定被认定为直接关系到美国农业安全。[6]

案　例　华为在美因"国家安全"被迫放弃收购案

2010年5月,我国华为技术有限公司以200万美元收购即将破产的美国三叶系统公司的特定资产。因其中包括若干涉及云计算领域的核心专利技术,美国外国投资委员会(CFIUS)以华为收购的专利会对美国"国家安全"构成威胁为由,要求华为剥离收购三叶公司所获得的全部科技资产。华为迫于美国政府的压力宣布放弃收购。在宣布放弃收购的同时,华为发表了一封致美国政府的公开信。在公开信中,华为试图澄清其同中国军方之间并没有美国所声称的紧密联系,不存在美方所谓的"窃取美国机密信息"和"特殊时期发动网络攻击"的国家安全威胁担忧。作为对华为公开信的回应,美国众议院情报委员会于2011年11月对华为和中兴通讯股份有限公司展开正式调查,并于2012年10月8日发表了《由中国电信公司华为和中兴通讯带来的美国国家安全问题》的报告,报告指出美国电信部门越来越倚重外国的电讯服务商,其中不乏与外国政府有关联的企业,因而网络安全存在隐患。

案　例　美国"301条款"与"301调查"

美国"一般301条款"是美国《1974贸易法》第301条规定。根据该规定,美国贸易代表可以对外国法律、政策或做法进行调查,与有关国家进行磋商,并决定是否采取提高关税、限制进口、停止执行有关协定等报复措施。

2010年10月,美国贸易代表宣布接受美国钢铁工人联合会(USW)的请

〔6〕　参见顾海兵等:《美国经济安全法律体系的分析与借鉴》,载《学术研究》2009年第11期。

求,对中国清洁能源有关政策和措施启动“301 调查”,并决定在不超过 90 天内向中国提出磋商要求。这次对中国的“301 调查”涵盖了中国风能、太阳能、高效电池和新能源汽车行业的 154 家企业,以查明美国相关企业的利益是否受到了损害。12 月,美国宣布调查最终决定并提起在世贸组织争端解决机制下磋商请求。最终,中国同意修改政策中涉嫌禁止性补贴的内容。

国土安全领域:主要包括《国土安全法》(2002 年)、《国土安全信息共享法案》(2002 年)、《电话窃听法》、《恐怖主义资产冻结法》、《公众卫生和生物恐怖主义预防法案》(2002 年)等。特别在反恐领域,美国还发布了一些战略文件。如 2002 年《国土安全国家战略》,2006 年、2011 年《国家反恐战略》,2011 年《依托地方伙伴力量防范美国内极端暴力主义战略》。

移民及边境管理领域:1996 年出台《非法移民改革和移民责任法》。2002 年通过《加强边境安全和入境签证改革法》,要求美移民归化局加强监控外国留学生。2007 年通过《执行 9 · 11 委员会建议法》,加强对进入美国境内货物的安全检查。

信息安全领域主要包括四方面立法:(1)保护政府信息安全立法,如《信息自由法》(1966 年)、《计算机安全法》(1987 年)、《高性能计算机法》(1991 年)、《信息技术管理改革法》(1996 年)、《政府信息安全改革法》(2000 年)、《联邦信息安全管理法》(2002 年)、《网络空间政策评估报告》(2009 年)等。(2)打击计算机犯罪立法,如《金融秘密权力法》(1970 年)、《伪造连接装置及计算机欺诈与滥用法》(1984 年)、《计算机欺诈与滥用法》(1986 年)等。(3)保护个人隐私立法,如《隐私权法》(1971 年)、《电子通信隐私法》(1986 年)、《儿童网上隐私保护法》(1998 年)、《医治保险携带和责任法》(2001 年)等。(4)保护关键基础设施立法,如第 7 号国土安全总统令《关键基础设施标识、优先级和保护》(2003 年)、《国土安全网络和物理基础设施保护法》(2010 年)。[7]

核安全领域:包括《原子能法》(1954 年)、《能源重组法》(1974 年)、《核电厂运行安全目标政策声明》(1986 年)、《在规制活动中使用概率风险评价法的政策声明》(1995 年)等。[8]

---

〔7〕 参见宋扬:《美国信息安全保障立法体系介绍及思考》,载中华人民共和国商务部贸易救济调查局:http://gpj. mofcom. gov. cn/article/zuixindt/201507/20150701065795. shtml,2018 年 4 月 5 日最后访问。

〔8〕 参见胡帮达:《美国核安全规制模式的转变及启示》,载《南京工业大学学报》(社会科学版)2017 年第 1 期。

二、美国国家安全决策咨询协调机制

（一）决策咨询、协调机构

1. 美国国家安全委员会

自 1947 年成立至今，美国国家安全委员会逐渐职能化、专业化，既是服务于总统的决策咨询和政策协调机构，也是总统协调美国国防、能源、环境保护等工作的重要平台。作为总统行政权的衍生物，其主要职能是：就有关国家安全的内政、外交和军事政策的整合，以及跨部门的协作给总统提出建议；按照总统要求进行国家安全风险因素评估，权衡政策得失，向总统报告或者提供政策建议。其运行形成了逐层向上反馈、逐层向下执行的机制：底层为地区事务和重大问题的跨部门政策委员会、中层为副部长级别的委员会，顶层是部长级会议和总统，对真正重要和无法达成共识的问题进行研究和决策。政策的执行和各方协调主要在底层和中层进行。[9]

2. 总统情报咨询委员会

总统情报咨询委员会前身为 1956 年设立的"总统外国情报咨询委员会"，2008 年改称"总统情报咨询委员会"，主要职能是：就美情报搜集与分析、反情报等事项向总统提出建议，并对美情报系统的工作做总体评估，以及对情报工作的未来发展提出意见。

3. 国家对外情报委员会

国家对外情报委员会于 1997 年成立，2005 年设立国家情报总监后，该委员会成为协助国家情报总监管理美国情报系统的高级情报顾问机构，主要就对外情报的来源和手段的保护、情报生产和质量的把关、对外交流以及情报系统内部的协调等问题向国家情报总监提出建议和咨询。

（二）指挥、协调机构

美国国家安全指挥、协调机构包括国家情报总监办公室及其直属机构，相关的直属机构包括国家情报委员会（NIC）、国家反恐中心（NCTC）、国家反扩散中心（NCPC）等。

1. 国家情报总监办公室

2005 年，美国设立国家情报总监（DNI），作为总统的首席情报顾问，同时

---

〔9〕 参见张骥主编：《世界主要国家国家安全委员会》，时事出版社 2014 年版，第 63 页。

也是国家安全委员会和国土安全委员会的法定情报顾问,其通过国家情报总监办公室,全面指挥领导美国情报安全系统的各项工作。

2. 国家反恐中心

2004 年《美国情报工作改革与防范恐怖主义法》确定了国家反恐中心的法律地位和编制,明确了国家反恐中心的主要职能:整合各方面(外交、金融、军事、情报、国土安全及国内执法)的政府力量,落实战略性反恐计划;分析源自联邦情报安全部门和其他来源的所有涉恐情报;向决策者提供准确、客观、完整的涉恐信息和情报成果;管理国家反恐情报信息库等。

3. 国家反扩散中心

2005 年,根据时任总统布什的命令,美国设立了国家反扩散中心,其主要职能是:汇集并分析各部门的相关情报,从战略角度研讨参与武器扩散活动的国家、恐怖组织的企图,探查他们获取核、生物和化学武器的手段和途径;发现那些企图获取、买卖、转移大规模杀伤性武器的非法行为;关注流行病等问题对美国国家安全构成的威胁。

三、美国国家安全执行机制

因美国国家安全委员会主要就外交、安全事务进行咨询协调,以下主要介绍美国情报安全系统的执行机制。美国情报安全系统共 16 个成员机构:中央情报局(简称 CIA,1947 年成立)、联邦调查局(简称 FBI,1908 年成立)、国土安全部所属的情报与分析室(简称 OIA,2003 年成立)、国务院情报与研究司(简称 INR,1946 年成立)、国防情报局(简称 DIA,1961 年成立)、国家安全局(简称 NSA,1952 年成立)、国家地理空间情报局(简称 NGIA,2003 年由原国家图像与绘图局更名成立)、国家侦察办公室(简称 NRO,1960 年成立)、海军情报系统、陆军情报系统、空军情报系统、海军陆战队情报系统、财政部恐怖主义与金融情报工作办公室(2004 年成立)、能源部情报与反情报办公室、海岸警备队情报组织、麻醉品管制局国家情报办公室。为避免职责交叉重复,使各机构能协调配合,美国对各机构的职责任务进行了较为明确的划分,如军事情报主要由军事情报部门负责,国内情报主要由联邦调查局负责。

此外,在其他领域还有其他独立的规制机关或跨部门机构执行具体的国家安全职能,如在核安全方面,通过独立的核安全规制机关核监管委员会进行监管,在外资并购安全审查方面,由外国投资委员会进行审查。

四、美国国家安全监督机制

美国国家安全法律监督形式主要包括总统主导的行政监督、国会的立法监督以及法院的司法监督等。

（一）总统对国家安全工作的监督

总统主要通过四种方式监督国家安全工作：(1)颁布行政命令进行职能监督。总统的行政命令包括非保密的总统行政命令和保密的《国家安全决策指令》。这些命令通过对国家安全工作总则，情报活动的目标、方针和职责等进行规定，对国家安全情报部门进行指导和监督。此外，总统还可以发布总统令，国安会发布情报指令对国家安全机构的业务工作进行指导和监督，防止国家安全机构在制定和执行任务时违反法律程序。(2)对国家安全情报界的16家成员单位施行“集中领导、各司其职、分散实施”的原则，防止权力过于集中于一个单位导致独大、滥权情况的发生。(3)通过总统情报咨询委员会及其常设机构情报监督委员会，以及行政管理与预算局(OMB)进行监督，此外还可以通过设在国家安全机构内部的检察长、总法律顾问等实施内部监督。(4)通过调查委员会进行纪律监督。

（二）国会的立法监督

国会对国家安全工作制度化的法律监督，主要通过两个机构来实施：参议院特别情报委员会、众议院常设特别情报委员会。国会实施国家安全监督的主要途径有三：

1. 立法监督。制定相关的国家安全监督法律，是国会开展国家安全监督最重要的方式，《1947 年国家安全法》等法律既规定了国家安全机构的职能、组织结构、工作程序等内容，也为国会开展监督提供了依据和保障。

2. 预算和人事监督。根据美国法律，各国家安全机关开展工作的经费预算需得到国会的核准，总统对国家情报总监、中情局局长及其总检察长等职位人选的任命，需得到参议会的批准。

3. 调查监督。国会两院对出现问题的情报活动或情报失误事件，可联合或单独组成独立的调查委员会进行调查。如国会对“珍珠港”事件和“9·11”事件的调查，直接导致了美国历史上两次重大的国家安全情报体制的重组和改革。

（三）法院的司法监督

法院的监督主要有两种形式：一方面，美国联邦法院通过一系列涉及国家安全的案件审判，以及相关国家安全的司法解释，有效地彰显了国家安全监督的权力，督促美国国家安全机构及其活动在宪法和法律的框架内开展，有力地保护了美国公民不受国家安全机关滥用权力的压迫和侵害。另一方面，根据《1978 年外国情报监视法》成立的外国情报监督法院，依法对政府对在美国的外国实体以及个人实行监视的行为从司法和合宪性上进行监督。在美国境内开展秘密窃听、监视等活动，须向该法院申请许可。[10] 此外，法院还可以通过与情报相关的司法解密权来进行监督。根据《信息自由法》，法院拥有对情报机构的活动进行解密以及公之于众的权力。

第二节　俄罗斯国家安全法治概况

随着国家安全概念涵盖领域范围的不断扩大以及国家安全机构、任务、职责等情形的变化，俄联邦不断完善国家安全立法，已形成了由不同效力等级及效力范围的规范性文件构成的国家安全法律制度体系，包括联邦宪法、联邦宪法性法律及其他联邦法律、总统令、政府规章，以及跨部门规章和部门规章等。其法律制度体系除了保护政治安全、军事安全、领土安全等传统安全之外，还涵盖了信息安全、生态安全、资源安全、经济安全、文化安全、社会安全、科技安全、核安全、外层空间安全等非传统安全领域。[11] 在较为完备的国家安全法律制度体系下，俄罗斯也形成了具有本国特点的国家安全工作机制。

一、俄罗斯国家安全立法情况

到目前为止，俄罗斯在国家安全领域颁布的各项法律法规种类繁多，总计有 15 部联邦法律、200 多个总统命令、500 多个政府决议、16 个纲领性文件。[12] 以下对其中较为核心的法律法规进行介绍。

---

〔10〕 参见黄爱武：《战后美国国家安全法律制度研究》，法律出版社 2011 年版，第 181 ~ 197 页。

〔11〕 参见刘洪岩：《俄罗斯国家安全立法的体系化构建》，载《人民法治》2016 年第 8 期。

〔12〕 参见李旭：《俄罗斯如何完善国家安全领域的法律政策》，载《人民论坛》2017 年第 3 期。

(一)宪法中涉及国家安全的条款

1993 年经全民公决通过的《俄罗斯联邦宪法》是国家安全法律保障体系的核心,规范了俄罗斯国家安全的根本原则。俄宪法中涉及国家安全的条款主要包括:(1)涉及国家安全客体的条款,包括国家宪法制度、主权、领土完整,社会的物质和精神财富,个人的权利、自由、健康等方面。如《俄罗斯联邦宪法》序言、第 1 条、第 2 条、第 4 条、第 13 条、第 71 条等都包含这方面内容。(2)涉及国家紧急(战争)状态的条款。如第 56 条、第 87 条、第 88 条、第 102 条。(3)涉及公民维护国家安全义务的条款。(4)涉及国家安全常设机关的条款。如第 83 条第 7 款明确规定俄联邦总统组织和领导俄联邦国家安全委员会,俄联邦国家安全委员会的地位由联邦法律决定。这一规定为俄联邦安全会议的设立和运行提供了基本法上的依据。[13]

(二)国家安全综合性法律

1. 俄罗斯国家安全综合性法律立法沿革

1987 年,苏联开始制定《国家安全法》和《国家安全委员会条例》。1991 年出台的《苏联国家安全机关法》,将苏联国家安全机关的组成、职权及工作人员的法律地位、社会保障、对国家安全机关活动的监督等问题法律化。苏联解体后,俄罗斯接管了苏联的国家安全机关,继续推进国家安全法治化进程,1992 年 3 月,俄罗斯出台《俄罗斯联邦安全法》,该法成为俄罗斯国家安全领域的基本法。2010 年 12 月,为适应国际形势变化和国家安全的新特点,俄罗斯出台新的《俄罗斯联邦安全法》,同时宣布 1992 年《俄罗斯联邦安全法》及同其相关的法律文件条款失效。

2. 2010 年《俄罗斯联邦安全法》的主要内容

2010 年《俄罗斯联邦安全法》共 20 条,分为四章。第一章“总则”,规定了该法的调整对象,国家安全保障的基本原则、活动内容、国家政策、工作协调、国际合作等内容;第二章“安全保障”,规定了联邦国家权力机关的权限、俄联邦主体国家权力机关和地方自治机关的职能,规定了总统、联邦委员会、联邦政府、联邦权力执行机关、联邦主体权力机关和地方自治机关等的权限和职能;第三章“安全委员会的地位”,详细规定了安全委员会的性质、任务、职能、

---

〔13〕 参见楚盛男:《俄联邦国家安全立法体系发展及其启示》,载《江苏大学学报》(社会科学版)2017 年第 2 期。

成员、决议等内容；第四章“最终条款”，规定了失效的旧法及新法生效的时间。[14]

相较于1992年《俄罗斯联邦安全法》，2010年《俄罗斯联邦安全法》相关规定更加完善：第一章第6条“安全保障的协调工作”条款的增加，有利于俄罗斯加强国家安全工作的有效性、整体性和系统性。第二章选取各个安全系统中主要子系统为切入点，翔实规定了总统、联邦会议、联邦政府的职责，在责任的划分和执行方面，更加清晰，更具有操作性，真正成为俄罗斯安全机制以及各个子系统的法律基础。第三章第16条对联邦安全会议秘书进行了专门规定：“安全会议秘书是执行安全会议承担的任务和职能的官员，直属总统领导，并受总统任命和罢免，其权力也由总统规定。”这一条款使联邦安全会议的实际可操作性更强，地位更强，受总统的控制更强。[15]

（三）国家安全领域专门立法

根据俄罗斯2010年《俄罗斯联邦安全法》，除国家安全、社会安全、个人安全等传统安全保障外，生态安全、经济安全等非传统安全受到重视。根据俄罗斯2015年《俄联邦国家安全战略》，国家安全包括国家国防安全以及各种安全，包括国家、社会、信息、生态、经济、运输、能源以及个人等安全。[16] 以下对重点领域的主要法律进行简要介绍。

情报与安全领域：主要联邦法律包括《联邦安全局法》（1995年）、《侦缉行动法》（1995年）、《对外情报机关法》（1996年）等。《联邦安全局法》规定了联邦安全局的任务、组成、法律基础和行动原则、职权等内容。《侦缉行动法》旨在调整在俄联邦境内实施的侦缉行动的内容，巩固在采取侦缉措施时的合法性保障体系。《对外情报机关法》规定了对外情报机关的地位、组织和运行原则、活动监管程序等内容。

军事及国防领域：包括《国防法》《俄联邦国境法》《武器法》《兵役和军役法》《俄联邦动员准备与动员法》《军人地位法》《老战士法》《国防采购法》等。

紧急状态相关立法：主要包括《紧急状态法》（2001年）、《战争状态法》

---

〔14〕 参见楚盛男：《俄联邦国家安全立法体系发展及其启示》，载《江苏大学学报》（社会科学版）2017年第2期。

〔15〕 参见刘再起、魏玮：《〈俄罗斯联邦安全法〉的演进及国家安全体系改革趋势》，载《俄罗斯东欧中亚研究》2016年第6期。

〔16〕 参见舒桂：《俄罗斯联邦新版国家安全战略解读》，载《中国信息安全》2016年第1期。

(2002年),两部法律对两种非正常状态宣布的依据、实施的程序、保障、有关机关的职权、相关地区的管理、公民和组织的权利状况等进行了详细规定。

反恐领域:主要包括《反洗钱及资助恐怖主义法》(2001年)、《反极端主义活动法》(2002年)、《反恐怖主义法》(2006年)、《关于与恐怖主义作斗争新措施法》(2013年)等。

信息安全领域:包括《俄联邦信息、信息技术和信息保护法》《俄联邦大众传媒法》《俄联邦计算机软件和数据库保护法》《俄联邦通信法》《国家秘密法》等。[17]

经济安全领域:这一领域立法既涉及宏观经济安全立法,也涉及产业安全、粮食安全、能源安全、金融安全等具体经济领域安全立法,包括《俄罗斯经济安全战略》《俄罗斯经济安全指标清单》《国家需要的农产品、原料及粮食采购供应法》《保护竞争法》《联邦农业发展法》《矿产资源法》《产品分成协议法》《2020年前俄罗斯能源战略》《外汇调节法》《银行和银行活动法》《外国投资法》等。[18] 其中,《对保障国防和国家安全具有战略意义等商业组织进行外国投资的程序法》,规定了需要进行安全审查的外国投资形式、对外国投资进行安全审查的管理机构、对外国投资进行安全审查的程序等内容。[19]

核安全领域:主要由联邦法律、总统和政府命令、统一技术法规,联邦标准和条例、行政法规、特殊的技术法规,安全导则、行业标准和规范、指导文件等组成。其中最重要的三部法律是《原子能利用法》《居民辐射安全法》《放射性废物管理法》。[20]

二、俄罗斯国家安全决策咨询协调机制

俄联邦安全会议是俄罗斯处理安全问题的最高决策和咨询机构,在俄罗斯国家安全体制中占有重要地位。2004年6月,俄罗斯颁布《俄罗斯联邦安全会议条例》,该条例在《俄罗斯联邦宪法》和《俄罗斯联邦安全法》的基础上,对联邦安全会议的任务、职能和活动规则进行了更加细致具体的规定。2011年5月,俄罗斯颁布新的《俄联邦安全会议条例》,对联邦安全会议的任务、职

---

〔17〕 参见楚盛男:《俄联邦国家安全立法体系进展及其启示》,载《江苏大学学报》(社会科学版)2017年第2期。

〔18〕 参见覃甫政:《俄罗斯保障国家经济安全立法研究》,载《经济法研究》第16卷第1期。

〔19〕 参见裘敬海:《俄罗斯立法保障国家经济安全》,载《中国人大》2009年第19期。

〔20〕 参见熊文彬等:《俄罗斯核电安全监管体系及启示》,载《辐射防护通讯》2012年第4期。

能进行了一系列调整。

(一)俄联邦安全会议的性质、职能

根据《俄联邦安全会议条例》的规定,俄联邦安全会议是宪法性咨议机构,在公共安全、环境安全、个人安全以及俄罗斯联邦法律规定的其他类型的安全问题、防御体系、军队建设、国防工业、与其他国家的军事以及军事技术合作,维护俄联邦的宪法秩序、主权、独立和领土完整以及其他安全保障的国际合作问题上为总统决策做准备。[21] 由此可见,联邦安全会议是一个咨询和协调机构,而非决策机构。

根据《俄联邦安全会议条例》的规定,联邦安全会议的任务和职能主要包括四个方面:(1)为总统实现其所承担的国家安全保障职能准备提案和提供建议;(2)协调联邦权力机构和联邦主体权力机构对相关国家安全战略、政策和决定的执行工作,监督其实施情况;(3)组织安全领域的评估和科学研究工作,并形成解决方案;(4)组织开展与其他国家的安全合作。[22]

(二)俄联邦安全委员会的组成和运作

联邦安全会议由联邦安全会议主席、常务委员和普通委员组成。总统任联邦安全会议主席,直接领导联邦安全会议,常务委员一般包括总理、总统办公厅主任、内务部部长、国防部部长、联邦安全局局长、联邦安全会议秘书等。根据《俄联邦安全会议条例》的规定,联邦安全会议的主要工作形式是举行各种层次的会议,包括安全会议例会、专项会议、战略规划会议、工作会议以及其工作机构的跨部门委员会和科学委员会的会议等。安全会议的决议在会议上由常务委员以简单多数票通过,并在总统签署后生效。

联邦安全会议下设跨部门委员会,它是联邦安全会议的主要工作机构,承担重要的协调和咨询职能。联邦安全会议机关,是总统办公厅下属的一个独立部门,在联邦安全会议秘书的领导下负责联邦安全会议日常工作。《俄罗斯联邦安全会议机关条例》对联邦安全会议机关的定位、法律依据、主要任务、主要职能、职权、协调机制以及联邦安全会议机关的领导层等问题进行了详细规定。

---

〔21〕 参见张骥主编:《世界主要国家国家安全委员会》,时事出版社2014年版,第82页。
〔22〕 参见张骥主编:《世界主要国家国家安全委员会》,时事出版社2014年版,第90页。

三、俄罗斯国家安全执行机制

根据俄罗斯国家安全法律制度体系的授权,诸多国家机关承担维护国家安全的职责,负责相关法律法规的执行,按照职能不同可分为如下类型:(1)俄联邦对外安全机关:国防部、外交部、谍报部。(2)俄联邦国内安全机关:内务部直属民事安全局、俄联邦边防所、检察院、警备局等。(3)俄联邦经济安全机关:经贸部、财政部、税务部、海关。(4)俄联邦生态安全机关:紧急情况部、生态部、技术监督局、国家防火安全监督局。(5)俄联邦人口安全机关:卫生保健部、科技部、俄联邦人口统计委员会。(6)俄联邦信息安全机关:俄联邦总统直属的联邦政府通信和信息署、信息政策收集委员会、国家统计局、俄联邦技术委员会、俄罗斯共产党和工人党情报局、国家秘密保护委员会。(7)俄联邦对外武装力量:俄联邦军队以及一切合法的在境内开展维护国家利益行动的武装力量。(8)俄联邦对内武装力量:内务部直属部队、内务部各地区分部武装、边防部队、国内应急警察以及所有合法的国内武装力量;还有各类用于应对各种紧急情况的社会武装力量(消防部队、民兵、紧急救助部队等)。[23]

有的事项,不是某一个部门能解决的,需要跨部门进行协作,如对外国投资进行安全审查的管理机构包括俄罗斯外国投资监督委员会、俄罗斯反垄断局、俄罗斯跨部门国家秘密保护委员会、俄罗斯安全局。[24] 又如2006年,俄罗斯成立国家反恐委员会,该委员会是中央管理和协调地方及各部门开展反恐工作的跨部门机构。2011年,根据《反极端主义协调委员会条例》,成立了跨部门机构——反极端主义协调委员会。

四、俄罗斯国家安全活动监督机制

俄罗斯对国家安全机关的活动建立了全方位的监督机制,《国家安全机关法》中规定的监督形式包括议会监督、总统监督、法院监督和检察院监督。议会监督的主要形式是听证会、听取国家部长的工作报告及安全机关公职人员的专题报告。俄总统进行监督的主要形式是听取联邦国家安全机关领导的

---

〔23〕 参见刘再起、刘若书:《俄罗斯安全体制改革与启示》,载《俄罗斯东欧中亚研究》2013年第4期。

〔24〕 参见裘敬海:《俄罗斯立法保障国家经济安全》,载《中国人大》2009年第19期。

工作报告，批准其工作计划等。法院的监督是通过审理国家安全机关侦办的刑事案件对联邦国家安全机关在其活动中是否尊重公民的权利和自由实施监督。法院还通过审理联邦国家机关工作人员的犯罪和违法行为以及公民对他们的控告实施监督。检察院的监督则是由俄罗斯总检察长及其下属的检察官对联邦国家机关是否准确、统一地执行联邦法律的情况实施监督。[25]

第三节 德国国家安全法治概况

一、德国国家安全立法情况

（一）宪法中涉及国家安全法律制度的条款

德国国家安全体系是以 1949 年《德国基本法》为基础建立的，在《德国基本法》中有诸多条款与国家安全相关，如《德国基本法》第 24 条规定，为维护和平，联邦可加入互保的集体安全体系。第 80a 条规定了“紧急状态”，第 87a 条规定了武装部队的建立和投入使用，第 87b 条规定了联邦国防军的行政管理，第 91 条规定了“内政紧急状态”，第十 A 章规定了“防卫情况”。

（二）国家安全综合性立法

2002 年，德国内阁向议会提交“第二个‘一揽子’安全协议”，即《反国际恐怖主义法》。经过议会的激烈争论，“第二个‘一揽子’安全协议”最终得以通过。该法案修改领域之广、幅度之宽、内容之多实属罕见，对《联邦宪法保卫法》《军事间谍局法》《联邦情报局法》《第十条款法》《安全审查法》《联邦边防法》《护照法》《身份证法》《团体法》《联邦刑事局法》《外国人管理法》《避难程序法》等20 余部法律进行了修改，称得上是德国的国家安全综合性立法。其主要内容包括：（1）增强情报部门之间及其与司法机关之间的合作。（2）通过扩大情报部门的权力来加强其收集信息的能力。第一，扩大情报部门收集信息和资料的对象。第二，明确规定情报部门可以使用技术手段调查和收集信息。（3）扩大披露德国公民的生物特征信息的范围，主要体现为《护照法》和《身份证法》的修改。（4）扩大披露外国人信息的范围。（5）规定情报和警察部门有权获得德国公民和外国人的信息和数据。（6）增加航空当局保卫机

---

〔25〕 参见李竹：《国家安全立法研究》，北京大学出版社 2006 年版，第 134 页。

场等敏感地区的权力。[26] 2007年,德国又通过《反恐怖主义活动补充法》,对《反国际恐怖主义法》等法律进行了修订。

(三)国家安全领域专门立法

德国2016年版《安全政策与联邦国防军未来白皮书》解析,是德国安全政策的根本准则,反映了德国安全政策规划和行动的核心要求。新版白皮书所涵盖的威胁领域与2006年版白皮书大致吻合。[27] 2006年版白皮书指出,安全威胁不仅包括全球化、恐怖主义、大规模杀伤性武器扩散和军备扩充趋势、地区冲突,而且包括非法武器交易、不发达国家存在的发展障碍与国家政权的脆弱性、能源安全问题、移民问题、流行病与瘟疫等。[28] 下面,对以上涉及的德国重点安全领域的主要法律进行介绍。

情报与安全领域:主要是关于国家安全机关职能任务、工作程序等内容的法律。如《联邦宪法保卫法》(1990年)由四章27条组成。第一章规定了联邦与州之间的合作,包括合作的义务、宪法保卫部门和宪法保卫局的任务等内容。第二章规定了宪法保卫局的任务与权限。第三章是关于通知的规定。第四章主要规定了联邦数据法的适用范围。《军事反间谍局法》(1990年)共14条规定,主要内容包括该机构的任务、管辖范围、与宪法保卫部门的合作,以及该机构的权力和有关信息、数据的使用程序和规定。《联邦情报局法》(1990年)共12条规定,主要内容包括该机构的任务、权限、特殊的讯问要求,特别是有关数据库的使用以及有关数据的收集和与其他机关的合作等。[29]

反恐领域:包括《航空安全法》(2005年)、《共同反恐数据法》(2006年)、《联邦刑侦局预防国际恐怖主义法》(2008年)、《关于处罚严重威胁国家之暴力犯罪之预备行为的法律》(2009年)等。

案 例 "航空安全法"判决

2005年1月,德国《航空安全法》生效。该法第14条第3款规定,在载有乘客的航空器被劫持并被用作夺取地面公民生命的手段时,如果将其击落是

---

〔26〕 参见戚建刚:《后"9·11"时代德国反恐法律制度之改革》,载《欧洲研究》2007年第4期。

〔27〕 参见陆巍:《德国2016年版〈安全政策与联邦国防军未来白皮书〉解析》,载《德国研究》2017年第1期。

〔28〕 参见吴学永:《德国〈国防白皮书2006〉解读》,载《外国军事学术》2007年第4期。

〔29〕 参见王世洲等主编:《危害国家安全罪研究》,中国检察出版社2012年版,第151页。

对抗这种威胁的唯一有效的手段,那么国防部有权将其击落。鉴于《航空安全法》允许国家在特定的例外情形下杀害同样是犯罪行为牺牲品的无辜者,因此相对的利害关系人就此向联邦宪法法院提起了宪法诉愿,认为《航空安全法》的规定侵害了《德国基本法》第1条第1款的人性尊严以及第2条第2款第1句的生命权。2006年2月15日,德国联邦宪法法院判决宣告《航空安全法》第14条第3款无效。

外国人管理:包括《外国人管理法》《外国人管理法实施规定》《外国人资料档案规定》《外国人登记中心法》《外国人登记中心法实施规定》等。2004年7月,德国通过《移民法》,界定了移民事务的范围、性质,明确了法律实施的程序、责任,提高了法律的可操作性和各地执法的统一性。从该法内容不难看出,德国已将如何处理移民事务上升到是否影响国家安全的高度。[30]

网络安全领域:《安全审查法》(1994年),由六章39条组成,主要内容涉及该法的宗旨和适用范围、有关人员的权利和义务,安全审查的种类,安全审查的程序,安全审查的档案和数据的储存、变更和使用、传送和专门用途。[31]《联邦数据保护法》(2003年),详细规定了个人数据保护制度。《联邦信息技术安全法》(2015年)区别了一般信息技术系统和关键基础设施,对后者实施加强保护。

核安全领域:1959年出台核能基本法《原子能法》,也可称为《和平利用原子能和防止其危害法》,后经多次修订,该法主要由六个部分组成,分别是一般性条款、监督条款、管辖机构、法律责任、罚金和终结规定。此外,还包括《辐射防护令》(1980年)、《核安全和辐射防护法》(1984年)、《辐射防护法》(1986年)、《辐射防护条例》(2001年)、《有序结束利用核能进行行业性生产电能法》(2002年)等。

军备出口领域:包括《战争武器控制法》《对外经济法》《对外经济条例》等。其中《战争武器控制法》只是涉及战争武器,以《对外经济法》和《对外经济条例》为基础的对外出口控制基本上是针对和军事相关的货物,即其他军事装备。[32]

---

〔30〕 参见郭小沙:《德国〈移民法〉评说》,载《德国研究》2004年第3期。
〔31〕 参见王世洲等主编:《危害国家安全罪研究》,中国检察出版社2012年版,第151页。
〔32〕 参见张骥主编:《世界主要国家国家安全委员会》,时事出版社2014年版,第205页。

二、德国国家安全决策协调机制

德国联邦安全委员会是联邦政府的一个重要的内阁委员会，是德国安全决策的最高机构，其前身为联邦国防委员会。其成员主要是由德国联邦政府中传统的具有重要作用的部门部长组成：联邦总理担任主席，联邦副总理担任副主席，国防部部长为代主席，常任委员包括联邦总理、国防部部长、外交部部长、内政部部长、司法部部长、财政部部长等，联邦总理府主任担任秘书。

德国联邦安全委员会的主要职能有：(1)研究联邦德国的安全防务政策，并提出政策建议；(2)确保德国的安全政策与北约的防务政策协调一致；(3)围绕德国防务与安全政策在各相关政府部门之间开展咨询和协调工作，担任总理和政府的安全智囊；(4)对德国的军售情况进行严格监督和审核。[33]它在联邦政府中的作用是统率、统筹和协调负责德国安全政策和外交政策方面的各部门之间的工作，其常任成员要持续地向它报告在安全领域的一些重要措施的计划和实施。[34]

联邦安全委员会的工作流程遵循《联邦安全委员会工作条例》《联邦政府内阁委员会的工作流程框架守则》《联邦政府工作条例》。联邦安全委员会的会议，根据需要不定期召开，没有固定的时间表。不同于一般的内阁会议和其他内阁委员会会议，联邦安全委员会的会议时间、会议议程和表决情况都是机密。根据《联邦政府工作条例》第24条的规定，联邦安全委员会只有当包括主席在内超过半数的成员出席的情况下才具有表决权。[35]

三、德国国家安全执行机制

在联邦安全委员会作出最后决定后，其政策执行依靠各内阁部门之间的协调运作。在所有内阁部门中负责执行的最重要的是国防部、外交部和情报局，当然需要其他部门的密切配合协作，确保举措得到有效的执行。[36]

(一)安全与情报机构

联邦情报局(BND)，1956年成立，直属联邦总理府领导，负责搜集国外政

---

〔33〕 参见彭光谦主编：《世界主要国家安全机制内幕》，江苏人民出版社2014年版，第191页。
〔34〕 参见张骥主编：《世界主要国家国家安全委员会》，时事出版社2014年版，第198页。
〔35〕 参见张骥主编：《世界主要国家国家安全委员会》，时事出版社2014年版，第202～204页。
〔36〕 参见刘胜湘等著：《国家安全：理论、体制与战略》，中国社会科学出版社2015年版，第148页。

治、军事、经济、科技等各类情报。

联邦宪法保卫局(BFV),1950年成立,是德国反间谍机构,属于内政部管辖,主要任务是:搜集和分析国内外各类极端主义危害国家安全等活动情况,以及敌对情报机构的活动情况;侦破间谍案件;对安全和国防等重要部门的工作人员进行政审;侦察针对德国的间谍、颠覆破坏、暗杀等活动;参与制定各项保密制度和措施;监视外国情报机关和境内外激进团体在德国的活动等。

军事反间谍局(MND),成立于1955年,隶属国防部,负责为联邦国防军搜集情报。主要任务是:保卫联邦国防军的安全,防范外国情报机构对联邦国防军的渗透,防范威胁联邦国防军安全的政治势力;搜集有关激进主义活动、危害联邦国防军安全活动、间谍及秘密警察活动的情报信息,负责汇总各种渠道获得的情报,并加以分析、研究作出评价等。[37]

(二)其他安全机构

根据德国目前重点关注的国家安全威胁,下面选取反恐、网络安全、移民管理等领域比较有代表性的几个机构进行介绍。

联邦刑事警察局,1953年建立,隶属于联邦内政部,是联邦德国的刑事侦查中心。主要职责包括侦破跨州界和跨国界的犯罪案件,保证重要人物的安全,协调各州刑事警察机构的工作,同国际刑警组织开展业务联系,搜集全国犯罪活动的情报,等等。

联邦边防警察局,1951年建立,隶属于联邦内政部,主要职责是:维护边境安全和进行边境检查,在边界前沿地区消除危险和平定骚乱,缉捕各种刑事犯罪分子尤其是恐怖犯罪分子,支援各州警察机构平定骚乱的紧急行动,协助联邦警察局做好国家领导人的警卫,等等。

联邦信息技术保护局(BSI),是联邦层面专职负责信息技术系统安全的联邦上位机关,隶属于内政部,其核心任务是促进信息技术系统安全,具体包括:危险防护与收集、鉴定信息,分析安全风险以及开发安全防范措施,安全审查,保密审查,对行政治安、刑事(包括涉国家安全)犯罪侦查以及情报活动的协助,安全咨询与警告,关键基础设施保护,等等。[38]

联邦移民和难民局,主要职能是:在外国人局、联邦劳工局和由外交部授

---

〔37〕 参见孙春玲:《德国的安全情报机构》,载《国际资料信息》2002年第12期。

〔38〕 参见李昊、查云飞:《欧盟一体化背景下德国的网络安全立法现状》,载《北航法律评论》2015年第1辑。

权处理护照和签证事宜的德国驻外使领馆间协调从事经济活动为目的的居留信息；开发外国人融合社会课程；为联邦各级政府提供融合措施的各类情报资料；研究移民问题；按照欧共体2001/55/EC指令，作为国家联络点，与欧盟成员国的行政机构合作。

外国人局，属地方执法机构，由州政府指定管理，不隶属联邦移民和难民局。在其地域范围内主管外国人签证、居留证件和永久居留证件的发放工作。[39]

联邦环境、自然保护和核安全部（BMU）：负责监管核能设施和许可核能利用，核安全和辐射防护管理工作。该部与核能委员会合署办公，部长有权依照《原子能法》和2001年《辐射防护条例》对核领域采取法律监管和适当措施。

四、德国国家安全监督机制

德国国家安全监督可分为内部监督、议会监督、法院监督等形式。

1. 内部监督。德国联邦安全委员会是一个保密性极强、决策过程不透明的机构，使联邦安全委员会较少受到外部的监督和制约。为此，将司法部部长列为联邦安全委员会常任成员，司法部部长的加入，使德国安全委员会在运转时更加谨慎，加大了对联邦安全委员会这一运作过程极不透明的内阁委员会的内部监督力度。[40]

2. 议会监督。根据议会制内阁三权分立的原则，联邦安全委员会作为行政领域的工作机构，应受到议会监督。1976年，德国成立由8人组成的议会监督委员会，负责对联邦情报局、联邦宪法保卫局和军事反间谍局工作进行监督。1992年，联邦议会通过了《议会对联邦情报机构活动控制法》，该法规定联邦情报局、联邦宪法保卫局和军事反间谍局有义务向议会监督委员会报告一切重大事情；所有8名议会监督委员会委员都有在3个机构查阅档案的权利；监督委员会也可向3个机构工作人员了解情况；监督委员会有权监督和审查3个机构的预算和经费开支。[41]

3. 法院监督。根据《宪法法院法》第120条的规定，由州高级法院刑事法

---

〔39〕 参见苏睿：《德国〈移民法〉评析与借鉴》，载《四川警察学院学报》2017年第4期。

〔40〕 参见刘胜湘等著：《国家安全：理论、体制与战略》，中国社会科学出版社2015年版，第142页。

〔41〕 参见孙春玲：《德国的安全情报机构》，载《国际资料信息》2002年第12期。

庭负责特殊的政治刑事案件的一审工作，管辖对象包括危害国家安全罪和恐怖主义犯罪，其他案件由州法院或地区法院管辖。[42] 法院在审理案件过程中，可以对国家安全机关行为的合法性进行监督。

第四节　英国国家安全法治概况

一、英国国家安全立法情况

2010 年和 2015 年，英国两次发布了《国家安全战略和战略防务与安全评估》报告。该报告是英国政府最高层次的安全战略文本。2015 年 11 月版的《国家安全战略和战略防务与安全评估》报告，将英国面临的安全风险分为三个层级：第一层级包括恐怖主义、国际军事冲突、网络安全、公共健康等；第二层级包括关键制度的失效、核武器扩散、严重的有组织犯罪、金融危机、境外敌对活动等；第三层级包括燃料供应、资源安全、环境污染事件等。[43] 因此，根据上述英国安全风险层级领域，下面简要介绍重要安全领域的主要法律。

防务与紧急状态：1948 年，英国颁布《国民防务法案》，在第一部分界定了国民防务和紧急状态的范围。1986 年，通过了《和平时期国民防务法案》，明确了中央政府和地方政府在应急安全管理方面的责任范围。2004 年，又通过了《国民紧急应变法》，取代此前的相关立法，成为英国处理紧急事态的基本遵循。

反恐领域：1974 年，英国颁布《防止恐怖主义（暂行规定）法》，赋予政府拒绝任何与恐怖组织有关的可疑人士入境的权利。这一临时法案后被《2000 年反恐怖主义法》取代。“9 · 11”事件后，英国密集强化和出台相关法律，如《2001 年反恐怖、犯罪和安全法案》《2005 年预防恐怖主义法》《2006 年反恐怖主义法》《2008 年反恐怖主义法》《2010 年涉恐资产冻结法》《2011 年恐怖主义预防和侦察措施法》《2015 年反恐与安全法》等。其中，《2001 年反恐怖、犯罪和安全法》确立了英国打击恐怖主义的基本法律框架。

国家秘密和国家安全机构：早在 1911 年和 1920 年就先后颁布《国家保密

---

〔42〕 参见王世洲等主编：《危害国家安全罪研究》，中国检察出版社 2012 年版，第 153 页。

〔43〕 参见姚全：《不确定环境背景下英国国家安全战略选择》，载《江南社会学院学报》2017 年第 3 期。

法》。1989年,英国颁布了新《国家保密法》,缩小了国家秘密的范围。1989年,英国颁布《国家安全机构法》,明确了各相关机构的职责权限和管辖归属。[44] 此外还包括《保安局法》(1989年)、《情报机构法》(1994年)等。

网络安全领域:早期的互联网立法,侧重保护关键性信息基础设施,随着网络的不断发展,英国在加强信息基础设施保护的同时,也强调网络信息的安全、加强对网络犯罪的打击。主要法律包括《计算机滥用法》(1990年)、《通信监控权法》(2000年)、《调查权管理法》(2001年)等。[45]

金融安全领域:早在1844年,英国就颁布了世界上第一部银行法《英格兰银行法》。2008年国际金融危机后,英国对金融监管体制进行改革,出台《2009年银行法》《2012年金融服务法》等法律,建立了"双峰监管模式"。

核安全领域:包括《核设施法》(1965年)、《核设施条例》(1967年)、《劳动卫生与安全法》(1978年)、《放射性物质法》(1993年)、《特殊废物条例》(1996年)、《电离辐射条例》(1999年)、《辐射(应急准备和公共宣传)条例》(2001年)等。

二、英国国家安全决策咨询协调机制

英国国家安全委员会,是英国内阁下设负责国家安全事务的委员会,是负责讨论和制定国家安全事务的战略规划机构、议事机构、协调机构,同时也是英国政府集中讨论国家安全的目标以及国家安全手段的主要"论坛"。英国国家安全委员会以"全面""战略性""跨部门合作"为指导方针,整合国防、外交、情报、警务、应急管理、网络安全、能源和资源、国际发展等方面的相关部门和机构,以增强战略决策的能力和效率,以求最大限度保障国家安全。[46]

(一)国家安全委员会的组成和运作

国家安全委员会由首相担任主席,副首相为副主席,常任成员包括财政大臣、财政部首席大臣、外交和联邦事务大臣、内政大臣、国防大臣、国际发展大臣、能源和气候变化大臣、政府政策内阁部长。其他内阁成员,国防参谋机构的负责人、情报部门首脑以及其他高级官员按照要求出席会议。国家安全顾问是国家安全委员会的秘书,出席国家安全委员会的所有会议。国家安全委

〔44〕 参见王江:《英国国家安全法治体系初探》,载《人民法治》2016年第8期。

〔45〕 参见李丹林、范丹丹:《英国网络安全立法及重要措施》,载《中国信息安全》2014年第9期。

〔46〕 参见宋建强等:《中国国家安全法治建设的模式与格局研究》,载《学术交流》2014年第9期。

员会每周召开一次会议。国家安全委员会下设：负责恐怖主义、灾害、恢复力和意外事件的委员会，核委员会，新兴力量委员会。根据不同时期的需要，国家安全委员会可设立一些临时性委员会。

（二）国家安全秘书处

国家安全秘书处是国家安全委员会的常设秘书机构。秘书处的工作包括制定国家安全委员会的议事日程，汇总各相关部门报送的安全信息，评估英国政府面临的国际国内安全风险，协调跨部门的具体安全工作，评估各相关政府部门的工作情况，指导下属部门的工作，承担国家安全委员会交办的其他事项等内容。国家安全秘书处下设国民紧急事务秘书处（CCS）、安全和情报办公室（DSI）、网络和信息安全办公室（OCSIA）、外交政策和协调工作组。

（三）英国联合情报委员会

英国联合情报委员会为国家安全委员会提供涉及英国国家安全和海外利益的情报信息和情报评估。联合情报委员会隶属于内阁办公室，是一个跨部门的情报协调机制，同时为首相和跨部门政策制定者提供关于国家利益的情报和情报评估。其所搜集的情报涉及各个领域，主要涉及安全、国防和外交。〔47〕

三、英国国家安全执行机制

英国国家安全体系由内政部及下设的内阁办公室、税务及海关总署、交通运输安全及应急局、卫生防护局、交通部、工业贸易部及多个警察执法机构组成，多位大臣、部长及其领导的机构既有分工、又有合作，共同负责国家安全工作。〔48〕下面重点介绍在安全与情报、保密、反恐、网络安全、金融安全、核安全等方面的执行机制。

在安全与情报领域，英国情报界最核心成员有三个：保安局、秘密情报局和政府通讯总部。此外还包括军事情报系统的国防情报局和警察系统的都市警察局。（1）保安局的主要职责：维护国家安全，特别是要对付间谍活动、恐怖主义和破坏活动构成的威胁；外国代理人的活动；通过政治、经济或暴力手

〔47〕参见张骥主编：《世界主要国家国家安全委员会》，时事出版社2014年版，第139～145页。

〔48〕参见李泓霖、张天奕：《英德国家安全体制的各自优势与劣势》，载《人民论坛》2017年第13期。

段阴谋推翻或破坏议会民主制的活动。(2)秘密情报局负责在海外搜集秘密情报的主要范围为:与英国的国家安全相关(尤其是各国的国防和外交政策),与英国的经济利益相关,预防和侦测重大犯罪。(3)政府通讯总部主要职责:对电磁、声学和其他发射信号进行监听或截收,并提供从这些信号及密码材料中分析出的情报;为技术性术语、密码系统和其他信息保护事务提供建议和支援。为加强情报管理与协调,英国成立了部长级情报机构委员会、常务次官情报委员会、内阁官方安全委员会、联合情报委员会。[49]

在保密方面:由于英国没有设立专门保密机构,保密法的具体执行由司法部负责,首相安全事务顾问在保密方面向首相负责。内阁办公室秘书处负责制定政策,进行保密检查,确保不发生泄密问题。各部门设有保密专员,负责定密、制定保密制度等。[50]

在反恐方面:2003年,英国成立了联合反恐分析中心(JTAC),主要任务就是处理国际恐怖主义威胁。从成立伊始,JTAC就被当作处理国际恐怖主义活动最权威、最有效的情报机构,它为国家设立威胁等级,定期发布国际恐怖主义警告,也提供其趋势、体系与能力的深度报告。[51]

在网络安全方面:2009年,英国成立了"国家网络安全办公室"(OCS)和"网络安全运行中心"(CSOC),以协调政府部门之间的关系,统一协调网络安全工作,监测网络空间安全。此外,英国组建了两支网络作战部队:一是网络安全行动中心,隶属于国家通信情报总局,负责监控互联网和通信系统、维护民用网络系统,以及为军方网络战行动提供情报支援。二是网络作战集团,隶属于英国国防部,主要负责英军网络战相关训练与行动规划,并协调军地技术专家对军事网络目标进行安全防护。

在金融安全方面:《2009年银行法》明确了英格兰银行作为中央银行在金融稳定中的法定职责和核心地位。根据《2012年金融服务法案》的规定,英国政府决定撤销金融服务局,并在英格兰银行内部设立金融政策委员会(FPC),该机构的职责主要是分析、识别、监测、防范和应对系统性风险。[52] 此外,监管机构还包括隶属于英格兰银行的审慎监管司(PRA),以及由金融服务局更名而来的金融行为管理局(FCA)等。

---

〔49〕 参见王谦:《英国情报体制简介》,载《国际资料信息》2009年第10期。

〔50〕 参见王江:《英国国家安全法治体系初探》,载《人民法治》2016年第8期。

〔51〕 参见刘胜湘等著:《国家安全:理论、体制与战略》,中国社会科学出版社2015年版,第142页。

〔52〕 参见张陆:《英国金融监管体制改革及其启示》,载《合作经济与科技》2017年第19期。

在核安全领域:英国健康与安全委员会(HSC)负责管理英国境内核设施的安全;健康与安全执委会(HSE)负责核安全许可证的发放和民用核设施的安全管理,具体工作由 HSE 下属的核安全局(NSD)负责。此外,英国还成立核应急计划联络小组,负责监督和改进应急计划程序和协调各部门的工作。〔53〕

四、英国国家安全监督机制

英国国家安全监督可分为议会监督、法院监督等多种形式。鉴于英国坚持"议会主权"原则,以下主要介绍议会监督。议会监督可分为三种形式。

1. 对国家安全委员会的监督。国家安全委员会每年需向议会提交关于国家安全战略执行情况的国家安全战略年度报告,接受议会的监督和问询。作为国家安全战略的重要组成部分,国家安全委员会的工作也将在国家安全战略年度报告中予以汇报。议会中负责审核此报告的机构是议会国家安全战略联合委员会。〔54〕

2. 对政府情报和安全工作的监督。《国家安全机构法》《情报机构法》《调查权规范法》一并规范了国家安全机构的调查活动,明确了对国家安全机构的监督机制。根据《情报机构法》,英国成立了情报和安全委员会,该委员会由 9 名来自上下议院的议员组成,负责审查安全局、秘密行动局和政府通信总部的财政支持、行政行为和政策制定。〔55〕《2013 年司法和安全法案》对议会情报和安全委员会对上述情报和安全行为监督的地位予以确认和保障。〔56〕

3. 对其他承担国家安全职能相关机构的监督。如在核安全领域,英国贸工大臣向议会对英国境内核设施的安全负责,交通大臣向议会对英国境内核材料的安全运输负责,环境、食品和乡村事务大臣向议会对放射性物质的排放、处置,以及放射性物质的贮存和使用负责。〔57〕

---

〔53〕 参见曲云欢等:《英国核安全体系建设及对我国的启示》,载《环境保护与循环经济》2013 年第 3 期。

〔54〕 参见张骥主编:《世界主要国家国家安全委员会》,时事出版社 2014 年版,第 138 页。

〔55〕 参见王江:《英国国家安全法治体系初探》,载《人民法治》2016 年第 8 期。

〔56〕 参见张骥主编:《世界主要国家国家安全委员会》,时事出版社 2014 年版,第 137 页。

〔57〕 参见曲云欢等:《英国核安全体系建设及对我国的启示》,载《环境保护与循环经济》2013 年第 3 期。

第五节　法国国家安全法治概况

一、法国国家安全立法情况

(一)宪法中涉及国家安全的条款

1958 年法国《第五共和国宪法》确定法国政体为半总统制,总统掌握相当程度的行政权,外交和国防是总统的专属领域。法国外交、国防和国家安全的制度安排与机构设置基于这一基本政治原则。在《第五共和国宪法》中诸多条款与国家安全工作紧密相关,如关于总统、总理在国防与国家安全领域的权力的规定。《第五共和国宪法》第 15 条规定:“共和国总统为三军统帅。总统主持最高国防会议和国防委员会。”第 16 条规定:“在共和国的制度、国家独立、领土完整和国际条约履行遭受严重且危急的威胁,致使宪法上规定的公权力正常运转受到阻碍时,共和国总统经正式咨询总理、议会两院议长及宪法委员会后,根据形势采取必要措施。”第 21 条规定:“总统领导政府活动,负责国防,保证法律的执行。”“在必要时,总理可代总统主持第 15 条所规定的最高国防会议和国防委员会。”〔58〕又如关于紧急状态的规定,《第五共和国宪法》第 35 条规定:“宣战须经议会批准。”第 36 条规定:“戒严令由部长会议颁布。”〔59〕

(二)国家安全综合性立法

1959 年《国防组织法》详细规定了关于国防的相关事务,包括总则、国防的全面领导和军事领导、部长们在国防中的责任、关于国防的领导组织和作战组织、关于人员和资源的运用等。然而,2004 年 12 月 20 日法律废除了 1959 年 1 月 7 日法令即《国防组织法》。2004 年《国防法典》,集合了国防与国家安全方面的法律和政令,〔60〕成为法国国防和国家安全活动的总章程。《国防法典》对总统和总理的国家安全职责进行了细化,并规定了国家情报委员会和情报协调官在情报工作中的任务。该法典还明确了对外安全总局、国内安全

---

〔58〕《外国宪法选译》,肖君拥等译校,法律出版社 2015 年版,第 15 页。

〔59〕《外国宪法选译》,肖君拥等译校,法律出版社 2015 年版,第 18 页。

〔60〕参见张骥主编:《世界主要国家国家安全委员会》,时事出版社 2014 年版,第 161 ~ 163 页。

总局以及军事情报局作为安全情报机关的法律地位及法定职责。[61]

(三)国家安全专门立法

2013年4月发布的《法国国防与国家安全白皮书》明确提出,随着法国海外利益的增强,法国国防和国家安全战略要优先解决的七大领域是:国际间的领土入侵;恐怖袭击;网络攻击;对法国的科学和技术潜力的攻击和威胁;有组织犯罪;在本国境内产生的重大公共安全危机,如自然灾害、健康、科技、工业等方面风险;法国国民在国外遭受攻击。[62] 根据以上7个重点领域,下面简要介绍重点领域的主要法律法规。

安全与情报、反恐领域:包括《社会治安法》(2002年)、《反恐怖主义、安全与边境管制法》(2006年)、《创设国家海关情报调查局作为全国性机构法令》(2007年10月29日)、《2009—2014年军事计划法案》(2009年7月29日2009-928号法案)、《2009年12月24日法令》、《国内安全总局任务与组织法令》(2014年4月30日)、《反恐怖主义法》(2014年)、《国家安全法典》(2015年7月24日2015-912号法案)、《军事情报局组织法令》(2016年3月30日)、《加强国内安全和反恐法》(2017年)等。由于反恐情报搜集涉及诸多关联领域,如通信、金融、海关等,这些领域中情报搜集的规定,出现在相关的专门法典如《邮电电子通信法典》《货币和金融法典》《海关法典》之中,它们也属于反恐情报法律体系的重要组成部门。[63]

网络与信息安全领域:1978年,法国颁布《信息、档案与自由法》,该法规定成立法国信息与自由全国委员会,负责保护信息领域的个人隐私与自由。2006年该委员会制定了《互联网个人信息保护指南》。此外,法国还出台了《数字经济信任法》(2004年)、《促进互联网创作保护与传播法》、《互联网知识产权保护法》(2009年)、《国内安全表现规划与方针法》(2011年)等,不断细化信息安全保护方面的法律条款。

核安全领域:法国没有一部"原子能法",其有关核的法律制度是随着原子能技术的发展而制定和修改的。与核相关的规定可以在一般法典中找到,法典条款的制定和修改通过法令颁布,如《环境法典》《水法典》《刑法典》《公共卫生法典》《劳工法典》《国防法典》等。此外,还有许多专门的核法律和法

---

〔61〕 参见化国宇:《法国反恐情报机制》,载《情报杂志》2017年第9期。

〔62〕 参见游志斌:《法国如何应对非传统安全的挑战》,载《学习时报》2013年10月28日,第2版。

〔63〕 参见化国宇:《法国反恐情报机制》,载《情报杂志》2017年第9期。

令,包括《信息透明与核安全法》、《放射性材料和废物可持续管理规划法》、《核民事责任法》、关于国防部军用核设施和秘密基础核设施核安全组织的法令等。[64]

应急管理领域:以1955年《紧急状态法》为标志,法国建立了紧急状态制度。以1987年《国民安全组织法》为标志,法国健全了民事安全救援体系。以2004年《国民安全现代化法》为标志,该法明确了公民义务和政府责任相结合的危机应对原则,相应调整了应急管理体制和救援体系。[65]

二、法国国家安全决策咨询协调机制

2013年《国防与国家安全白皮书》明确给予国防与国家安全委员会在国家最高层级统筹国家安全的地位,其功能是为应对法国所面临的新的安全威胁,统筹政府内外资源、手段和意见,统筹政治、经济、金融手段和行动,以便为总统最后决定提供辩论和政策选择的机制。[66]

(一)国防与国家安全委员会的组成和职能

根据2008年《国防与国家安全白皮书》和2009年《国防法》相关规定,国防与国家安全委员会"由总统任主席,参会人员包括总理、国防部部长、内政部部长、经济部部长、预算部部长、外交部部长。总统还可以根据需要决定相关领域的部长参加该委员会的会议……下设总秘书处,归属总理部,还下设情报委员会、小范围委员会和国防与国家安全咨询委员会"。[67]其主要职能包括:就国家的军事纲领、核威慑力量、对外军事行动、重大危机的处理、情报工作等一切涉及国家安全(包括经济和能源安全)以及反恐斗争问题提出指导原则和作出具体部署。此外,还对国内社会稳定、刑事犯罪形势和管控工作作出评估和判断。[68]

(二)国防与国家安全委员会的下设机构及其职能

总秘书处,是国防与国家安全委员会的秘书机构,主要职能包括为国防和

---

〔64〕参见王海丹等:《国外主要有核国家核安全监管和法规体系概况及启示》,载《中国核工业》2016年第10期。

〔65〕参见张庆阳:《法国防灾:以预防为主　全民参与》,载《防灾博览》2014年第6期。

〔66〕参见张骥主编:《世界主要国家国家安全委员会》,时事出版社2014年版,第175页。

〔67〕《各国国家安全委员会概览》,载《保密科学技术》2014年第5期。

〔68〕参见化国宇:《法国反恐情报机制》,载《情报杂志》2017年第9期。

国家安全委员会及其所有形式的会议提供秘书处;支持国家情报协调官的工作;建立和实施国防与国家安全部际规划,并监督部际行动;控制机密武器的出口及技术的转移等。

为加强对情报的统筹,还下设国家情报委员会和小范围情报委员会、国防与国家安全咨询委员会。国家情报委员会的主要职能:直接统一领导国内外情报工作,确定情报的战略方向及情报的优先级;批准情报工作目标、人力与技术手段;并依照情报活动的法律框架进行督促和仲裁。国防与国家安全咨询委员会,主要职能是向总统和总理提交独立的意见和评估。在政治、经济、运转和国际层面都应有讨论及辩论,备选意见都应提交到最终决策。[69]

三、法国国家安全执行机制

下面简要介绍法国在安全与情报、网络与信息安全、核安全、应急管理等领域的执行机构和机制。

在安全与情报领域,法国情报机构基本形成由上至下三个层次的情报机构网络:第一层是由总统直接领导的国家情报委员会,其前身为部际情报委员会。2008 年,法国还设立了国家情报协调官,负责全国情报工作的统筹。[70]第二层是国防部和内政部情报机构,即国防部的对外安全总局和军事情报局,以及内政部的领土监护局和普通情报局(已合并为国内安全总局)。这是法国情报机构的中坚力量。第三层是其他外围情报机构,如部际管制小组、国家宪兵队、国防保安局、独立情报机构和各大企业的情报机构等。[71] 下面简要介绍几个重要机构的职责任务。

国家情报协调官的主要职责是:就情报领域事项向总统提出建议;并向总理传达各情报机构提供的信息;组织国家情报委员会并向委员会做报告,以及跟踪情报委员会决议的执行情况;拟定国家情报战略和国家情报导向计划。[72]

对外安全总局(DGSE)的前身为“特别任务总局”,1981 年改为现名,主要任务是:全面搜集国外有关政情、军情、战略、经济、科技和恐怖活动等各种情报,侦破外国的间谍活动,向国外派遣间谍和特工队,破译国外通讯信号。

---

〔69〕 参见张骥主编:《世界主要国家国家安全委员会》,时事出版社 2014 年版,第 177 ~ 184 页。

〔70〕 参见化国宇:《法国反恐情报机制》,载《情报杂志》2017 年第 9 期。

〔71〕 参见江穗春:《法国情报与安全机构》,载《国际资料信息》2003 年第 8 期。

〔72〕 参见化国宇:《法国反恐情报机制》,载《情报杂志》2017 年第 9 期。

军事情报局(DRM)成立于1992年,主要任务是:满足国防部、三军总参谋长、政府和各部机关以及各行动指挥部门在军事利益方面的情报需要,指导和监督防务专员的情报活动,负责战略指挥情报搜集手段的有效使用。

国内安全总局,2008年通过合并普通情报局和领土监护局成立,负责法国境内涉及法国国家基本利益和国家安全情报的搜寻、集中和挖掘工作,其中包括:防止和参与镇压任何形式的外来干预,预防和惩治恐怖主义或危害国家安全、领土完整和共和制度的活动,预防和制止信息技术和通信犯罪等。[73]

在网络与信息安全领域,2008年,法国参议院发布《网络防御与国家安全》报告,明确提出网络信息安全已成为国家安全密不可分的一部分。2009年,法国成立了国家级信息安全机构——国家信息系统安全办公室(FNISA)。[74] 2009年,法国成立了"国家网络与信息安全局"(ANSSI),主要职能是:对敏感的政府网络进行全天候监视,以发现和应对网络攻击;为政府部门和网络运营商提供应对信息安全威胁的建议以及如何使广大用户免遭网络威胁的信息等。网络和信息安全局下设网络安全门户、应对网络攻击专家组。[75] 此外,2016年,法国宣布成立首支网络作战部队。

在核安全领域,2006年,根据《透明度与核安全法》,核安全局(ASN)成立,其主要职责是:代表国家,对核安全和辐射防护进行监管,以保护工作人员、病人、公众以及环境抵御核活动带来的风险。此外,法国核安全与辐射防护研究院(IRSN)承担核安全技术评估和研发职责。[76] 2006年,根据《透明度与核安全法》还成立了高级核安全透明与信息委员会(HCTSIN),该委员会是一个咨询、协调和议事机构,主要针对核活动的风险、核活动对人体健康及环境的影响、核安全等问题开展工作。根据《2008年4月21日法令》,法国成立了总统任主席的核政策委员会,该委员会旨在促进核能出口及国际合作。

在应急管理领域,法国政府的应急管理职能,主要由中央政府、内政部及各有关专业部门到省级国家专员的单线垂直体系集中行使。中央层面,总理府设有国民安全办公室(SGDN),是协助总理指挥突发事件应对工作的常设机构,主要职责是:制定重要专项预案、编制应急规划、研究拟订相关政策、汇

---

〔73〕 参见化国宇:《法国反恐情报机制》,载《情报杂志》2017年第9期。

〔74〕 参见惠志斌:《〈法国国家数字安全战略〉述评》,载《信息安全与通信保密》2016年第12期。

〔75〕 参见高晓雨:《法国网络空间发展研究》,载《世界信息化发展报告(2015~2016)》,社会科学文献出版社2016年版,第201~214页。

〔76〕 参见沈钢等:《法国核安全管理概况及启示》,载《世界环境》2017年第2期。

总分析应急信息、综合协调相关部门及总理府值班等工作，发挥辅助决策、协助指挥作用。此外，法国内政部的一项重要职能是负责应急综合管理，该职能主要由维护社会秩序的警察系统和负责应对其他自然及人为灾害的民防总局（DDSC）行使，民防总局的职能包括：组织救援、风险管理、指导协调。地方层面，各地的应急管理和救援分别由市长、省长负责组织。[77]

四、法国国家安全监督机制

法国国家安全监督包括议会监督、政府监督、公众监督等形式。

1. 议会监督大致体现在三个方面：(1)对外军事干涉应该向议会报告，并且得到议会的授权。对外行动的性质和目标应在军队部署到位 3 日内告知议会，议会在投票表决前应进行充分的辩论。对外干涉行动超过 4 个月的延长，必须经过议会授权。维和行动也应在部署到位前向议会报告。(2)议会将加强在国家安全领域的立法职能。军事规划法案和国内安全规划法案实施情况、国防及国内安全的重要政策要向议会报告，议会将更密切地参与有关国家安全战略及其方针政策制定的辩论，《国防与国家安全白皮书》的更新要咨询议会。与外国签订双边军事协定要经议会批准。(3)议会知情权将加强。2007 年 10 月 9 日法案建立议会情报代表团，负责为议员们提供有关情报活动的信息，但机密信息特别是有关反恐的情报除外。同时，总理和国防部部长应定期向议会汇报武器出口政策。[78]

2. 政府监督。总理将负责监督国防与国家安全委员会决策的实施，最终对议会负责，预算部将严格监督控制安全支出。独立的行政机构的监督权得到加强，如情报工作除受到议会情报代表团的保障外，还受到国家安全窃听管控委员会、特殊基金管控委员会、国防秘密咨询委员会等独立的行政机构的监督和控制。[79]

3. 公众监督。如《透明度与核安全法》规定，“法国核安全局的工作要对公众公开”。法国核安全局的绝大部分工作完全透明地置于公众的视线之下。此外，法国通过“本地信息委员会”（CLI）来确保公众对当地核设施的关切可以得到有效解决。

---

〔77〕 参见刘文俭、井敏：《法国应急管理的特点与启示》，载《行政论坛》2011 年第 3 期。

〔78〕 参见张骥主编：《世界主要国家国家安全委员会》，时事出版社 2014 年版，第 175 ~ 176 页。

〔79〕 参见刘胜湘等著：《国家安全：理论、体制与战略》，中国社会科学出版社 2015 年版，第 170 页。

课程阅读指南

1. 了解各国宪法中关于国家安全的条款内容，可参阅：

《外国宪法选译》，肖君拥等译校，法律出版社 2015 年版。

2. 进一步了解主要国家国家安全决策咨询协调机制的详细内容，可参阅：

彭光谦主编：《世界主要国家安全机制内幕》，江苏人民出版社 2014 年版。

刘胜湘等著：《国家安全：理论、体制与战略》，中国社会科学出版社 2015 年版。

张骥主编：《世界主要国家国家安全委员会》，时事出版社 2014 年版。

薛澜等：《国家安全委员会制度的国际比较及其对我国的启示》，载《中国行政管理》2015 年第 1 期。

徐思宁：《国家安全体制理论辨析》，载《中国军事科学》2006 年第 2 期。

徐思宁：《世界主要国家安全体制效能比较》，载《国防大学学报》2006 年第 6 期。

3. 了解情报人员身份保护的主要内容，可参阅：

杨楠、刘国柱：《美国〈情报人员身份保护法〉研究》，载《美国研究》2017 年第 2 期。

4. 了解国家安全与公民自由之间的价值冲突与解决方案，可参阅：

李忠夏：《国家安全与人性尊严：伦理问题的法教义学解决路径——评联邦宪法法院“航空安全法”判决》，载《宪法与行政法治评论》2011 年第 5 期。

赵磊：《安全与自由之间：对德国反恐立法之评析——基于价值平衡与宪政法治的制度建构》，载《河北法学》2017 年第 4 期。

吴昱江：《试论比例原则在国家安全与言论自由平衡下的使用——以美国司法判例为鉴》，载《政法论丛》2016 年第 3 期。

邵国松：《损益比较原则下的国家安全和公民自由权——基于棱镜门事件的考察》，载《南京社会科学》2014 年第 2 期。

思考题

1. 各国的国家安全委员会可分为几种类型？分类的标准是什么？
2. 如何处理国家安全工作保密性与监督的关系？
3. 斯诺登事件后，如何解决在不侵犯公民隐私的情况下又能维护国家安全的难题？

第六章　国际法与国际安全：国家安全的国际合作

国际法是调整国际法主体之间关系的有法律拘束力的原则、规则和制度的总体。在"冷战"结束之后，随着全球化的进一步深入，和平与安全、发展与人权共同构成了国际法调整的主要问题。跨越国界的安全问题、具有国际影响的国内安全问题，无论是国际性武装冲突、非国际性武装冲突，还是国际有组织犯罪、大规模毁灭性武器、致命性传染病和环境退化问题，都需要国家间深入开展国际合作。对于国际安全问题，各国应秉持共商共建共享的全球治理观，坚持以联合国为核心的多边主义国际秩序，推动构建人类命运共同体。

第一节　国际法与国际安全概述

尽管存在"国际安全法"(international security law)的提法，[1]但是作为国际法的一个分支，"国际安全法"并未被普遍接受。国际法对国际安全的调整的核心是国际和平与安全，主要制度是集体安全保障机制；随着国际社会对国际安全的认识逐步深入，其调整对象更加丰富，调整方式更加多样与灵活。

一、国际法调整国际安全的特征

国际法，或称国际公法，是调整国际法主体之间、主要是国家之间关系的、有法律拘束力的原则、规则和制度的总体。[2] 维护国际安全是执行国际法的目标之一。有关国际安全的国际法规范调整国际法主体之间的关系，以使用

---

〔1〕 如澳大利亚国立大学提供国际安全法的研究生课程，主要内容为集体安全措施，载https://programsandcourses.anu.edu.au/course/LAWS8179，2019 年 5 月 8 日最后访问。

〔2〕 邵津主编：《国际法》(第 4 版)，北京大学出版社、高等教育出版社 2013 年版，第 1 页。

武力的规则为核心,以国际合作为保障,是关于安全、发展与人权的有机整体。

国际法调整国际安全具有以下特征:

调整的主体主要是国家。政府间国际组织是国际法主体,但是其权利能力受到该国际组织宪章限制。争取独立民族也是国际法主体,但是相比较国家而言,其行为能力和权利能力有限。个人作为国际法主体日益获得承认,但是其权利能力也是有限的,在特定情形下可以直接地、个别地构成国际法义务主体。[3]

调整对象是国际安全,包括危害和平以及对和平与安全的威胁。具体来说,不仅包括国际性战争和冲突,也包括国内暴力、有组织犯罪、恐怖主义、大规模毁灭性武器、致命性传染病和环境退化。[4]

法律渊源,或者说表现形式,包括国际条约、习惯法和一般法律原则。司法判例[5]和权威国际法学家的学说,不是直接的法律渊源,但是可以作为确定法律原则的补充资料。国际组织的决议,不是正式的法律渊源,但是证明国际法的重要辅助资料。

国际法调整国际安全的主要内容是调整使用或威胁使用武力的规则,是有关安全、发展和人权的有机整体。和平与安全、发展和人权是联合国系统的支柱,也是国际安全和福祉的基石。[6] 没有发展,就无法享有安全;没有安全,就无法享有发展;不尊重人权,则既不能享有安全,也不能享有发展。[7]

国际法调整国际安全以联合国集体安全保障机制为基础,受到国际政治、

---

〔3〕 曾令良主编:《国际公法学》,高等教育出版社 2016 年版,第 126 ~ 142 页;邵津主编:《国际法》(第 4 版),北京大学出版社、高等教育出版社 2013 年版,第 8 ~ 10 页。

〔4〕 联合国秘书长科菲·安南的报告:《大自由:实现人人共享的发展、安全和人权》,A/59/2005,第 78 段。

〔5〕 国际法院的判决和命令摘要,以及咨询意见可查询其网站,http://www.icj-cij.org/ch。部分提供中文摘要供参考。其中 1948 年至 1991 年,参见 http://www.icj-cij.org/files/summaries/summaries-1948-1991-ch.pdf;1992 年至 1996 年,参见 http://www.icj-cij.org/files/summaries/summaries-1992-1996-ch.pdf;1997 年至 2002 年,参见 http://www.icj-cij.org/files/summaries/summaries-1997-2002-ch.pdf;2003 年至 2007 年,参见 http://www.icj-cij.org/files/summaries/summaries-2003-2007-ch.pdf;2008 年至 2012 年,参见 http://www.icj-cij.org/files/summaries/summaries-2008-2012-ch.pdf。常设国际法院的判决,可查询网站,载 http://www.icj-cij.org/en/pcij-series-a,及 http://www.icj-cij.org/en/pcij-series-ab,2019 年 5 月 8 日最后访问。

〔6〕 参见《2005 年世界首脑会议成果》,A/RES/60/1,第 9 段。

〔7〕 参见联合国秘书长科菲·安南的报告:《大自由:实现人人共享的发展、安全和人权》第 17 段。

国际关系和各国经济发展水平的影响，近些年来发展迅速，通过有效的、多层次的、多方式的国际合作，更广泛、更全面、更主动地应对超出一国边界或具有全球性关切的问题。

二、国际法的法律渊源

（一）国际条约

国际条约是国际法主体之间，主要是国家之间缔结的，据以确定其相互权利与义务的国际协议。《国际法院规约》第 38 条第 1 款第 1 项规定，“不论普通或特别国际协约，确定诉讼当事国明白承认之规条者”。条约的名称有公约、条约、宪章、规约、盟约、议定书、谅解备忘录、宣言等。无论其名称如何，条约必须信守，各缔约国必须按照条约的规定，行使自己的权利和履行自己的义务。缔约国不得援引其国内法规定不履行条约。如果缔约国违反其所承担的国际义务，构成国际不法行为，则导致国家的国际责任（或称国家责任）。

一般来说，条约仅对当事国有拘束力，非经第三国同意，不为该国创设义务或权利；但是为维护国际和平与安全必要的范围内，国际法也允许例外，可以为非缔约国施加义务。如《联合国宪章》第 2 条第 6 款规定：联合国在维持国际和平及安全之必要范围内，应保证非联合国会员国遵行这些原则。

根据缔约方数量，国际条约可以分为双边条约和多边条约。国家在签署、批准、接受、赞同或加入多边条约时，可以提出保留，单方面作出声明，排除或更改条约中若干规定对该国适用时的法律效果。保留可以随时撤回。

解释条约，应遵守善意原则、整体原则、通常语意原则和目的原则。《维也纳条约法公约》第 31 条第 1 款第 1 项规定了条约解释的一般方法，“条约应依其用语按其上下文并参照条约之目的及宗旨所具有之通常意义，善意解释之”。在解释条约时，除条约自身的规定外，根据第 32 条，包括条约的准备工作及缔约情况在内，可以作为条约解释的补充资料。

（二）习惯法

习惯法，又称国际习惯或者习惯国际法，是被国家接受为法律的一般实践、惯例或做法。《国际法院规约》第 38 条第 1 款第 2 项规定，“国际习惯，作为通例之证明而经接受为法律者”。

习惯法的形成需要具备两个要素：客观要素和主观要素。客观要素是国家的持续的、一致的实践。证明国家实践的证据来源广泛，包括国家的行政行为、立法、法院判决和其在国际上的缔约活动,也包括国际司法机构的判决、国际条约、国际组织的决议。主观要素是必要的法律确信,即相信现存法律规则规定了此项义务。

与条约仅约束缔约方不同,习惯法对国家具有普遍约束力。在"尼加拉瓜诉美国军事和准军事行动案"中,国际法院指出,尽管美国在其1946年接受国际法院强制管辖权的声明中对涉及多边条约的案件作出一项保留,[8]不接受国际法院强制管辖,但是禁止使用武力、不干涉、尊重他国独立和领土完整、航行自由都是习惯法,对美国具有拘束力。为了确定习惯法规则的存在,国际法院从《联合国宪章》、1928年美洲国家第六次国际会议谴责侵略的决议、1928年《国内冲突中各国权利和义务公约》、1933年《蒙特维多国家权利义务公约》、《美洲国家组织宪章》、1970年《关于各国依联合国宪章建立友好关系及合作之国际法原则之宣言》、1965年《关于各国内政不容干涉及其独立与主权之保护宣言》、1974年联合国大会《关于侵略定义的决议》等重要国际文件中确定禁止使用武力的习惯法存在的证据。[9]

习惯法与国际条约是两个独立的法律渊源。两者的关系,如国际法院在"联邦德国诉丹麦与荷兰北海大陆架案"中指出,国际条约反映,或者固定、接受或者体现新出现的习惯法。[10] 尽管国际条约的内容可能与习惯法的内容完全相同,但是这不意味着有了条约就可以不适用习惯法。

(三)一般法律原则

一般法律原则是主要法系各国国内法普遍接受的共有的规则。《国际法院规约》第38条第1款第3项规定,"一般法律原则为文明各国所承认者",是一项独立的国际法渊源,通常在缺乏条约依据和明确的习惯法时适用。

常设国际法院在"德国诉波兰霍茹夫工厂案"中认为,"对于任何违反诺言的行为应当适当赔偿,这是一项国际法原则。因此,未履行条约时,赔偿是必然的法律后果。条约本身并不需要明确规定赔偿的义务"。[11] 国际投资争

---

[8] 美国于1946年声明"不适用于与中美洲国家的争端,或由中美洲引起或关于中美洲的争端"。

[9] See Case concerning Military and Paramilitary Activities in and against Nicaragua (Nicaragua v. United States of America), Merits, Judgement, I. C. J. Reports 1986, p. 14, para. 187 – 201.

[10] See North Sea Continental Shelf, Judgement, I. C. J. Reports 1969, p. 3, para. 63.

[11] Case concerning the Factory at Chorzów (Claim for Indemnity), Jurisdiction, PCI, Series A, No. 9, 1927, p. 21.

端解决中心在“阿姆科诉印度尼西亚共和国案”中指出“对损害进行充分赔偿，在本案中就是对受害方赔偿实际遭受的损失以及可期待的利益损失，是主要的国内法体系共有的一项原则，因此，可以被视为作为国际法渊源的一般法律原则”。[12]

（四）国际组织的决议

第二次世界大战后，政府间国际组织与非政府间国际组织的数量急剧增加。其中，政府间国际组织是国家间合作的重要形式之一，在国际交往和全球治理中发挥了巨大的作用。例如受到长期邀请，作为观察员参加联大会议和工作并设有常驻联合国总部办事处的政府间国际组织就有非洲联盟、加勒比共同体、中美洲一体化体系、欧洲联盟、国际刑事法院、国际刑事警察组织等21个，受到长期邀请作为观察员参加联大会议和工作但没有设立常驻联合国总部办事处的则包括安第斯共同体、东南亚国家联盟、经济合作组织、能源宪章会议、海牙国际私法会议、常设仲裁法院、上海合作组织等72个国际组织。[13] 其他受到长期邀请作为观察员参加联大会议和工作并设有常驻联合国总部办事处的有红十字国际委员会（ICRC）、国际红十字会与红新月会联合会（IFRC）、国际奥林匹克委员会（IOC）、各国议会联盟（IPU）、马耳他主权军事教团等5个组织或实体。

联合国是现代国际组织的核心。《联合国宪章》第1条规定其宗旨是：（1）维持国际和平与安全。为此目的：采取有效集体办法，以防止且消除对于和平之威胁，制止侵略行为或其他和平之破坏；并以和平方法且依正义及国际法之原则，调整或解决足以破坏和平之国际争端或情势。（2）发展国际间尊重人民平等权利及自决原则为根据之友好关系，并采取其他适当办法，以增强普遍和平。（3）促进国际合作，以解决国际间属于经济、社会、文化及人类福利性质之国际问题。（4）构成一协调各国行动之中心，以达成上述共同目的。

为此宗旨，联合国通过自身主要机关，以及联合国系统内的各方案和基金、联合国专门机构和其他实体，通过与各区域性国际组织和其他全球性国际组织积极合作，在国际安全问题上发挥了重要作用。第一，联合国主要机关。联合国自身设立大会、安全理事会、经济及社会理事会、托管理事会、国际法院

[12] AMCO v. Republic of Indonesia, ICSID, 89 ILR, p. 366.

[13] 参见政府间组织，载联合国：http://www.un.org/zh/sections/member-states/intergovernmental-organizations/index.html，2019年5月8日最后访问。

和秘书处等主要机关。其中与国际安全有关的主要机关为安全理事会和联大。第二,联合国系统。联合国系统除了联合国自身,还包括被称为方案、基金和专门机构的多个附属组织。联合国各方案和基金有自己的会员、领导和预算,具体包括联合国开发计划署、联合国儿童基金会、联合国难民事务高级专员办事处、世界粮食计划署、联合国毒品和犯罪问题办公室、联合国人口基金、联合国贸易和发展会议、联合国环境规划署、联合国近东巴勒斯坦难民救济和工程处、联合国妇女署、联合国人居署等11个机构。方案和基金各自的职权不同,但是也会涉及国际安全的具体工作。第三,联合国专门机构。联合国专门机构是独立的国际组织,通过谈判订立协定与联合国开展合作。目前联合国专门机构包括:世界银行,国际货币基金组织,世界卫生组织,联合国教育、科学及文化组织,国际劳工组织,联合国粮食及农业组织,国际农业发展基金,国际海事组织,世界气象组织,世界知识产权组织,国际民用航空组织,国际电信联盟,联合国工业发展组织,外国邮政联盟,世界旅游组织等15个。〔14〕虽然这些专门机构的职责分别集中在社会文化、科学技术、工农业和金融贸易,但是并不排斥在国际安全问题上的合作。如国际民用航空组织在航空安全的立法和实践上发挥着重要作用。第四,区域性组织。区域性组织是联合国集体安全体制不可缺少的组成部分。《联合国宪章》第52条第2款规定,区域办法或区域机关可以采取与联合国宗旨和原则相符的措施,以维护国际和平及安全。

第二节　国际法的基本原则

联合国大会1970年通过的《关于各国依联合国宪章建立友好关系及合作之国际法原则之宣言》(以下简称《宣言》)提出七项基本原则,构成国际法的基本原则,也是调整国际安全必须遵守的基本原则。所有国家应在国际行为上遵循,并以此作为发展国际友好关系及合作的基础。

---

〔14〕　参见基金、方案和专门机构,载联合国:http://www.un.org/zh/sections/about-un/funds-programmes-specialized-agencies-and-others/index.html,2019年5月8日最后访问。

一、禁止非法使用或威胁使用武力

禁止非法使用或者威胁使用武力具有强行法性质，属于为国际社会全体接受并公认为不得损抑，且除非以后具有同等强行法性质之一般国际法规则才可更改的规则。[15]《联合国宪章》第2(4)条规定："各会员国在其国际关系上不得使用威胁或武力，或以与联合国宗旨不符之任何其他方法，侵害任何会员国或国家之领土完整或政治独立。"具体来说，各国有义务避免使用或威胁使用武力以侵犯他国疆界；各国有义务避免或者组织非正规军或武装团体侵入他国领土。各国有义务避免在他国发动、煽动、协助或参加内争或恐怖活动，或者默许其在本国境内从事以犯有此等行为为目的之有组织活动。各国不得非法使用武力对他国领土进行军事占领。各国应一秉诚意从事谈判，积极缔结在有限国际管制下普遍及彻底裁军的多边条约。各国应一秉诚意履行其依国际法公认原则及规则所负维持国际和平及安全责任，并应努力使基于宪章的集体安全机制更为有效。合法使用武力包括基于自卫权和根据联合国安理会授权两种情形。

(一)基于自卫权使用武力

《联合国宪章》第51条规定，"联合国任何会员国受武力攻击时，在安全理事会采取必要办法，以维持国际和平及安全以前，本宪章不得认为禁止行使单独或集体自卫之自然权利。会员国因行使此项自卫权而采取之办法，应立即向安全理事会报告，此项办法于任何方面不得影响该会按照本宪章随时采取其所认为必要行动之权责，以维持或恢复国际和平及安全"。自卫权应当符合以下条件：(1)国家遭到实际的武力攻击。(2)应在安理会采取维持国际和平及安全的办法之前。(3)向安理会报告实施的自卫措施。(4)自卫权的行使具有必要性。(5)自卫权的行使符合相称性。[16]

关于武力攻击的认定，国际法院在"尼加拉瓜诉美国军事和准军事行动

〔15〕 See Case concerning Military and Paramilitary Activities in and against Nicaragua (Nicaragua v. United States of America), Merits, Judgement, I. C. J. Reports 1986, p. 14, para. 190；国际法委员会对条约法公约草案的评注，ILC Yearbook, 1966 – 11, p. 247.

〔16〕 必要性和相称性的要求，来自习惯法。See Case concerning Military and Paramilitary Activities in and against Nicaragua (Nicaragua v. United States of America), Merits, Judgement, I. C. J. Reports 1986, p. 94, para. 176；Oil Platforms (Islamic Republic of Iran v. United States of America), Judgement, I. C. J. Reports 2003, p. 196. Para. 43, 73 – 76.

案”进行了说明。在该案中，在美国资助和直接参与下，尼加拉瓜反政府武装组织在尼加拉瓜几个重要港口布设水雷，严重威胁尼加拉瓜的安全和航行，并造成了重大事故和损失。美国还支持反政府武装攻击港口、石油设施等。美国辩称其基于集体自卫，因为尼加拉瓜促进和支持邻国（特别是萨尔瓦多）的游击队实施暴力行动，并且，尼加拉瓜公开对邻国洪都拉斯和哥斯达黎加进行跨境武装攻击。针对美国的抗辩，国际法院认为没有充分证据证明从尼加拉瓜向萨尔瓦多的大规模的武器输入，也无法证明尼加拉瓜应对任何武器输入承担责任，或者某些跨境军事入侵洪都拉斯和哥斯达黎加领土应归咎于尼加拉瓜。[17] 向叛乱者提供武器、物资或者其他形式的支持，不是武力攻击，而可能构成威胁或使用武力。受到武力攻击的国家，作为受害者，应当声明其受到武力攻击才可以援引自卫权。[18]

行使自卫权的对象一般是国家，即基于自卫权对另一国家实施武力攻击。但是，出于打击恐怖主义的目的，对于特定的非国家实体，也可以基于自卫权使用武力。在“9·11”后，安理会通过第1368（2001）号决议，“重申《联合国宪章》的原则和宗旨，决心采取一切手段打击恐怖主义行为所造成的对国际和平与安全的威胁，确认按照宪章有单独或集体自卫的固有权利”。安理会通过1373（2001）号决议再次申明，对任何国际恐怖主义行为，各国有单独或集体自卫的固有权利；各国为补充国际合作，有必要在其领土内通过一切合法手段，采取更多措施，防止和制止资助和筹备任何恐怖主义行为；每个国家都有义务不在另一国组织、煽动、协助或参加恐怖主义行动，或默许在本国境内犯下这种行为而进行有组织的活动。

“在被占领巴勒斯坦领土修建隔离墙的法律后果案”中，以色列主张“隔离墙是一项完全符合载于《联合国宪章》第51条的各国自卫权的措施”，并且安理会第1368（2001）号决议和第1371（2001）号决议“明确承认各国有权在对恐怖主义袭击进行自卫时使用武力”，因此当然可以为此目的采取非武力措施，如建造隔离墙。与此前安理会认定可以对非国家实体行使自卫权不同，国际法院在其咨询意见中指出由于案件事实不同于安理会两个决议中提及的“9·11”中遭受恐怖主义威胁的情形，所以不可以援引自卫权。首先，对以色列的攻击没有被证明可归责于一个外国。其次，由于以色列对被占领的巴勒

---

〔17〕 See Nicaragua v. United States of America, para. 160, 164.

〔18〕 See Nicaragua v. United States of America, para. 195.

斯坦领土行使控制,因此其受到的威胁来自领土内部而不是领土外部。[19] 但是多位法官发表了个别意见或者声明,认为自卫权行使的对象不限于国家。[20]

(二)基于联合国安理会授权使用武力

安理会是联合国维持国际和平及安全的主要机关。《联合国宪章》第24条第1项规定,为保证联合国行动迅速有效起见,各会员国将维持国际和平及安全之主要责任,授予安全理事会,并同意安全理事会于履行此项责任下之职务时,即系代表各会员国。安理会依据《联合国宪章》第七章采取措施,包括使用武力以维持或恢复国际和平及安全。

二、和平解决争端

各国主权平等。根据《联合国宪章》第2(3)条规定,应以和平方法解决其国际争端,避免危及国际和平、安全及正义。在争端解决方法上,可以谈判、调查、调停、和解、仲裁、司法解决、利用区域机关或者办法。如未能通过特定方法解决争端时,当事方有义务继续以其他和平方法寻求解决。争端各当事国及其他国家都有义务避免从事足以促使情势恶化致危及国际和平与安全的任何行动。

国际争端的解决方法可以分为政治的方法和法律的方法。政治方法包括谈判、协商、调查、斡旋、调停、和解等。法律方法包括司法和仲裁。

(一)国际法院

《联合国宪章》第92条规定,国际法院是联合国的主要司法机关,依《国

〔19〕 国际法院对在被占领巴勒斯坦领土修建隔离墙的法律后果发表的咨询意见,A/ES－10/273,2004年7月9日,参见国际法院:http://www.icj－cij.org/files/advisory－opinions/advisory－opinions－2004－ch.pdf,第138段～139段,2019年5月8日最后访问。

〔20〕 参见国际法院对在被占领巴勒斯坦领土修建隔离墙的法律后果发表的咨询意见。希金斯法官的个别意见(第62页,第33～35段),科艾曼斯法官的个别意见(第73页,第35段),比尔根塔尔法官的声明(第81～82页,第6段)。希金斯法官主张,首先,《联合国宪章》第51条并没有规定必须是国家发起武装攻击时才可以用自卫的手段,即使巴勒斯坦不被认为是一个国家,也可以对非国家实体实施自卫权。其次,修建隔离墙这样的非强制性措施并不符合自卫权要求的必要性条件。科艾曼斯法官同样认为,自卫权的条件并不要求武装进攻必须来自另一个国家。比尔根塔尔法官认为,第一,无论是《联合国宪章》第51条,还是安理会的两个决议都没有规定仅适用于国家主体发动的武力攻击。第二,主张自卫权的国家所遭受的武力攻击可以来自领土之内,也可以来自领土之外。第三,自卫权必须符合必要性。

际法院规约》执行其职务。[21] 国际法院的判决对争端当事国具有拘束力。第94条规定,任何案件的当事国应承诺遵行国际法院的判决;在当事国不履行依法院判决所负义务时,其他当事国可以向安全理事会申诉。安理会认为必要时,可以作成决议或者决定应采之方法,以执行判决。

国际法院的管辖权包括诉讼管辖权和咨询管辖权。国际法院的诉讼管辖权包括对人管辖权和对事管辖权。对人管辖权是指可以在国际法院诉讼的主体。根据《国际法院规约》第34条,只有国家才能作为国际法院诉讼的当事方。[22] 联合国、联合国专门机构、国际组织和个人都不能在国际法院提起诉讼。对事管辖权是指国际法院可以审理的国际争端的范围。根据《国际法院规约》第36条,国际法院的对事管辖权包括:(1)自愿管辖,即争端当事国提交的一切案件,且不限于法律性质的争端;(2)协定管辖,即《联合国宪章》和现行条约中特别规定的事件或争端;[23](3)任择性强制管辖,即基于互惠,国家事先声明接受国际法院管辖的一切法律争端。强制管辖适用于四类争端:条约的解释;国际法的任何问题;任何事实,如经确定属于违反国际义务的;因违反国际义务而应予赔偿之性质及其范围。对于管辖权存疑的案件,根据《国际法院规约》第36条第4款,由国际法院自行裁定其管辖权。

根据《联合国宪章》第96条,国际法院具有咨询管辖权。联合国大会、安

---

[21] 自1946年起,国际法院已作出129个判决,涉及争端包括陆地边界、海洋划界、领土主权、禁止使用武力、国际人道法的违反、禁止干涉别国内政、外交关系、人质事件、庇护权、国籍、监护、通行权和经济权利等问题,参见国际法院:http://www.icj－cij.org/files/the－court－at－a－glance/the－court－at－a－glance－ch.pdf,2019年5月8日最后访问。国际法院由15名法官组成,法官任期9年,由联合国大会和安理会分别选举产生。中国的薛捍勤法官自2010年6月29日担任国际法院法官,2012年2月6日连任,于2018年2月6日起任国际法院副院长。

[22] 目前193个国家可以向国际法院提交争端或出庭,2018年7月4日,巴勒斯坦方面向法院提交声明接受就《〈维也纳外交关系公约〉关于强制解决争端之任择议定书》(1961年)第1条范围内争端的管辖。States entitled to appear before the court,参见国际法院:http://www.icj－cij.org/en/states－entitled－to－appear,2019年5月8日最后访问。截至2018年1月1日,共有73个国家接受国际法院的任择性强制管辖权,参见Declarations recognizing the jurisdiction of the Court as compulsory,载国际法院:http://www.icj－cij.org/en/declarations,2019年5月8日最后访问。联合国安理会常任理事国中,只有英国接受任择性强制管辖权。

[23] 约有300多份双边或多边条约或公约规定国际法院在解决国家间争端的属事管辖权。参见《国际法院的报告,2017年8月1日至2018年7月31日》,A/73/4,第37段,参见国际法院:http://www.icj－cij.org/files/annual－reports/2017－2018－ch.pdf,2019年5月8日最后访问。

理会或联合国的其他机关,以及联合国各专门机构,对于其工作范围内的任何法律问题,经过联合国大会授权,可以提交国际法院发表咨询意见。[24]

国际法院的咨询意见不具有强制拘束力;咨询意见仅代表国际法院作为国际组织的参与,其目的是为指导联合国履行其职责提供法律建议。[25] 但是由于其反映了国际法规则,国际组织和各国实践中都会考虑国际法院的咨询意见的权威性。

国际法院审理案件公开。根据《国际法院规约》第46条,"法院之审讯应公开行之,但法院另有决定或各当事国要求拒绝公众旁听时,不在此限"。判决应陈述判决理由。国际法院的判决仅对当事国和该案有拘束力。

(二)常设仲裁法院

常设仲裁法院是首个全球性的解决国家间争端的政府间国际组织,[26] 为国际争端提供多种纠纷解决服务,包括仲裁、调解、指定仲裁员、调查委员会、为其他法庭提供设施服务等。[27] 常设仲裁法院由国际事务局、行政理事会和仲裁法院成员三部分组成。常设仲裁法院不是司法机构,它为和平解决国际争端提供服务。常设仲裁法院管理仲裁案件,支持当事方和仲裁员顺利开展仲裁程序。[28] 常设仲裁法院受理的国际争端的主体包括国家、国家控制实

---

〔24〕 1946年以来,国际法院已发表28个咨询意见,包括科索沃临时自治机构单方面宣布独立是否符合国际法、在被占领的巴勒斯坦领土修建隔离墙的法律后果、接纳一国为联合国会员的权限、执行联合国职务时所受损害的赔偿、西南非洲(纳米比亚)和西撒哈拉的国际地位、国际行政法庭的判决、联合国某些经费、联合国总部协定的适用、人权特别报告员的地位和威胁使用和使用核武器的合法性、1965年查戈斯群岛从毛里求斯分裂的法律后果等,参见国际法院:http://www.icj - cij.org/files/the - court - at - a - glance/the - court - at - a - glance - ch.pdf, 2019年5月8日最后访问。

〔25〕 参见国际法院对"《防止和惩治灭绝种族罪公约》保留的咨询意见",[1951] ICJ Rep 15, 19; 18 ILR 364,国际法院对联合国会员国缴付联合国费用义务的咨询意见,[1962] ICJ Rep 155等。

〔26〕 截至2019年3月,有121个国家签署、批准或加入了1899年或1907年《和平解决国际争端公约》,参见国际法院:https://pca - cpa.org/en/about/introduction/contracting - parties/, 2019年5月8日最后访问。中国于1904年11月21日加入了1899年公约,于1910年1月26日加入了1907年公约。

〔27〕 https://pca - cpa.org/cn/home/,2019年5月8日最后访问。

〔28〕 2018年,常设仲裁法院共管理190起案件。其中,3起国家之间的仲裁,1起国家间的调解,112起国家与投资者争议仲裁,2起国际组织与私人实体间仲裁。参见国际法院:PCA Annual Report 2018, p.8, https://pca - cpa.org/wp - content/uploads/sites/6/2019/03/PCA - annual - report - 2018 pdf, 2019年5月8日最后访问。

体、国际组织和私人,一般不受理纯粹私人之间的争端。[29] 仲裁裁决应以书面作出,具有终局性,对当事方具有拘束力,各方应毫不迟延履行裁决。

三、不干涉内政

任何国家不得使用或者鼓励使用经济的、政治的或者任何其他措施迫使另一国家,以取得该国主权权利行使上之屈从,并自该国获得任何类型的利益。每一国家均有选择其政治、经济、社会及文化制度的不可移转的权利,不受他国任何形式的干涉。

国际法委员会在联合国1949年《国家权利和义务宣言草案》第2条中规定“各国对其领土以及境内之一切人与物,除国际法公认豁免者外,有行使管辖之权”。第3条明确“各国对其他国之内政外交,有不加干涉之义务”。第4条规定“各国有不在他国境内鼓动内乱,并防止本国境内有组织鼓动此项内乱活动之责任”。《联合国宪章》第2(4)条规定,“各会员国在其国际关系上不得使用威胁或武力,或以与联合国宗旨不符之任何其他方法,侵害任何会员国或国家之领土完整或政治独立”。根据该条,各国不得干涉他国自由决定其管辖范围内事项。第2(7)条规定:“本宪章不得认为授权联合国干涉在本质上属于任何国家国内管辖之事件,且并不要求会员国将该项事件依本宪章提请解决;但此项原则不妨碍第七章内执行办法之适用。”根据该条,除依法采取集体安全保障措施,联合国各机关也不得干涉他国自由决定其管辖范围内事项。

不干涉原则是维护国家主权平等、维持国际和平与安全的重要保障,是一项习惯法,也是强行法。直接或者间接地支持他国领土内的反对派,无论是否使用武力,都构成对不干涉原则的违反。[30] 不干涉原则的例外包括取得被干涉国的合法政府的同意、基于集体安全保障或为支持合法行使民族自决权等。一些国家主张对大规模严重侵犯人权的行为可以进行人道主义干涉,但是没有被广泛接受。

---

〔29〕 参见 PCA Arbitration Rules 2012, Introduction, p.4,载常设仲裁法院:https://pca-cpa.org/wp-content/uploads/sites/175/2015/11/PCA-Arbitration-Rules-2012.pdf,2019年5月8日最后访问。

〔30〕 See Concerning Military and Paramilitary Activities in and against Nicaragua (Nicaragua v. United States of America), I.C.J. Reports 1986, p.108, para.206.

案 例 刚果境内的军事行动案[31]

在该案中，国际法院查明在1998年8月之前，刚果没有反对乌干达军队在其东部边境地区的存在或活动。两国还同意各自的军队将“合作以确保共同边界上的安全与和平”。然而，该种同意应从制止跨境叛乱的目的和地理位置上受到限制。根据停火协议、撤出外国军队和稳定刚果和乌干达关系的各项条约，这些条约并没同意乌干达军队在刚果境内继续存在。从乌干达非法军事干预的规模和持续时间上看，乌干达违反了《联合国宪章》第2(4)条所规定的禁止使用武力。乌干达支持反卡比拉政权的刚果武装集团，给刚果的一些叛乱组织提供了重要政治和外交支持。但是在该冲突地区，交战方既有反乌干达的武装团体，也有反扎伊尔的叛乱团体，各方都没有能力结束冲突。扎伊尔政府不对反叛组织采取行动，并不等于“容忍”或“默许”。

四、国际合作

各国应依照宪章彼此合作。各国不问在政治、经济及社会制度上有何差异，各国均为维护国际和平与安全，增进国际经济安定和进步，特别是发展中国家经济增长，促进各国一般福祉，促进尊重一切人权与基本自由，开展共同及个别的广泛的合作及与联合国合作。在经济、社会、文化及科学和技术方面，为促进国际文化及教育进步，各国彼此合作。在人权及基本自由方面，各国应合作促进对于一切人民人权及基本自由普遍尊重和遵行，并消除一切形式的种族歧视和宗教上一切形式的不容异己。

国际合作的方式包括签订条约、提出建议、进行技术援助，以及为磋商和研究目的同有关政府共同召开区域会议等多种方式。[32] 随着对全球性问题的认识的深入，国际社会在国际合作的方式上不断创新，在合作的深度上不断扩展。如20世纪80年代以来，人类逐渐认识并日益重视气候变化问题，为应对气候变化，1992年5月9日通过《联合国气候变化框架公约》。该公约确立了国际合作应对气候变化的基本原则，主要包括“共同但有区别的责任”原则、公平原则、各自能力原则和可持续发展原则，明确发达国家应承担率先减排和向发展中国家提供资金技术支持的义务，承认发展中国家有消除贫困、发

〔31〕 See Armed Activities on the Territory of the Congo (Democratic Republic of the Congo v. Uganda), Judgement, I. C. J. Reports 2005, pp. 168, 163 - 165, 298 - 301.

〔32〕 参见《经济、社会及文化权利国际公约》第23条。

展经济的优先需要。根据落实《联合国气候变化框架公约》的《京都议定书》建立了国家间合作的三种机制,分别是联合履行机制、清洁发展机制、排放贸易机制。联合履行机制是指被列在气候公约附件一中的各工业化国家("附件一"国家)之间通过项目级的合作,将其实现的减排单位转让给另一"附件一"国家。清洁发展机制是指"附件一"国家通过提供资金和技术的方式,与发展中国家开展项目级的合作,发展中国家通过项目所实现的"经核证的减排量"可以转让给"附件一"国家用于完成其在议定书下的承诺。排放贸易机制是指一个"附件一"国家,将其超额完成减排义务的指标,以贸易的方式转让给另一个未能完成减排义务的"附件一"国家,并同时从转让方的允许排放限额中扣减相应的转让额度。2015 年 12 月 12 日通过的《巴黎协定》为加强对气候变化威胁的全球应对,要求缔约国编制、通报其"国家自主贡献",通过采取国内减缓措施,以实现这种贡献的目标。《巴黎协定》第 8 条第 4 款列举各缔约国支持和开展合作的领域包括预警系统、应急准备、缓发事件,可能涉及不可逆转和永久性损失和损害的事件、综合性风险评估和管理、气候风险分担安排和其他保险方案、非经济损失、社区的抵御力以及生计和生态系统。

五、民族平等与民族自决

各民族享有平等权与自决权。《联合国宪章》第 1 条规定:"联合国之宗旨为:……发展国际间以尊重人民平等权利及自决原则为根据之友好关系"。[33] 各民族有权自由决定其政治地位,不受外界之干涉,并追求其经济、社会及文化发展。各国有义务尊重各民族的权利,依照宪章规定,以共同及个别行动,促进各民族享有平等权利及自决权原则的实现,反对殖民主义,协助联合国履行宪章所赋予的实施此项原则的责任。实现民族自决权的方式包括建立自主独立国家,与某一独立国家自由结合或合并,或采取任何其他政治地位。行使民族自决权,不得旨在部分地或全面地分裂一个国家的团结和破坏其领土完整,否则违背《联合国宪章》的目的和原则。[34]

---

〔33〕《联合国宪章》第九章"国际经济及社会合作"、第十一章"关于非自治领土之宣言"、第十二章"国际托管制度"、第十三章"托管理事会"为促进民族自决、非殖民化进程提供了机制保障。

〔34〕联合国大会 1960 年第 1514(XV)号决议《给予殖民地国家和人民独立宣言》第 5 条。中国就"查戈斯群岛咨询意见案"向国际法院提交的书面意见中指出,中国坚定支持非殖民化进程的原则立场,但应切实适用"当事国同意原则"决定国际法院是否具有咨询管辖权,参见意见第 13 段至第 18 段。

六、主权平等

主权平等是国家之间规范彼此关系最重要的准则。无论经济、社会、政治或者其他性质有何不同,各国一律主权平等,享有平等权利与责任。主权平等的内容包括:(1)各国法律地位平等。(2)每一国家均享有充分主权之固有权利。(3)每一国家均有义务尊重其他国家之人格。(4)国家领土完整和政治独立不得侵犯。(5)每一国家均有权利自由选择并发展其政治、社会、经济及文化制度。(6)每一国家均有责任充分并一秉诚意履行其国际义务,并与其他国家和平相处。

基于"平等者之间无管辖权",国家享有管辖豁免,一国在外国的行为和财产不受另一国的立法、司法和行政方面的管辖。豁免包括司法管辖豁免和执行豁免。管辖豁免的主体是国家,包括国家及其政府各机关,有权行使主权权力并以该身份行事的联邦国家的组成单位或国家政治区分单位,有权并且实际上在行使国家权力的国家机构、部门或其他实体。[35] 关于管辖豁免的范围有两种主张:一种主张绝对豁免,给予外国国家和财产完全豁免;另一种主张相对豁免,只有国家主权行为和用于政府事务的国家财产才享有豁免,国家的非统治行为和用于商业目的国家财产不享有豁免。各国自行决定给予外国国家及其财产豁免的范围。

七、善意履行国际义务

各国应善意履行其依《联合国宪章》所负之义务,依公认的国际法原则与规则所负之义务,依国际条约所负之义务。在依国际条约产生的义务与宪章所规定的联合国会员国义务发生抵触时,宪章所规定的义务优先。国际义务的善意履行是国际秩序稳定的基础,是尊重国家主权平等原则的保障。善意履行国际义务原则体现为条约必须信守,不得滥用权力,禁止反言和在争端发生后秉承善意进行磋商。

(一)国际义务必须善意履行

在"澳大利亚诉法国核试验案"中,国际法院指出:"不论义务的渊源是什么,设立法律义务和履行法律义务的基本原则之一是善意原则。信任和信心

〔35〕 参见《联合国国家及其财产管辖豁免公约》第2条。

是国际合作中固有的要求,特别是在当今时代很多领域中合作变得日益关键。条约法中基于善意,规定条约必须信守;与此相同,一项国际义务应具有约束力。对于一国的单方声明,利益攸关国家可以主张信任该声明,因单方声明产生的义务应被尊重。"[36]无论义务是源于条约,或者习惯法,或者仅是单方声明,国家对违反其国际义务的国际不法行为,应当承担国家责任。

(二)国际不法行为应承担国家责任

国际不法行为责任的构成要件包括两个:可归责于国家及构成不法行为。[37] (1)不法行为可归责于国家。如一国的国家机关的行为,行使政府权力要素的个人或实体的行为,由另一国交由一国支配的国家机关的行为等。国家机关或经授权行使政府权力要素的个人或实体逾越权限或违背指示时的行为,也可归责于国家。叛乱运动或者其他运动的行为,如果其成立了新政府,则也可归责为该国家。(2)该行为构成对该国国际义务的违反。国际不法行为可以作为方式作出,也可以不作为方式作出。一国行为可以基于以下原因解除其不法性:自卫、对另一国不法行为采取的反措施、不可抗力、危难和紧急情况。解除行为不法性,不妨碍在解除行为不法性的情况消失时继续履行其国际义务,同时,对该行为造成的任何物质损失依然有赔偿责任。国际不法行为的法律后果包括继续履行的责任、停止和不重复不法行为以及赔偿。

案 例 美国驻德黑兰外交和领事人员案[38]

在美国驻德黑兰外交和领事人员案中,法院认为对美国驻伊朗大使馆和领事馆的袭击、扣押人质和掠夺外交和领事档案和文件等行为分为两个阶段。在第一个阶段,这些事件不能直接归因于伊朗国家,因为不能证明这些行为代表国家或由国家机关负责执行任务。在此阶段,伊朗有义务采取一切步骤保护使馆馆舍免受侵入或损害,有义务防止一切扰乱使馆安宁或有损使馆尊严的行为,而伊朗没有采取相应措施,以不作为的方式构成不法行为。在第二个阶段,当武装分子完全占据美国使馆和领馆后,伊朗总理霍梅尼支持学生并谴

---

[36] Nuclear Tests (Australia v. France), Judgment, I. C. J. Reports 1974, p. 253, para. 46.

[37] 2001 年《国家对国际不法行为的责任条款草案》,案文及评注参见 http://legal. un. org/ilc/texts/instruments/english/commentaries/9_6_2001. pdf,2019 年 5 月 8 日最后访问。

[38] See United States Diplomatic and Consular Staff in Tehran, Judgement, I. C. J. Reports 1980, p. 3.

责美国应对该事件负责。1979 年 11 月 17 日发布行政命令,并随后指示继续扣押所有人质和继续军事占领大使馆。在此阶段,伊朗以作为的方式构成不法行为。国际法院以 12:3 票裁判伊朗赔偿美国。

(三)个人对最严重的国际罪行承担国际刑事责任

个人在有限的情况下是国际法的主体,对于最严重的国际罪行承担国际刑事责任。对个人国际刑事责任的追究,或者说国际刑法的执行离不开国家善意履行国际义务。国家惩治最严重的国际罪行的义务源于条约、习惯法或安理会决议。[39]

第二次世界大战后建立的纽伦堡和东京国际军事法庭,前南国际刑事法庭、卢旺达国际刑事法庭、黎巴嫩特别法庭、东帝汶严重犯罪特别法庭、塞拉利昂特别法庭、柬埔寨红色高棉特别法庭、国际刑事法院等司法机构在惩治严重的国际罪行方面有大量的实践。国际刑事司法机构对国际罪行的惩治,是维护国际社会共同利益的需要。

最严重的国际罪行包括战争罪、反人道罪、种族灭绝罪和侵略罪。个人的官方身份或者为执行上级命令都不能免除个人的国际刑事责任。国际刑事责任包括个人刑事责任和指挥官责任。指挥官责任是指上级指挥官因下级实施了犯罪而应当承担的刑事责任。

案　例　迪伊洛案[40]

国际刑事法院审理托马斯·卢班加·迪伊洛案,认定其作为刚果爱国者联盟的创始人和领导,在 2002 年 9 月 1 日至 2003 年 8 月 13 日,雇佣未满 15 岁的儿童作为刚果解放爱国力量的童兵参加非国际性武装冲突,作为共犯实施了战争罪,被判处 14 年有期徒刑。2015 年 12 月 19 日,国际刑事法院将卢班加移送到刚果的监狱服刑。2016 年 10 月 21 日,国际刑事法院批准受害人信托基金的赔偿方案。在实施赔偿的过程中,第二分庭发现尽管有 425 人已经证明是卢班加所实施犯罪的受害人,获得集体赔偿,但是实际的受害人多于 425 人,因此分庭多次延长赔偿请求的期限,并要求赔偿信托基金向其报告筹集资金的情况。

---

〔39〕 参见朱文奇:《现代国际刑法》,商务印书馆 2015 年版,第 28 ~ 35 页。

〔40〕 该案可参见国际法院:https://www.icc-cpi.int/CaseInformationSheets/LubangaEng.pdf,2019 年 5 月 8 日最后访问。

第三节　国际安全合作机制

2017 年 2 月 17 日,习近平总书记在国家安全工作座谈会上强调:“要积极塑造外部安全环境,加强安全领域合作,引导国际社会共同维护国际安全。”安全领域里的合作需要依托一定的机制来实现。国际安全合作机制是在全球层面或区域性层面,在国家之间所开展的,通过协商、谈判达成有拘束力的国际条约或者由国际组织通过决议,致力于维护国际和平与安全的机制。在全球层面的国际安全合作,主要通过联合国及其具体机关展开;在区域性层面,则通过各国际组织或者国家间的双边或多边的机制,采取措施维护国家所关注的安全问题。欧洲安全与合作会议、北大西洋公约组织、上海合作组织等,以及欧盟、非洲联盟等区域性国际组织通过国际合作对维护国际和平与安全发挥了重要作用。

《联合国宪章》第 33 条规定,在任何争端足以危及国际和平与安全时,可以通过区域机关或区域方法争取和平解决。根据《联合国宪章》第 53 条,安理会对于职权内之执行行动,在适当情况下也应利用区域机关或区域方法。区域机关或区域方法应满足两项要求。(1)实质性要求。根据《联合国宪章》第 52 条的规定,区域机关或区域方法应与联合国宗旨和原则相符。(2)程序性要求。根据《联合国宪章》第 54 条的规定,为维持国际和平及安全,区域办法或由区域机关已经采取或者正在考虑的行动,应向安理会充分报告。

区域机关通过协商、通过决议和采取行动,有利于危及国际和平与安全的争端和事项的政治、外交和法律解决。如非洲联盟,2002 年 7 月在南非成立,取代 1963 年成立的非洲统一组织。非洲联盟确立的宗旨是:成员国主权平等,相互依存;尊重独立时存在的边界;和平共处;不干涉内政;制定共同的防务政策;和平解决争端,禁止使用或威胁使用武力;尊重民主原则、人权、法治和良政;尊重人的生命的神圣性,谴责和反对暗杀、恐怖主义行为和颠覆活动;让非洲人民广泛参与非盟建设;反对以非宪法方式更迭政权;成员国发生战争罪、种族屠杀或大规模人道主义危机时,非盟有权依照大会决定进行干预;为恢复和平与安全,成员国有权要求非盟干预;促进性别平等;促进社会公正,推动经济平衡发展。根据 2003 年 12 月 26 日生效的《非洲联盟关于建立和平与安全理事会的议定书》,非洲联盟下设和平与安全理事会(PSC),主要职能包括维护地区和平与安全，预防地区冲突，对成员国实施军事干预与维和行动，帮助战后重建，进行人道主义和灾难救援。[41]

一、联合国集体安全保障机制

国际联盟是人类历史上第一个普遍性安全组织，但是由于该机制存在先天的缺陷，加之大国之间的冲突，国际联盟并没有能够对国际和平与安全发挥有效作用。在国际联盟失败教训基础上设立的联合国，完善了各机关的职权，是当今世界维护国际和平与安全的主要力量。以《联合国宪章》为依据，联合国建立了集体安全保障机制，标志着从个体安全保障向集体安全保障的过渡。国际社会成员以相互约定，对国家使用武力实施法律管制，并采取有效集体方法，共同防止侵略，维持普遍和平与安全的国际制度，被称为集体安全保障。[42] 随后创新发展出维和机制，在恐怖主义、大规模毁灭性武器等国际安全问题上推动开展全球性的和区域性的合作。

（一）安理会依宪章采取措施

《联合国宪章》第24条规定，安理会对维护国际和平与安全负有主要责任。安理会由15个理事国组成，其中美国、中国、俄罗斯、法国和英国为常任理事国。大会选举10个非常任理事国，任期两年。安理会每一理事国有一个投票权。对于程序事项的决议，应以9理事国之可决票表决；对于其他一切事项的决定，应以9理事国之可决票，包括全体常任理事国之同意表决，即5个常任理事国可以一票否决。安理会按照《联合国安全理事会暂行议事规则》[43] 议事。

根据《联合国宪章》第25条的规定，安理会决议对会员国具有拘束力。对于威胁和平、破坏和平及侵略行为，安理会有权依《联合国宪章》第七章采取措施。

根据《联合国宪章》第39条的规定，安理会有权对是否任何和平之威胁、和平之破坏或侵略行为的情势进行判断。如存在这种情势，安理会可以依据

---

〔41〕 参见 Protocol Relating to the Establishment of the Peace and Security Council of the African Union, article 6, 载 http://www.peaceau.org/uploads/psc-protocol-en.pdf, 2019年5月8日最后访问。

〔42〕 参见邵津主编：《国际法》（第4版），北京大学出版社、高等教育出版社2013年版，第441页。

〔43〕 1946年安理会通过《暂行议事规则》（S/96），在1982年进行最后一次修订。

第41条决定采取武力以外的方法,包括部分或者全部停止经济关系、铁路、海运、航空、邮、电、无线电以及其他交通工具,断绝外交关系。如安理会认为非武力的方法不足以或者已经证明为不足时,安理会有权依据第42条采取必要的空海陆军行为,以维持或恢复国际和平安全,包括联合国会员国之空海陆军示威、封锁以及其他军事行动。

安理会认定的"和平之威胁、和平之破坏或侵略行为的情势",依具体情况应具体分析,既可以是国际性武装冲突,也可以是非国际性武装冲突;既可以是使用武力的情势,也可以是不涉及武装冲突的情势。

对于国际性武装冲突的情势认定,如安理会在1948年通过的第54号决议,认为以色列临时政府已经接受巴勒斯坦延长休战,而阿拉伯联盟各会员国拒绝接受联合国调解专员和安理会呼吁的休战,因此在巴勒斯坦所发生的战争构成《联合国宪章》第39条所规定的"对于和平之威胁",安理会命令各方立即在耶路撒冷市内无条件停火。

对于非国际性武装冲突的情势的认定,如安理会在1991年通过的第713号决议,关注南斯拉夫境内和对邻国的造成严重伤亡和损失,构成对国际和平与安全的威胁呼吁所有各方以和平方式谈判解决其争端;要求所有国家为了在南斯拉夫建立和平与稳定的局面,立即执行全面和彻底禁止向南斯拉夫运送一切武器和军事装备的措施。

国际恐怖主义,也是威胁国际和平与安全的情势。如2015年安理会通过的第2255号决议,认为尽管阿富汗局势发生变化及和解方面取得进展,但是该国局势仍然威胁国际和平与安全,安理会决定根据《联合国宪章》第七章采取措施,包括对列入1988年制裁名单中的人和威胁阿富汗和平、稳定与安全的个人、团体、企业和实体,毫不拖延地冻结、切断资金、其他金融资产或经济资源,阻止这些个人入境或过境,阻止军火和各种有关物资的供应、销售或转让。

核武器、化学武器和生物武器及其运载工具的扩散威胁国际和平与安全,安理会也针对具体情势采取措施。如对朝鲜于2006年10月9日进行的核试验,安理会通过第1718(2006)号决议,对朝鲜2016年9月9日进行的核试验,安理会通过第2321(2016)号决议〔44〕,指出,最严重地关切朝鲜正在进行的核

---

〔44〕 参见第2321(2016)号决议,载联合国:http://www.un.org/zh/documents/view_doc.asp?symbol=S/RES/2321(2016),2019年5月8日最后访问。

相关和弹道导弹相关活动进一步加剧该区域内外的紧张局势，认定国际和平与安全继续受到明显威胁，根据《联合国宪章》第41条采取措施，包括朝鲜不得从其领土，或由其国民，或使用悬挂其国旗的船只或飞机直接或者间接供应、销售或转让煤、铁、铁矿石、铜、镍、银、锌，所有国家均应禁止本国国民或使用悬挂其国旗的船只或飞机从朝鲜购买这些材料，无论它们是否源于朝鲜领土。

（二）联合国维持和平行动

维持和平行动是防止冲突恶化，推进和平进程的重要措施，也是联合国框架下集体安全保障机制的创新方式。根据实施主体，维持和平行动可以分为两大类。一类是经安理会授权的，由联合国或者联合国授权一个或者几个国家实施的维持和平行动；另一类是由区域组织开展的维持和平行动。

联合国维持和平行动的直接法律依据是《联合国宪章》第六章、第七章和第八章。从安理会的实践看，主要是依据第七章采取维和行动。根据第34条，安理会可以调查任何争端或者可能引起国际摩擦或引起争端的任何情势。根据第26条，安理会在任何阶段，可以建议适当程序或调整方法。根据《联合国宪章》第七章，对于威胁和平、破坏和平及侵略行为，安理会有权采取措施。根据《联合国宪章》第八章，可以区域的方法维护和平与安全。此外，调整联合国维持和平行动的法律规范还包括国际人权法、国际人道法和安理会的决议。重要的安理会的决议如安理会关于妇女、和平和安全的第1325(2000)号决议、关于儿童和武装冲突的第1612(2005)号决议和关于武装冲突中保护平民的第1674(2006)号决议。在具体的维和行动中，还要遵守安理会针对该情势授权开展维和行动的具体决议。[45]

依据以上法律规范，安理会可以授权部署、监督联合国维持和平行动，以预防冲突、促成和平、执行和平和建设和平。维和行动必须遵循三项基本原则：各方同意；公正；除非出于自卫和捍卫职责，不得使用武力。

1948年安理会通过第48号决议和第54号决议，依据《联合国宪章》第七章授权在中东部署联合国军事观察员，监督以色列与其阿拉伯邻国之间的《停战协定》，这是联合国的第一个维持和平行动。截至2019年3月31日，联

[45] See United Nations Peacekeeping Operations Principles and Guidelines, 2008, Chapter 1, The Normative Framework for United Nations Peacekeeping Operations, Accessed http://peacekeeping. un. org/sites/default/files/eacekeeping/en/capston_eng. pdf.

合国在世界范围内共开展了71个维持和平行动，目前正在进行的维和行动14个，[46]参加维和的，总人数超过10万人。自1948年以来的维和行动中共死亡3834人。[47] 维和行动推动了冲突地区的和平进程，有利于和平重建和发展人权。

（三）联合国大会依宪章作出建议

《联合国宪章》第10条规定，大会得讨论宪章范围内之任何问题或事项，提出对各问题或事项之建议。《联合国宪章》第11条规定，各会员国或者安理会或者非联合国会员国可以向大会提交关于维持国际和平及安全之任何问题。大会对于足以危及国际和平与安全之情势，得提请安理会注意。但是，如果安理会对于任何争端或情势已经执行宪章所赋予的职权时，非经安理会请求，大会对于该项争端或情势不得提出任何建议。联合国大会决议不具有拘束力，但是可以作为习惯法的证明，或者国家态度的证明。

在实践中，曾经出现安理会因一常任理事国投反对票而未能采取行动的情况，此时大会可以通过决议就威胁和平、破坏和平或侵略行为采取行动。如属大会闭会期间，大会得于接获请求后24小时内举行紧急特别会议。紧急特别会议应由安理会依任何理事国之表决请求，或由联合国过半数会员国请求而召开。[48]

如2017年12月6日，美国宣布承认耶路撒冷为以色列首都。安理会12月18日举行会议，就埃及提交的撤销改变圣城耶路撒冷性质的草案讨论时，被美国否决。12月21日联合国大会召开第十届紧急特别会议，通过了土耳

---

〔46〕 14个维和行动特派团包括在非洲的联合国马里多层面综合稳定特派团、联合国南苏丹共和国特派团、联合国阿卜耶伊临时安全部队、联合国组织刚果民主共和国稳定特派团、非盟－联合国达尔富尔混合行动、联合国西撒哈拉全民投票特派团、联合国中非共和国多层面综合稳定团；在美洲的联合国海地稳定特派团；在亚太地区的联合国印度和巴基斯坦观察组；在欧洲的联合国驻塞浦路斯维持和平部队、联合国科索沃临时行政当局特派团；在中东的联合国脱离接触观察员部队、联合国驻黎巴嫩临时部队和联合国停战监督组织。参见联合国维持和平：http://peacekeeping.un.org/zh/data，2019年5月8日最后访问。

〔47〕 维持和平概况，参见联合国维持和平：https://peacekeeping.un.org/en/data，2019年5月8日最后访问。

〔48〕 如1956年11月1日至10日，应安理会请求召开关于中东问题的第一届紧急特别会议；1956年11月4日至10日应安理会请求召开关于匈牙利问题的第二届紧急特别会议；1958年8月8日至21日应安理会请求召开关于中东问题的第三届紧急特别会议；1960年9月17日至19日应安理会请求就刚果问题召开第四届紧急特别会议；1967年6月17日至18日，应安理会请求就中东局势召开第五届紧急特别会议。

其和也门提出的有关耶路撒冷地位问题的决议，督促所有国家根据安理会第478号决议不在圣城耶路撒冷设立外交使团。[49]

大会由联合国所有会员组成。无论国家大小，每一会员国有一个投票权。大会按照《大会议事规则》议事。[50] 大会对于重要问题之决议，应以到会及投票之会员国2/3多数决定。重要问题包括关于维持国际和平及安全之建议。关于其他问题之决议，包括另有何种事项以应2/3多数决定之问题，应以到会及投票会员国过半数决定。为扩大共识，在大会主席与各代表团咨商并达成一致之后，可提议不经表决通过一项决议。如2014年9月10日大会未经表决，通过“遏制并抗击最近西非爆发的埃博拉病毒的措施”的决议。大会深为关切受埃博拉病毒影响的国家在建设和平、政治稳定以及社会经济基础设施重建等方面近年来取得成果可能发生逆转，特别指出迫切需要遏制这场公共卫生危机，因为它可能带来人道主义、经济和社会方面的严重后果，欢迎秘书长建立联合国埃博拉应急特派团的提议。10月9日大会未经表决，审议了秘书长关于联合国埃博拉应急反应特派团和埃博拉问题特使办公室的报告。[51]

二、多边裁军、军备限制和核不扩散

（一）裁军和军备管制的法律依据

推进裁军及核武器、化学武器、生物武器以及其他大规模毁灭性武器的不扩散与常规武器的限制是促进国际和平与安全的重要措施。如《联合国宪章》第26条指出，应当尽量减少世界人力及经济资源之消耗于军备，以建立和维持国际和平与安全。根据《联合国宪章》第11条，“大会得考虑关于维持国际和平与安全合作的普遍原则，包括裁军和军备管制的原则”。1982年根据第二届专门讨论裁军问题的联合国大会特别会议，联合国设立裁军中心，2007

---

〔49〕 A/RES/ES-10/19，该决议获得128票赞成，9票反对，35票弃权。1980年1月10日至14日应安理会请求就阿富汗局势及其对国际和平与安全的影响召开第六届紧急特别会议；1980年、1982年应塞内加尔请求就巴勒斯坦问题召开第七届紧急特别会议；1981年9月13日至14日，应津巴布韦请求就纳米比亚问题召开第八届紧急特别会议；1982年1月29日至2月5日，应安理会请求就被占领的阿拉巴领土召开第九届紧急特别会议。关于被占领的东耶路撒冷和其他巴勒斯坦地区的第十届紧急特别会议第一次会议于1997年4月应卡塔尔常驻联合国代表请求召开，2018年6月13日续会，审议了“保护巴勒斯坦平民人口“的决议草案。

〔50〕 《大会议事规则》（A/520/Rev. 18）自1948年1月1日起生效，2016年9月最后一次修正和增订，参见联合国：http://undocs.org/zh/A/520/rev.18，2019年5月8日最后访问。

〔51〕 参见A/RES/69/1和A/RES/69/3。

年更名为联合国裁军事务厅,与联合国大会及其第一委员会、联合国裁军审议委员会、联合国裁军谈判会议以及其他组织开展合作,推动全世界裁军规范的制定。

在联合国框架下和区域合作的基础上,国际社会在控制大规模毁灭性武器方面达成包括《不扩散核武器条约》《化学武器公约》《生物及毒素武器公约》等多项国际条约,对缔约国具有约束力。此外,联合国安理会基于其对国际安全的首要责任,通过决议持续推动多边裁军、军备限制和核不扩散。安理会根据《联合国宪章》第七章通过第1540(2004)号决议,补充了有关的多边条约的规定,该决议约束的主体是所有国家,不限于特定的国际条约的缔约国,也包括没有参加该等国际条约的联合国会员国;不限于国家,还包括非国家实体,即"未经任何国家合法授权而进行本决议范围内活动的个人或实体"。在与防止核扩散的主要国际条约的关系上,该决议规定,任何义务的解释不得抵触或改变《不扩散核武器条约》《化学武器公约》《生物及毒素武器公约》缔约国的权利和义务,或者改变国际原子能机构或禁止化学武器组织的责任。在义务的内容上,该决议要求各国应不向企图开发、获取、制造、拥有、运输、转移或使用核生化武器及其运载工具的非国家实体提供任何形式的支持,将不扩散的义务扩大到防止大规模毁灭性武器及其运载工具的扩散,以及防止非法贩运大规模毁灭性武器相关材料。在执行不扩散义务的监督方面,根据该决议,安理会设立了"1540委员会",提供了机构保障。"1540委员会"以工作组的方式开展具体领域工作,包括监督和国家执行、援助、与国际组织合作、透明度和媒体宣传4个工作组。

在常规武器方面,《特定常规武器公约》,禁止或限制使用可被认为具有过度不人道或滥杀滥伤作用的某些武器,保护平民和战斗员无论何时均受人道主义、公众良知和战争习惯法的保护。该公约所附5个决定书被多个国家批准。此外,《武器贸易条约》对包括作战坦克、导弹和导弹发射器在内的八类常规武器的国际贸易进行监管,禁止违反《联合国宪章》第七章下安理会采取措施的转让,禁止违反国际义务的转让,禁止可能用于犯下灭绝种族罪、危害人类或严重违反"1949年日内瓦四公约"的转让。公约要求缔约国建立和维持国家管制制度,包括制定国家管制清单,建立出口评估,报告其采取的措施。

国家推动有关裁军和军备管制的谈判，以维护国家和平安全和国内秩序。[52] 有关裁军和军备管制的主要国际条约和决议见表2、表3、表4：[53]

表2 有关大规模毁灭性武器的条约或决议

序号	条约名称	缔约国数量	生效时间	备注
1	《不扩散核武器条约》	191	1970年3月5日	中国于1992年3月9日加入
2	《禁止在大气层、外层空间和水下进行核武器试验条约》	125	1963年10月10日	中国没有加入
3	《禁止在海床洋底及其底土安置核武器和其他大规模毁灭性武器条约》	94	1972年5月18日	中国于1991年2月28日加入
4	《全面禁止核试验条约》			1996年9月24日开放，已有168个国家批准，由于条约所列有核能力国家没有全部交存批准书，条约尚未生效。中国于1996年9月24日签署，未批准
5	《禁止核武器条约》			2017年9月20日开放，已有23个国家批准，尚未生效。中国没有签署
6	《制止核恐怖主义行为国际公约》	116	2007年7月7日	中国于2010年11月8日批准

---

〔52〕 参见 Randy Rydell，Creating disarmament synergies：The general and complete disarmament multiplier，载 ONODA OCCASIONAL PAPERS，Rethinking General and Complete Disarmament in the Tuenty－First Centry，No. 28，October 2016，pp. 35－45，http：//www. un. org/disarcunent/publications/occasional papers/no－28/，2019年5月14日最后访问。

〔53〕 参见联合国裁军事务厅网站所列 Disarmament Treaties Database，载联合国裁军事务厅：http：//disarmament. un. org/treaties/，表中所列缔约国数量和备注中的中国的情况，2019年5月8日最后访问。

续表

序号	条约名称	缔约国数量	生效时间	备注
7	《拉丁美洲和加勒比禁止核武器条约》	33	依各国批准生效	中国于1974年6月12日批准该条约第二附加议定书(5个缔约国之一)
8	《南太平洋无核武器区条约》	13	1986年12月11日	中国于1988年10月21日批准该条约第二议定书(4个缔约国之一),第三议定书(4个缔约国之一)
9	《东南亚无核武器区条约》	10	1997年3月27日	未有国家加入其议定书。中国未加入该条约或其议定书
10	《中亚无核武器区条约》	5	2009年3月21日	中国于2015年8月17日交存该条约议定书的批准文件(4个缔约国之一)
11	《非洲无核武器区条约》	40	2009年7月15日	中国于1997年10月10日批准了该条约的第一附加议定书(4个缔约方之一),以及第二附加议定书(5个缔约方之一)
12	《禁止在战争中使用窒息性、毒性或其他气体和细菌作战方法的议定书》(1925年《日内瓦议定书》)	140	1928年2月8日	中国于1952年7月13日继承
13	《关于禁止发展、生产、储存和使用化学武器及销毁此种武器的公约》(《化学武器公约》)	193	1997年4月29日	成立"禁止化学武器组织"。中国于1997年4月25日批准
14	《禁止细菌(生物)及毒素武器的发展、生产及储存以及销毁这类武器的公约》(《生物及毒素武器公约》)	182	1975年3月26日	中国于1984年11月15日加入

续表

序号	条约名称	缔约国数量	生效时间	备注
15	安理会1540(2004)号决议			设立“1540委员会”,任期直至2021年
16	《禁止军事或任何其他敌对目的使用改变环境的技术公约》	78	1978年10月5日	中国于2005年6月8日加入
17	《防止弹道导弹扩散的海牙行动准则》			联大第一委员会2004年10月26日对A/C.1/59/L.50投票,137票赞成,2票反对,16票弃权。中国投赞成票

表3　有关常规武器的条约

序号	条约名称	缔约国数量	生效时间	备注
1	《武器贸易条约》	102	2014年12月24日	中国没有加入该条约
2	《打击非法制造和贩运枪支及其零部件和弹药的补充议定书》(《枪支议定书》)	115	2005年7月3日	《联合国打击跨国有组织犯罪公约》附件,中国于2002年12月9日加入
3	《关于禁止使用、储存、生产和转让杀伤人员地雷及销毁此种武器的公约》(《禁止杀伤人员地雷公约》)	164	1999年3月1日	中国没有加入该公约
4	《禁止或限制使用某些可被认为具有过分伤害力或滥杀滥伤作用的常规武器公约》(《特定常规武器公约》)	125	1983年12月2日	中国于1982年4月7日交存批准文件,随后分别批准公约第一条的修正案文件和五个议定书《关于无法检测的碎片的议定书》《禁止或限制使用地雷(水雷)、饵雷和其他装置的议定书》《禁止或限制使用燃烧武器议定书》《激光致盲武器议定书》《战争遗留爆炸物议定书》

续表

序号	条约名称	缔约国数量	生效时间	备注
5	《集束弹药公约》	106	2010 年 8 月 1 日	中国没有加入该公约
6	《美洲国家间常规武器采购透明度公约》	17	2002 年 11 月 21 日	
7	《美洲国家间禁止非法制造和贩运火器、弹药、爆炸物及其他有关材料公约》	31	1998 年 7 月 1 日	
8	《欧洲常规武器力量条约》	30	1992 年 11 月 9 日	
9	《中部非洲管制小型和轻型武器及其弹药和可用于制造、修理和组装这类武器的零部件的公约》	7	2017 年 3 月 8 日	

表 4 其他条约

序号	条约名称	缔约国数量	生效时间	备注
1	《南极条约》	53	1961 年 6 月 23 日	中国于 1983 年 6 月 8 日加入
2	《关于各国在月球和其他天体上活动的协定》(《月球协定》)	18	1984 年 7 月 11 日	中国没有加入
3	《关于各国探索和利用包括月球和其他天体在内外层空间活动的原则条约》(《外层空间条约》)	107	1967 年 10 月 10 日	中国于 1983 年 12 月 30 日加入
4	《开放天空条约》	34	2002 年 1 月 1 日	中国没有加入

(二)机构与机制

根据安理会决议设立的“1540 委员会”要求所有国家向委员会提交报告,

鼓励各国自愿编制本国的执行行动计划,鼓励委员会积极同各国开展对话和进行国事访问;向安理会提交全面审查决议执行情况报告;虽然委员会本身不提供援助,但是委员会可以为在执行决议方面有援助需求的国家配对有能力提供援助的国家、国际或者区域组织。[54]

根据"关于执行第1540(2004)号决议执行情况2016年全面审查的最后文件",联合国193个会员2016年记录的措施总数比2011年总体增长约7%,对应各项武器占比为核武器51%,化学武器50%,生物武器42%。在具体措施上,有146个国家立法建立禁止非国家实体制造核武器的法律框架,有151个国家建立了禁止非国家实体使用核武器的法律框架,有175个国家建立禁止非国家实体使用化学武器的法律框架,有161个国家建立禁止非国家实体制造化学武器的法律框架,分别有145个和148个国家采取了禁止作为共犯参与与核武器有关的违禁活动或向此类活动提供援助的措施。[55] 此外,各区域组织包括欧洲安全与合作组织、东南亚国家联盟、加勒比共同体、欧洲联盟、政府间发展管理局、阿拉伯国家联盟、美洲国家组织和太平洋岛屿论坛等,与"1540委员会"开展合作,推动各国执行不扩散义务。

1. 不扩散核武器。《不扩散核武器条约》确认一切缔约国有权为和平目的应用原子能,所有国家开展合作以尽早实现停止核军备竞赛和着手采取以核裁军为目标的有效措施。根据1957年7月29日生效的《国际原子能机构规约》建立的国际原子能机构,其主要目标是"加速和扩大原子能对全世界和平、健康及繁荣的贡献",其职能包括鼓励和援助全世界和平利用原子能的研究、发展和实际应用,以及制定并执行安全保障措施,以确保核材料、服务、设

---

〔54〕 如美国执行决议,在2004年10月12日提交第一份报告,参见"会员国的报告",载联合国:http://www.un.org/zh/sc/1540/national-implementation/national-reports.shtml,2019年5月8日最后访问。

最新一份报告为2016年3月23日提交补充资料,说明其采取了哪些措施执行核保安义务。包括批准2005年《制止危及海上航行安全非法行为公约议定书》、2005年《核材料实物保护公约修正案》《制止核恐怖主义行为国际公约》,通过《原子能法》和《美国刑法典》第18篇处罚扩散活动的犯罪,美国核管制委员会针对核动力反应堆被许可人发布关于网络安全事件通知的最终规则,美商务部修订《贸易管制清单》,等等。参见联合国:http://undocs.org/zh/S/AC.44/2016/2,2019年5月8日最后访问。

〔55〕 2016年12月9日安全理事会第1540(2004)号决议所设委员会的报告,第28段,第59段,第63段,第75段,参见联合国:http://undocs.org/zh/S/2016/1038,2019年5月8日最后访问。

施和情报不用于推进任何军事目的。[56] 国际原子能机构设大会、理事会和秘书处作为其机构。国际原子能机构监督执行《不扩散核武器条约》,发挥积极作用。

2. 禁止化学武器。《化学武器公约》规定缔约国有义务不发展、生产、以其他方式获取、储存或保有、转让、使用化学武器,有义务按照公约的规定销毁其所拥有或占有的位于其管辖或控制下的任何地方的化学武器,有义务销毁其遗留在另一缔约国领土上的所有化学武器。根据该公约建立的禁止化学武器组织,监督和核查缔约国在规定的时限内销毁所宣布的库存化学武器,核实缔约国宣布的化学工业的属实性,对化学品不被转用于禁止的活动进行监测,并为缔约国提供进行协商与合作的论坛。禁止化学武器组织设立缔约国大会、执行理事会和技术秘书处作为其机构。禁止化学武器组织在核查、销毁化学武器、消除化学武器威胁方面发挥重要作用。其国际核查机制包括三种:例行视察、质疑性视察和特殊质疑性视察,后者为针对使用化学武器指控的调查。

第四节　共商共建共享国际安全,构建"人类命运共同体"

中国作为联合国常任理事国,作为最大的发展中国家,倡导国际关系民主化和法治化,支持联合国发挥积极作用。在现代以联合国为核心的多边主义国际秩序中,中国首创提出推动构建人类命运共同体。2017 年 2 月 10 日,构建人类命运共同体理念写入联合国决议,3 月 17 日,载入安理会决议,3 月 23 日,载入联合国人权理事会决议。推动构建人类命运共同体,体现了联合国宗旨,与国际法基本原则保持高度一致,是基于当前国际形势和中国发展前途的最新判断,是我国提出的"和平共处五项原则"的新发展。构建人类命运共同体是新时代坚持和发展中国特色社会主义基本方略的重要组成部分,也是新时代中国国际法观的核心理念和根本价值追求。

---

〔56〕 截至 2017 年 12 月 31 日,国际原子能机构有 169 个成员国,有 83 个国际政府间组织和非政府间组织作为观察员,与 181 个国家签订并实施与《不扩散核武器条约》有关的保障协定。参见《国际原子能机构 2017 年度报告》,载国际原子能机构:https://www.iaea.org/sites/default/files/publications/reports/2017/gc62-3_ch.pdf, 2019 年 5 月 14 日最后访问。

中国倡导国际社会共同构建人类命运共同体，忠实履行国际义务，促进国际和平与安全，为社会发展和人民幸福创造良好条件。同时在对当前国际关系的清醒认识的基础上，坚定新安全观，坚决维护我国的国家安全。

一、构建人类命运共同体理念与实践

构建人类命运共同体，要坚持主权平等、合作共赢、包容互鉴、公平正义等基本原则。[57] 主权平等原则，是指国家不分大小、强弱、贫富，主权和尊严必须得到尊重，内政不容干涉。合作共赢原则，是指推动各国合作发展，共同应对全球性挑战，实现共同发展和人民幸福。包容互鉴原则，是指各国相互交流、相互学习、相互借鉴，尊重各国的不同发展道路，维护和保障各国各民族文明的多样性。公平正义原则，是指推动国际关系民主化和法治化，确保各国权利平等、机会平等、规则平等，最终实现共同可持续发展。

共商共建共享国际安全，是构建人类命运共同体的重要组成部分。国际秩序应尊重和保障每一个国家的安全，统筹维护传统领域和非传统领域安全，通过对话合作促进本国和本地区安全，坚持发展与安全并重以实现持久安全。国家应坚持维护联合国安理会在维护国际和平与安全方面的权威，认真执行安理会根据《联合国宪章》第七章采取的措施，反对诉诸武力或以武力相威胁破坏国际和平与安全。国家应坚持通过发展、合作等建设性方式共同应对恐怖主义、大规模毁灭性武器、致命性传染病等全球安全挑战。国家应坚持广泛、平等参与国际事务，善意履行国际义务，坚持以和平手段解决争端，谋求全人类和全球的可持续发展。

中国是国际法治的坚定维护者和建设者，积极履行各项国际义务，推动人类命运共同体的构建。中国积极推动国际秩序的公正与法治，忠实履行安理会关于国际和平与安全的决议，主动承担责任，应对全球性安全问题的挑战。如2016年6月25日，中国和俄罗斯共同签署并发表《中华人民共和国和俄罗斯联邦关于促进国际法的声明》，重申全面遵守包括和平共处五项原则在内的国际法基本原则；强调了主权平等原则，平等地参与制定、解释和适用国际法的权利，善意履行和统一适用国际法的重要性；重申不得使用或威胁使用武力的原则，并谴责单边军事干预；谴责一切形式和表现的恐怖主义，强调国际

---

〔57〕 参见中华人民共和国外交部条约法律司编著：《中国国际法实践案例选编》，世界知识出版社2018年版，第9~10页。

社会集体行动应对恐怖主义的重要性。再如,2017 年 9 月 12 日联合国安理会就朝鲜核试验问题通过第 2375 号决议,维护半岛及地区和平稳定、推动半岛无核化进程及维护国际核不扩散体系的一致立场。2017 年 9 月 12 日,外交部向国务院各部委、各直属机构、各省、各自治区、直辖市人民政府外事办公室发放通知,“为履行我国承担的国际义务,各单位根据通知采取相应措施执行决议”。又如,1976 年被首次发现的埃博拉病毒,在沉寂多年后,于 2014 年在西非地区持续蔓延、肆虐,构成国际关注的突发公共卫生事件。在世界卫生组织主导下,国际社会逐渐加强全球多边、双边合作。中国第一时间对外宣布援助举措,第一个向西非提供埃博拉疫情专项援助,第一个向疫区派出专家组和医疗队指导并直接参加一线救治,并主持将合作抗击埃博拉疫情的呼吁写入北京 APEC 峰会的会议文件。2017 年 10 月 19 日,经过 13 年的努力,中国埃博拉病毒疫苗研发团队研发的“重组埃博拉病毒病疫苗(腺病毒载体)”获得国家食品药品监管总局批准新药注册,成为继美国和俄罗斯之后第三个成功研发埃博拉病毒疫苗的国家,为人类应对致命性传染病的威胁作出了贡献。

二、我国宪法对国际安全的规定

(一)宪法序言的规定

宪法序言是宪法的有机组成部分,对宪法条文具有统领性和指导性。我国《宪法》对国际安全的规定包含序言部分对国际关系准则的概括,以及在对外事务中将维护世界和平和促进人类进步事业而努力作为根本方针。

1982 年《宪法》将和平共处五项原则写入序言部分,回应了《联合国宪章》的序言和第 1 条所规定的联合国的宗旨:中国的前途是同世界的前途紧密地联系在一起的。中国坚持独立自主的对外政策,坚持互相尊重主权和领土完整、互不侵犯、互不干涉内政、平等互利、和平共处的五项原则,发展同各国的外交关系和经济、文化的交流;坚持反对帝国主义、霸权主义、殖民主义,加强同世界各国人民的团结,支持被压迫民族和发展中国家争取和维护民族独立、发展民族经济的正义斗争,为维护世界和平和促进人类进步事业而努力。

2018 年修改《宪法》,将“习近平新时代中国特色社会主义思想”写入序言。汲取习近平新时代中国特色社会主义思想的重要内涵,《宪法》序言部分在原有重申和平共处五项原则之后,增加了“坚持和平发展道路,坚持互利共赢开放战略”,和“推动构建人类命运共同体”。至此,《宪法》序言对国际安全的界定不再局限于国家之间进入战争状态这一传统安全类型。

(二)宪法正文对国际安全的规定

我国《宪法》正文将国际安全界定为基于军事的传统安全。尽管宪法并未对国际条约与我国国内法的关系作出一般规定,但是就破坏国际和平的侵略行为,宪法在列举全国人民代表大会常务委员会的职权时明确将专门性条约作为其职权的法律依据之一。[58]《宪法》规定,全国人民代表大会常务委员会在全国人民代表大会闭会期间,如果遇到国家遭受武装侵犯或者必须履行国际间共同防止侵略的条约的情况,决定战争状态的宣布。使用武力侵害了中国或与中国缔结共同防止侵略的条约的多国的基本利益,不具有正义性。

根据《宪法》,全国人民代表大会是我国的最高国家权力机关,有权决定战争与和平的问题。[59] 全国人民代表大会常务委员会是其常设机关,而不是一个独立的国家机关。全国人民代表大会常务委员会仅在全国人民代表大会闭会期间具有决定战争状态宣布的权力。尽管都涉及战争问题,两者存在五点主要不同:

1. 两者依据的法律不完全相同。全国人民代表大会对战争与和平的决定权直接来自宪法。宪法是国家的根本法,具有最高的法律效力。而全国人民代表大会常务委员会决定战争状态宣布的权力,除依据国内宪法,还可以依据共同防止侵略的国际条约。[60]

2. 两者在权力内容上不同。全国人民代表大会有权决定战争与和平的问题,是广泛的权力。而全国人民代表大会常务委员会有决定战争状态宣布的权力、全国总动员或者局部动员的权力,以及全国人民代表大会授予的其他职权,是具体的权力。尽管宣战不再是进入战争状态的必要要件,实践中可以不宣而战,但是宣布战争状态对国防动员的范围、强度、特别措施的采取等可能产生影响。[61] 在我国,全国或者局部的国防动员的决定权属于全国人民代表大会常务委员会。国务院、中央军事委员会共同领导全国的国防动员工作,制

---

〔58〕 参见1954年《宪法》第31条第16项,1982年《宪法》第67条第18项,2018年《宪法》修改后第67条第19项。

〔59〕 参见2018年《宪法》修改后第62条第15项。根据《宪法》第80条的规定,国家主席根据全国人民代表大会的决定和全国人民代表大会常务委员会的决定,宣布进入紧急状态,宣布战争状态,发布动员令。

〔60〕 需要说明的是,无论是源于宪法的规定,还是基于中国所缔结的国际条约而履行国际义务,都是国家主权的体现。

〔61〕 参见李卫海:《何谓规范意义上的"国防动员"》,载《法学杂志》2011年第8期。

定国防动员工作的方针、政策和法规,向全国人民代表大会常务委员会提出议案、根据全国人民代表大会常务委员会的决定和国家主席发布的动员令,组织国防动员的实施。在必须立即采取应对措施时,国务院、中央军事委员会可以根据应急处置的需要,采取必要的国防动员措施,同时向全国人民代表大会常务委员会报告。[62]

3. 两者在权力范围上不同。传统国际法上战争是国家之间的一种法律状态。在现代国际法下,破坏和平的行为不仅包括存在战争状态的武装冲突,也包括不存在战争状态的武装敌对行动;[63]不仅包括发生在两个以上国家之间的国际性武装冲突[64],也包括非国际性武装冲突[65]。全国人民代表大会关于战争与和平问题的决定权,不局限于国家之间的战争,而且包括对破坏和平的各种行为或活动的决定权,如对非国际性武装冲突的决定权。而除非全国人民代表大会另有授权,全国人民代表大会常务委员会的权力仅针对发生在国家与国家之间的两种情形。一种是他国对中国使用武力,[66]而不包括他国

---

〔62〕 参见《中华人民共和国国防动员法》第 9 条。

〔63〕 参见邵津主编:《国际法》(第 4 版),北京大学出版社、高等教育出版社 2013 年版,第 494 页。

〔64〕 "1949 年日内瓦四公约"共同第 2 条第 1 款规定:"于平时应予实施之各项规定之外,本公约适用于两个或两个以上缔约国间所发生之一切经过宣战的战争或任何其他武装冲突,即使其中一国不承认有战争状态。"

〔65〕 参见 ICRC Report: International Humanitarian Law and the Challenges of Contemporary Armed Conflicts, 31IC/11/5.1.2, October 2011, pp. 9 – 11, 载红十字国际委员会:https://www.icrc.org/en/doc/assets/files/red – cross – crescent – movement/31st – intermaaional – cenference/31 – int – conference – ihl – challenges – report – 11 – 5 – 1 – 2 – en. pdf,2019 年 5 月 14 日最后访问。国际红会认为非国际性武装冲突类型包括:(1)一国领土上发生的政府武装部队与一个或多个有组织的武装团体之间的冲突;(2)两个或两个以上的武装团体之间发生的武装冲突;(3)起源于一国境内的政府武装部队与非政府的有组织武装团体之间的冲突蔓延到邻国;(4)多国武装部队与东道国政府武装部队一起在东道国境内与一个或多个非政府武装团体对抗;(5)联合国部队或其授权的以区域性国际组织名义行事的多国部队协助东道国政府武装部队与非政府武装团体作战;(6)"跨境"非国际性武装冲突,即一国政府武装部队在其境内与来自邻国的非政府武装团体展开敌对行动;(7)"跨国性"的非国际性武装冲突,特别是个别国家提出的所谓"全球反恐战争"。参见周雯:《日内瓦四公约共同第 3 条在当今非国际性武装冲突中适用的若干热点问题》,载《中国国际法年刊(2015)》,法律出版社 2016 年版,第 230 ~ 262 页。

〔66〕《宪法》中使用的用语为"遇到国家遭受武装侵犯","中国人大网"提供的英文翻译版本表述为武力攻击。该项翻译为"to decide, when the National People's Congress is not in session, on the proclamation of a state of war in the event of an armed attack on the country or in fulfilment of international treaty obligations concerning common defense against aggression",载中国人大网:http://www.npc.gov.cn/englishnpc/Constitution/2007 – 11/15/content_1372965.htm,2019 年 5 月 14 日最后访问。

对中国武力威胁的情况。另一种是履行国际间共同防止侵略的条约的情况。如他国侵略另一国家,尽管没有侵略中国,但是基于共同防务或者为履行双边或者多边安全合作协定而决定宣布战争状态。

4. 两者在表决基准上不同。全国人民代表大会必须有2/3以上的代表出席;〔67〕法律和其他议案必须经全体代表的过半数通过〔68〕。全国人民代表大会常务委员会会议必须有常务委员会全体组成人员的过半数出席,才能举行;〔69〕表决议案由常务委员会全体组成人员的过半数通过。〔70〕

5. 后续法律后果可能涉及不同国家机关。战争状态产生一系列法律后果,可能包括交战国断绝外交关系和领事关系、废止或者暂停执行某些条约等。《宪法》第81条规定,国家主席根据全国人民代表大会常务委员会的决定,派遣和召回驻外全权代表,批准和废除同外国缔结的条约和重要协定。条约和重要协定是指:(1)友好合作条约、和平条约等政治性条约;(2)有关领土和划定边界的条约、协定;(3)有关司法协助、引渡的条约、协定;(4)同中国法律有不同规定的条约、协定;(5)缔约各方议定须经批准的条约、协定;(6)其他须经批准的条约、协定。〔71〕 此外,《宪法》第89条第9项规定国务院管理对外事务,同外国缔结条约和协定。

三、我国国家安全与国际安全

我国《国家安全法》在对国家安全工作的指导思想〔72〕中明确,国家安全工作以促进国际安全为依托,构建国家安全体系,走中国特色国家安全道路。

国家安全应当以国际安全为依托。首先,应当按照《宪法》序言规定的习近平新时代中国特色社会主义思想,重新认识影响国家安全的因素的范畴和内涵。对外安全,不仅仅是受到武力攻击或者武力威胁的战争与和平问题,还

〔67〕 参见《中华人民共和国全国人民代表大会议事规则》第4条规定,全国人民代表大会会议有2/3以上的代表出席,始得举行。

〔68〕 参见2018年《宪法》修改后第64条第2款,法律和其他议案由全国人民代表大会以全体代表的过半数通过;《中华人民共和国全国人民代表大会议事规则》第52条。

〔69〕 参见《中华人民共和国全国人民代表大会常务委员会议事规则》第4条。

〔70〕 参见《中华人民共和国全国人民代表大会常务委员会议事规则》第30条。

〔71〕 参见《缔结条约程序法》第7条第2款。

〔72〕 参见《国家安全法》第3条,有关释义参见乔晓阳主编:《中华人民共和国国家安全法释义》,法律出版社2016年版,第12~16页;郑淑娜主编:《中华人民共和国国家安全法解读》,中国法制出版社2016年版,第11~15页。

包括影响中国的全球性安全问题。其次,根据《宪法》在正文中规定的战争与和平的权力的行使的规定,明确认识国家安全不仅仅来自自身安全的判断,还包括履行国际条约,即为履行共同防务或者为履行双边或者多边安全合作协定而负担的国际义务。最后,应当深刻理解国际安全对实现中华民族伟大复兴的中国梦的保障作用。新兴市场国家和发展中国家群体崛起成为不可阻挡的时代潮流,但是在时代潮流中仍有暗潮涌动,或有潜流阻挡。为了更好地维护我国的国家安全,中国必须积极、深入参与国际规则的制定,承担起与中国地位相称的国际责任。对国际安全的积极应对,既要求在国际上转变角色,从国际法的被动接受者转变为维护者、塑造者,也要求切实履行国际义务,将国际义务转化为国内法义务,并将国内的良好实践推向国际社会,共商共建共享,推动国际社会的持久和平和国际性安全问题的切实解决。

课程阅读指南

1. 进一步了解宪法与国际法的关系,可参阅:

魏敏、罗祥文:《我国新宪法与国际法原则》,载《法学杂志》1983 年第 5 期。

赵建文:《论国际法与宪法的效力关系——〈公民权利和政治权利公约〉的视角》,载《时代法学》2004 年第 6 期。

王德志:《论宪法与国际法的互动》,载《中国法学》2019 年第 1 期。

2. 进一步了解人类命运共同体的内涵、意义等内容,可参阅:

蔡拓等:《人类命运共同体视角下的全球治理与国家治理》,载《中国社会科学》2016 年第 6 期。

廖凡:《全球治理背景下人类命运共同体的阐释与构建》,载《中国法学》2018 年第 5 期。

赵可金、赵远:《人类命运共同体的构建路径》,载《当代世界》2018 年第 6 期。

思考题

1. 国际法对国际安全问题进行调整具有哪些特征?
2. 请说明国际合作的主要方式,及其在维护国际秩序中的重要性。
3. 安理会具有哪些职权? 对于威胁和平、破坏和平及侵略行为,安理会可以采取哪些措施?
4. 构建人类命运共同体有哪些基本原则?

第七章　维护国家安全的任务(上)

面对国内国际形势的发展变化,我国国家安全的内涵和外延极大地丰富。基于新时期加强和改进国家安全工作的需要,《国家安全法》从政治安全、人民安全、国土安全、军事安全、经济安全、金融安全、资源能源安全、粮食安全、文化安全、科技安全、网络信息安全、社会安全、生态安全、核安全、新型领域、海外利益保护等方面详细规定了维护国家安全的任务,着力防范危害国家安全的各类风险挑战。本章与第八章共分八节介绍各领域维护国家安全的任务。

第一节　政治安全、人民安全、国土安全、军事安全

一、政治安全

政治安全是国家安全的根本,是社会稳定发展、人民安居乐业的根本保障。确保政治安全是维护国家安全的首要任务。维护政治安全的任务分为积极维护和依法惩治两个方面的具体内容。

(一)积极维护政治安全的主要任务

1. 坚持中国共产党的领导。坚持党的领导是我国《宪法》确立的基本原则,是人民民主专政的具体体现。坚持中国共产党的领导,要发挥党总揽全局、协调各方的领导核心作用,改进和完善党的领导执政方式,不断提高党科学执政、民主执政、依法执政水平,保持党的纯洁性和先进性,始终保持党同人民的血肉联系,确保党在中国特色社会主义事业中的领导核心作用。

2. 维护中国特色社会主义制度。根据《宪法》第1条的规定,社会主义制度是中华人民共和国的根本制度。中国共产党领导是中国特色社会主义最本

质的特征。禁止任何组织或者个人破坏社会主义制度。中国特色社会主义制度的内容包括:在政治领域,人民代表大会制度是国家的根本政治制度,中国共产党领导的多党合作和政治协商制度、民族区域自治制度和基层群众自治制度是国家的基本政治制度,依法治国及健全社会主义法治是中国特色社会主义制度的重要目标;在经济领域,以公有制为主体、多种所有制经济共同发展是国家的基本经济制度,确立以按劳分配为主体、多种分配方式并存的收入分配制度,建立完善社会主义市场经济体制,解放和发展社会生产力,维护和促进社会公平正义,促进共同富裕;在文化领域,始终坚持社会主义先进文化的发展方向,以马克思主义为指导,建设社会主义核心价值体系,提高全民族思想道德素质和科学文化素质;在社会领域,推进以保障和改善民生为重点的社会建设,维护社会公平正义,构建社会主义和谐社会。

3. 发展社会主义民主政治。以保证人民当家作主为根本,坚持和完善人民代表大会制度、中国共产党领导的多党合作和政治协商制度、民族区域自治和基层群众自治制度,健全民主制度,丰富民主形式。

4. 健全社会主义法治。全面推进依法治国,建设社会主义法治体系,坚持依法治国、依法执政、依法行政共同推进,法治国家、法治政府、法治社会一体建设。发挥法治在国家治理中的重要作用,科学立法、严格执法、公正司法、全民守法,保证有法必依、执法必严、违法必究。树立依法治国、执法为民、公平正义、服务大局、党的领导的社会主义法治理念。依法保障全体公民的合法权益。

5. 强化权力运行制约和监督机制。按照结构合理、配置科学、程序严密、制约有效的原则,建立健全决策权、执行权、监督权相互制约协调的权力结构和运行机制。强化权力运行公开,推进政府信息公开制度。加强权力监督,建立完善纪律监察体制机制,健全党内监督、民主监督、法律监督和舆论监督体系。

6. 保障人民当家作主的各项权利。保障人民依法通过各种途径和形式,管理国家事务、经济和文化事业以及其他社会事务。保证人民通过人民代表大会行使国家权力,健全民主协商和基层民主制度,保障人民当家作主的各项权利。

(二)惩治危害政治安全行为和活动的主要任务

惩治危害政治安全行为和活动的主要任务是与当前政治安全面临的现实

威胁密不可分的。这些威胁主要包括:(1)“台独”“东突”“藏独”等民族分裂势力活动仍然猖獗,“法轮功”等邪教组织及其他敌对势力抹黑丑化我国政府、企图颠覆国家政权的活动依然存在,对我国社会稳定和政治安全构成现实威胁。(2)境外反华势力对我国的渗透、颠覆、破坏和分裂活动不断升级、形式变化多样。境外反华势力除了利用军事、外交等传统手段外,还利用经贸、旅游、文化交流等民间途径,以及互联网等新兴科技手段,加紧对我国实施渗透、颠覆、破坏和分裂活动。境外反华势力还勾结境内反华势力,策划、实施颠覆和破坏活动,利用食品安全、环境保护等非传统领域的敏感问题,插手国内社会矛盾,煽动群众情绪,策划实施群体性事件。(3)窃密与反窃密斗争激烈。境外间谍情报机关通过境内外交流渠道、互联网平台对我国公民实施拉拢、策反,窃取国家秘密。一些地方和机关单位保密意识淡薄、保密工作不到位,网络泄密风险较高。通过网络病毒等手段进行网络窃密已经成为境外间谍情报机关对我国开展间谍活动的常规手段。针对上述现实威胁,惩治危害政治安全行为和活动的主要任务包括三个方面的内容:第一,防范、制止和依法惩治任何叛国、分裂国家、煽动叛乱、颠覆或者煽动颠覆人民民主专政政权的行为。第二,防范、制止和依法惩治窃取、泄露国家秘密等危害国家安全的行为。第三,防范、制止和依法惩治境外势力的渗透、破坏、颠覆、分裂活动。

《国家安全法》规定的维护政治安全的任务同《宪法》《刑法》《反分裂国家法》《反间谍法》《反恐怖主义法》《保守国家秘密法》等法律规定的维护政治安全的内容相互衔接和呼应。如《刑法》分则第一章“危害国家安全罪”,为依法惩治相应的犯罪行为提供了法律依据。依法防范、制止和惩治各种渗透、破坏、颠覆、分裂及间谍窃密活动,维护我国政治安全,有助于营造良好的内部发展环境,有助于维护社会安定和谐、保障人民生存和发展的基本权利。

案　例　艾某某煽动分裂国家案[1]

2015 年 8 月 12 日,艾某某被大连市人民检察院以煽动分裂国家罪提起公诉。大连市中级人民法院审理查明,自 2013 年起,艾某某在号码为××××的腾讯空间相册上传多张图片,该 QQ 空间未设置浏览密码,截至案发前已有多人浏览上述图片。经大连市公安局网络安全保卫分局对号码为××××的

[1] 辽宁省大连市中级人民法院刑事判决书(2015)大刑二初字第 38 号。

腾讯QQ空间远程勘验,乌鲁木齐市公安局国内安全保卫支队审读,上述图片中包含煽动分裂国家图片1张,煽动抗拒法律图片1张,煽动民族仇恨、民族歧视内容的图片11张。法院认定,艾某某利用互联网以图片和文字等形式传播有害信息、煽动分裂国家、破坏国家统一,其行为侵犯了国家的安全和统一,已构成煽动分裂国家罪,依据《中华人民共和国刑法》第103条第2款,第56条第1款,第64条之规定,判决被告人艾某某犯煽动分裂国家罪,判处有期徒刑3年,剥夺政治权利2年。

二、人民安全

2017年2月17日,习近平总书记在国家安全工作座谈会上指出,"国家安全工作归根结底是保障人民利益,要坚持国家安全一切为了人民、一切依靠人民,为群众安居乐业提供坚强保障"。人民安全是国家安全的宗旨,维护和发展最广大人民的根本利益是我国维护人民安全的价值理念。中国共产党始终以全心全意为人民服务作为根本宗旨,坚持以民为本、以人为本,把维护好、发展好、实现好最广大人民的根本利益作为一切工作的出发点和落脚点,坚持国家安全一切为了人民、一切依靠人民,夯实国家安全的群众基础。具体而言,维护人民安全的任务主要包括以下几个方面的内容。

(一)保卫人民安全

保卫人民安全是维护人民安全的核心任务。维护人民安全的基本内容是维护人民的人身和财产安全。在新形势下维护人民安全面临的风险因素主要包括:一是生产事故引发的安全问题,如煤矿瓦斯爆炸、输油气管道爆炸、危险化学品爆炸、沉船、火灾、施工事故、渣土堆场滑坡等造成的安全问题;二是自然灾害引发的安全问题,比如地震、洪涝、泥石流、海啸等引起的安全问题;三是恐怖袭击、群体性暴力事件等造成的安全问题;四是境外中国公民安全问题,诸如外国社会战争和骚乱等问题危及当地中国公民人身和财产安全等。因此,国家要建立完善相应制度,严格落实安全生产责任和管理制度,建立健全隐患排查治理体系、风险防控体系、突发事件应对处理体系和社会共治体系,强化全民安全意识,提高预防和应对处理危险的能力。

(二)创造良好生存发展条件和安定工作生活环境

创造良好的生存发展条件,顺应人民对生存发展条件的需求,抓紧解决空气污染、水污染、土壤污染等环境问题以及农产品、食品、药品质量安全问题等严重危及人民群众基本生命健康权利的重大问题,确保生态安全、食品安全、药品安全。营造安定的工作生活环境,坚决防范和抵御外敌入侵,依法惩治境内暴力犯罪行为,打击恐怖主义、分裂主义、极端主义活动,依法应对处理大规模群体性事件,加强社会治安综合治理,维护安定和谐的社会环境。

(三)保障公民的生命权、财产权和其他合法权益

我国《宪法》规定,公民的合法私有财产不受侵犯,中华人民共和国公民在法律面前一律平等,国家尊重和保障人权,保障公民享有宪法和法律规定的权利,公民的人身自由、人格尊严、住宅等不受侵犯。然而,公民的权益不会自动实现,需要国家不断创新社会治理体系,健全利益表达、利益协调和保护机制,确保公民权益得到公平对待、合法诉求得以满足和维护。

三、国土安全

(一)维护国土安全的任务目标

根据《国家安全法》第 17 条的规定,维护国土安全的任务是保卫领陆、内水、领海和领空安全,维护国家领土主权和海洋权益。

领土是国际法上国家的四个构成要件之一,国家对其领土享有主权。国家主权不容侵犯是国际法的基本原则之一。我国《宪法》规定,中国坚持独立自主的对外政策,坚持互相尊重主权和领土完整、互不侵犯、互不干涉内政、平等互利、和平共处的五项原则。除了传统的领土主权,随着海洋自然资源的开发利用以及世界海洋经济的发展,海洋权益受到世界各国的重视。根据我国《领海及毗连区法》、《中华人民共和国专属经济区和大陆架法》(以下简称《专属经济区和大陆架法》)、《中华人民共和国海岛保护法》、《中华人民共和国海上交通安全法》、《中华人民共和国海洋环境保护法》(以下简称《海洋环境保护法》)等法律规定,我国的海洋权益主要包括以下几个内容。

1. 领土内岛屿和群岛的主权。《领海及毗连区法》规定,我国的领土包括中华人民共和国大陆及沿海岛屿、台湾及包括钓鱼岛在内的附属岛屿、澎湖列岛、东沙群岛、西沙群岛、中沙群岛、南沙群岛及其他一切属于中华人民共和国的岛屿。我国在岛屿和群岛上的主权不容侵犯。

2. 在领海、领海上空、领海的海床及底土享有的主权。外国非军用船舶依法享有无害通过我国领海的权利,但是外国军用船舶进入我国领海须经我国政府批准。国际组织、外国组织或个人在我国领海内从事科学研究、海洋作业

活动等,须经我国政府批准,并遵守我国法律法规。

3. 在毗连区的管制权和紧追权。我国有权在毗连区内,为防止和惩处在我国领土、内水或领海内违反安全、海关、财政、卫生或出入境管理法律法规的行为而行使管制权,并在有充分理由认为外国船舶违反我国法律法规时行使紧追权。

4. 在专属经济区和大陆架的主权权利和管辖权。包括以勘探和开发、养护和管理海床上海域、海床及底土自然资源为目的的主权权利,从事利用海水、海流、风能等经济性开发和勘探活动的主权权利,建造和使用人工岛屿和设施的专属权利和管辖权,海洋科学研究管辖权以及海洋环境保护和保全管辖权。

5. 我国享有的历史性权利。历史性权利包括历史性所有权、传统捕鱼权、历史航行权等,《专属经济区和大陆架法》第 14 条规定:“本法的规定不影响中华人民共和国享有的历史性权利。”这一规定清楚表明了中国政府的立场:并不因 200 海里专属经济区、大陆架等海洋区域制度的建立而影响、放弃中国在周边海域享有和可能享有的历史性权利。

(二)维护国土安全的防务活动和防卫管控措施

维护国土安全要加强边防、海防和空防建设,采取一切必要的防卫和管控措施保卫领土主权、安全和海洋权益。国家维护国土安全的措施分为两类。一类是和平措施,主要是国家在和平时期进行的边防、海防、空防的防务活动,包括防卫工作和管控措施。防卫工作是防范对我国领土的武装侵犯,维护安全和主权。管控措施是包括政治、经济、外交、军事、科技、教育等在内的对边防、海防、空防的日常建设维护和管理措施。例如,出入境边防检查机关对限定口岸区域的管理工作、边防检查措施;领海和毗连区内行使紧追权的措施;在专属经济区内的登临、检查、逮捕、扣留和进行司法程序的措施;勒令违反法律法规规定擅自飞入领空的外国民用航空器在指定机场降落;划定防控识别区等措施。另一类是非和平措施。《国防法》规定,当我国主权、统一、领土完整和安全遭受威胁时,依照宪法和法律规定可进行全国或局部动员。

此外,维护国土安全的措施也可分为对外和对内两类措施,包括对外防备和抵御侵略、制止武装颠覆的措施,以及防范和制止国内企图分裂国家的武装叛乱、暴乱等活动的措施。根据《反分裂国家法》的规定,“台独”势力造成台湾分裂出去的事实或发生将会导致分裂的重大事变或和平统一可能性完全丧失时，国家得采取非和平方式及其他必要措施捍卫国家主权和领土完整。

案 例 钓鱼岛属于中国〔2〕

钓鱼岛及其附属岛屿由钓鱼岛（主岛）、黄尾屿、赤尾屿、南小岛、北小岛、南屿、北屿和飞屿等岛屿组成，总面积约7平方公里，地质结构上是附属于台湾的大陆性岛屿。自明朝初年起，钓鱼岛及附属岛屿就属于中国版图，日本1783年和1785年出版的标有琉球王国疆界的地图上也标明钓鱼岛及其附属岛屿属于中国。1895年《马关条约》使日本割占了我国台湾及其附属岛屿和澎湖列岛，这以后日本才有了"尖阁群岛"（钓鱼岛及附属岛屿）。第二次世界大战后，作为战败国的日本将台湾、澎湖列岛归还中国，却把钓鱼岛及其附属岛屿交与美国托管，并在1951年美日《旧金山和约》中作了规定。日本据此宣布对钓鱼岛及其附属岛屿拥有领土主权。但是中国政府一直予以抗议。1958年中国发表领海声明重申，中国领土包括台湾及其周围各岛。1972年中日恢复邦交谈判后，双方同意将钓鱼岛问题搁置留待条件成熟时解决。20世纪90年代后，日本默许右翼势力登岛建灯塔、立界碑，派军舰阻止大陆和台湾渔民捕鱼，还于2012年9月进行所谓的从"民间所有者"手中购买钓鱼岛活动。中国政府对钓鱼岛问题的态度鲜明：钓鱼岛及其附属岛屿属于中国领土。我国《领海及毗连区法》第2条第2款明确规定，中华人民共和国的陆地领土包括中国大陆及其沿海岛屿、台湾及其包括钓鱼岛在内的附属各岛……以及其他一切属于中国的岛屿。

四、军事安全

军队是国家安全的强有力支柱和重要保障。强国必须强军，强军才能卫国。《国家安全法》关于维护军事安全的任务与《宪法》《国防法》的规定高度一致，主要包括三个方面的内容。

（一）武装力量建设

我国《宪法》第29条规定，"国家加强武装力量的革命化、现代化、正规化的建设，增强国际力量。"落实这一要求可从四个方面入手：（1）坚持党对武装

〔2〕 参见邵津主编：《国际法》，北京大学出版社、高等教育出版社2016年版，第119页。

力量的领导权,特别是党对军队的绝对领导。用中国特色社会主义理论武装全军,发展先进军事文化,培育军人核心价值观。(2)推进军队现代化、信息化建设。加强高新技术武器装备建设、现代物流后勤建设、新兴军事人才培养等工作,提高军队现代化作战能力。(3)推进依法治军、从严治军。强化法治思维,建立法治体系,转变治军方式,形成党委依法决策、机关依法指导、部队依法行动、官兵依法履职的良好局面,推动军队正规化、法治化建设。(4)深化国防和军队改革,建立与国家安全需求相吻合的国防军事力量。党的十八大以来,中央军委和习近平主席围绕实现强军目标,多次提出做好军民融合深度发展的命题,统筹经济建设和国防建设,强化军队革命化、现代化、正规化建设,深化国防和军队改革,构建中国特色现代军事力量体系,不断提高军队应对多种安全威胁和多样化军事任务的能力,建设与我国国际地位相称、同国家安全和利益维护相适应的国防和军事力量体系。

(二)积极防御

实施积极防御军事战略方针,防备和抵御侵略、武装颠覆和分裂活动。积极防御军事战略是在长期革命实践中形成的战略思想,并与我国坚定不移走和平发展道路的目标相符合。《国家安全法》关于积极防御的战略与《国防法》的规定相一致。在新的历史时期,为了更好地防备和抵御侵略、制止武装颠覆和分裂活动,要顺应新的历史时期下的任务要求,调整军事斗争准备基点,创新作战思想,优化军事布局,坚决捍卫国家安全。

(三)国际军事合作

维护军事安全的一项新内容是开展国际军事安全合作,这也与我国日益增强的国际地位和影响力相符合。我国军队近年来积极实行"走出去"战略,参加国际多边、双边机制内一系列海外军事行动,不仅维护了我国的海外利益,并且更多地担负起维护世界和平的国际责任,树立了良好的大国形象。维护军事安全的国际合作任务具体包括实施联合国维和、国际灾难救援和人道主义救援、海上护航、中外联演联训和维护国家海外利益的军事行动等。

第二节　经济安全、金融安全、资源能源安全、粮食安全

一、经济安全

经济安全是非传统安全中的重要内容，不仅关系着国家的经济发展，而且诸如大规模失业、金融市场紊乱、通货膨胀、经济危机等问题还可能危及一国社会稳定、政治独立和主权完整。经济安全的主要目标是：维护经济生存和发展所需战略资源的有效供给能力和持续状态；保持国民经济独立开放良好的运行和科学持续的发展，抵御来自内外的冲击和蚕食；保证人民共享整体经济福利，不受恶意侵害和不可抗力损害；维护国家经济主权和重要经济政策不受外来威胁和控制；保持具有独特优势的国际经济竞争力不受恶意伤害。

维护经济安全的主要任务包括三个方面。

（一）维护国家基本经济制度和社会主义市场经济秩序

我国经济制度的基础是生产资料的社会主义公有制，即全民所有制和劳动群众集体所有制。我国的基本经济制度是坚持公有制为主体、多种所有制经济共同发展，分配制度是坚持按劳分配为主体、多种分配方式并存。其中，公有制的主体地位体现在两个方面：公有资产在社会总资产中占优势地位；公有制经济控制国民经济命脉，对国民经济发展起主导作用。

《宪法》规定我国实行社会主义市场经济制度，国家加强经济立法，完善宏观调控。维护社会主义市场经济秩序要求：(1)使市场在政府宏观调控下对资源配置起基础性作用，经济活动遵循价值规律运行；(2)加强、改善国家宏观调控，克服市场自身缺点；(3)将社会主义市场经济与社会主义基本制度结合起来，在坚持社会主义基本经济制度和分配制度的基础上创新经济制度。除《国家安全法》外，国家还制定了涉及维护市场经济秩序各个领域的法律，如《中华人民共和国物权法》《反垄断法》《中华人民共和国反不正当竞争法》《中华人民共和国企业国有资产法》等，《刑法》分则第三章专门设置了“破坏社会主义市场经济秩序罪”的内容，从而形成了较为完备的监管体系。

（二）健全预防和化解经济安全风险的制度机制

经济安全风险包括金融安全风险、粮食安全风险、对外贸易安全风险、资

源能源安全风险等经济生产生活方面。我国针对上述不同领域分别制定有关法律法规,建立风险防范和管控机制。(1)预防和化解金融安全风险。《中华人民共和国中国人民银行法》(以下简称《中国人民银行法》)对金融监督管理制度进行了专门规定,明确中国人民银行依法监测金融市场运行情况,对金融市场实施宏观调控,有权对金融机构、其他单位和个人的特定行为进行检查监督,可建议国务院银行业监督管理机构对银行业金融机构进行检查监督,并在法定条件下经国务院批准对银行业金融机构进行检查监督。(2)预防和化解粮食安全风险。《中华人民共和国农业法》(以下简称《农业法》)第五章专门规定了粮食安全相关制度,明确规定国家采取措施保护和提高粮食综合生产能力,稳步提高粮食生产水平,建立耕地保护制度,对基本农田实行特殊保护,建立粮食安全预警制度,保障粮食供给充足,建立粮食风险基金,支持粮食储备,稳定粮食市场,保障农民权利。(3)预防和化解对外贸易风险。《中华人民共和国对外贸易法》(以下简称《对外贸易法》)规定,国家可以根据实际情况对对我国采取贸易歧视性措施的国家或地区采取相应措施,并基于维护国家安全、社会公共利益或公共道德、保护人的健康或安全、保护动植物、保护环境等具体原因对有关货物、技术限制或者禁止进出口。

(三)保障国家重大经济利益安全

保障国家重大经济利益安全主要包括三个方面内容:

1. 保障关系国民经济命脉的重要行业和关键领域安全。关系国民经济命脉的重要行业和关键领域主要包括:涉及国家安全的行业、重大基础设施和重要矿产资源、提供重要公共产品和服务的行业、支柱产业和高新技术产业中的重要骨干企业等。保障关系国民经济命脉的重要行业和关键领域安全,关键是发挥国有经济在这些行业和领域的控制力,维护国有经济在这些行业和领域的支配力,推动国有资本向这些行业和领域集中,优化国有经济布局和结构,推动国有企业改革和发展,提高国有经济的整体素质,增强国有经济活力、控制力、影响力和抵御风险能力。

2. 保障重点产业安全。为产业发展创造公平发展的良好环境,避免遭受进口商品不公平竞争和进口激增造成的损害。维护重点产业安全,加强产业损害预警机制建设,建立健全产业安全评估体系,完善和丰富贸易调查和救济手段,组织开展重点国别产业损害预警磋商和对话,健全经营者集中反垄断审查制度,提高贸易摩擦应对和救济能力,维护国家产业发展的正当权益。

3. 保障重大基础设施和重大建设项目及其他重大经济利益安全。维护交通、通信、能源、给排水、防洪、垃圾处理等涉及国民生计和社会发展的重大建设项目和重大经济利益安全，巩固国民经济稳定和发展的基础。

二、金融安全

习近平总书记强调，“金融安全是国家安全的重要组成部分，是经济平稳健康发展的重要基础。维护金融安全，是关系我国经济社会发展全局的一件带有战略性、根本性的大事”。金融行业风险高、突发性强，一旦发生金融危机波及面广、危害巨大，会严重危及经济安全甚至社会政治稳定，影响改革开放和现代化建设进程。因此，建立与社会主义市场经济发展相适应的金融机构体系、金融市场体系和监管调控体系，提高防范、化解和抵御金融风险的能力，维护金融市场安全、高效、稳健运行，是维护金融安全乃至经济安全的重要任务。

改革开放以来，我国高度重视金融法律制度建设，建立了《中国人民银行法》、《中华人民共和国商业银行法》、《中华人民共和国银行业监督管理法》、《中华人民共和国证券法》（以下简称《证券法》）、《中华人民共和国保险法》以及其他法规规章等规范金融经营行为和监管行为的金融法律制度。根据相关法律规定，我国维护金融安全的任务和目标主要分为四个方面的内容。

（一）健全金融宏观审慎管理制度机制

宏观审慎管理，即为了弥补传统货币政策工具和微观监管机制在防范系统性金融风险方面的不足，将金融业作为一个有机整体，以防范和管理跨行业、跨市场和跨经济周期中整个金融体系的风险问题。宏观审慎管理的主要内容是：既跟踪金融体系当前运行状况，又关注金融体系在未来经济走势中可能出现的问题，保证金融对经济发展的持续促进作用，防止经济周期对金融体系稳定的影响，以维护金融稳定，促进经济持续平衡发展。健全宏观审慎的管理制度，既要充分发挥传统政策工具的作用，又要补充资本金、杠杆率、流动性等传统微观工具的使用，做到微观和宏观的有机结合，发挥微观监管指标的宏观作用。

（二）健全落实金融风险防范和处置机制

健全落实金融风险防范和处置机制分别涉及银行业、证券业、保险业三个领域。根据《深化党和国家机构改革方案》要求，将中国银行业监督管理委员会和中国保险监督管理的职责整合,组建中国银行保险监督管理委员会,作为国务院直属事业单位。2018 年 4 月 8 日,中国银行保险监督管理委员会正式挂牌,其将在金融监管方面发挥更大作用。

1. 银行业金融机构的风险防范和处置机制。银行业监督管理机构应当对银行业金融机构的业务活动及风险状况进行非现场监管,建立监督管理信息系统,分析评价风险状况。同时,银行业监督管理机构对银行业金融机构的业务活动及风险状况也具有现场检查的职责。银行监督管理机构建立银行业金融机构监督管理评价体系和风险预警机制,根据银行业金融机构的评级情况和风险状况确定现场检查的频率、范围和措施。此外,银行业监督管理机构应当建立突发事件发现、报告岗位责任制度,并会同中国人民银行、国务院财政部门等有关部门建立银行业突发事件处置制度。目前,已出台《银行业重要信息系统突发事件应急管理规范(试行)》《银行业突发事件应急预案》等。

2. 保险业风险防范和监督管理制度。保险监督管理机构依法对保险业实施监督管理,维护保险市场秩序,保护投保人、被保险人和受益人合法权益。保险监督管理机构建立健全保险公司偿付能力监管体系,对保险公司偿付能力事实监控,对偿付能力不足的保险公司列为重点监管对象,并依法采取相应措施。保险监督管理机构对正在整顿、接管、撤销、清算期间或出现重大风险的保险公司,可依法对公司直接负责的董事、监事、高级管理人员和其他直接责任人员采取措施,通知相关机关限制出境,禁止转移、转让或以其他方式处分财产。

3. 证券市场风险防范处置和监督管理机制。信息披露制度是证券市场风险防范的重要制度。发行人、上市公司应依法披露信息,保证真实、准确、完整。国务院证券监督管理机构依法对证券市场实行监督管理,维护证券市场秩序,依法履行职责,并有权依法采取措施,如现场检查,调查取证,询问当事人和有关人员,查阅、复制及封存有关资料、查询当事人和有关单位、个人的账户并在法定条件下经批准予以冻结或查封,依法限制被调查事件当事人证券买卖。

除上述制度外,我国还出台了《国家金融突发事件应急预案》《中国人民银行突发事件应急预案管理办法》《银行业金融机构安全评估办法》《金融机构计算机信息系统安全保护工作暂行规定》《关于加强保险业突发事件应急管理工作的通知》等规章和规范性文件,进一步健全金融风险防范和处置机制。

(三)加强金融基础设施和基础能力建设

金融基础设施是指金融运行的硬件设施和制度安排,包括支付体系、法律环境、公司治理、会计准则、信用环境、反洗钱及由金融监管、中央银行最后贷款人职能、投资者保护制度组成的金融安全网等。金融基础设施是金融市场持续稳定运行的基础和支撑,金融基础设施和基础能力的提高对国家金融体系抵御外部冲击具有关键基础性作用。金融市场基础设施对于畅通国家货币传导机制、加速社会资金周转、优化资源配置、维护金融稳定具有重要意义。当前,加强金融基础设施和基础能力建设主要包括几个方面内容:(1)完善金融基础设施。建立健全金融基础设施宏观审慎管理框架,完善支付系统、证券交易结算系统等金融基础设施,建设安全高效的人民币跨境支付系统。(2)提高灾难防范和应对处置能力。推进金融灾备中心合理布局,强化金融机构内控管理,提高防范和处置网络攻击、应对重大灾难和技术故障的能力。(3)加强金融信息核心技术研发。逐步推进金融信息系统和密码应用等核心技术的自主研发,实现国产化,减少对外依赖。(4)建立完善信息安全标准体系。建立健全与国际接轨、自主升级、独立可控的金融信息安全标准体系。

(四)防范和化解系统性、区域性以及来自外部的金融风险

金融安全的核心内容是防范和抵御境内外因素对金融市场造成的不利影响,对内维护金融市场秩序和稳定,保障金融体系稳健运行;对外维护金融主权,防范境外金融风险对国内金融体系的冲击和境外敌对势力的破坏。目前,《中华人民共和国外资银行管理条例》规定了对外资银行及金融机构的监管制度,《证券法》规定了境内企业直接或间接到境外发行证券或将证券在境外上市交易的批准程序,《中华人民共和国外汇管理条例》《中华人民共和国国家货币出入境管理办法》对外汇管理、外币出入境制度进行了规定。上述法律法规对防范和化解境外金融风险提供了较为充分的制度依据。

案 例　整治比特币等虚拟货币交易,维护金融市场稳定

2008 年国际金融危机后,比特币以所谓的不受任何人操纵、数量既定的特点产生,并逐渐沦为金融玩家炒作的新物种。由于国际上对比特币监管的缺失,以及比特币不可追踪、匿名性等特点,比特币交易成为违法犯罪活动的工具,同时威胁金融市场稳定。2013 年 10 月,美国著名的毒品武器犯罪网站被监管部门查处,其中涉及大量比特币交易记录。2017 年 4 月比特币勒索病

毒席卷全球。2014 年 2 月,曾是全球最大比特币交易所的 Mt. Gox 声称“丢失”了 85 万个比特币。2013 年香港注册的比特币交易平台 GBL 突然“跑路”,造成注册用户数百万美元的比特币丢失。2017 年 9 月,我国发布《关于防范代币发行融资风险的公告》,对虚拟货币交易所进行集中整治,对维护金融市场稳定起到了积极作用。

三、资源能源安全

资源能源安全,是指一个国家或地区可以持续、经济、稳定、及时、充足地获取所需自然资源和能源的状态。广义的资源安全包括能源安全。根据是否具有战略地位,资源安全可分为战略性资源安全和非战略性资源安全;根据资源的内容种类可分为水资源安全、土地资源安全、矿产资源安全、生物资源安全、环境资源安全、海洋资源安全等。资源能源安全在国家安全中占有基础性地位,为国家生存和发展提供物质基础,因此,需要多措并举,切实维护资源能源安全。

(一)合理利用和有效管控战略资源能源开发

具体而言,资源能源的开发应坚持三项原则:(1)应“坚持立足国内”。加强国内资源能源勘探开发,增强国内资源能源自给保障能力,减少对外依存度。(2)依法依规有计划地进行资源能源开发。《中华人民共和国煤炭法》规定国家对煤炭开发实行统一规划、合理布局、综合利用的方针。《中华人民共和国森林法》规定国家对森林实行限额采伐的制度,严格控制森林年采伐量。(3)坚持资源能源开发的多元发展原则。推动低碳循环发展,加快能源革命和能源技术创新,提高非化石能源比重,推动化石能源清洁高效利用,加快发展风能、太阳能、生物能、水能、地热能等新型能源,积极开发天然气、煤层气、页岩气,优化能源生产和消费结构,建设清洁低碳、安全高效的现代能源体系。改革能源体制,形成有效竞争的市场机制。《中华人民共和国可再生能源法》明确规定,国家将可再生能源开发利用作为优先发展领域,推动可再生能源市场建立。

(二)加强战略资源能源储备

战略资源能源储备制度是保障突发情况下资源能源有效供给的重要措施。我国战略资源能源储备实行实物储备和资源能源地储备相结合的方式。实物储备诸如建立国家石油储备基地,加快华北、西北、西南及东南沿海地区天然气地下储气库和液化天然气储备库建设,建立国家煤炭应急储备等。资源能源地储备如稀土战略储备,统筹划定国家规划矿区作为战略资源储备地,由当地政府监管保护,未经国家批准不得开采。

(三)完善资源能源运输战略通道建设

完善国内跨地区资源能源运输调配通道和海外资源能源进口战略通道。具体而言,可从以下四个方面进行着力:(1)石油运输通道建设。加快西北(中哈)、东北(中俄)和西南(中缅)三大陆路原油进口通道和海上进口通道建设。结合海运需求,建设沿海大型原油接卸码头及配套管道。加强国内成品油输送管道建设,完善区域管网建设。(2)煤炭运输通道建设。坚持输煤输电并举,提高输电比重,采用先进输电技术,推进建立输电通道。加快既有铁路扩能改造和新建铁路煤运通道建设,提高煤炭跨区运输能力。(3)石油天然气管道保护。保障管道安全运行,防范和处理管道事故,建立巡护、维修、检测制度,禁止各类直接危害管道行为,划定保护距离,规定对可能危害管道行为的批准程序。(4)电力运输设施建设。加强对电力线路设施及辅助设施的维护保护。

(四)提升资源能源应急保障能力

健全资源能源应急组织机制,明确政府和各类社会主体的责任和义务,提高全民资源安全保护和应急意识及能力。统一领导、分级负责、分类实施、协同保障,完善应急保障预案,开展应急演练,在法律规定情况下依法采取资源能源生产运输紧急调度、储备动用、价格干预等措施。

(五)加强国际资源能源合作

能源问题是全球性问题,促进能源供求平衡、维护能源安全是世界各国共同面临的问题。国际社会应树立互利合作、多元发展、协同保障的新能源安全观,建立清洁、经济、可靠的能源供应体系。我国资源能源的安全发展不仅保障本国经济稳健发展,而且对世界资源能源安全的维护做出重要贡献。我国应立足自身供应,开展多方面的国际合作。(1)鼓励企业"走出去"进行海外资源能源合作开发。发挥自身市场和技术优势,加强海外油气等资源能源合作开发,增强全球油气供应能力。(2)吸引外商合作勘探开发国内资源。依托外商技术、资金,以合作方式进行石油天然气、页岩气、煤层气等勘探开发,鼓励投资建设新能源电站,鼓励设立研发中心。(3)优化资源能源贸易结构。推进贸易主体、方式、渠道等多样化。(4)完善国际合作机制和体系。积极参与全球能源合作和治理。充分利用国际双边和多边合作机制,加强国际交流对话,推动建立全球能源新秩序。

案 例 开辟运营好瓜达尔港,保障国家能源安全

瓜达尔港位于巴基斯坦西南部俾路支省的马克兰地区,战略位置十分重要,地处波斯湾出口东翼,与霍尔木兹全球石油供应主通道相距只有400km,紧扼从非洲和欧洲经红海、霍尔木兹海峡、波斯湾通往东亚和太平洋地区的多条重要海上航线咽喉,也是中亚地区通往印度洋的最近出海口。中国政府应巴基斯坦请求,为瓜达尔港提供建设资金和技术援助。2008 年该港口正式启用,2013 年巴基斯坦同意将瓜达尔港的营运控制权移交中国公司。开辟瓜达尔港,建立从瓜达尔港至喀什的能源运输通道,可以避开西方国家通过马六甲海峡对我国能源输送的限制和控制,可建立对国家经济社会和国防安全有重要影响的资源供给安全运输方式,对国家能源安全、维护国民经济可持续发展具有重要的战略意义。

四、粮食安全

习近平总书记指出,“保障粮食安全对中国来说是永恒的课题,任何时候都不能放松”。粮食安全关系公民生存和发展的基本权利,维护粮食安全是我国经济发展、社会稳定和国家安全的基础。当前,我国粮食安全形势总体平稳,储备充足,供需平衡,供给丰富,但随着人口增长和人民生活水平提高,城镇化发展对耕地的侵蚀,以及气候环境变化带来的不利影响,粮食供给将长期处于紧平衡状态,粮食安全面临严峻挑战。因此,需要从以下多方面入手,夯实我国粮食安全的基础。

(一)健全粮食安全保障体系

粮食安全保障体系是包括维护粮食安全的目标、任务、制度、机制和措施等一系列的系统工程。构建粮食安全保障体系要坚持立足国内保障基本自给的方针,建立供给稳定、调控有力、运转高效、适应社会主义市场经济发展要求和符合国情的综合体系。(1)建立新形势下国家粮食安全战略。实施以我为主、立足国内、确保产能、适度进口、科技支撑的粮食安全战略。严守耕地红线,划定永久基本农田。积极利用国际农产品和资源有效补充国内供给。兼顾粮食数量和质量,注重品质安全。提高全社会节粮意识,推广节粮减损设施技术。(2)完善农产品价格形成机制,建立目标价格制度。(3)健全农产品

市场调控制度,完善中央储备粮管理体制。(4)合理利用国际农产品市场。(5)强化农产品质量和食品安全监管。各地方人民政府需要担起粮食安全主体责任,加强粮食生产、储备和流通能力建设。

(二)保护和提高粮食综合生产能力

维护粮食安全的核心是保证粮食可供应数量,保护和提高粮食综合生产能力。(1)落实最严格的耕地保护制度。对基本农田依法实行特殊保护,严格控制耕地转为非耕地,严格控制非农建设占用耕地,实行耕地补偿制度。(2)重点扶持粮食主产区,建设商品粮生产基地。在政策、资金、技术等方面对粮食主产区给予重点扶持,提高粮食主产区粮食生产、加工水平和经济效益。(3)落实完善粮食扶持政策,对部分粮食品种实行保护价制度,抓好粮食收购,提高种粮比较收益,建立新型粮食生产经营体系,提高种粮积极性。(4)加强耕地质量建设。采取综合措施提高耕地产出能力,加强农田水利建设,建设高标准农田。(5)加大粮食生产科技研发力度,提高单位粮食产值。(6)抓好防灾减灾,增强粮食可持续生产能力。

(三)完善粮食储备制度

粮食储备制度是粮食安全保障体系的重要组成。我国《农业法》《粮食流通管理条例》《中央储备粮管理条例》等法律法规规定了粮食储备相关制度。目前,我国粮食制度采取中央战略专项与调节周转相结合、中央与地方相结合、国家政府与社会储备相结合的制度。(1)国家实行中央和地方分级粮食储备调节制度,建设仓储运输体系。承担国家粮食储备任务的企业按规定保证储备粮数量和质量。(2)国家建立粮食风险基金。(3)建立中央储备粮吞吐、轮换机制。(4)建立销区储备粮轮换与产区粮收购紧密衔接的机制。(5)建立储备粮监管制度。(6)建立国有粮食仓储物流设施保护制度。完善粮食储备制度主要包括三个方面内容。第一,完善中央储备粮管理制度,鼓励符合条件的多元市场主体参与大宗产品政策性收储。第二,完善地方粮食储备制度,充实地方储备,优化储备布局和结构,创新地方储备机制。建立政府和社会相结合的分梯级粮食储备新机制。第三,实施科学储粮工程,根据农业现代化需要提高粮食收储保障能力。

(四)完善粮食流通体系和市场调控机制

目前,我国粮食购销市场化和市场主体多元化格局已经基本实现,市场供求为基础的粮食价格机制逐步建立,基本形成统一、开发、竞争、有序的粮食市场体系。根据《农业法》《粮食流通管理条例》等法律法规，国家在市场机制下对粮食生产销售进行宏观调控，确保粮食供应和价格稳定，维护粮食市场秩序。(1)经济或行政干预手段。政府可采取储备粮吞吐、委托收购、粮食进出口等经济手段及价格干预等行政手段调控粮食市场。(2)建立健全粮食风险基金制度。国务院及地方人民政府建立粮食风险基金，对种粮农民直接补贴，稳定粮食市场。(3)鼓励发展多种形式的产销关系。发展产销一体化的粮食经营企业，鼓励粮食主产区和主销区以多种形式建立稳定的产销关系。(4)建立健全粮食应急机制。在重大自然灾害、重大疫情或其他突发事件时期，维护粮食市场稳定。

(五)健全粮食安全预警制度

粮食安全关乎国计民生，根据《农业法》《粮食流通管理条例》的规定，国家建立粮食安全预警制度和突发事件应急体系，以应对粮食市场供求突发异常波动，维护粮食安全。法律法规对粮食应急预案和预案的启动程序作出明确规定，并规定粮食应急预案启动后，所有粮食经营者必须按国家要求承担应急任务，服从统一安排和调度。

(六)保障粮食质量安全

《农业法》和《中华人民共和国农产品质量安全法》对维护粮食质量安全的制度作出规定。(1)建立健全农产品质量标准和质量检验检测监督体系，制定保障消费安全和保护生态环境的农产品强制标准。(2)建立健全优质农产品认证和标志制度。(3)建立健全农产品加工制品质量标准，加强质量安全管理监督。(4)健全动植物防疫、检疫体系，加强监测、预警和防治。(5)保护农业生态环境，防止农产品污染。(6)建立健全农业生产资料安全使用制度，建立健全农产品质量安全标准体系。针对粮食质量安全，除了上述规定，国家还提出一些举措要求，健全粮食质量安全保障体系，严格实行粮食质量安全监管责任制度，防止粮食源头污染，保障粮食质量安全。

第三节　文化安全、科技安全、网络信息安全

一、文化安全

文化是一个民族历史的传承和积淀，是将各族人民凝聚在一起的精神力

量。文化安全是国家安全的重要组成部分。维护文化安全包括维护国家文化主权和尊严不受侵犯,保障文化传统和选择得到尊重,保证与经济基础和社会制度相适应的意识形态占主导地位。目前,我国出台了一系列与文化安全相关的法律法规和规范性文件,包括《中华人民共和国文物保护法》《中华人民共和国著作权法》《中华人民共和国非物质文化遗产法》《广播电视管理条例》《出版管理条例》《音像制品管理条例》《互联网信息服务管理办法》《互联网文化管理暂行规定》等。具体而言,维护文化安全,需要做到以下几个方面的工作。

(一)坚持社会主义先进文化前进方向

坚持社会主义先进文化方向和中国特色社会主义文化发展道路,增强国家文化软实力,建设社会主义文化强国。以建设社会主义核心价值体系为根本任务,以满足人民精神文化需求为出发点和落脚点,发展面向现代化、面向世界、面向未来的,民族的、科学的、大众的社会主义文化。

(二)继承和弘扬中华民族优秀传统文化

优秀传统文化凝聚着民族精神和历史财富,是发展社会主义先进文化的深厚基础,是建设和实现"中国梦"的重要支撑。要全面认识和继承发扬祖国传统文化,坚持保护利用和普及弘扬并重,维护民族文化因素。加强文化典籍整理和出版;加大对国家文化遗产和文物保护单位的保护建设;传承传统节日风俗,普及传统文化教育,增加传统文化在国民教育中的内容比重;推广国家通用语言,科学保护少数民族语言文字和特色文化;加强同香港特区、澳门特区、台湾地区的文化交流。

(三)培育和践行社会主义核心价值观

社会主义核心价值观是社会主义核心价值体系的高度凝练和集中表达。社会主义核心价值观的基本内容是"倡导富强、民主、文明、和谐,倡导自由、平等、公正、法治,倡导爱国、敬业、诚信、友善"。随着世界范围内各种文化的交融交锋,不同文明的价值观的差异和较量也凸显出来。改革开放和市场经济条件下一些境外思想形态不断涌入,思想意识更趋多元多变,积极践行社会主义核心价值观有利于巩固马克思主义在我国意识形态的指导地位,巩固全国人民团结奋斗的共同思想基础。培育和践行社会主义核心价值观要注重宣传教育、示范引领和实践养成相结合,将社会主义核心价值观的培养融入国民教育全过程,用社会主义核心价值观引领社会思潮,建立网上传播阵地,开展广泛多样的实践活动,加强组织领导,提高各级党委和政府的重视程度。

(四)防范和抵制不良文化影响

伴随着改革开放的深入和市场经济的发展,文化领域的交流沟通也不断加强,对社会发展和进步起到积极作用,然而一些不良文化也趁机进入和侵蚀我国传统文化和先进文化,诸如宣扬暴力、恐怖、分裂、色情等不良文化对我国文化安全造成严重威胁。在坚持包容开放的文化交流态度的同时,防范和抵制不良文化的影响也是维护文化安全的一项重要内容。

(五)掌握意识形态领域主导权

敌对势力对我国在意识形态领域的渗透、颠覆活动从未停止,意识形态领域的斗争形势依然严峻。我们党始终坚持和巩固马克思主义在意识形态领域的指导地位,不断提高建设社会主义先进文化的能力,抵制各种否定马克思主义的错误观点,坚持用马克思主义中国化的理论成果武装全党、教育人民。具体而言:(1)牢牢把握舆论导向,正确引导社会舆论;(2)改进思想政治工作,抵制封建主义残余思想和资本主义腐朽思想的侵蚀;(3)加强网络舆论监督管理,建设健康发展的网络社会;(4)开展"扫黄打非"专项行动,依法处置危害文化安全的违法犯罪活动;(5)建立完善法律法规、行政管理、行业自律和技术保障相结合的管理体制。

(六)增强文化整体实力和竞争力

文化实力和竞争力在综合国力竞争中的地位和作用愈加凸显。增强国家文化的实力、竞争力和国际影响力,可从以下几个方面入手:(1)坚持文化开放战略,增强中华文化国际影响力。实施文化"走出去"战略,开展多种渠道的对外文化交流活动,以包容开放的态度广泛参与世界文明对话,提高国际影响力和国际话语权,增进国际社会对我国基本国情、价值观念、发展道路和内外政策的正确认识,防范应对一些境外媒体的歪曲抹黑。(2)鼓励国内文化产品和服务"走出去",建立境外文化企业和机构。支持重点主流媒体在境外建立分支机构,培育外向型文化企业,开拓国际文化市场,加强海外中国文化中心和孔子学院建设。(3)建立完善多种形式的文化交流机制。将政府交流和民间交流结合起来,充分发挥文化企业和文化非政府组织在对外文化交流中的作用,支持海外华人华侨共同开展中华文化宣传交流,面向外籍青年、学者等建立文化交流机制。

二、科技安全

科技安全广泛应用于国家安全的各个领域，在当前国际科技竞争日益激烈的形势下，科技安全成为影响国家安全其他方面的重要内容。科技安全包括两方面主要内容：第一，保护国家安全和利益免受境外科技威胁，免受敌对势力和破坏势力利用科技手段的威胁，免受科技发展自身的不良影响。第二，国家以科技手段维护国家安全，保障科学技术健康发展，提高国家综合国力。维护科技安全的重要任务就是要着眼未来，抓住战略机遇，促进科技研发，抢占新科技革命制高点，实现核心关键技术和战略制高技术的自主可控，鼓励科技成果落地转化和保护，防止科技失泄密，保障重大科技项目和成果安全。

（一）加强科技自主创新能力建设

坚持科学发展观，实施科教兴国战略，坚持走中国特色的自主创新道路，坚持自主创新、重点跨越、支撑发展、引领未来的方针，深化科技体制改革，实施科技创新驱动发展战略，加快创新型国家建设步伐。根据《中华人民共和国科学技术进步法》（以下简称《科学技术进步法》）的规定，企业是技术创新的主体，国家建立以企业为主体、市场为导向、企业同科学技术研发机构、高等学校相结合的技术创新体系，国家鼓励企业增加研发投入，鼓励对引进技术消化吸收，依法保护企业自有知识产权，并可通过财政资助、税收优惠、政府采购、发展科技中介服务机构等多种措施，激励和保护自主创新。

（二）实现战略高新技术和核心关键技术自主可控

维护科技安全要在“自主创新”的同时实现“自主可控”，在涉及本国重大基础设施和核心关键技术时强调自主可控。“自主可控”主要包括知识产权的自主可控、能力自主可控、发展自主可控等内容。我国当前在核心关键技术上缺乏自主知识产权，受制于人的局面没有从根本上改变。维护科技安全，要选准关系国家全局长远发展的战略领域和优先方向，深入推进协同创新，实现在关键核心技术上的科技突破和自主可控，掌握竞争和发展的主动权，这样才能在根本上保障国家安全。

案　例　北斗卫星导航系统

中国北斗卫星导航系统是中国自行研制的全球卫星导航系统，是继美国全球定位系统、俄罗斯格洛纳斯卫星导航系统之后第三个成熟的卫星导航系统。2016年6月国务院新闻办公室发布《中国北斗卫星导航系统》白皮书，指出计划在2020年前后建成北斗全球系统，向全球提供服务。2016年12月国务院新闻办公室发布《2016中国的航天》白皮书，指出要建设天地一体化信息网络的目标。北斗导航系统的研制成功和推广应用在我国在天地一体化信息系统建设上具有里程碑的意义，标志着我国空间信息技术自主能力的提升。

(三)加强知识产权的运用和保护

深入实施创新驱动发展战略和国家知识产权战略，充分发挥知识产权促进创新创业的重要作用，有效激发全社会大众创业、万众创新精神，切实保护好创新创业者的合法权益。(1)发挥知识产权监管机构职责。2018年3月，根据《国务院机构改革方案》，将国家知识产权局的职责、国家工商行政管理总局的商标管理职责、国家质量监督检验检疫总局的原产地地理标志管理职责整合，重新组建国家知识产权局，其主要职责即负责保护知识产权工作，推动知识产权保护体系建设等。(2)建立健全知识产权法律保障体系，加大法律威慑作用，保障创新创业者合法权益。(3)鼓励中外企业开展正常技术交流合作，保护在华外资企业合法知识产权，与外国政府沟通维护中国知识产权合法权益。(4)完善知识产权政策体系，强化知识产权激励政策，释放创新创业活力。(5)推进知识产权运营工作，完善知识产权服务体系和人才培养体系，通过舆论宣传营造创新创业良好氛围。

(四)完善和加强科技保密能力建设

科技保密是维护科技安全的重要环节。《保守国家秘密法》、《科学技术进步法》、《中华人民共和国促进科技成果转化法》(以下简称《科技成果转化法》)、《科学技术保密规定》等法律法规对科技保密制度进行了明确规定。《保守国家秘密法》规定，科学技术中的秘密事项如果涉及国家安全和利益，泄露后可能损害国家在政治、经济、国防、外交等领域的安全和利益的，应当确定为国家秘密。为确保科技安全，根据《科学技术保密规定》的规定，科学技术保密工作坚持积极防范、突出重点、依法管理的工作方针，既保障国家科学技术秘密安全，又促进科学技术发展。此外，《科学技术保密规定》对国家科学技术秘密的确定、变更和解除，涉密人员的保密要求，存储和处理，开展涉密科技活动的保密,涉密科技项目的保密管理,知识产权保护等方面都进行了具体规定。《促进科技成果转化法》对保守国家秘密以外的其他技术秘密也提出了要求。

三、网络与信息安全

习近平总书记在中央网络安全和信息化领导小组第一次会议上指出,网络安全和信息化是事关国家安全和发展、事关广大人民群众工作生活的重大战略问题。根据《网络安全法》的规定,网络安全是指通过采取必要措施,防范攻击、侵入、干扰、破坏和非法使用网络以及网络意外事故,维护网络稳定可靠的运行状态,以及保障网络数据的完整性、保密性和可用性的能力。而信息安全则是指保障国家、机构、个人的信息空间、载体和资源不受内外各种形式的威胁、危险、侵害和误导的外在状态方式及内在主体感受。[3] 广义的信息安全不仅包括网络信息安全,还包括传统领域的信息安全。在网络技术普遍应用的当今时代,信息安全、网络安全、网络信息安全几个名词往往交替使用。具体而言,维护网络与信息安全的任务主要包括四个方面。

(一)建设网络与信息安全保障体系,提升网络与信息安全保护能力

建设国家网络与信息安全保障体系,提升网络与信息安全保护能力,是加强网络安全保护的重要内容和总体要求。《网络安全法》从网络安全支持与促进、网络运行安全、网络信息安全、网络监测预警与应急处置几个方面规定了网络安全相关制度。《国家安全法》中的网络与信息安全保障体系应该包括网络运行、网络信息、网络监测预警及应急处置等方面的制度设置,而网络与信息安全保护能力的提升又与网络安全支持与促进的相关措施密不可分。

建设网络与信息安全保障体系的主要任务包括:(1)建立和完善网络安全等级保护制度。重点保护基础信息网络和关系国家安全、经济命脉及社会稳定的关键信息系统。(2)加强密码技术的开发利用,建设网络信任体系。健全电子认证服务体系,制定电子商务信用评价规范,建立电子商务交易平台诚信评价机制。(3)建设网络安全风险评估机制。(4)建设和完善网络与信息安全监测预警和应急处置机制。健全网络信息安全应急指挥和安全通报制度,完善应急处置预案,重视灾难备份建设,提高信息基础设施和重要信息系

---

[3] 参见王世伟:《论信息安全、网络安全、网络空间安全》,载《中国图书馆学报》2015 年第 2 期。

统抗毁和恢复能力。

提高网络与信息安全保护能力的任务包括:(1)提高国家网络与信息安全的基础支撑能力,建立长效保护机制。研究掌握国际信息安全前沿理论、技术,掌握核心技术,提高关键设备装备能力,在技术保障能力提高的基础上建立包括安全认证、应急响应、灾难恢复等基础体系。(2)完善网络与信息安全法律保障能力。结合网络信息技术发展的现实状况,完善相应的网络安全法律法规体系,消除网络安全监管空白地带。(3)增强网络舆情驾驭能力。发现和获取网络舆情热点和事件,正确引导网络舆论方向,提高预警和应对处置能力。(4)提高网络信息安全国际影响力。积极参与国际网络领域交流合作和对话,参与国际网络秩序构建,增强在网络领域的国际话语权和影响力。(5)重视网络信息安全人才培养,增强国民网络信息安全意识。

(二)加强网络与信息安全技术研发应用,实现安全可控

维护网络和信息安全要加强核心技术的自主创新和基础设施建设,最终实现网络和信息核心技术、关键基础设施和重要领域信息系统及数据的自主、安全、可控。(1)建立"产学研用"结合的协同创新体系。以大学及科研院所为科学创新主体、网络技术企业为技术创新主体、中介服务机构为创新服务主体。强化集成创新,突出自主创新,突破关键技术,支持关键领域自主创新,推进创新型国家建设。(2)加强政府在创新中的引导作用。引导在集成电路、软件、关键电子元器件等基础领域的研发创新力度,突破技术"瓶颈",逐步形成具有核心竞争力的信息产业。(3)研究掌握国家先进理论、前沿技术和发展动态。跟上国际网络信息技术发展速度,加大对关键信息技术的研发力度,力争达到国际领先水平。

(三)加强网络监督管理,防范和依法处置网络违法犯罪行为

加强网络监督管理,防范、制止和依法惩治网络攻击、网络入侵、网络窃密、散布违法有害信息等网络违法犯罪行为。网络违法犯罪行为主要分为两大类:一类是消极行为,主要是网络运营者不履行法定保护义务所须承担的法律责任;另一类是积极行为,包括针对网络本身的违法犯罪行为和利用网络开展的违法犯罪行为,诸如网络攻击、网络窃密等。《网络安全法》专门设立"法律责任"一章,对尚不构成犯罪的网络安全违法行为及处置进行了规定。《刑法》规定的拒不履行信息网络安全管理义务罪,非法利用信息网络罪,帮助信息网络犯罪活动罪,编造、传播虚假信息罪等,为打击处置网络犯罪提供了法

律依据。

(四)维护国家网络空间主权

网络空间主权是国家主权的重要组成部分,是国家主权在网络空间的体现和延伸。网络主权原则是我国维护国家安全和利益、参与网络国际治理和合作的重要原则。2015 年 12 月,习近平总书记在参加第二届世界互联网大会上强调,推进全球互联网治理体系变革,尊重网络空间主权,并提出了构建“网络空间命运共同体”,提出互联网发展的“四项原则”和“五点主张”。网络空间主权原则与《联合国宪章》确立的主权平等原则相一致。我国的《国家安全法》和《网络安全法》都明确提出了网络空间主权的原则。互联网是国家的重要基础设施,中华人民共和国境内的互联网属于中国主权管辖范围,中国的互联网主权应受到尊重和维护。同时,我们应当参与国际互联网治理秩序的构建中,倡导尊重各国自主选择网络发展道路、网络管理模式、网络公共政策及平等参与国际网络空间治理的权利,反对网络霸权,反对干涉他国内政,反对从事、纵容或支持危害他国国家安全的网络活动。

案 例 爱沙尼亚遭大规模网络攻击事件

爱沙尼亚是历史上第一个政府和关键基础设施遭到大规模网络攻击的国家。该事件发生在 2007 年 4 月至 5 月的 3 个星期里。2007 年 4 月,爱沙尼亚政府决定将首都塔林的苏联时的战争纪念铜像转移,民众对铜像纪念意义的不同理解引发了大规模冲突甚至骚乱。2007 年 4 月 27 日,爱沙尼亚多个网站开始受到攻击,大量网站被迫关闭,一些网站首页被换上俄国宣传口号和伪造的道歉声明。受到网络攻击的焦点目标包括爱沙尼亚总统和议会网站、政府各部门、各政党、六大新闻机构中的三家、最大两家银行以及通信公司。该事件在国际军事界广受关注,被国际军事专家视为一场国家层次的网络战争,并直接催发《塔林手册》的诞生。

第四节 民族、宗教领域维护国家安全

一、民族领域国家安全

我国是由 56 个民族组成的统一多民族国家。民族自治地方的面积占全

国面积的64%,并且陆地国界线90%在民族自治地区。民族领域的安全问题对于维护国家安全和领土统一具有重要意义。民族领域维护国家安全的任务主要有以下几个方面内容。

(一)坚持和完善民族区域自治制度

民族区域自治制度是中国共产党运用马克思列宁主义解决我国民族问题的基本政策,是我国的一项基本政治制度。民族区域自治是在国家统一领导下,各少数民族聚居的地方实行区域自治,设立自治机关,行使自治权。实行民族区域自治制度体现了国家充分尊重和保障各少数民族管理本民族事务权利的精神,体现了国家实行民族平等、团结和共同繁荣的原则,对发挥全国各族人民建设社会主义的积极性、保障人民当家作主权利、维护民族团结和国家统一具有重要作用。坚持和完善民族区域自治制度需要做到几点:(1)坚持正确的政治方向,处理好国家统一领导和民族自治地方行使自治权的关系。(2)贯彻法治中国建设要求,推进民族事务治理法治化。(3)加快民族地区发展,促进各民族共同繁荣进步。

(二)巩固和发展平等团结互助和谐的社会主义民族关系

我国《宪法》规定,中华人民共和国各民族一律平等,国家保障少数民族的合法权益,禁止任何民族歧视和压迫。民族平等,指各民族不分大小、不分政治和经济发展状况,在国家生活中一律享有平等的政治地位和法律地位。坚持民族平等原则,要坚决反对大民族主义,也要反对地方民族主义,反对任何形式的民族歧视和压迫,切实保障各族人民的合法权益。

加强民族交往、交流、交融,是民族领域维护国家安全的重要途径。要正确看待民族差异,尊重各民族风俗习惯、群众意见和选择;加强基层组织和政权建设,促进民族交往交融,推动建立互嵌式社会结构和社区环境;开展宣传教育活动,增强各族人民对伟大祖国、中华民族、中华文化、中国共产党、中国特色社会主义的认同感,增强各民族的凝聚力。《中华人民共和国民族区域自治法》规定,鼓励民族自治地方的各民族干部互相学习语言文字;在处理涉及本地方民族的特殊问题时,与民族代表充分协商,尊重他们的意见;保障各民族享有宪法规定的公民权利,同时教育他们履行公民应尽的义务;提倡爱祖国、爱人民、爱劳动、爱科学、爱社会主义的公德,进行爱国主义、共产主义和民族政策的教育,教育各民族干部和群众相互信任、互相学习、互相帮助、互相关注,互相尊重语言文字、风俗习惯和宗教信仰,共同维护国家统一和民族团结。

巩固和发展平等、团结、互助、和谐的社会主义民族关系，是民族领域维护国家安全的核心目标，是全国各族人民的根本利益和共同责任所在。当前我国民族工作面临多重挑战：(1)民族地区经济和社会发展不平衡问题突出，涉及民族的矛盾和纠纷问题上升，民族隔阂和误解问题在一定程度上存在。(2)境外势力插手我内部民族问题，通过非政府组织、宗教、新媒体等手段进行渗透，诋毁、挑拨、破坏民族关系。(3)带有民族因素的恶性暴力突发事件造成恶劣后果，严重影响民族信任关系。诸如拉萨“3·14”事件、乌鲁木齐“7·5”事件，严重危害人民群众生命财产安全，破坏民族关系，危及国家安全和社会稳定。面对上述挑战，我们要毫不动摇地巩固和发展平等、团结、互助、和谐的社会主义民族关系，依法处置涉及民族因素的矛盾和纠纷，禁止任何破坏民族团结、国家安全和社会稳定的行为，维护各民族团结奋进的良好局面。

（三）防范、制止和依法惩治民族分裂活动，维护国家统一和民族团结

近年来，受境内外复杂因素影响，民族分裂势力和活动较为猖獗。因此，防范、制止和依法惩处民族分裂活动和违法犯罪分子，是民族领域维护国家安全的迫切任务，具体而言：(1)要依法采取措施防范和制止民族分裂势力，打击处置违法犯罪活动。(2)积极开展宣传教育活动，最大限度团结和发动全国各族人民群众的力量，建立防范和制止民族分裂活动的人民防线。(3)向国际社会展示我国坚持各民族平等、尊重各族人民的民族政策，展现维护民族团结和国家安全的决心和信心，维护我国良好的国际形象。

（四）实现各民族共同团结奋斗和繁荣发展

中国特色社会主义的民族政策不仅要坚持各民族一律平等，建立团结互助和谐的民族关系，还要实现各民族紧紧围绕在中国共产党核心领导的周围，团结奋斗、共同繁荣和发展。目前，民族地区发展不平衡的情况仍然较为突出，特别是边疆少数民族的发展水平仍然较低。如何加快少数民族地区经济社会发展，让各民族群众共享社会主义发展的成果，共同体会中国特色社会主义制度的优越性，加强民族凝聚力，是维护民族领域国家安全的重要任务。(1)加大对少数民族地区发展的支持力度，提高民族地区基本公共服务能力。(2)加快少数民族地区经济社会发展，精准脱贫，兴边富民，减少与经济发达地区的发展差距，增进群众福祉。(3)广泛开展民族团结宣传教育，结合少数民族国民教育体系，使民族团结的思想深入民心，筑牢民族领域国家安全的根基。

二、宗教领域国家安全

我国《宪法》规定公民有宗教信仰自由,国家保护正常的宗教活动,任何人不得利用宗教进行破坏社会秩序、损害公民身体健康、妨碍国家教育制度的活动。《宗教事务条例》规定,宗教事务管理坚持保护合法、制止非法、遏制极端、抵御渗透、打击犯罪的原则,宗教团体、宗教院校、宗教活动场所和信教公民应当遵守法律规定,践行社会主义核心价值观,维护国家统一、民族团结、宗教和睦与社会稳定。宗教具有长期性、复杂性、群众性等特点,因而宗教工作具有极强的政策性、敏感性和重要性,关系到党和国家的工作大局,关系社会和谐稳定和国家长治久安。

(一)依法保护公民宗教信仰自由和正常宗教活动,维护宗教活动秩序

宗教领域维护国家安全的首要任务就是全面正确贯彻宗教信仰自由政策,保护公民宗教信仰自由,把握政策,注意方法,制止一切非法干涉宗教信仰自由、伤害信教群众宗教感情的言行,增进信教公民和不信教公民、信仰不同宗教公民之间的相互尊重和团结。依法保护正常的宗教活动,维护宗教团体、宗教活动场所和信教公民的合法权益,制止和打击利用宗教进行的破坏活动,保证信教群众过上正常的宗教生活。维护宗教活动的正常秩序,依法对宗教团体、宗教学校、宗教活动场所、宗教活动进行管理,打击非法宗教组织和活动,依法处置宗教事务纠纷,提高信教群众法治观念,对其进行正确引导,引导他们依法维护自身权益,自觉抵制以宗教为幌子的各种违法犯罪活动。

(二)坚持宗教独立自主自办的原则,反对境外势力干涉

维护宗教领域的国家安全,维护国家主权和独立,要坚持宗教独立自主自办的原则,保障宗教团体、宗教活动场所和宗教事务不受外国势力的支配。要培养和充实爱国爱教教职人员队伍,提高宗教界人士的素质,确保宗教组织领导权牢牢掌握在爱国爱教人士手中。支持宗教团体、宗教活动场所、宗教教职人员在友好、平等的基础上开展对外交往,增进与各国人民和宗教界的了解和友谊。近年来,一些境外宗教组织以"宗教信仰自由"为掩护,通过非政府组织活动、派遣教职人员等多种形式和途径对我宗教领域进行渗透,建立地下教会,组织游离于政府监管之外的宗教活动,插手我内部宗教事务,拉拢、分化我爱国爱教教职人员,煽动信教群众,与我争夺宗教领导权和控制权,企图动摇我们党执政的群众基础。维护宗教领域国家安全,要坚决反对境外宗教团体

和个人干涉我境内宗教事务，依法开展对境外宗教组织和非政府组织在华活动的监管，防范抵御境外敌对势力通过宗教手段对我进行渗透。

（三）防范、制止和依法惩治利用宗教名义危害国家安全的违法犯罪活动

近年，“藏独”“疆独”等境内外民族分裂势力利用宗教在群众中的影响力，歪曲宗教教义，宣传宗教极端主义思想，蒙蔽和裹挟信教群众，制造民族分裂运动，煽动暴力恐怖主义活动，严重影响民众生命财产安全，危及社会稳定和国家安全。根据《宗教事务条例》的规定，任何组织或个人不得利用宗教进行危害国家安全、破坏社会秩序、损害公民健康、妨碍国家教育制度及其他损害国家利益、社会公共利益和公民合法权益的违法活动，不得宣扬、支持、资助宗教极端主义，不得利用宗教开展破坏民族团结、分裂国家和进行恐怖活动，并规定对具有上述行为的宗教教职人员依法进行处置。防范、制止和依法惩治利用宗教名义实施危害国家安全的违法犯罪活动，要在加强打击处置违法犯罪活动的同时，正确引导信教群众，拓宽信教群众正确掌握宗教知识的合法渠道，倡导宗教和谐理念，抵制宗教极端主义的渗透。此外，为规范互联网宗教信息服务活动，2018年9月10日，国家宗教事务局公布《互联网宗教信息服务管理办法（征求意见稿）》。

（四）依法取缔邪教，防范、制止和依法惩治邪教违法犯罪活动

诸如“法轮功”“全能神”“呼喊派”等邪教组织打着宗教的幌子，蛊惑群众，从事违法犯罪活动，危害人民群众生命财产安全，扰乱社会秩序，侵蚀我执政基础，危及国家安全。目前我国邪教斗争形势呈现一定的复杂性，诸如“法轮功”等邪教组织受到境外反华势力支持，长期在境外生存，开展各种抹黑我政府的活动，企图扩大国际影响力；一些“老牌”邪教组织头目更新换代，活动手段呈现新变化，在境内活动抬头，同时新邪教组织产生并活动的威胁也存在；境内外邪教组织和人员相互勾连，蛊惑信教群众，危及国家安全。维护国家安全、保护人民利益，必须坚决打击邪教组织及其违法犯罪活动。全国人民代表大会常务委员会《关于取缔邪教组织、防范和惩治邪教活动的决定》，最高人民法院、最高人民检察院《关于办理组织、利用邪教组织破坏法律实施等刑事案件适用法律若干问题的解释》等法律、司法解释为认定和处置邪教犯罪行为提供了明确的法律依据。

案　例　招远涉邪教故意杀人案

2014 年 5 月 28 日,“全能神”邪教组织成员张帆、张立冬、吕迎春、张航、张巧联及张某为宣扬邪教、发展成员,在山东招远一家麦当劳快餐厅内向周围就餐人员索要电话号码,遭被害人吴某某拒绝。张帆、吕迎春遂共同指认吴某某为“恶灵”,并伙同张立冬、张航、张巧联及张某将吴某某杀害。法院经依法审理,以故意杀人罪、利用邪教破坏法律实施罪数罪并罚判处张帆、张立冬死刑,判处吕迎春无期徒刑,以故意杀人罪判处张航有期徒刑十年,判处张巧联有期徒刑七年。

课程阅读指南

1. 进一步了解政治安全的内容,可参阅:

马振超:《当代中国政治安全的现实逻辑和终极价值》,载《国际安全研究》2018 年第 3 期。

刘跃进:《政治安全的内容及在国家安全体系中的地位》,载《国家安全研究》2016 年第 6 期。

2. 进一步了解意识形态安全的内容,可参阅:

田改伟:《试论我国意识形态安全》,载《政治学研究》2005 年第 1 期。

马振超:《转型期的意识形态安全与政治稳定》,载《中国人民公安大学学报》(社会科学版)2001 年第 3 期。

吴琦:《意识形态与国家安全》,华中师范大学出版社 2011 年版。

3. 进一步了解金融安全、经济安全的内容,可参阅:

成思危:《金融安全是国家经济安全的核心》,载《经济界》2004 年第 6 期。

江涌:《金融安全是国家经济安全的核心——国际金融危机的教训与启示》,载《求是》2009 年第 5 期。

思考题

1. 意识形态安全属于政治安全领域还是文化安全领域?理由是什么?
2. 如何认识金融安全是经济安全的核心?
3. 粮食安全如何界定?
4. 国土安全的内涵?
5. 网络安全与信息安全的关系?

第八章　维护国家安全的任务(下)

第一节　防范和处置恐怖主义、极端主义

恐怖主义、极端主义活动严重危害国家安全,直接侵害公民的人身和财产安全,破坏社会稳定和国际和平。近年来,我国发生多起暴力恐怖案件,诸如乌鲁木齐"7·5"事件、昆明火车站"3·1"砍人事件、新疆莎车和叶城等地的暴力恐怖袭击安全等。恐怖主义、极端主义活动严重威胁人民群众的生命安全,极大地危害了和谐安定的社会秩序。防范和处置恐怖主义、极端主义成为维护国家安全的重要课题。

一、我国对恐怖主义的认定

根据《国家安全法》的规定,国家应加强防范和处置恐怖主义能力建设,在具体工作上,做好情报、调查、防范、处置及资金监管等工作,依法取缔恐怖活动组织,严厉惩处暴力恐怖活动。我国于2015年通过了《反恐怖主义法》。该法是反恐怖主义、极端主义领域的专门立法,总结了近年我国在反恐怖主义、极端主义工作的经验,全面、系统地规定了我国反恐怖主义、极端主义工作的体制、机制、手段和措施等,为开展反恐怖主义、极端主义工作提供了法律依据。此外,2015年8月,全国人大常委会通过了《刑法修正案(九)》,包括9条涉及恐怖主义、极端主义的防范和处罚规定。这就织成了防范、打击恐怖主义的严密法网。其中,值得关注的是,《反恐怖主义法》对恐怖主义、恐怖活动组织、恐怖活动人员的定义予以明确。这为我们准确认定、打击恐怖主义活动提供了较为明确的指引。

二、我国防范和惩治恐怖主义、极端主义的具体任务

(一)防范恐怖主义、极端主义的任务

防范工作是反恐怖主义、极端主义工作的重要环节。做好安全防范工作

具有重要意义，可以有效避免恐怖主义、极端主义活动可能造成的严重后果。防范工作主要包括几方面内容：组织开展反恐怖主义宣传教育活动，提高公民反恐怖主义的意识；电信业务经营者、互联网服务提供者应当为公安机关、国家安全机关依法防范和调查恐怖活动提供技术支持和协助，主动防止含有恐怖主义、极端主义内容的信息传播；物流运营单位、通信等业务经营者、服务提供者应当严格实行安全查验制度，对客户身份进行查验；对武器弹药、危险化学品、民用爆炸品、核与放射性物品、传染病病原体等物质加强管控；加强反洗钱管控，对涉嫌恐怖主义活动的融资行为加大调查和处置力度；加强防范恐怖袭击的技防、物防设备和设施建设；公安机关和有关部门及时制止恐怖主义、极端主义活动，并依法追究法律责任，对恐怖活动罪犯和极端主义罪犯在释放后进行社会危险性评估，完善安置教育制度；确定防范恐怖袭击的重点目标，敦促重点目标管理单位建立健全安全管理制度，落实安全责任制；做好边防、出入境、海关等防范工作，对出入境人员和物品依法严格查验；国家相关政府机关建立完善境外安全风险评估制度，对境外中国公民和机构进行安全保护，防范和应对恐怖袭击，敦促驻外机构建立健全安全防范制度和应对处置预案，加强安全保护。

（二）反恐怖主义、极端主义的情报和调查任务

情报信息工作是防范和处置恐怖主义、极端主义的关键环节，有利于将恐怖主义、极端主义活动消除在萌芽状态，避免造成实际危害。《反恐怖主义法》对反恐情报信息工作的组织机制、工作内容都作了明确规定。组织机制方面，国家反恐怖主义工作领导机构建立国家反恐怖主义情报中心，统筹跨部门、跨地区的情报信息工作；有关部门加强反恐情报信息搜集工作，及时报送国家反恐怖主义情报中心；地方反恐怖主义工作领导机构建立跨部门情报信息工作机制，及时向上级反恐怖主义工作领导机构报送相关情报信息；公安机关、国家安全机关和有关部门建立基层情报信息工作力量；公安机关、国家安全机关、军事机关在职责范围内，根据规定并经过严格批准手续，可采取技术侦察措施。反恐情报信息的工作内容包括对有关情报信息的搜集、筛查、研判、核查和监控等。国家反恐怖主义情报中心、地方反恐工作领导机构及公安机关等有关部门，认为有发生恐怖事件危险、需要采取安全防范和应对措施的，及时通报有关部门和单位，发出预警，有关部门和单位应根据通报做好安全防范和应对处置工作。

（三）应对和处置反恐怖主义的任务

应对和处置恐怖主义事件，制止恐怖主义活动，是反恐怖主义的重要任务。目前，根据《反恐怖主义法》的相关规定，我国已经建立一套针对恐怖事件的应对处置机制。

1. 恐怖事件应对处置预案体系。国家反恐怖主义工作领导机构制定分级、分类的反恐国家应对处置预案，有关部门、地方反恐工作领导机构制定相应的应对处置预案。

2. 反恐指挥体系。反恐指挥实行指挥长负责制。跨省、自治区、直辖市的恐怖事件或特别重大恐怖事件的应对处置由国家反恐怖主义工作领导机构指挥，省、自治区、直辖市内发生的恐怖事件或重大恐怖事件的应对处置由省级反恐怖主义工作领导机构指挥。恐怖事件发生后，发生地反恐工作领导机构立即启动应对处置预案，确定指挥长，有关部门和武装力量按照反恐工作领导机构和指挥长统一领导协同开展应对处置工作。需要进入紧急状态的，由全国人大常委会或国务院依照宪法和法律规定的权限和程序决定。发现恐怖事件或疑似事件后，公安机关应立即处置并向反恐工作领导机构报告，中国人民解放军、武装警察部队发现正在实施的恐怖活动时应立即控制并及时移交公安机关。

3. 境外恐怖事件应对处置体系。我国在境外机构、人员、重要设施遭受或可能遭受恐怖袭击的，由国务院外交、公安、国家安全、商务、金融、国有资产监督管理、旅游、交通运输等主管部门及时启动应对处置预案，国务院外交部门协调有关国家采取措施。我国在境外的机构、人员、重要设施遭受严重恐怖袭击后，在与有关国家协商后，国家反恐怖主义工作领导机构可组织外交、公安、国家安全等部门派出工作人员在境外开展应对处置工作。

4. 恐怖事件发生后的应对处置措施。应对处置恐怖事件应优先保护直接受到危害和威胁的人员的人身安全。反恐怖主义工作领导机构在恐怖事件发生后可决定有关部门和单位采取具体应对措施，包括：对受害人员的组织营救、救治、疏散、撤离、安置措施；封锁现场和周边道路，查验证件，设置临时警戒线；实施空域、海（水）域管制，检查交通运输工具；互联网、无线电、通信管制措施；出入境管制措施；对有关设备、设施、场所、活动的限制措施等。

5. 恐怖事件信息发布机制。恐怖事件发生地的省级反恐领导机构统一发布恐怖事件应对处置等相关信息，跨省、自治区、直辖市的恐怖事件由指定的省级反恐领导机构统一发布。任何单位和个人不得编造、传播虚假恐怖事件信息;不得报道、传播可能引起模仿的实施细节;不得发布残忍、不人道场景;除经批准外,不得报道、传播应对处置的工作人员、人质身份信息和应对处置行动情况。

6. 处置结束后的工作。各级人民政府应组织有关部门帮助恢复生产、生活,稳定社会秩序和公众情绪,对受害人员及近亲属给予适当救助和援助。公安机关及时对恐怖事件立案侦查,依法追究恐怖组织、人员刑事责任。反恐怖主义工作领导机构应进行全面分析、总结评估,提出改进措施。

(四)对恐怖主义的资金监管任务

恐怖组织和恐怖活动离不开资金支持,阻断恐怖主义的资金支持就如同钳住恐怖主义的咽喉。《反恐怖主义法》规定,金融机构和特定非金融机构对国家公布的恐怖活动组织和人员的资金或其他资产应立即冻结,并及时向公安部门、国家安全部门和反洗钱行政主管部门报告;国务院反洗钱行政主管部门及国务院有关部门和机构对金融机构和特定非金融机构履行反恐怖主义融资义务的情况进行监管,反洗钱行政主管部门可依法调查涉嫌恐怖主义融资的情况,采取临时冻结措施;海关发现出境人员携带现金和无记名有价证券涉嫌恐怖主义融资的,应立即通报国务院反洗钱行政主管部门和有管辖权的公安机关。2014 年,中国人民银行、公安部、国家安全部联合发布《涉及恐怖活动资产冻结管理办法》,详细规定了涉及恐怖活动资产冻结的制度和相关要求。

(五)依法取缔恐怖主义组织、惩治恐怖主义活动的任务

恐怖主义组织和活动对国家安全和人民生命财产安全危害巨大,我国坚决反对恐怖主义组织和活动,多部法律规定了惩治恐怖主义的条款。如《国家安全法》规定国家依法取缔恐怖活动组织,严厉惩治暴力恐怖活动。《反恐怖主义法》规定,国家反对一切形式的恐怖主义,依法取缔恐怖活动组织,依法追究相关法律责任。《刑法》对组织、领导、参加恐怖活动组织的行为进行了定罪量刑的规定。《刑事诉讼法》对涉恐案件的刑事诉讼程序作了特别规定。《中华人民共和国反洗钱法》规定了对涉嫌恐怖活动资金监控的制度内容。《中华人民共和国人民武装警察法》(以下简称《人民武装警察法》)规定了人民武装警察具有参加处置恐怖袭击事件的安全保卫任务。

（六）反恐怖主义、极端主义的国际合作

恐怖主义活动和犯罪的国际化是世界各国共同面临的问题。恐怖活动组织不仅针对本国，还会针对在本国的外国人和外国进行恐怖袭击，恐怖分子也往往跨境流动，在恐怖组织大本营接受培训后返回来源国或到其他国家进行恐怖袭击。恐怖活动成为危害人类共同利益的国际性犯罪。打击和处置恐怖主义犯罪需要各国通力合作。我国是《制止恐怖主义爆炸的国际公约》《制止向恐怖主义提供资助的国际公约》《打击恐怖主义、分裂主义和极端主义上海公约》《制止核恐怖行为国际公约》等国际公约的成员。《反恐怖主义法》规定，我国根据缔结或参加的国际条约或按照平等互惠的原则，与其他国家、地区、国际组织开展反恐怖主义合作；国务院有关部门根据授权，代表政府与外国政府和国际组织开展反恐对话、情报信息交流、执法合作和国际资金监管合作，边境地区县级以上地方人民政府及主管部门经批准可与相邻国家或地区进行反恐情报交流、执法合作和国际资金监管合作；需要进行涉恐刑事司法协助、引渡和被判刑人移管的，依照相关法律规定执行；国务院公安部门、国家安全部门经与有关国家达成协议，可派员出境执行反恐怖主义任务；中国人民解放军、中国人民武装警察部队由中央军事委员会批准派员出境执行反恐怖主义任务。

案　例　昆明“3·1”恐袭事件

2013年12月以来，依斯坎达尔·艾海提、吐尔洪·托合尼亚孜、玉山·买买提纠集他人形成恐怖组织，指挥该组织成员为实施暴力恐怖活动在广东、河南、甘肃等地进行暴力恐怖犯罪准备，并共同策划在昆明火车站进行暴力恐怖活动。2014年2月27日，依斯坎达尔·艾海提、吐尔洪·托合尼亚孜、玉山·买买提因涉嫌偷越国境在云南省红河州沙甸被捕，拒不供述其组织成员将在昆明火车站实施暴力恐怖犯罪。2014年3月1日晚，因联系不上依斯坎达尔·艾海提等人，阿卜杜热伊木·库尔班、艾合买提·阿比提、帕提古丽·托合提、阿尔米亚·吐尔逊、盲沙尔·沙塔尔即商定即日按原计划在昆明火车站实施暴力恐怖活动，5人遂携带作案工具，租车从沙甸到达昆明火车站。21时12分许，5人持刀，从火车站临时候车区开始，经站前广场、第二售票区、售票大厅、小件寄存处等地，打出暴恐旗帜，肆意砍杀无辜群众，致29人死亡，143人受伤，其中40人系重伤。因抗拒抓捕，帕提古丽·托合提被民警开枪

击伤并抓获,其余4人被当场击毙。2014年9月12日,昆明市中级人民法院依法公开审理涉案4名被告人。2014年10月31日,云南省高级人民法院二审开庭,二审维持原判。2015年3月24日,经最高人民法院批准,云南省昆明市中级人民法院依法对"3·1"昆明火车站严重暴力恐怖案中犯有组织、领导恐怖组织罪,故意杀人罪的被告人依斯坎达尔·艾海提、吐尔洪·托合尼亚孜、玉山·买买提3名罪犯依法执行了死刑。

第二节　社会安全、生态安全、核安全

一、社会安全

社会安全,是指不特定多数人的人身及财产安全。当前,我国进入社会转型的战略机遇期,面临经济发展不平衡、收入差距增加、社会矛盾凸显等诸多问题。群体性事件,特别是突发群体性事件,成为影响社会和谐和安定的突出问题。近年来,由于人民内部矛盾引发的群体性事件主要包括几类:征地拆迁问题引发的群体性事件,环境污染问题引发的群体性事件,工资福利待遇等问题引发的群体性事件,特殊利益引发的群体性事件。《国家安全法》规定,维护社会安全要从以下几个方面入手:健全有效预防和化解社会矛盾的体制机制,预防、减少和化解社会矛盾;健全公共安全体系;妥善处置影响国家安全和社会稳定的突发事件;最终达到促进社会和谐、维护公共安全和社会安定的目标。

(一)健全预防和化解社会矛盾的体制机制

党的十九大报告指出,我国的社会主要矛盾已经转化成为人民日益增长的美好生活需要和不平衡不充分的发展之间的矛盾。随着经济发展的不均衡、利益关系的调整变化,围绕主要矛盾的新的具体矛盾不断涌现,及时采取有效措施预防和化解社会矛盾,防止矛盾激化和扩大,防止社会安全事件发生,是维护社会安全的重要任务。《突发事件应对法》规定,县级人民政府及有关部门、乡级人民政府、街道办事处、居民委员会、村民委员会应及时调解处理可能引发社会安全事件的矛盾纠纷;所有单位应掌握并及时处理本单位存在的可能引发社会安全事件的问题,防止矛盾激化和扩大。根据党的十九大和十八届三中全会关于社会治理和创新预防和化解社会矛盾体制的有关精神

要求，健全预防和化解社会矛盾的机制应做到：健全重大决策社会稳定风险评估机制；建立畅通有序的诉求表达、心理干预、矛盾调处、权益保障机制；建立以人民调解为基础、行政调解为主导、司法调解为保障的调解机制；改革行政复议体制，健全行政复议案件审理机制；改革信访工作制度，及时解决群众合理诉求，将涉法涉诉信访纳入法治轨道。

（二）健全公共安全体系

公共安全关系公民最直接的利益和最关心的问题，涉及公民的生命、健康、财产等方面的安全和基本权利。诸如食品安全、安全生产、防灾救灾、社会治安等领域的公共安全问题和事件不仅严重威胁公民的人身安全，危及社会安定秩序；同时破坏政府公信力，情况严重时对党和政府的执政基础造成威胁，危及国家安全。健全公共安全体系，提高应对处置公共安全危机的能力，要建设完善公共安全事故的预防体制、应急反应机制、安全控制与善后处理机制。在食品安全领域，完善统一权威的监管机构，建立最严格的全过程监管制度，建立食品溯源制度、质量标识制度等；在安全生产领域，完善安全生产责任制，坚决遏制重特大安全事故，建立隐患排查治理和安全预防控制体系；在防灾减灾领域，提升防灾减灾能力，健全防灾减灾工作机制；在社会治安领域，创新立体化社会治安防控体系，依法防范和惩治各类违法犯罪活动；在网络领域，加快完善互联网管理体制建设，确保国家网络信息安全。

（三）妥善处置突发事件

妥善处置突发事件，控制、减轻和消除突发事件引起的严重社会危害，规范应对活动，对保护人民生命财产安全、维护国家安全和社会稳定具有重要意义。根据《突发事件应对法》的规定，突发事件，是指突然发生，造成或可能造成严重社会危害，需要采取应急处置措施的自然灾害、事故灾难、公共卫生和社会安全事件。按照社会危害程度和影响范围等因素，国家相关部门建立突发事件分级标准。

《突发事件应对法》规定，社会安全事件发生后，组织处置工作的人民政府应采取相应的应急处置措施：强制隔离措施，控制事态发展；对特定区域的建筑物、交通工具、设备设施、燃料、燃气、电力、水等进行控制；封锁、查验、限制有关公共场所内活动的措施；对易受冲击的核心机关和单位加强警卫，设置临时警戒线；其他必要措施。

严重危害社会治安秩序的突发事件发生时，公安机关应依法出动警力，采取相应强制措施。自然灾害、事故灾害、公共卫生突发事件发生后,履行统一领导职责的人民政府采取应急处置措施:组织营救、救治、疏散、撤离、安置措施;控制危险源,标明危险区域,封锁危险场所等控制措施;抢修被损坏的公共设施,提供避难场所、生活必需品、医疗救护、卫生防疫等保障措施;禁止或限制有关设备设施,关闭或限制有关场所,中止相关活动等保护措施;启用财政预备费、应急救援物资等;组织公民参加应急救援和处置工作;保障生活必需品供应;依法严惩扰乱市场秩序行为,维护市场秩序;依法严惩扰乱社会秩序行为,维护社会治安;采取防止次生、衍生事件发生的必要措施。

案　例　江苏启东群体性事件

"江苏启东事件"是环境问题引起的群体性事件的典型案例。2012 年 7 月 28 日,为了抵制日本王子纸业集团在当地修建排污设施,数千名启东市民集结于市政府附近道路和门前广场,散发《告全市人民书》,号召广大市民游行示威,在民众示威过程中,出现了民众掀翻汽车、冲进市政府大楼、捣毁政府办公电脑等程度不同的暴力行为。政府并未采取以往群体性事件中经常采取的强制驱散等强制性措施,现场警方保持了相当程度的克制,只是维持现场秩序。上午 10 时 30 分,江苏省南通市政府新闻发言人授权发布:南通市人民政府决定,永远取消有关王子制纸排海工程项目。当天下午 16 时 30 分左右,冲进政府大院的上千民众全部撤出,之后,当地警方封锁周边道路,抗议活动基本平息。[1]

二、生态安全

生态安全,是指自然生态系统的健康与完整性不受破坏的状态;国家生态安全,是指国家生存和发展所需的生态环境处于不受破坏或少受破坏与威胁的状态,实现永续利用。生态安全是人民生产、生活的自然条件和基础。生态环境具有整体性、不可逆性、长期性、国际性、基础性等特点。鉴于生态环境的这些特点,一旦发生生态环境破坏事件,环境修复困难极大。此外,生态环境问题关乎人们切身健康、生存等重要利益,备受民众关注,生态环境事件可产生引发群体性事件、危及社会安定、破坏执政基础、影响国家安全的严重后果。

---

[1] 参见王越:《公安机关对环境群体性事件的预防与处置策略——基于启东事件的分析与思考》,载《法制与社会》2014 年第 4 期。

因此，我们要落实《国家安全法》的相关规定，落实维护生态安全的任务。

（一）完善生态环境保护制度体系

建立系统完整的生态环境保护制度体系，引导、规范和约束开发、利用、保护自然资源的行为，用制度维护生态安全，需要重点做到以下几点：(1)健全法律法规。全面清理现行法律法规中与加快推进生态文明建设不相适应的内容，加强法律法规间衔接。研究制定节能评估审查、节水、应对气候变化、生态补偿等方面法律法规，修订现有法律法规以适应生态环境保护需要，建立健全环保领域公益诉讼机制。(2)完善标准体系。加快制定修订一批能耗、水耗、地耗、污染物排放、环境质量等方面标准，加快标准升级，在特定地区执行污染物特别排放限值，鼓励制定更加严格的地方标准，建立与国际接轨、适应国情的能效和环保标识认证制度。(3)健全自然资源资产产权制度和用途管理制度。对水流、森林、山岭、草原等自然生态空间进行统一确权登记，明确国土空间自然资源资产所有者、监管者及其责任，完善自然资源资产用途管制制度，严格节能评估审查、水资源论证和取水许可制度，坚持并完善最严格的耕地保护和节约用地制度，完善矿产资源规划制度，有序推进国家自然资源资产管理体制改革。(4)完善生态环境监管制度。建立严格监管所有污染物排放的环境保护管理制度，完善污染物排放许可证制度，实行企事业单位污染物排放总量控制制度，健全环境影响评价、清洁生产审核、环境信息公开等制度，建立生态保护修复和污染防治区域联动机制。(5)健全生态保护补偿机制。科学界定生态保护者与受益者权利义务，加快形成生态损害者赔偿、受益者付费、保护者得到合理补偿的运行机制。(6)完善责任追究制度。建立领导干部任期生态文明建设责任制，完善节能减排目标责任考核及问责制度。

（二）加大生态建设和环境保护力度

加大生态建设和环境保护力度，严格源头预防，加快治理突出问题，不欠新账，多还旧账，切实改善生态环境质量。(1)保护和修复自然生态系统。加快生态安全屏障建设，形成以青藏高原、黄土高原—川滇、东北森林带、北方防沙带、南方丘陵山地带、近岸近海生态区及大江大河重要水系为骨架，其他重点生态功能区为重要支撑，禁止开发区为重要组成的生态安全战略格局。实施重大生态修复工程，实施生物多样性保护重大工程，建立监测评估与预警体系，健全国门生物安全查验机制，积极参加生物多样性国际公约谈判和履约工作，加强自然保护区建设与管理，建立国家公园体制，保护自然生态和自然文化遗产。加快灾害调查评价、监测预警、防治和应急等防灾减灾体系建设。(2)全面推进污染防治。按照以人为本、防治结合、标本兼治、综合施策的原则,建立以保障人体健康为核心、以改善环境质量为目标、以防控环境风险为基线的环境管理体系,健全跨区域污染防治协调机制,加快解决人民群众反映强烈的大气、水、土壤污染等突出问题。(3)积极应对气候变化。坚持当前长远相互兼顾、减缓适应全面推进,通过节约能源和提高能效,优化能源结构,增加森林、草原、湿地、海洋碳汇等手段,有效控制温室气体排放。提高适应气候变化特别是应对极端天气和气候的能力。坚持共同但有区别的责任原则、公平原则、各自能力原则,积极参与应对气候变化国际谈判,推动建立公平合理的全球应对气候变化制度秩序。

(三)强化生态风险预警防控,妥善处置突发事件

强化生态环境风险预警和防控机制,提高环境突发事件应急处置能力,是环境保护工作的重要内容。根据《中华人民共和国环境保护法》的规定,国家建立、健全环境监测制度,国务院环境保护主管部门制定监测规范,会同有关部门组织监测网络等;省级以上人民政府组织有关部门或委托专业机构对环境状况调查、评价,建立环境资源承载能力监测预警机制。国家建立健全环境与健康监测、调查和风险评估制度,鼓励和组织开展环境质量对公众健康影响研究,采取预防和控制与环境污染有关疾病的措施。各级人民政府及有关部门和企事业单位,应按照《突发事件应对法》的规定,做好突发环境事件的风险控制、应急准备、处置和事后恢复工作;县级以上人民政府应建立环境污染公共监测预警机制,组织制定预警方案,在环境受到污染、可能影响公众健康和环境安全时,依法及时公布预警信息并启动应急措施;企事业单位应制定突发环境事件应急预案,报环境保护主管部门备案,在发生或者可能发生突发环境事件时立即采取措施,及时通报可能受到危害的单位和居民,向环境保护主管和有关部门报告。

三、核安全

核安全关系经济社会进步、人民群众切身利益甚至整个民族永续发展,是国家安全的重大问题。2017 年 9 月,我国出台了《核安全法》,该法成为核安全领域的一部统领性法律。此外,我国其他与核安全相关的法律法规包括《中华人民共和国放射性污染防治法》《中华人民共和国民用核设施安全监督

管理条例》《放射性废物安全管理条例》《核电厂核事故应急管理条例》《中华人民共和国核出口管制条例》《中华人民共和国核两用品及相关技术出口管制条例》等。此外,我国还加入了《不扩散核武器条约》《核安全条约》《核事故或辐射紧急援助公约》《全面禁止核试验条约》等国际条约。这些法律法规条约共同构成了我国核安全法律制度体系。要落实好这些法律法规条约的规定,可从以下几个方面入手:

(一)坚持和平利用核能和核技术

我国一向坚持和平利用核能和核技术,加强国际合作,防止核扩散,积极完善防扩散机制。我国一贯主张全面禁止和彻底销毁各类大规模杀伤性武器,坚决反对此类武器及运载工具的扩散,不支持、不鼓励、不帮助任何国家发展大规模杀伤性武器及运载工具,坚决支持国际防扩散努力,主张通过和平手段实现防扩散目标。

(二)加强对核设施、材料、活动、废料处置的安全管理、监管和保护

核能的有效利用可以极大地促进生产力发展,但由于核能的特殊性,一旦发生事故往往造成严重的后果,对自然环境造成不可逆转的影响,因而核能利用首先要坚持安全第一,加强对核设施、核材料、核活动及核废料处置的安全监管。根据《核安全法》的规定,核安全工作的原则是"安全第一、预防为主、责任明确、严格管理、纵深防御、独立监管、全面保障",具体而言,加强核安全的管理、监管和保护工作主要包括几个方面:

1. 提高核能和核技术安全利用水平。加强重大自然灾害对核设施影响分析和预测预警。提高核设施设计、制造、安装、运行可靠性。加强安全整改,对不满足安全要求的设施限制运行或逐步关停。

2. 规范核技术利用行为。开展核技术利用单位综合安全检查,对安全隐患大的项目强制退役。

3. 完善核与辐射安全审评方法,健全核安全许可制度。强化对在建、拟建核设施安全分析和评估。

4. 完善核设施安全管理。加强对核材料、放射性物品生产、运输、存储等各个环节的安全管理。加强核技术利用的安全监管。

5. 加强核辐射环境质量监测,加强放射性污染防治工作。

(三)加强核事故应急体系和能力建设

《核安全法》设立专门一章,对核事故应急制度进行了规定。根据规定,

国家设立核事故应急协调委员会,组织协调全国的核事故应急管理工作,省、自治区、直辖市人民政府根据需要设立核事故应急协调委员会,组织、协调本行政区域内核事故应急管理工作。上述核事故应急制度还明确规定了国务院核工业主管部门、省级地方政府指定部门、核设施营运单位、中国人民解放军和中国人民武装警察部队的相关职责,以及核事故应急准备金制度、核事故应急分级管理制度、应急信息发布制度、国际救援制度等。加强核事故应急体系和能力建设,要在统一指挥、调度下提高核应急响应专业队伍的能力水平,配备必要应急物资和设备,强化地方政府应急指挥、响应、监测、技术能力等建设。2016 年 1 月 27 日,国务院新闻办公室首次发布《中国的核应急》白皮书,从核能发展与核应急基本形势等方面,全面集中介绍了中国在核应急领域采取的主要措施和取得的重要进展。

(四)增强有效应对和防范核威胁、核攻击的能力

核力量是维护国家主权和安全的战略基础。我国始终奉行不首先使用核武器的政策,坚持自卫防御的核战略。增强有效应对和防范核威胁、核攻击的能力,就要建设完善核力量体系,提高战略预警、指挥控制、导弹突防、快速反应和生存防卫能力,慑止他国对我国使用或者威胁使用核武器。

案　例　切尔诺贝利核污染事故

切尔诺贝利核电站位于苏联基辅市北 130 公里的地方,是苏联 1973 年开始修建、1977 年启动的最大核电站。1986 年 4 月 26 日,世界上最严重的核事故在切尔诺贝利核电站发生。在按计划对第 4 机组停机检查时,由于电站人员多次违反操作规程,导致反应堆能量增加而熔化燃烧,引发爆炸,放射性物质泄出。切尔诺贝利核电站事故不仅污染了周围地区,放射性物质还借助气流污染欧洲大部分地区,一些欧洲国家被迫实行食物限制,核泄漏物进入大气层对空气造成极大破坏,并对一些地区居民身体健康造成严重损害。

第三节　新型领域安全、国家海外利益安全

一、新型领域安全

南北极地区、国际海底区域和外层空间等新型领域是国家管辖范围以外

的领域。在这些新型领域,国家有在国际法规则下科学考察、和平开发等权利。这些新型领域也成为国家利益和国家安全拓展的“战略新疆域”。我国坚持和平探索和利用极地、国际海底区域和外层空间的原则,增强安全进出、科学考察、开发利用等能力,加强国际合作,从而达到维护在这些新型领域的活动、资产和其他利益的安全。

(一)外层空间领域安全

1. 外层空间的法律地位。外层空间是地球大气层即空气空间以外的整个宇宙空间。目前,仍难以在科学上严格地划分空气空间和外层空间的明确界限。1978 年在马尼拉举行的国际法协会年会指出,海拔 100 千米及以上的空间日益被各国和相关学者专家接受为外层空间,但该说法也被一些国家质疑。外层空间具有与空气空间截然不同的法律地位,受不同的法律支配。1963 年联合国大会通过的《各国探索和利用外层空间活动的法律原则宣言》确定了外层空间供一切国家自由探索和使用等 9 条原则。1967 年《关于各国探索和利用包括月球和其他天体在内外层空间活动的原则条约》(可简称为《外空条约》)进一步规定了外层空间的法律地位。外层空间是人类共同财产,外层空间的探索和利用应为全人类谋福利,所有国家可平等地、不受歧视地根据国际法自由探测和利用外层空间,任何国家不得通过任何方式将外层空间据为已有,探测和利用外层空间应遵守国际法,禁止将载有核武器或其他大规模毁灭性武器的物体放置在环绕地球的轨道上。

2. 外层空间的利用原则。“共同利益原则”“自由探索和利用原则”“不得据为己有原则”是外层空间利用的最基本原则。“共同利益原则”,是指探索和利用外层空间,包括月球和其他天体,应为所有国家谋福利,应是全人类的事情。“自由探索和利用原则”,是指包括月球与其他天体在内的外层空间,应由各国在平等基础上按国际法自由探索和利用,不得有任何歧视,天体得自由进入。“不得据为己有原则”,是指国家不得通过提出主权主张、通过使用或占有等将包括月球及其他天体在内的外层空间占为己有。此外,还有“平等共有原则”“和平利用原则”等。

3. 维护外层空间领域安全的主要任务。外层空间曾是“冷战”时期美苏争霸的主战场,当前随着外层空间技术的突飞猛进,外层空间领域的国际竞争也日益加剧,特别是世界大国在外层空间武器化问题上的争议不断。目前,美国、英国、法国、德国、西班牙、比利时、澳大利亚、加拿大、日本等国家纷纷针对外层空间开发利用制定了法律。我国除加入《外层空间条约》《营救宇航员、送回宇航员和归还射入外层空间的物体的协定》《空间物体所造成损害的国际责任公约》《关于登记射入外层空间物体的公约》等国际条约之外,还制定了《空间物体登记管理办法》《民用航天发射项目许可证管理暂行办法》《民用航天发射项目许可证审批办理程序》等规范性文件。

当前,外层空间安全问题逐渐突出,维护外层空间和平及国家在外层空间享有的合法权利面临挑战:外层空间非军事化问题突出,外层空间武器化约束有限;外层空间活动带来新的法律问题,例如太空商业化加快,私人或非政府组织进行太空探索和商业活动的责任和义务界定缺乏法律规定;外层空间碎片造成的空间环境污染和损害赔偿问题;外层空间条约执法程序和机制缺乏等。维护外层空间安全,保障我国在外层空间的国家利益,需要加大空间科学技术的研发,提高外层空间安全维护的能力;加强国际合作,积极参与外层空间国际对话和国际机制构建;完善国内立法,填补国内相关法律空白,为外层空间安全维护提供法律保障。

(二)国际海底区域领域安全

1. 国际海底区域的法律地位。根据《联合国海洋法公约》的规定,国际海底区域,是指国家管辖范围以外的海床、洋底及其底土。国际海底区域是人类的共同继承财产,向所有国家开放,专为和平目的利用,不加任何歧视,在其中的活动应为全人类利益而进行,取得的财政及其他经济利益应在无歧视的基础上在各国间公平分配,并应特别考虑到发展中国家和尚未取得完全独立或其他自治地位的人民的利益及需要。

2. 国家在国际海底区域开发利用上的权利义务。根据《联合国海洋法公约》的规定,各国参与国际海底区域及资源开发利用的义务包括:任何国家不得对国际海底区域及其资源主张或行使主权或主权权利,不能把国际海底区域及其资源占为已有;要和平利用国际海底区域;保护和保全国际海底区域的海洋环境;遵守国际法等。权利包括:任何海洋法公约缔约国及其国有企业,或在缔约国担保下具有该国国籍的自然人或法人,可以与国际海底管理局协作,进行国际海底区域内资源的勘探开发;任何国家都可公平享受国际海底资源收益的权利;所有国家均有权在国际海底区域进行海洋科学研究等。

3. 我国维护国际海底区域国家安全的任务。我国于1996年批准加入《联合国海洋法公约》,根据该公约的规定,我国享有参与国际海底区域及其资源勘探开发和科学研究等国际法赋予的权利。当前在国际海底区域开发实践方面,中国大洋矿产资源研究开发协会和五矿集团先后与国际海底管理局正式签订勘探合同,我国已成为世界上在国际海底区域拥有实际利益的少数国家之一。我国在国际海底区域的活动在政治上维护了国际海底区域是人类共同继承遗产的原则,维护了我国在国际海底区域享有的国家利益,经济上通过开发利用国际资源,为我国经济社会发展开辟了战略资源储备基地。为维护我国在国际海底区域的合法权益:一要持续开展国际海洋地质调查和国际海底矿产资源勘查;二要加强国际海底区域矿产资源勘探、研究和开发;三是加强国际海域基础能力建设,加大深海矿产资源勘查、开采、选冶等技术装备研发力度,发展深海生物技术;四是增强参与国际海洋事务的能力,加强国际合作。

(三)极地区域安全

极地区域包括南极和北极。南极地区,是指地球南纬60度以南的区域,包括南极洲大陆、附近岛屿及海域。北极区域,是指北极圈以北的地区,包括北冰洋海域,北冰洋沿岸亚、欧、北美三洲大陆北部,以及北冰洋中的岛屿。

1. 极地区域法律地位。南极和北极地区虽都属于极地区域,但在国际法上的法律地位和法律制度相差巨大。南极地区的法律制度由南极条约体系规定,核心是1959年的《南极条约》。[2] 根据《南极条约》的规定,南极的领土主权处于冻结状态,条约的任何规定不得解释为缔约任何一方放弃在南极原来所主张的领土主权权利或领土要求,但不得对南极提出新的领土主权要求或扩大现有的要求。南极专用于和平目的,禁止一切具有军事性质的措施,缔约各方可在科学考察自由的基础上进行国际合作,各国对南极具有环境保护的义务等。

北极地区没有专门的条约体系。目前适用于北极地区的国际法有《联合国海洋法公约》《斯匹次卑尔根群岛条约》《保护北极熊协定》等。北冰洋沿岸国家已经占完北极地区周围的陆地(包括岛屿),但由加拿大提出的北极地区领土主权的“扇形原则”颇被质疑,北冰洋国家分占的陆地存在争议。《联合国海洋法公约》规定北冰洋国家可依据占有的陆地划分专属经济区和大陆架,但陆地的争议导致海域管辖权也存在疑问。《斯匹次卑尔根群岛条约》[3]规定了斯匹次卑尔根群岛的主权属于挪威,但各缔约国有权在该地区依法平等地

---

[2] 我国1983年加入该条约。

[3] 我国1925年加入该条约。

从事海洋、工业、矿业和商业活动。

2.维护我国极地区域安全的任务。我国在南北极都开展了一些活动,具有现实利益。我国在南极设立了四个科学考察站,分别是1985年建立的长城站、1989年建立的中山站、2009年建立的昆仑站和2014年建立的泰山站。我国与澳大利亚、印度、罗马尼亚、俄罗斯联合建立了东南极拉斯曼丘陵南极特别管理区,与澳大利亚联合申请了南极特别保护区,单独申请了格罗夫山地区哈丁山南极特别保护区并获批准。我国于2004年在北极地区斯匹次卑尔根群岛建立了黄河科考站,并于2013年5月成为北极理事会正式观察员国。维护我国在南北极区域安全和利益的任务,包括维护我国在极地区域进行测绘、生物资源利用、科学考察等国际法赋予的权利,以及我国依法享有的对北极地区公海和国际海底其余的相关权利,特别是北极航行自由的权利。2017年5月22日,国家海洋局发布《中国的南极事业》,这是我国首次发布白皮书性质的南极事业发展报告,提出了我国在国际南极事务中的基本立场。2018年1月26日,国务院新闻办公室发布《中国的北极政策》白皮书,阐明了中国在北极问题上的基本立场,阐释了中国参与北极事务的政策目标、基本原则和主要政策主张。

二、海外利益安全

海外利益是国家利益在海外的延伸,维护海外利益安全是国家安全工作的重要内容。随着我国对外开放的不断深化和经济全球化进程的加快,我国海外利益不断扩大。早在2004年我国政府就提出增强海外利益保护能力的要求。[4] 2014年党的十八届四中全会进一步要求,“强化涉外法律服务,维护我国公民、法人在海外及外国公民、法人在我国的正当权益,依法维护海外侨胞权益”。以下分别介绍我国维护海外利益的内容和措施。

(一)维护海外利益安全的内容和任务

当前,对“海外利益”的定义并没有统一说法。学者对“海外利益”的定义可以分为两类。一类认为海外利益是包括海外国家利益在内的更为广阔内容的利益。例如,陈伟恕教授认为,海外利益是与国家利益相互联系又区别的概

〔4〕 2004年8月,中国国家主席胡锦涛在第十次驻外使节会议上发表重要讲话时强调,“要增强我国海外利益保护能力,完善相关法律法规,健全预警和快速反应机制,改进工作作风,满腔热情地为在国外的我国公民和法人服务”。

念,海外利益即境外利益,是在有效的国家主权管辖范围的地域外的利益,该利益以边境和海关为界确定,包含国家、法人和个人三个层面的利益,与之相对应的是境内利益。[5] 另一类认为海外利益就是国家利益在海外的延伸。如毕玉蓉认为,海外利益是境外的国家利益,是国家利益在海外延伸的组成部分,并进一步将其内容总结为海外公民侨民人身财产安全、国家在海外的政经和军事利益、企业和驻外机构的安全以及外部交通线安全四个方面。[6]

《国家安全法》第 33 条规定了维护海外利益的任务内容,指出国家应依法采取必要措施保护海外中国公民、组织和机构的安全和正当权益,保护国家的海外利益不受威胁和侵害。从该条规定可以看出,国家维护海外利益安全的任务,是保护中国公民的人身安全以及中国公民、组织、机构和国家在海外的正当权益和公正待遇。例如,若某国发生专门针对中国公民的犯罪时,中国政府就必须提出严正交涉,要求有关国家采取行动加强对中国公民的保护并严惩犯罪分子;中国公民在海外犯罪,中国政府应派外交或领事官员旁听审判过程,确保中国公民受到公正审判和人格尊严不受侵犯;中国企业在海外受到歧视待遇,中国政府也应提起交涉,确保中国企业在海外得到公正待遇等。"国家的海外利益",是指国家作为一个整体在海外的利益,包括国有资产、国家机密、国家形象、国家软实力、国家在国际上的权益等。"正当权益"不同于"合法权益",考虑到被保护的主体所在地域不同,所在国法律规定可能造成合法性与正当性的差异。中国公民和法人位于别国领土之上,根据属地管辖原则,应受所在国法律支配。所在国法律规定可能与中国的法律规定不一致,有的行为在所在国非法但在中国可能是合法的,有的在所在国合法但在中国是非法的,有的所在国本身的法律规定就存在威胁我国国家安全的内容等。此时,国家给予保护不能单独考虑该行为是否符合当地法律,还要考虑正当性问题。

(二)维护海外利益安全的制度和措施

国家维护海外利益需要遵守一定的要求:(1)国家采取维护海外利益的措施必须依法进行。这里的"依法"包括几个方面的内容:第一,必须依据和符合中国相关法律的规定;第二,必须遵守国际法和公认的国际关系准则;第三,应尊重所在国的主权和司法独立。(2)国家维护海外利益的措施应当以

[5] 参见陈伟恕:《中国海外利益研究的总体视野》,载《国际观察》2009 年第 2 期。

[6] 参见毕玉蓉:《中国海外利益的维护与实现》,载《国防》2007 年第 3 期。

"保护海外中国公民、组织和机构的安全和正当权益,保护国家的海外利益不受威胁和侵害"为限度。

目前,我国十分重视海外利益安全的维护工作,并逐步建立健全法制体系。在国际法方面,我国加入了《维也纳外交关系公约》《维也纳领事关系公约》《多边投资担保机构公约》《解决国家与他国国民之间投资争端公约》《与贸易有关的投资措施协定》《联合国打击跨国有组织犯罪公约》《制止恐怖主义爆炸的国际公约》《关于制止资助恐怖活动的国际公约》《关于制止非法劫持航空器的公约》《反对劫持人质国际公约》《制止危及海上航行安全非法行为公约》《联合国海洋法公约》《控制有害废物越境转移及处置公约》等条约。在国内法方面,我国尚未出台关于"海外利益保护"的专门法律,仅在一些法律中进行了零散规定。如《国家安全法》规定了国家开展国际军事安全合作,实施联合国维和、国际救援、海上护航和维护国家海外利益的军事行动;国家依法采取必要措施保护海外公民、组织和机构的安全和正当权益,保护海外利益不受威胁和侵害。《反恐怖主义法》规定了国务院有关主管部门应当建立境外投资合作、旅游等安全风险评估制度,对海外公民、组织的人身财产加强安全保护,防范应对恐怖袭击;境外机构、人员和重要设施遭受或可能遭受恐怖袭击时,国务院有关主管部门应及时启动应对处置预案,并协调有关国家采取措施,并在遭受严重袭击后,经有关国家同意组织有关部门赴境外开展应对处置工作。其他相关的法律法规和规范性文件包括《突发事件应对法》《国家涉外突发事件应急预案》《关于加强境外中资企业机构与人员安全保护工作的意见》等。

近年来,我国为维护海外利益开展了许多工作,包括外交措施、行政执法合作,以及紧急情况下的海外军事行动。其中,维护海外利益最传统和常用的措施是外交和领事保护。《维也纳外交关系公约》规定,在国际法许可范围内,在接受国保护派遣国及其国民的利益。《中华人民共和国驻外外交人员法》也规定,维护中国公民和法人在国外的正当权益是驻外外交人员的重要职责之一。此外,我国还根据国际形势的发展探索和采取多种海外利益保护的措施。诸如深化对外友好关系,打造"全球伙伴关系网络",与有关国家签订双边投资保护协定,建立境外应急机制,成立"外交部全球领事保护与服务应急呼叫中心",开展双边、多边反恐和执法安全合作,派遣海军舰艇赴亚丁湾、索马里等海域执行护航任务,参加联合国维和行动等。这些措施于法有据,在我国维护海外利益工作上起到了较好的效果。

案　例　中国海外撤侨与应急救援行动

近年来，在遵守国际法和驻在国法律的前提下，中国外交部门等相关部门与人民解放军一同，多次开展对战乱地区的海外公民撤离和应急救援等海外行动，切实维护了中国公民在海外的人身安全。2006年4月所罗门骚乱，中国包机将侨胞分4批经巴布亚新几内亚撤离回广东。2008年11月，乍得战乱，中国驻乍得使馆撤离300余名中资机构人员和侨胞。2010年6月，吉尔吉斯斯坦骚乱，中国政府通过包机撤离1299名中国公民返回国内。2011年2月，利比亚局势动荡，中国政府通过陆海空三种方式从利比亚撤离我国驻扎人员，此次撤侨中国首次动用军事力量，空军派出4架飞机飞赴利比亚执行撤侨任务。2015年3月26日，中国海军舰艇编队赴也门执行撤离中国公民的任务。此次撤侨行动中国海军不仅撤离了571名中国公民，并且协助巴基斯坦、新加坡、意大利、德国、波兰等多个国家的公民撤离，充分彰显了中国的人道主义精神。

第四节　其他维护国家安全的任务

国家安全工作应坚持以总体国家安全观为统领，维护各领域国家安全，构建国家安全体系，走中国特色的国家安全道路。根据总体国家安全观的要求，国家安全工作要充分考虑国家利益的拓展和国家安全形势的变化，积极应对国家安全领域的发展变化，维护国家安全的任务不仅包括政治安全、人民安全、国土安全等领域，还要根据经济社会发展和国家发展利益的需要，不断完善维护国家安全的任务内涵，维护各个领域的国家安全。当前，随着经济社会的发展，诸如生物安全、电磁空间安全等领域的安全问题也须引起重视。

生物安全问题，包括现代生物技术的研究、开发、应用及跨国境转移对生物多样性、生态环境和人体健康造成的不利影响；基因信息安全问题；防控新型突发传染病疫情；防御生物武器的攻击，特别是恐怖袭击；防控外来物种入侵对环境造成的生物威胁等。由于生物技术的发展，生物安全问题备受国际社会关注，生物安全领域的国际法原则不仅包括国家主权原则等国际环境法一般性原则外，还包括风险预防原则、国际合作原则、无害利用原则、谨慎发展原则等。《联合国生物多样性公约》、《生物多样性公约卡塔赫纳生物安全议定书》(以下简称《生物安全议定书》)、《关于获取遗传资源和公正和公平分享其利用所产生惠益的名古屋议定书》(以下简称《名古屋议定书》)等公约条约对生物安全领域的国际法规则进行了规定。根据《生物安全议定书》的规定,缔约国应确保在从事转基因活生物体研制、处理、运输、使用、转移、释放时,防止或减少对生物多样性构成风险,并应顾及对人类健康造成的风险。〔7〕1992年6月,中国签署《生物多样性公约》,1993年12月该公约对中国生效。2000年8月,中国签署《生物安全议定书》,2005年4月核准该议定书(暂不适用于澳门特别行政区)。2016年6月,中国加入《名古屋议定书》,2016年9月该议定书生效(暂不适用于我国香港和澳门特别行政区)。我国在生物安全领域制定的国内法律法规包括《人类遗传资源管理暂行办法》《病原微生物实验室生物安全管理条例》《农业转基因生物安全管理条例》等,此外,我国还制定了《中国生物多样性保护战略与行动计划(2011—2030年)》《联合国生物多样性十年中国行动方案》等文件,认真开展对生物安全领域国际条约的履约工作,做好生物安全保护工作。

案 例

2018年10月24日,科技部官网最新更新6条处罚信息,复旦大学附属华山医院、华大基因、药明康德、昆皓睿诚、厦门艾德生物、阿斯利康6家单位涉及其中。这是科技部首度公开涉及人类遗传资源的行政处罚。罚单显示,这6家公司均违反了《人类遗传资源管理暂行办法》,有的违规转运接收已获批项目的剩余样本,有的违规开展国际合作研究,有的甚至将人血清作为犬血浆违规出境。

电磁空间是由各种电场、磁场和电磁波组成的物理空间,是在陆、海、空、天之外人类活动的第五维空间。随着信息化程度的提高,经济社会发展、人民生活对电磁空间的依赖度不断提高,电磁空间安全也成为国家安全的重要新兴领域,具有越来越重要的战略影响。电磁空间的发展存在军民界限、平战界限模糊的特点,电磁空间安全不仅面临来自敌方电子侦察、窃取、欺骗、干扰和破坏的威胁,而且面临来自非法组织和个人的恶意破坏和攻击。电磁技术与网络技术的结合发展,在给生产生活带来便利、促进社会发展的同时,也给国

〔7〕 参见王灿发、于文轩:《生物安全的国际法原则》,载《现代法学》2003年第8期。

家安全带来了新的挑战,防范电磁泄漏、黑客入侵、网络犯罪等问题,维护电磁空间安全任务艰巨。在信息化军事能力建设方面,电磁空间安全能力的提高也影响军队指挥控制系统、制信息权的掌控,涉及信息化作战能力的提高,发展电磁空间前沿技术,构筑电磁空间安全防御体系,也成为军队国防建设的重要内容。

课程阅读指南

1. 进一步了解海外利益保护问题,可参阅:

肖河:《中国海外利益保护:基本形势与体系建设》,载张宇燕主编:《全球政治与安全报告(2018)》,社会科学文献出版社2018年版。

薛洪、詹翔宇:《军队撤侨行动的法律保障》,载《西安政治学院学报》2012年第6期。

李伯军:《论我军开展武装撤侨行动的法律问题》,载《法治研究》2012年第12期。

刘莲莲:《中国在非洲海外利益保护的法理与实践》,载《世界知识》2018年第17期。

2. 进一步了解反恐领域的内容,可参阅:

胡大路:《论〈反恐怖主义法〉中武装力量出境反恐的规范含义》,载《烟台大学学报》(哲学社会科学版)2018年第6期。

王蒙:《中国反恐怖主义出入境管理措施研究》,载《江南社会学院学报》2018年第4期。

思考题

1. 海外利益保护是否需要国内进行专门立法?如需立法,主要内容是什么?
2.《反恐怖主义法》关于出境执行反恐怖主义的规定,实践中应如何执行?
3. 社会安全与公共安全的关系是什么?
4. 核安全的国际国内法律制度是如何衔接的?
5. 从生态安全的内涵看环境保护法律实施的紧迫性。

第九章　维护国家安全的职责

“天下兴亡，匹夫有责”，维护国家安全是全社会的共同责任。《国家安全法》从两方面明确规定了各级各部门和全体公民维护国家安全的职能、责任和义务：一是《国家安全法》第11条规定了中华人民共和国公民、一切国家机关和武装力量、各政党和各人民团体、企业事业组织和其他社会组织，都有维护国家安全的责任和义务。二是在《国家安全法》第三章“维护国家安全的职责”中根据宪法和法律规定，明确了全国人民代表大会及其常务委员会、国务院、中央军事委员会、中央各部门和地方包括香港、澳门两个特别行政区维护国家安全的职责，并对国家机关及其工作人员履行职责应当贯彻维护国家安全的原则作出专门规定。

第一节　中央机关维护国家安全的职责

一、中央国家机关职责概述

我国《宪法》对国家机构体系作出了规定。一般认为，国家机构，是指为了实现国家职能而建立起来的国家机关的总和。[1] 我国国家机构从横向角度，包括国家权力机关、国家主席、行政机关、国家军事领导机关、监察机关、审判机关和检察机关。从纵向角度，包括中央国家机关和地方国家机关。我国的中央国家机构包括全国大人民代表大会及其常务委员会、国家主席、国务院、中央军事委员会、国家监察委员会、最高人民法院和最高人民检察院。我国的国家机构在组织和运作体系上遵循民主集中制原则、社会主义法治原则、密切联系群众原则、责任制原则、精简和效率原则。以下简要介绍中央国家机

[1] 参见周叶中主编：《宪法》，高等教育出版社2001年版，第303页。

关的职责:(1)全国人大及其常委会。全国人民代表大会是国家最高权力机关,统一行使国家权力,向全国人民负责,受全国人民监督。全国人民代表大会常务委员会是全国人民代表大会的常设机构,是最高国家权力机关的组成部分,是全国人民代表大会闭会期间经常行使最高国家权力的机关。按照宪法和有关法律的规定,全国人民代表大会及其常务委员会的职权可以归纳为五个方面:立法权和宪法及法律的解释权、监督权、重大事项决定权、人事任免权。(2)国家主席。国家主席的职权主要包括:根据全国人民代表大会和全国人民代表大会常务委员会的决定公布法律,任免国务院总理、副总理、国务委员、各部部长、各委员会主任等。在外交方面,国家主席代表中华人民共和国进行国事活动,接受外国使节、派遣和召回驻外全权代表、批准和废除同外国缔结的条约和重要协定。(3)国务院。即中央人民政府,是国家最高权力机关的执行机关,是国家最高行政机关。国务院行使广泛的职权,主要有行政立法权、行政管理权、监督权、提出议案权等。(4)中央军事委员会。中央军事委员会是国家的最高军事领导机关,领导全国武装力量。(5)国家监察委员会。国家监察委员会是国家的监察机关,行使国家监察职能。(6)最高人民法院和最高人民检察院。最高人民法院是国家最高审判机关,监督地方各级人民法院和专门人民法院的审判工作。最高人民检察院是国家最高检察机关,领导地方各级人民检察院和专门人民检察院的工作。

二、中央国家机关维护国家安全的职责

(一)全国人大及其常委会维护国家安全的职责

国家安全涉及国家政权、主权、领土完整和人民福祉、经济社会可持续发展等重大国家利益,保障国家安全是全国人大及其常委会的应尽责任。根据《国家安全法》第35条的规定,全国人大依照宪法规定,决定战争和和平的问题,行使宪法规定的涉及国家安全的其他职权。全国人大常委会依照宪法规定,决定战争状态的宣布,决定全国总动员或者局部动员,决定全国或者个别省、自治区、直辖市进入紧急状态,行使宪法规定的和全国人民代表大会授予的涉及国家安全的其他职权。这一条款关于决定战争和平问题、决定紧急状态的规定基本上是对我国《宪法》第62条、第67条相关内容的重述。这一规定中的“其他职权”主要包括四方面的内容:(1)国家安全领域的立法权和宪法法律的解释权。一方面要建立和完善国家安全法律制度体系,另一方面国家安全法规定的一些基本制度要靠若干法律和配套措施来落实。全国人民代

表大会和常务委员会按照党中央的部署，加快国家安全方面的立法步伐，将依据全国人民代表大会常务委员会立法规划和立法工作计划，制定涉及国家安全领域的其他法律。[2]（2）国家安全重大事项决定权。例如，《缔结条约程序法》规定，全国人民代表大会常务委员会决定同外国缔结的条约和重要协定的批准和废除。例如，全国人民代表大会常务委员会关于批准《中华人民共和国和俄罗斯联邦关于打击恐怖主义、分裂主义和极端主义的合作协定》的决定、关于批准《上海合作组织反恐怖主义公约》的决定等。（3）人事任免权。人事任免权是国家权力机关根据宪法和法律，对政府、监察委、人民法院、人民检察院等国家机关领导人员进行任免决定的权力。（4）监督权，包括法律监督权和国家机关工作的监督权两类。在国家机关工作监督权上，全国人民代表大会常务委员会对其他由全国人民代表大会产生的中央国家机关都有权进行监督，如对国务院及其各部委、国家监察委员会、最高人民法院、最高人民检察院提出书面质询案以及对司法机关提出的个案监督。

案　例　全国人大常委会解释《香港基本法》

2016 年 11 月，第十二届全国人大常委会第二十四次会议经表决，全票通过了《关于香港特别行政区基本法第一百零四条的解释》。该解释明确了依法宣誓的有关含义和要求。全国人大常委会履行宪法和基本法规定的宪制权力作出的与基本法有同等效力的法律解释，具有最高的法律权威。

香港特别行政区成立以来，少数人挑战“一国两制”方针政策，故意曲解基本法，特别是一些立法会候任议员，不按照《香港基本法》第 104 条以及《宣誓及声明条例》的规定真诚、庄严宣誓，反而利用宣誓平台从事违反基本法的活动。为了维护《宪法》和《香港基本法》的权威，保证“一国两制”方针在香港得到全面、准确贯彻落实，为了使立法会选举和候任议员宣誓过程中引发的重大法律争议得到正确解决，确保立法会正常运作，全国人大常委会行使其宪制权力，通过释法重申和强调相关法定公职人员的政治效忠义务。

（二）国家主席维护国家安全的职责

《国家安全法》第 36 条规定，中华人民共和国主席根据全国人民代表大

---

〔2〕 参见李建国：《全面实施国家安全法共同维护国家安全——在贯彻实施国家安全法座谈会上的讲话》，载《中国人大》2016 年第 8 期。

会的决定和全国人民代表大会常务委员会的决定,宣布进入紧急状态,宣布战争状态,发布动员令,行使宪法规定的涉及国家安全的其他职权。由该规定可知,国家主席维护国家安全的职责可分为两个方面:一是非常状态的宣布。我国宪法规定宣布进入紧急状态、宣布战争状态、发布动员令的主体是国家主席。必须严格遵守进入紧急状态或者战争状态的宣布程序和动员令的发布程序,只有经过国家主席正式宣布,才能发生相应的法律效力。二是行使宪法规定的涉及国家安全方面的其他职权。[3]

(三)国务院维护国家安全的职责

《国家安全法》第37条规定,国务院根据宪法和法律,制定涉及国家安全的行政法规,规定有关行政措施,发布有关决定和命令;实施国家安全法律法规和政策;依照法律规定决定省、自治区、直辖市的范围内部分地区进入紧急状态;行使宪法法律规定的和全国人民代表大会及其常务委员会授予的涉及国家安全的其他职权。由上述规定可知,国务院维护国家安全的职责主要包括以下几个方面:

1. 制定国家安全方面的行政法规,规定有关行政措施,发布有关决定和命令。宪法规定国务院根据宪法和法律,规定行政措施,制定行政法规,发布决定和命令等特定形式来行使具体的行政管理职权。[4] 国务院领导和管理经济工作和城乡建设、生态文明建设,教育、科学、文化、卫生、体育和计划生育工作,民政、公安、司法行政,对外事务,同外国缔结条约和协定,领导和管理国防建设事业等具体的行政管理事项。这些行政事项的管理总是借助具体的形式和手段来实现。规定行政措施、制定涉及国家安全的行政法规,发布有关国家安全的决定、命令,就是行使行政管理职权的形式。如2017年12月6日,国务院公布《反间谍法实施细则》。

2. 实施国家安全方面的法律法规和政策。"国务院是最高国家权力机关的执行机关",其工作职责就是通过行政管理活动,执行最高国家权力机关制定的法律、通过的各项决议和决定。我国法律规范中既有立足国家传统安全保护的《刑法》《反分裂国家法》《国防法》《戒严法》等,也有涉及非传统安全并在国家安全保护中作出重要贡献的《商用密码管理条例》《计算机信息系统安全保护条例》《关于建立外国投资者并购境内企业安全审查制度的通知》

---

[3] 参见马岭:《我国国家主席制度的规范与实践》,载《法学》2014年第4期。

[4] 参见周叶中主编:《宪法》,高等教育出版社2001年版,第324页。

等,更有《反间谍法》《反恐怖主义法》等特定国家安全领域的法律。这些涉及国家安全的法律法规需要国务院及其部门具体实施,在具体工作中坚决遵守和严格执行这些法律法规。此外,一些国家安全领域,还会出台一系列起指导作用的重要政策,这些政策的具体落实和实施,也是国务院的重要职责之一。

3. 依照法律规定决定省、自治区、直辖市的范围内部分地区进入紧急状态。我国《宪法》规定,有权决定紧急状态的机关是全国人民代表大会常务委员会和国务院。其中,国务院的权力是决定省、自治区、直辖市的范围内部分地区进入紧急状态,而全国人民代表大会常务委员会是有权决定全国或部分省、自治区、直辖市进入紧急状态。国务院可以根据突发事件的实际情况有权提请全国人民代表大会常务委员会决定全国或者个别省、自治区、直辖市进入紧急状态。

4. 全国人大及其常委会还根据法律规定,或者根据经济社会发展和全面深化改革以及维护国家安全的需要,通过作出决定授权国务院行使某些方面的职权。《宪法》第 89 条规定了国务院的诸多职权,其中一项就规定,国务院有权行使“全国人民代表大会和全国人民代表大会常务委员会授予的其他职权”。《国家安全法》第 37 条规定“其他职权”属于兜底条款。被授予的职权即全国人大及其常委会以明确的决议,将某些本应由权力机关行使的职权授予行政机关行使。

(四)中央军事委员会维护国家安全的职责

根据《国家安全法》第 38 条的规定,中央军事委员会维护国家安全的职责主要有三项:

1. 领导全国武装力量。我国《宪法》第 93 条第 1 款规定,中央军事委员会领导全国武装力量。中央军事委员会是国家的最高军事领导机关,从属于国家最高权力机关,是中国国家机构的重要组成部分。中央军事委员会的职权是领导全国武装力量,完成宪法赋予人民军队和其他武装力量巩固国防、抵御侵略、保卫祖国、保卫人民的和平劳动、参加国家建设事业和努力为人民服务的神圣使命。《国防法》第 22 条规定,我国的武装力量由中国人民解放军现役部队和预备部队、中国人民武装警察部队和民兵组成。中央军事委员会统揽整个武装力量的军令权,并享有对解放军的军政权。中共中央印发《关于调整中国人民武装警察部队领导指挥体制的决定》,自 2018 年 1 月 1 日 0 时起,武警部队由党中央、中央军委集中统一领导,实行中央军委——武警部队——部队领导指挥体制。

2. 决定军事战略和武装力量的作战方针，统一指挥维护国家安全的军事行动。2015 年国务院新闻办发布的首部专门阐述军事战略的专题型国防白皮书《中国的军事战略》指出，军事战略是筹划和指导军事力量建设和运用的总方略，服从服务于国家战略目标。白皮书还阐述了“积极防御军事战略方针”，明确了中国武装力量发展的战略方向。中国军队主要担负以下战略任务：应对各种突发事件和军事威胁，有效维护国家领土、领空、领海主权和安全；坚决捍卫祖国统一；维护新型领域安全和利益；维护海外利益安全；保持战略威慑，组织核反击行动；参加地区和国际安全合作，维护地区和世界和平；加强反渗透、反分裂、反恐怖斗争，维护国家政治安全和社会稳定；担负抢险救灾、维护权益、安保警戒和支援国家经济社会建设等任务。[5]

3. 制定涉及国家安全的军事法规，发布有关决定和命令。在我国，军事立法活动主体除了拥有军事立法权的国家权力机关、行政机关外，主要是法律授权的军事机关。[6] 中央军事委员会制定涉及国家安全的军事法律、法规，还包括军事规章及其他规范性文件。立法权是国家权力的重要组成部分，必须来自宪法和法律的明确授予。《立法法》第 103 条第 1 款规定：“中央军事委员会根据宪法和法律，制定军事法规。”《国防法》第 15 条规定，中央军委根据宪法和法律，制定军事法规，发布决定和命令。2017 年通过的《军事立法工作条例》对军事法规、军事规章、军事规范性文件制定的权限和程序进行了规定。因此，中央军事委员会可以依据宪法和法律，制定涉及国家安全的军事法规和其他规范性文件。

此外，维护海外利益已成为新形势下中国军队义不容辞的职责。2013 年我国发布的《中国武装力量多样化运用》国防白皮书中就已明确提出，中国武装力量将“加强应急救援、海上护航、撤离海外公民等海外行动能力建设，为维护国家海外利益提供可靠的安全保障”。2015 年发布的《中国的军事战略》白皮书前所未有地强调中国的海外利益，提出“加强海外利益攸关区国际安全合作，维护海外利益安全。”维护中国海外利益成为中国军队的“战略任务”之一。为此，国家有关部门还应该完善相关的配套法律，让中国维护海外利益有法可依。

---

〔5〕 参见《中国的军事战略》，载中华人民共和国国防部：http://www.mod.gov.cn/auth/2015-05/26/content_4586723.htm，2018 年 4 月 30 日最后访问。

〔6〕 参见张建田：《关于我国军事立法理论与实践的几个问题》，载《河南省政法管理干部学院学报》2002 年第 6 期。

三、中央国家机关各部门维护国家安全的职责

根据《国家安全法》第39条的规定，中央国家机关各部门负责本领域的方针政策、计划和重大行政措施的研究制定、组织实施和监督管理，肩负着本部门职责范围内贯彻执行国家安全方针政策和法律法规，管理指导本系统、本领域国家安全工作。

（一）贯彻和执行国家安全方针政策和法律法规

要落实好这一要求，需要做好以下几方面工作：组织本机关、本单位人员学习贯彻落实党和国家有关国家安全工作的方针政策、法律法规；对本机关、本单位的人员进行维护国家安全的教育、动员，组织本机关、本单位的人员防范、制止危害国家安全的行为，履行维护国家安全的义务；组织本机关、本单位人员在依法履行职责的日常工作中，贯彻执行维护国家安全的原则和要求；组织本机关、本单位人员依法支持、配合有关专门机关维护国家安全的专门工作，保守所知悉的专门工作涉及的国家秘密事项；在依法履行社会管理职能过程中，强化国家安全意识，充分考虑维护国家安全的因素，指导、管理企事业组织根据国家安全工作的要求，依法配合有关部门采取相关安全措施，提供数据、信息等必要的支持和协助等。

（二）管理指导本系统、本领域国家安全工作

根据《宪法》第90条的规定，国务院各部部长、各委员会主任负责本部门的工作；召集和主持部务会议或者委员会会议、委务会议，讨论决定本部门工作的重大问题；各部、各委员会根据法律和国务院的行政法规、决定、命令，在本部门的权限内，发布命令、指示和规章。中央机关各部门还依法通过行政规章、通知、意见、实施办法、公告等方式指导下级职能部门的业务工作。《中华人民共和国地方各级人民代表大会和地方各级人民政府组织法》（以下简称《地方组织法》）第66条规定，省、自治区、直辖市的人民政府的各工作部门受人民政府统一领导，并且依照法律或者行政法规的规定受国务院主管部门的业务指导或者领导；自治州、县、自治县、市、市辖区的人民政府的各工作部门受人民政府统一领导，并且依照法律或者行政法规的规定受上级人民政府主管部门的业务指导或者领导。因此，中央机关各部门不仅要按照职责分工，组织开展本机关、本单位贯彻执行国家安全方针政策和法律法规，而且还要依法管理指导本系统、本领域国家安全工作。

第二节 地方政府及特别行政区维护国家安全的职责

一、地方政府及特别行政区维护国家安全的职责概述

我国是一个统一的单一制国家,但由于各地经济社会发展不平衡,为与这一国情相适应,我国宪法确立了中央和地方的国家机构职权的划分原则,即遵循在中央的统一领导下,充分发挥地方的主动性、积极性的原则。根据《宪法》和《地方组织法》规定,县级以上地方各级人民政府执行本级人民代表大会及其常务委员会的决议,以及上级国家行政机关的决定和命令,规定行政措施,发布决定和命令;依照法律规定的权限,管理本行政区域内的经济、教育、科学、文化、卫生、体育事业、城乡建设事业和财政、民政、公安、民族事务、司法行政、计划生育等行政工作。[7] 国家安全涉及许多重点领域,并且会根据需要不断扩展。因此,地方政府维护国家安全的任务要体现在经济建设、政治建设、文化建设、社会建设、生态文明建设的各个方面。

根据《香港基本法》《澳门基本法》第1条的规定,香港、澳门特别行政区是中华人民共和国不可分离的部分。第12条规定,香港、澳门特别行政区是中华人民共和国一个享有高度自治权的地方行政区域,直辖于中央人民政府。作为地方行政区域,特别行政区负有维护国家安全的义务和责任。在维护国家安全问题上,没有"两制"之分,只有"一国"之责。

二、地方政府维护国家安全的权责来源

法无授权不可为,法定职责必须为。地方政府权力、权限与政府责任是紧密相连的,国家赋予地方政府及其工作人员一定的职能和权力,就是要求其运用法定职权为人民、社会服务,承担维护国家安全的职责。地方政府的权责主要源自全国人民代表大会及其常务委员会、地方各级人民代表大会及其常务委员会的立法授权,也源自中央人民政府根据立法和有关决定所作的授权。上述两种授权构成了中国地方政府权责的主要来源。[8]

---

〔7〕 参见胡锦光、韩大元:《中国宪法学》,法律出版社2007年版,第414~415页。

〔8〕 参见田芝健:《当代中国地方政府改革:权力、权限和责任》,载《江海学刊》2003年第6期。

(一)源自国家权力机关的授权

这种授权有四种表现形式:(1)宪法的规定。《宪法》作为国家根本大法,第105~110条的规定构成了国家最高权力机关对地方政府的宪法授权,体现了大一统国家中央政府和地方政府在中央集权前提下的合理分权特色。(2)《地方组织法》的规定。《地方组织法》第四章对地方各级人民政府的组成和地方政府行使的职权作出了明确的规定。宪法和地方组织法构成了地方政府权责的主要法律渊源。(3)其他单项法律的授权。一些法律、行政法规和地方性法规都有关于地方各级政府的职责规定。例如,《国防法》第18条第2款规定,地方各级人民政府依照法律规定的权限,管理本行政区内的征兵、民兵、预备役、国防教育、国民经济动员、人民防空国防设施保护、退出现役的军人的安置和拥军优属等工作。《突发事件应对法》第7条规定,县级人民政府对本行政区域内突发事件的应对工作;涉及两个以上区域的,由有关行政区域共同上一级人民政府负责,或者由各有关行政区域的上一级人民政府共同负责。(4)地方国家权力机关的授权。地方人大及其常委会通过制定地方性法规,授权地方政府一定的权力和职责。

(二)源自中央人民政府的内部授权

政府内部自上而下层级间的授权,构成了地方政府权责的一大来源。国家把行政权总体上授予中央人民政府,但由于行政的实际需要,中央人民政府不可能事事管到底,必然要进行授权,发挥地方政府的作用。(1)通过规范性文件、命令、指示等进行;(2)中央政府行政首长向特定地方政府发出指示、批示、重要讲话等。

三、地方政府维护国家安全的职责

(一)制定涉及国家安全的地方规章

《立法法》规定,省、自治区、直辖市和设区的市、自治州的人民政府,可以根据法律、行政法规和本省、自治区、直辖市的地方性法规制定规章。地方政府规章可以就下列事项作出规定:(1)为执行法律、行政法规、地方性法规的规定需要制定规章的事项;(2)属于本行政区域的具体行政管理事项。设区的市、自治州的人民政府制定地方政府规章,限于城乡建设与管理、环境保护、历史文化保护等方面的事项。我国法律和行政法规以及地方性法规都对涉及国家安全工作和事项进行了立法,有些规定比较原则性、综合性,需要地方政府结合本地区实际进行具体化。例如,北京、河北、辽宁、吉林、广西等省(区、市)人民政府,根据《中华人民共和国国防动员法》(以下简称《国防动员法》)和国务院、中央军委《民用运力国防动员条例》制定了各自的"民用运力国防动员办法"。

(二)履行维护国家安全的行政管理职能

行政职责是行政主体及其公务人员在行使职权过程中依法必须承担的义务。法律法规赋予了地方政府管理地方事务、维护国家安全的相关职权,地方政府就必须在行政管理活动中积极承担维护国家安全的各项行政管理职责。在行政管理活动中,行政主体不得随意放弃行使行政职权,而且行政职权的行使应当做到合理、合法、既不越权又不滥用且不违反法定程序。按照规定,地方政府的现有行政职权包含行政规划、行政许可、行政强制、行政征收征用、行政给付、行政检查、行政确认、行政奖励、行政监督、行政裁决以及其他职权。我国专门制定的有关行政许可、行政强制、行政复议、行政处罚方面的行政法律规范,对行政机关履行维护国家安全的行政管理活动中的权限和行政程序作出了规定。例如,《中华人民共和国行政许可法》(以下简称《行政许可法》)规定,对直接涉及国家安全、公共安全、经济宏观调控、生态环境保护等特定活动,需要按照法定条件予以批准。

此外,涉及国家安全的法律法规,规定了地方政府维护履行国家安全事项的具体职责。例如,《网络安全法》规定,县级以上地方人民政府有关部门的网络安全保护和监督管理职责,按照国家有关规定确定。《中华人民共和国环境保护法》(以下简称《环境保护法》)规定,县级以上地方人民政府环境保护主管部门,对本行政区域环境保护工作实施统一监督管理,县级以上人民政府应当将环境保护工作纳入国民经济和社会发展规划。地方政府要按照法律的规定,履行具体国家安全事项的行政管理工作。

四、港、澳特别行政区维护国家安全的职责

(一)按照基本法履行维护国家安全的职责

《国家安全法》对香港和澳门两个特别行政区履行维护国家安全的责任作了原则性规定。《国家安全法》第 11 条第 2 款规定,维护国家主权、统一和领土完整是包括港澳同胞和台湾同胞在内的全中国人民的共同义务;第 40 条第 3 款规定,香港特别行政区、澳门特别行政区应当履行维护国家安全的责

任。根据《香港基本法》《澳门基本法》的规定，全国性法律除列于基本法附件三外，不在两个特别行政区实施。虽然《国家安全法》未列入《香港基本法》《澳门基本法》附件三，不在香港和澳门特别行政区实施，其原则性规定香港和澳门特别行政区有责任和义务遵守，一定程度上也体现中央对香港和澳门维护国家安全的强烈要求。[9]

香港、澳门特别行政区的安全是国家安全的重要组成部分。在香港、澳门，维护国家安全责任的主体是特别行政区，首先要求特区政权机构，即行政、立法和司法机构要承担维护国家安全责任，同时也要求特别行政区所有其他机构和个人要负起维护国家安全的责任。《香港基本法》《澳门基本法》对特别行政区应自行立法维护国家安全作了规定和要求。根据上述两部基本法的规定，特别行政区应自行立法禁止任何叛国、分裂国家、煽动叛乱、颠覆中央人民政府及窃取国家机密的行为，禁止外国的政治性组织或团体在港澳特别行政区进行政治活动，禁止港、澳特别行政区的政治性组织或团体与外国的政治性组织或团体建立联系。《香港基本法》《澳门基本法》第23条的规定是一个授权性规范，是香港和澳门两个特别行政区的职权；但基于香港特别行政区和澳门特别行政区作为中国的一部分，负有维护中国的统一和安全的神圣职责，又可以说是特别行政区政府的职责。[10] 因此，香港和澳门特别行政区应当按照基本法的要求自行制定维护国家安全的法律。澳门特别行政区已于2009年制定《维护国家安全法》，履行了基本法规定的立法维护国家安全的责任。香港特别行政区仍未完成这一宪制责任。

（二）特别行政区的国防安全和社会治安

根据《香港基本法》《澳门基本法》的规定，中央人民政府负责管理特别行政区的防务，特别行政区政府负责维持特别行政区的社会治安。为维护国家的主权、领土完整和香港、澳门的安全，中央人民政府向特别行政区派驻负责防务的军队，履行防备和抵抗侵略、保卫特别行政区的安全、担负防卫勤务、管理军事设施、承办有关的涉外军事事宜等职责。全国人大常委会决定宣布战争状态或因特别行政区内发生特别行政区政府不能控制的危及国家统一或安全的动乱而决定特别行政区进入紧急状态，驻军根据中央人民政府决定和在

---

〔9〕 参见《我国国家安全法首次出现涉港澳条文》，载人民网：http://world.people.com.cn/n/2015/0701/c157278-27239343.html，2018年4月30日最后访问。

〔10〕 参见李竹：《论我国特别行政区的国家安全立法》，载《苏州市职业大学学报》2006年第3期。

特别行政区实施的全国性法律的规定履行职责。特别行政区负责维持特别行政区的社会治安。特别行政区政府在必要时,可向中央人民政府请求驻军协助维持社会治安和救助灾害。特别行政区应当支持驻军履行防务职责,保障驻军人员的合法权益。驻军和特别行政区政府共同保护特别行政区内的军事设施。特别行政区政府应当协助驻军维护军事禁区的安全。驻军和特别行政区政府应当建立必要的联系,协商处理与驻军有关的事宜。[11]

第三节　司法机关维护国家安全的职责

一、国家安全司法的主体

司法职权,即承担国家司法职能,行使国家司法权的职责和权力。这种职权,对于司法机关而言,是一种权力;但对于国家而言,它又是司法机关的一项职责和义务。《国家安全法》第 41 条规定,人民法院依照法律规定行使审判权,人民检察院依照法律规定行使检察权,惩治危害国家安全的犯罪。要了解国家安全司法的实践情况,可以通过两个公开渠道:一是人民法院、人民检察院的工作报告。如 2018 年《最高人民法院工作报告》指出,贯彻总体国家安全观,严惩危害国家安全、暴力恐怖等犯罪。把维护国家政治安全特别是政权安全、制度安全放在第一位,加大反恐怖反分裂反邪教斗争力度,依法严惩煽动分裂国家、颠覆国家政权等犯罪,切实维护国家安全。2018 年《最高人民检察院工作报告》指出,树立总体国家安全观,依法履行批准逮捕、提起公诉等职责,维护国家安全和社会稳定。二是通过具体的案件。如 2016 年,天津市第二中级人民法院通过依法公开审理,认定翟岩民、胡石根、周世锋、勾洪国颠覆国家政权的犯罪事实成立。2017 年,湖南岳阳市中级人民法院经公开开庭审理,认定彭宇华、李明哲犯颠覆国家政权罪。

案　例　对危害国家安全类案件的检察公诉

在推进司法体制改革试点过程中,针对近年来涉及国家安全和公共安全等特殊领域案件上升的趋势,北京市检察机关在市检察院设立国家安全和公

[11]　参见郑淑娜主编:《中华人民共和国国家安全法解读》,中国法制出版社 2016 年版,第 214 页。

共安全检察部,在不同层级检察机关分设国家安全和公共安全检察专业化办案组,专案专办、术业专攻,注重提高依法指控犯罪、妥善处理案件和风险防控能力,依法有效打击、防范涉及国家安全和公共安全领域的犯罪案件。自北京市检察机关全面推进司法体制改革试点以来,全市各级检察机关严格履行打击犯罪职能,办理了危害国家安全、邪教犯罪、危害国防利益等各类犯罪130余件,积极维护首都安全稳定大局。

二、国家安全司法的对象

国家安全司法的对象就是危害国家安全的犯罪。危害国家安全的犯罪侵害的法益是"国家安全"。"国家安全"是观念性的抽象存在,危害国家安全的行为不直观、不明显,其更多反映出立法者处于维护国家利益和社会整体秩序的需要将特定危害国家安全的行为规定为犯罪。〔12〕 1993年《国家安全法》虽然未对"国家安全"的内涵和外延作出明确的界定,但该法第4条对"危害国家安全的行为"进行了具体的列举式规定。危害国家安全的行为包括下列行为:分裂国家、对抗政府和社会主义制度的行为,间谍行为,针对国家秘密实施的行为,诱发国家工作人员叛变的行为,针对国家安全的其他破坏行为。通过这些规定可以看出,此时的国家安全主要还是停留在政治安全和军事安全领域,这些包含传统安全要素的安全观念与理论称为狭义的国家安全。当前非传统安全问题如经济安全、核安全、网络安全等日益突出,且与传统安全同时存在,相互交叉、相互影响、危害性更大。〔13〕 国家安全将非传统国家安全要素亦纳入其中,构成广义的国家安全。〔14〕《国家安全法》贯彻总体国家安全观的思想,实现从狭义的国家安全到广义的国家安全的转变。惩治危害国家安全的犯罪,所保护的法益也从传统的"我国的主权、领土完整和安全、人民民主专政的政权和社会主义制度的安全",〔15〕扩大到"国家政权、主权、统一和领土完整、人民福祉、经济社会可持续发展和国家其他重大利益相对处于没有危险和不受内外威胁的状态,以及保障持续安全状态的能力"。

与保护国家安全法益紧密相关的是我国《刑法》分则首章的罪名体系。

〔12〕 参见孙继科:《论新形势下的危害国家安全罪》,载《知与行》2017年第3期。

〔13〕 参见刘跃进:《总体国家安全观视野下的传统国家安全问题》,载《当代世界与社会主义》2004年第6期。

〔14〕 参见储昭根:《安全的再定义及其边界》,载《国际论坛》2015年第4期。

〔15〕 参见高铭暄、马克昌主编:《刑法学》,北京大学出版社、高等教育出版社2007年版,第326页。

现行《刑法》分则首章比较集中地规定了12种典型的危害国家安全罪名，总体上可以划分为三种类别：(1)危害国家安全颠覆政权的犯罪，如背叛国家罪、分裂国家罪、煽动分裂国家罪、武装叛乱罪、暴乱罪、颠覆国家政权罪，煽动颠覆国家政权罪以及资助危害国家安全犯罪活动罪；(2)叛变、叛逃犯罪，如投敌叛变罪、叛逃罪；(3)间谍、资敌罪，如间谍罪，为境外窃取、刺探、收买、非法提供国家秘密、情报罪，资敌罪。[16] 这些罪名是狭义国家安全概念下的危害国家安全的犯罪。总体国家安全观下的"国家安全"是广义的，不只限于前述几个方面，所有关涉国家存立、社会发展、国民福祉的可能事项都被纳入国家安全的范畴。因此，在总体国家安全观下，危害国家安全的犯罪所侵害的法益应是广泛的，除了传统国家安全罪名以外，涉及经济安全、金融安全、文化安全、粮食安全、网络安全等方面的罪名，也存在属于危害国家安全的犯罪。当然，刑法法益的应受保护性特征与国家法益、社会法益、个人法益的实质分类决定了刑法不可能将国家安全与社会安全、个人安全混为一体。[17]

三、国家安全司法的目的

司法机关通过国家安全刑事司法活动查明和认定危害国家安全的犯罪嫌疑人、被告人的行为是否构成犯罪和应当处以何种处罚。推进"以审判为中心"的刑事诉讼制度改革，司法机关要以"分工负责，互相配合，互相制约"的原则为指导，保证准确、及时地查明犯罪事实，正确应用法律，惩罚犯罪分子，保障无罪的人不受刑事追究。

1. 保证准确、及时地查明危害国家安全的犯罪事实，正确适用法律，惩罚危害国家安全的犯罪分子。"准确"，要求对危害国家安全的犯罪事实的认定应当准确。"及时"，是时间上的要求，它应当建立在准确的基础上。"正确适用法律"，是指依照《刑事诉讼法》的规定，在查明危害国家安全犯罪事实的基础上，正确运用《刑法》《国家安全法》《反间谍法》《网络安全法》《反恐怖主义法》等法律对危害国家安全的犯罪定罪量刑，使其受到应有的惩罚。

2. 保障无罪的人不受刑事追究。不放纵任何危害国家安全的犯罪和不冤枉任何无罪人，是不可分割的两个方面。保障无罪的人不受刑事追究，是刑事诉讼法保护公民和境外个人合法权益的重要体现，也是进一步加强人权司法

---

〔16〕 参见穆伯祥：《国事罪的刑法规制》，知识产权出版社2011年版，第273页。

〔17〕 参见李凤梅：《危害国家安全罪的规范缺失及立法补正》，载《法商研究》2017年第5期。

保障、维护司法公正和法律权威、防范冤假错案发生的要求。

3. 教育公民和组织自觉遵守国家安全法律法规，积极同危害国家安全的行为作斗争。[18]

四、国家安全司法的特点

司法是指国家司法机关根据法定职责和法定程序，具体应用法律处理案件的专门活动，也称法的适用。[19] 根据司法的一般含义，国家安全司法是指国家司法机关及其工作人员依照法定程序和法定职权，具体应用法律处理违反国家安全法律案件的专门活动。[20] 国家安全司法除了具有司法的一般特征外，还有其自身的特点：(1)国家安全司法权是司法机关及其工作人员以国家名义依法行使，国家安全机关、公安机关、军事机关等其他国家机关不能行使司法权。我国的司法权包括审判权和检察权，分别由人民法院行使和人民检察院行使。(2)国家安全司法是司法机关及其工作人员依法处理违反国家安全法律的专门活动，而不是处理违反其他法律的活动。(3)国家安全司法裁决具有权威性，它是国家司法机关以国家强制力作后盾，依照法定职权和法定程序，以国家名义对违反国家安全法律的案件作出的最终裁决，其他国家机关和组织或个人都必须执行，不得擅自修改和违抗。

第四节 专门机关维护国家安全的职责

一、专门机关维护国家安全的职责概述

根据《国家安全法》的规定，国家安全机关、公安机关、有关军事机关是维护国家安全的专门机关。国家安全机关、公安机关依法搜集涉及国家安全的情报信息，在国家安全工作中依法行使侦查、拘留、预审和执行逮捕以及法律规定的其他职权，有关军事机关在国家安全工作中依法行使相关职权。国家安全机关、公安机关、有关军事机关开展国家安全专门工作，可以依法采取必要的手段和方式，有关部门和地方应当在职责范围内提供支持和配合。除

---

〔18〕 参见李竹主编：《中国国家安全法》，人民出版社 2006 年版，第 173 ~ 174 页。

〔19〕 参见张文显：《法理学》，高等教育出版社 1999 年版，第 306 页。

〔20〕 参见李竹主编：《中国国家安全法》，人民出版社 2006 年版，第 172 ~ 173 页。

《国家安全法》之外，其他法律也规定了专门机关的职责。如《国家情报法》规定，国家安全机关和公安机关情报机构、军队情报机构按照职责分工、相互配合，做好情报工作、开展情报行动。《反间谍法》规定国家安全机关是反间谍工作的主管机关，继续承担国家安全法规定的防范、制止和惩治间谍行为的责任。公安、保密行政管理等其他有关部门和军队有关部门按照职责分工，密切配合，加强协调，依法做好有关工作。由以上法律规定可知，专门机关维护国家安全的职权主要包括情报信息、行政执法、刑事执法三个方面，以下分别进行介绍。

二、专门机关的情报信息职责

（一）情报信息工作的任务和作用

情报信息工作是维护国家安全的重要方面，也是国家安全工作的重要组成部分。国家情报信息工作坚持总体国家安全观，为国家重大决策提供情报参考，为防范和化解危害国家安全的风险提供情报支持。维护国家政权、主权、统一和领土完整、人民福祉、经济社会可持续发展和国家其他重大利益。[21]

国家安全机关、公安机关和有关军事机关依法搜集的涉及国家安全的情报信息，既包括涉及我国国家主权、安全和利益的情报信息，也包括涉及我国政治安全、人民安全、国土安全、军事安全、经济安全、金融安全、资源能源安全、粮食安全、文化安全、科技安全、网络信息安全、社会安全、生态安全、核安全、新兴领域安全、海外利益安全和其他有关领域国家安全的情报信息。

（二）情报信息的工作原则

1. 专群结合。国家安全机关、公安机关、有关军事机关等专门机关负有专门责任，必须不断提升自身的能力和水平，发挥专门机关的作用。同时，必须依靠群众，走群众路线，与人民群众相结合。有了人民群众千万双眼睛，危害国家安全的犯罪活动就无处藏身。

2. 公密结合。要依据法律赋予的权利，充分运用公开的方式方法和途径，开展情报信息工作。同时，还要遵循情报信息工作的规律，采取必要的秘密方式方法和途径进行情报工作。只有“公密结合”才能获取高质量的情报信息。

---

〔21〕 参见郭守祥、韩治国：《〈国家情报法〉释放哪些安全“情报”》，载《信息安全》2017 年第 9 期。

3. 分工负责和协作配合相结合。国家情报工作实行分工协作机制，中央国家安全领导机构统筹协调各领域的情报工作，研究决定其中的重大事项。国家安全机关和公安机关情报机构、军队情报机构各司其职。

4. 人力与技术相结合。既深入扎实地做好人力情报信息工作，又要运用先进的科学技术手段开展情报信息工作，并将二者有机结合。这是提高情报信息质量和能力的重要保障。

5. 搜集与处置相结合。情报信息是行动处置的依据，行动处置是情报信息的目的。情报信息工作必须牢固树立为处置服务的指导思想，处置也要为情报信息工作创造必要的条件，给予必要的支持。情报信息工作必须与行动处置工作紧密结合，才能够切实提高整体工作水平和能力。

情报信息工作机构及工作人员的职权、情报信息的保障措施等内容在本书第三章第三节已进行介绍，此处不再赘述。

三、专门机关的刑事执法职责

专门机关依据其职权办理涉及国家安全的违法犯罪案件时，贯彻执行国家刑事法律，代表国家对危害国家安全的违法犯罪行为进行刑事追诉的活动。我国《宪法》第 28 条规定，国家维护社会秩序，镇压叛国和其他危害国家安全的犯罪活动，制裁危害社会治安、破坏社会主义经济和其他犯罪的活动，惩办和改造犯罪分子；第 29 条规定，国家的武装力量的任务包括巩固国防、抵抗侵略，保卫国家、保卫人民的和平劳动。根据上述要求，《刑法》在分则第一章专章规定了危害国家安全罪，并在危害公共安全、妨害社会管理秩序罪、危害国防利益等其他章节中，规定了多项涉及危害各领域国家安全的罪名。为了保证刑法的正确实施，维护国家安全和人民利益，《刑事诉讼法》规定了惩治包括危害国家安全犯罪在内的各种犯罪和刑事诉讼制度。对刑事案件的侦查、拘留、执行逮捕、预审、采取技术侦查措施等由公安机关负责；国家安全机关依照法律规定，办理危害国家安全的刑事案件，行使与公安机关相同的职权；军队保卫部门对军队内部发生的刑事案件行使侦查权，军队保卫部门办理刑事案件，适用刑事诉讼法的有关规定。

1. 侦查。《刑事诉讼法》对侦查的概念作了明确的规定：侦查，是指公安机关、人民检察院在办理案件过程中，依照法律进行的专门调查工作和有关的强制措施。刑事诉讼法规定的专门调查工作包括讯问犯罪嫌疑人、询问被害人、勘验、检查、鉴定、辨认、强制采样、技术侦查措施等内容。强制措施，是指侦查机关采取的涉及限制或者剥夺个人人身自由、财产、隐私等权益的措施，包括法定的五种强制措施，即拘传、取保候审、监视居住、拘留和逮捕，也包括诸如搜查、扣押、查询、冻结、通缉等侦查措施。[22]

2. 拘留。刑事诉讼中，专门机关在法定的紧急情况下，对现行犯或重大嫌疑分子采取的临时剥夺其人身自由的一种强制方法，称拘留，也称刑事拘留。刑事拘留是专门机关在侦查过程中的一种紧急处置措施，是同犯罪分子作斗争的有力武器。刑事拘留是一种预防性措施，目的在于保证刑事诉讼活动的顺利进行，防止犯罪嫌疑人、被告人实施妨碍侦查、起诉和审判顺利进行的行为。

3. 预审。专门机关为准确认定犯罪、惩罚犯罪，保证刑事诉讼活动的正常进行，对侦查中收集、调取的各种证据材料予以核实，也就是进一步运用侦查手段复核证据、认定案件事实，确定定案根据，并进一步发现犯罪线索，扩大侦查成果，以便正确处理案件。根据《公安机关办理刑事案件程序规定》的规定，公安机关经过侦查，对有证据证明有犯罪事实的案件，应当进行预审，对收集、调取的证据材料的真实性、合法性及证明力予以审查、核实。

4. 执行逮捕。执行逮捕，是指经过人民检察院批准或者人民法院决定，由专门机关对犯罪嫌疑人、被告人实施逮捕。逮捕是刑事诉讼强制措施体系中最严厉的一种，为防止犯罪嫌疑人、被告人逃避侦查、起诉和审判，防止其发生社会危险性。逮捕是依法采取的在一段时间内剥夺其人身自由、予以羁押的强制方法，不仅剥夺了犯罪嫌疑人、被告人的人身自由，而且一般都要羁押到法院的判决生效为止。[23]

案 例 彼得资助危害国家安全案

2009年8月，彼得·耶斯佩尔·达林（瑞典籍）伙同他人，在香港注册成立名为“Joint Development Institute”（JDI）的机构，在境内以“中国维权紧急救助组”的名义活动，未履行任何注册备案程序、资金入境和活动完全脱离正常监管。该组织长期接受某外国非政府组织等7家境外机构的巨额资助，在中国建立10余个所谓“法律援助站”，资助和培训无照“律师”、少数访民，利用

[22] 参见程荣斌：《刑事诉讼法》，中国人民大学出版社2013年版，第258页。

[23] 参见郑淑娜主编：《中华人民共和国国家安全法解读》，中国法制出版社2016年版，第244～245页。

他们收集我国各类负面情况，加以歪曲、扩大甚至凭空捏造，向境外提供所谓“中国人权报告”。同时，该组织通过被培训的人员，插手社会热点问题和敏感案事件，蓄意激化一些原本并不严重的矛盾纠纷，煽动群众对抗政府。2016年1月4日，北京市国家安全局依法对其采取指定居所监视居住强制措施。2016年1月25日，彼得等犯罪嫌疑人涉嫌资助危害国家安全犯罪活动，被江西省国家安全机关和北京市国家安全机关依法采取刑事强制措施，将其依法驱逐出境，并10年禁止入境。

四、专门机关行政执法的职责

专门机关在维护国家安全、实施国家安全行政组织和管理过程中，依照国家安全法律法规的规定，对涉及国家安全的具体事件和具体管理相对人作出的各种具体行政行为。专门机关根据《国家安全法》、《国家情报法》、《反间谍法》、《反恐怖主义法》、《中华人民共和国人民警察法》（以下简称《人民警察法》）、《人民武装警察法》、《邮政法》、《出境入境管理法》、《中华人民共和国护照法》、《保守国家秘密法》、《治安管理处罚法》、《中华人民共和国集会游行示威法》、《军事设施保护法》等法律的规定，在履行维护国家安全职责时，可以依法行使行政执法方面的职责。在行政执法过程中，专门机关可依法采取行政许可、行政奖励、行政处罚、行政强制等，必要时对有关人员的人身、财产进行临时性的约束或控制，对有关行政违法行为进行必要的处罚、惩戒和教育等。如《人民警察法》规定了人民警察的14项职责，其中除依法对刑事案件进行侦查、预审以及部分刑罚的执行属于刑事执法活动外，其他大量的工作都属于行政执法活动。[24]《国务院对确需保留的行政审批项目设定行政许可的决定》（国务院令第412号）附件第66项规定，涉及国家安全事项的建设项目审批，由国家安全部、地方各级国家安全机关审批。《反间谍法》第四章第29～34条规定，国家安全机关对于违反《反间谍法》或国家安全行政管理秩序尚未构成犯罪的行为，针对不同情况和危害程度可以处以警告、没收、行政拘留、限期离境或者驱逐出境四种行政处罚。

---

〔24〕　参见邢捷、孟昭阳：《公安行政执法中的问题、症结及对策》，载《中国人民公安大学学报》2003年第4期。

案 例 查处违法采集地理信息数据行为

2007年3月、2009年8月，两位日本公民佐藤正光、水上和则未经测绘行政主管部门批准，先后两次分别以考古、学术交流为名，携带高精度手持卫星定位仪到江西省南丰、鹰潭、上饶、铅山等地进行非法测绘活动。江西省国家安全机关联合测绘部门对其审查，发现他们采集的坐标点位数据中有2个绝密级、4个机密级、1个秘密级军事秘密，一旦外泄，将对我军事设施安全构成严重威胁。佐藤正光、水上和则的行为违法，江西省铅山县国土资源局于2009年3月依据《中华人民共和国测绘法》（以下简称《测绘法》）第51条的规定，对佐藤正光等人作出没收测绘工具和测绘成果、罚款人民币2万元的行政处罚。

第五节 国家机关及其工作人员履职要求

《国家安全法》第43条要求国家机关及其工作人员在履行职责时，应当贯彻维护国家安全的原则，国家机关及其工作人员在国家安全工作和涉及国家安全活动中，应当严格依法履行职责，不得超越职权、滥用职权，不得侵犯个人和组织的合法权益。

一、贯彻维护国家安全的原则

各地区、各部门要各司其职、各负其责，密切配合、通力合作、勇于负责、敢于担当，形成维护国家安全和社会安定的强大合力。[25]《国家安全法》第11条规定，中华人民共和国公民、一切国家机关和武装力量、各政党和各人民团体、企业事业组织和其他社会组织，都有维护国家安全的责任和义务。因此，所有各级国家机关及其工作人员，无论是国家安全专门机关还是只承担某一领域的国家安全工作的部门，无论是在从事明确规定的国家安全任务还是在履行其他职责过程中，都必须始终贯彻维护国家安全的原则，将维护国家安全作为国家机关及其工作人员履行职责的基本要求。

---

〔25〕 参见习近平：《习近平在中共中央政治局第十四次集体学习时强调：切实维护国家安全和社会安定为实现奋斗目标营造良好社会环境》，载《人民日报》2014年4月27日，第1版。

（一）作为履行职责的法律原则

法律原则是一定法律体系中作为法律规则的指导思想、基础或本源的总和的、稳定的法律原理和准则，对于法律的贯彻实施具有导向作用。各国国家安全立法均在一定程度上强调国家安全的优先性，我国的国家安全法也不例外。它以维护国家安全为首要宗旨，体现了“国家利益高于一切”的理念。[26]《国家安全法》规定了国家安全工作应坚持总体国家安全观，贯彻维护国家安全的原则，要求其在履行职责中把总体国家安全观作为指导原则和思想武器。各地区各部门要贯彻总体国家安全观，准确把握我国国家安全形势变化新特点新趋势，坚持既注重外部安全又重视内部安全、既重视国土安全又重视国民安全、既重视传统安全又重视非传统安全、既重视发展问题又重视安全问题、既重视自身安全又重视共同安全，切实做好国家安全各项工作。国家机关及其工作人员是维护国家安全的责任主体，将维护国家安全与开展各项业务工作紧密结合，落实维护国家安全的职责。

（二）作为履行职责的积极法律义务

我国《宪法》第 54 条规定，公民有维护祖国的安全、荣誉和利益的义务，不得有危害祖国的安全、荣誉和利益的行为。法学上的义务范畴是指法律规定的对法律关系主体必须作出一定行为或不得作出一定行为的约束，与权利相对。义务性法律规范是法律规范对行为者的“不为”的外力影响，是“不能不为”即“应为”，对应在法律规范中大致有几个较为常用的语词，如“应当”“必须”“应该”“义务”等。维护国家安全作为积极性法律义务，要求国家机关及其公职人员履行职责时应当积极作为，不按法律的规定作为本身就是违法。国家安全法规定国家机关工作人员在国家安全工作和涉及国家安全活动中，滥用职权、玩忽职守、徇私舞弊的，依法追究法律责任。任何个人和组织违反有关法律规定，不履行维护国家安全的义务，都要依法追究法律责任。

二、严格依法履行法定职责

（一）依法行使职权

在全面推进依法治国的大背景下，维护国家安全也必须坚持社会主义法

---

〔26〕 参见周叶中、庞远福：《论国家安全法：模式、体系与原则》，载《四川师范大学学报》2015 年第 3 期。

治原则,法治是实现国家安全能力的最佳方式。法治要求政府在法律范围内依法办事;政府机关及其工作人员如果违反法律,超越法律活动,即要承担法律责任。依法履职是宪法和法律对于国家机关及其工作人员的基本要求,开展国家安全工作和涉及国家安全的活动也不能例外。如《宪法》明确规定,一切国家机关和武装力量、各政党和各社会团体、各企事业单位都必须遵守宪法和法律,一切违反宪法和法律的行为,必须予以追究;任何组织或者个人都不得有超越宪法和法律的特权。《中华人民共和国公务员法》(以下简称《公务员法》)规定,所有公务员都应当模范遵守宪法和法律,按照规定的权限和程序认真履行职责。

我国历来重视维护国家安全工作,先后制定了一系列维护国家安全的法律法规,这些法律法规对维护国家安全发挥了重要作用。实现国家安全法治化,今后还将制定相关法律法规和配套制度,建立起完善的国家安全法治体系。国家机关及其工作人员应运用法治思维和法治方式,在宪法和法律建立的法治框架和体系内开展维护国家安全的各项工作和活动,严格依照法定权限和程序行使公权力、履行职责,既不能超越职权,也不能滥用职权。

(二)尊重和保障人权

尊重和保障人权原则既是宪法的基本原则,也是国家安全法的基本原则,是国家机关及其工作人员依法履职的基本要求。作为一个法治政府,自然应该尊重和保障人权,切实维护公民的合法权益,使之不受侵犯。根据《国家安全法》的规定,在国家安全工作中,需要采取限制公民权利和自由的特别措施时,应当依法进行,并以维护国家安全的实际需要为限度。《国家安全法》等法律赋予国家安全机关、公安机关、有关军事机关开展国家安全专门工作,可以依法采取必要手段和方式的权利。专门机关采取技术侦查措施收集证据,揭露、证实危害国家安全的犯罪时,就不可避免地涉及对公民权利进行某种限制的问题。如搜查、扣押的实施,实质上都是以干预或限制相对人的财产权为对象的;拘留、逮捕的运用以限制相对人人身自由为目的;包括监听、秘密拍照或录像、秘密获取某些物证、邮件检查等技术侦查措施的运用因往往触及个人隐私区域中的一些信息而对公民的隐私权进行限制。[27] 从外国的情况看,有不少国家也重视在侦查危害国家安全犯罪中运用技术侦查措施,但一般都通

〔27〕 参见施亚芬:《论从权利视野中解读国家安全机关刑事执法权》,载《河北法学》2010 年第 10 期。

过法律途径对技术侦查措施的运用设定严格的条件和严密的程序，实现在有效打击犯罪的同时兼顾保障公民基本权利。

（三）权力制约和监督

公民对国家机关和国家工作人员提出批评、建议、申诉、控告或者检举，是宪法赋予公民的监督权利。公民和组织对国家安全工作有向国家机关提出批评建议的权利，对国家机关及其工作人员在国家安全工作中违法失职行为有提出申诉、控告和检举的权利。根据行政法规定，遭受国家行政机关违法或者不当处理的当事人，可以提出申诉、控告；提起行政复议和行政诉讼；遭到损害时，有权提出国家赔偿。《反间谍法》也规定，任何个人和组织对国家安全机关及其工作人员超越职权、滥用职权和其他违法行为，都有权向上级国家安全机关或者有关部门检举、控告。

此外，在大数据时代，公众有多重途径参与社会管理，涉及国家安全领域的各项工作变得越来越透明。然而，国家安全工作通常具有隐蔽秘密性，特别是在反间谍、情报信息、反恐怖活动、海外利益保护等领域，这就要求在国家安全工作中，一定要处理好公开与保密之间的关系，提高国家安全立法技术水平，保障公众的知情权，并自觉接受公众监督。[28]

课程阅读指南

1. 以下文章对国家机构的性质和职责进行了介绍，对比阅读，可以加深对国家安全机关的职责的理解和认识。

胡锦光：《宪法学》，中国人民大学出版社 2013 年版，第 181～216 页。

郑淑娜主编：《中华人民共和国国家安全法解读》，中国法制出版社 2016 年版，第191～228 页。

《总体国家安全观干部读本》编委会编：《总体国家安全观干部读本》，人民出版社 2016 年版，第 220～222 页。

王浦劬：《中央与地方事权划分的国别经验及其启示——基于六个国家经验的分析》，载《政治学研究》2016 年第 5 期。

周叶中、张小帅：《再论全国人民代表大会对香港特别行政区的国家安全立法权》，载《江汉大学学报》（社会科学版）2016 年第 4 期。

---

〔28〕 参见康均心、秦继红：《走中国特色国家安全法治道路》，载《光明日报》2016 年 5 月 10 日，第 2 版。

孟涛:《中国非常法律的形成、现状与未来》,载《中国社会科学》2011年第2期。

2. 以下文献对国家安全专门机关的职责进行了介绍,加深对专门机关维护国家安全的职责的理解和认识。

王爱立主编:《中华人民共和国反间谍法解读》,中国法制出版社2015年版,第16~27页、第42~95页。

姜明安:《行政法与行政诉讼法》,北京大学出版社2015年版。

张明楷:《刑法学》,法律出版社2016年版,第679~686页。

施亚芬:《论从权利视野中解读国家安全机关刑事执法权》,载《河北法学》2010年第10期。

思考题

1. 国家机关及其工作人员维护国家安全的职责是什么?
2. 专门机关的行政执法权有哪些类型?
3. 如何理解"以审判为中心"的诉讼制度改革中,专门机关、人民检察院、人民法院,坚持"分工负责、互相配合、互相制约"原则,惩治危害国家安全的犯罪?

第十章　国家安全制度

维护国家安全，要靠制度、机制来支撑，《国家安全法》在总结以往实践经验的基础上，既明确了国家安全制度建设的总体要求，即建立"统分结合、协调高效的国家安全制度和工作机制"，又规定了一些具体的国家安全工作机制，如国家安全重点领域工作协调机制、国家安全工作督促检查和责任追究机制、国家安全战略贯彻实施机制、重大事项跨部门会商工作机制、国家安全协同联动机制、国家安全决策咨询机制。此外，《国家安全法》还从维护国家安全工作的现实需要出发，规定了维护国家安全的具体制度：如情报信息收集、研判、使用制度，风险评估、风险预警机制以及国家安全事件报告制度、国家安全重大事项的审查和监管制度、国家安全危机管控制度等。

第一节　一 般 规 定

一、国家安全制度和工作机制的基本要求和目标

（一）国家安全制度和工作机制的提出

2013 年，党的十八届三中全会决定成立中央国家安全委员会，建立集中统一、高效权威的国家安全领导体制，加强对国家安全工作的集中统一领导。中央国家安全委员会的主要职责是制定和实施国家安全战略，推进国家安全法治建设，制定国家安全工作方针政策。2014 年 1 月 24 日，中央政治局会议明确，中央国家安全委员会遵循"集中统一、科学谋划、统分结合、协调行动、精干高效"的原则开展国家安全工作。2015 年 4 月 15 日，中央国家安全委员会第一次会议提出，建立集中统一、高效权威的国家安全体制，加强对国家安全工作的领导。《国家安全法》对国家安全制度和工作机制予以法定化，规定"中央国家安全领导机构实行统分结合、协调高效的国家安全制度与工作机制"。

（二）国家安全制度和工作机制的含义

《国家安全法》规定了中央国家安全领导机构实行“统分结合、协调高效”的国家安全制度与工作机制。其中“统分结合”是实体要求，“协调高效”是程序目标。[1]

“统”，是指统一、统筹。国家安全事权在中央，因此，国家安全工作必须高度集中，统于中央。习近平总书记在《关于〈中共中央关于全面推进依法治国若干重大问题的决定〉的说明》中明确指出，我们的安全工作体制机制还不能适应维护国家安全的需要，需要搭建一个强有力的平台统筹国家安全工作。设立国家安全委员会，加强对国家安全工作的集中统一领导。《国家安全法》第 4 条确立了“集中统一、高效权威”的国家安全领导体制；第 5 条明确规定的“统筹协调国家安全重大事项和重要工作”是中央国家安全领导机构的重要职能之一。这些都是“统”的具体体现。

“分”，是指在国家安全事务上，各责任主体分兵把口、各负其责。我国政府的行政管理体制实行的“条块结合”模式，通过层级化把整个行政区域切成为块状，又通过各层级对应的部门把块块切成了条条，从而形成条块结合的体系。各部门对本系统业务、各地区对本辖区事务负有领导或指导的职能，都是维护国家安全的责任主体。因此，《国家安全法》第三章对有关国家机关和各地区、各部门维护国家安全的职责进行了详细规定。我国的国家安全委员会主要职责是国家安全的决策和议事协调，而不是国家安全工作的执行机构，维护国家安全的责任必须且只能通过各责任主体分别承担。

“协调”，是指协调行动。国家安全因素的复杂性，决定了国家安全工作牵一发而动全身，一旦国家安全危机出现或者次生、衍生灾害发生，需要有效动员各方力量，共享各方信息，调动各方资源，统筹协调，集中优势，形成合力，共同应对危机和灾害，切实维护国家安全。我国政府各职能机构之间越来越相互依赖，政府的单一职能部门难以独立解决的、棘手的公共管理问题，通常通过部门之间进行议事协调，直至组成议事协调机构联合各职能部门加以解决。[2]《国家安全法》第 45 条规定了国家安全重点领域协调工作机制，第 48 条规定了跨部门会商工作机制，第 49 条规定了中央与地方之间、部门之间、军

---

[1] 参见郑淑娜主编：《中华人民共和国国家安全法解读》，中国法制出版社 2016 年版，第 230 页。

[2] 参见王伟、曹丽媛：《作为任务型组织的政府议事协调机构》，载《中共中央党校学报》2013 年第 4 期。

地之间以及地区之间关于国家安全的协同联动机制。这些制度和机制的设立,确保国家安全工作中能够协调一致,共同行动,调动一切能够调动的力量、资源,形成维护国家安全的合力。

"高效",是指运转高效。国家安全事关重大,要求国家安全工作体制机制必须高效运转,否则就会丧失战机、酿成大祸,造成不可挽回的后果。当代国家安全治理中的一个重要内容就是对各种重大事件和危机进行有效管理,包括突发外交事件、恐怖主义袭击、严重暴力事件、自然灾害、公共卫生事件、环境事故、核事故等。对这些事件和危机的处置要求决策者作出及时、专业和科学的判断,并进行有效和协同的应对。"高效"是各国在设计国家安全工作机制时必须考量的重要因素之一。一般情况下,层次越多,信息沟通越迟缓,信息失真的可能性越大;管理幅度越宽,协调越困难。"精简、高效、统一"的原则,要求需要变金字塔结构为扁平式的非金字塔式结构。[3] 人员精干高效、层级紧缩,是各国国家安全机制运作高效的重要保证。

二、国家安全重点领域工作协调机制

《国家安全法》第45条规定,国家建立国家安全重点领域工作协调机制,统筹协调中央有关职能部门推进相关工作。

(一)国家安全重点领域工作协调机制的含义

以组织理论为视角,组织结构的两个基本分析维度是分工与协调。分工与协调在组织机构的设计设置中占据核心位置,组织达成目标、完成任务必须依靠部门的分工与协调。所谓"协调",在中文中有两种词性,作为形容词时指两者有较大的一致性,作为动词时指是双方配合得比较一致。因此,中央有关职能部门间的协调也可以从两个方面理解:首先,"协调",是指行政组织内部运行的一种状态,即中央有关职能部门在共同维护国家安全的目标下,各负其责,各尽所能地和谐运行。其次,从管理者的角度来看,"协调",指国家安全领导机构设立维护国家安全的近期和长远期目标,并制定相应的规章和制度监督各职能部门有效执行的过程;从被管理者的角度来看,协调,是指组织内部的各职能部门和工作人员之间为了实现共同的国家安全目标相互之间交

[3] 参见刘祖云:《"高效行政"源于行政体制与机制创新》,载《理论月刊》2004年第9期。

流沟通以平衡各种利益关系,统一步调,有效地实现组织目标的过程。[4]"机制"一词应用于社会现象,指一个工作系统的组织或部门之间相互作用的过程和方式,即系统维持其潜在功能并使之成为特定的显现功能而以一定规则规范系统内各组成要素间的联系、调节系统与环境关系的内在协调方式及调节原理。[5] 在任何一个系统中,机制都起着基础性的、根本的作用。从这个意义上讲,中央有关职能部门间协调机制是指中央有关职能部门在职责分工的基础上,为了一致和高效地完成维护国家安全任务的目标,通过制度安排形成的相互联系、相互作用的程序、原则及其运作方式。

(二)国家安全重点领域工作协调机制的必要性

1.职能部门专业分工为组织协调机制的构建提供了必要性。分工带来了专业化优势,提高效率的同时,也伴随着组织各部分之间的协同能力降低。这在一定程度上反而不利于组织运作效率的提高。现代行政组织是一个纵横交错的体系,纵向分为许多层次,横向分为许多职能部门和子系统。各个方面不可避免地要从自身的利益出发考虑问题,导致利益和要求的多元化。部门间的功能分工是必需的,各个部门基于共同目标的统一也是必不可少的,否则组织运行的效率就会降低。组织的统一并不会自然而然地从劳动的过程中产生出来,因此就需要组织管理者建立一种各个部门有效配合、协作的协调机制。

2.职能部门之间冲突的存在为协调机制的构建提供必要性。对于大多数国家而言,国家安全工作都涉及军事、外交、国防、情报、安全、内政、经济发展等众多职能部门,在工作配合中,常常产生部门利益化、情报信息沟通不畅、协调不力甚至相互掣肘等问题。因此,建立协调机制,将各个责任主体相互配合、相互协作共同完成维护国家安全任务的方式予以制度化,对于确保顺利完成维护国家安全任务是十分必要的。

(三)国家安全重点领域工作协调机制的范围

国家安全领域需要协调的方面很多,中央有关职能部门间协调机制针对的是国家安全重点领域。所谓国家安全重点领域,主要是指那些对国家安全具有决定意义或重要影响的领域。一旦这些领域产生安全风险,将对我国的

---

[4] 参见穆军全、霍冲:《行政组织内部协调机制构建的路径探析》,载《辽宁行政学院学报》2013年第3期。

[5] 参见郑淑娜主编:《中华人民共和国国家安全法解读》,中国法制出版社2016年版,第232页。

总体国家安全造成较大的冲击和影响。《国家安全法》第二章维护国家安全任务中，规定了各相关领域维护国家安全的任务。这些领域将成为当前和今后一段时期维护国家安全的重点，都必须建立工作协调机制。《国家安全法》第34条规定，"国家根据经济社会发展和国家发展利益的需要，不断完善维护国家安全的任务"。国家安全涉及许多重点领域，且范围不是一成不变的，是一个开放的体系，涉及的各领域安全随着国家安全内涵和外延的扩展而调整，不同领域安全的重要性和紧迫性也会随着国家安全形势和我国维护安全能力的变化而变化。

三、国家安全工作督促检查和责任追究机制

督促检查是与决策、执行并重的行政管理三大职能之一。没有督查就没有落实，没有督查就没有深化。国家安全工作至关重要，必须确保有关决策和部署落到实处。否则，再好的目标、再好的蓝图，也只是镜中花、水中月。现实中，一些地方和部门对抓落实的认识还有偏差、作风不够扎实；重布置、轻落实，有令不行、有禁不止，推诿扯皮、敷衍塞责等现象时有发生；选择性执行、象征性落实等问题不同程度存在。为解决这些问题，《国家安全法》第46条规定，国家建立国家安全工作督促检查和责任追究机制，确保国家安全重大战略和重大部署贯彻落实。

（一）国家安全工作督查检查机制

中共中央《关于加强新形势下党的督促检查工作的意见》，对加强新形势下党的督促检查工作提出明确要求。国务院办公厅《关于进一步加强政府督查检查工作的意见》指出，督促检查工作是政府工作的重要组成部分，是政府全面履行职责的重要环节，是落实党和政府重大决策部署的重要保障。根据该意见，建立完善常态化的督促检查工作，主要是建立健全以下四个机制：统筹协调机制、分级负责机制、协同配合机制、动态管理机制。建立督促检查工作机制，具体包括五项制度：限期报告制度、调查复核制度、情况通报制度、责任追究制度和督查调研制度。2018年4月17日，第十九届中央国家安全委员会第一次会议审议通过了《党委（党组）国家安全责任制规定》，该规定明确了各级党委（党组）维护国家安全的主体责任，要求各级党委（党组）加强对履行国家安全职责的督促检查，确保党中央关于国家安全工作的决策部署落到实处。

（二）国家安全工作责任追究机制

没有检查就没有落实，没有问责就没有尽责。国家安全工作督促检查和责任追究机制突出强调了责任追究的问题。责任追究要求“政府对法律负责”，即政府对法律承担责任，一是行政机关履行法律规定的职责；二是行政机关承担由于在未履行或未履行好其法定职责时引起的否定性的法律后果。[6] 责任追究中的责任，主要是指后者，即行政机关及其行政公务人员违法、违纪或不正当行政而应当承担的不利后果。责任追究作为政府对法律负责的重要责任制度安排，旨在约束行政权力的行使者，防止和纠正行政权力运行过程中出现的偏误与紊乱，确保行政权力在法定轨道上正当运行。国家安全工作事关重大，上级作出的各项国家安全重大决策部署，有关责任单位要不折不扣地贯彻落实，不能失职渎职，敷衍塞责、贯彻执行不力的，要坚决追究责任。

（三）国家安全工作督促检查的内容

督促检查机制的主要目的是“确保国家安全战略和重大部署贯彻落实”。可以说，督促检查的内容，一是“国家安全战略”落实情况，二是“重大部署”落实情况。国家安全战略是关于国家安全全局性长远目标及实现这些目标的根本途径和手段的全局性、持久性方案。2004 年，中国官方首次提出“完善国家安全战略”的任务；2013 年，习近平总书记提出“制定和实施国家安全战略”的要求；2015 年，中共中央政治局会议审议通过《国家安全战略纲要》。[7]《国家安全法》对国家安全战略的主要内容作了明确规定，“全面评估国际、国内安全形势，明确国家安全战略的指导方针、中长期目标、重点领域的国家安全政策、工作任务和措施”。对于重大部署，主要是涉及国家安全的法律法规及规范性文件、重要会议精神、重要批示或指示、重要工作方案以及经过批准付诸实施的相关部门提出的应对国家安全风险的意见和建议等。

四、国家安全战略贯彻实施机制

《国家安全战略纲要》作为名副其实、系统成文的“国家安全战略文本”，是维护国家安全的重要一步，但还只是第一步，更重要的是贯彻实施。《国家

〔6〕 参见杨海坤、章志远：《中国特色政府法治论研究》，法律出版社 2008 年版，第 289 页。

〔7〕 参见刘跃进：《国家安全战略及其完善》，载《新视野》2017 年第 4 期。

安全法》第17条要求各部门、各地区采取有效措施，贯彻实施国家安全战略。各部门、各地区贯彻实施国家安全战略，目前主要通过以下三种方式：

1. 制定法律、法规、部门规章以及规范性文件。《国家安全战略纲要》提出要“把法治贯穿于维护国家安全的全过程”，制定出台《国家安全法》就是把法治贯穿于维护国家安全工作的最重要举措。《国家安全法》适应了当前国家安全形势发展变化的需要，是一部综合性、全局性、基础性的法律，是指导、规范和保障国家安全工作的基本法律遵循。在坚定不移地继承和发展国家安全理念和理论体系，坚持、丰富和完善国家安全战略基础上，制定相关法律法规和配套制度，建立起完善的国家安全法律体系，为落实国家安全战略的各项要求奠定法律基础。此外，2016年12月9日，中共中央政治局会议审议通过的《关于加强国家安全工作的意见》是《国家安全战略纲要》的贯彻落实。[8]

2. 制定本领域、本系统的安全战略。2015年5月26日，国务院新闻办发表的《中国的军事战略》白皮书，对安全形势作出新判断，系统阐述了新的历史时期军队使命和战略任务。2016年1月1日施行的《反恐怖主义法》，将反恐怖主义纳入国家安全战略，综合施策，标本兼治，坚强反恐能力建设。2016年12月27日发布的《国家网络空间安全战略》则是总体国家安全观和《国家安全战略纲要》在网络安全领域的贯彻落实。可以说，不同的领域和系统都涉及具体的安全战略，需要明确本领域和本系统的战略目标，服从服务于国家战略目标。

3. 制订工作计划或工作方案。关于国家安全战略的部署，通过制订工作计划或工作方案，进行分解任务、落实责任，组织人力物力财力予以贯彻落实。这是大多数部门和地区贯彻落实国家安全战略的方式。

五、重大事项跨部门会商工作机制

（一）会商工作机制的含义

国家根据维护国家安全工作的需要，建立跨部门会商机制，就维护国家安全工作的重大事项进行会商研判，提出意见和建议。“会商”，是指双方或多方共同商量，是国家机关工作中常见的工作方式之一，遇到需要与其他部门、地区协商解决或共同研究的问题，一般都会采取会商的方式。会商机制是以会商为基础形成的工作机制，对时间、对象、专题、原则、形式、结果等方面都有

---

〔8〕 参见刘跃进：《国家安全战略及其完善》，载《新视野》2017年第4期。

相对固定的要求。通过跨部门会商工作机制，就有关国家安全问题进行广泛的讨论，推动各种矛盾的有效解决，妥善处理政府部门间关系，形成良性协调配合工作格局。

（二）会商事项

会商工作机制中的会商事项是“国家安全重大事项”，是指对国家安全有或可能产生重大影响的事项，包括对某一个阶段或某一个时期对国家安全形势的评估，对国家安全风险的预警，国家安全危机的应对和管控，维护国家安全的体制机制建设，国家安全能力建设，国家安全保障体系建设，以及国家安全重大工作部署、资源配置、力量分布等。

（三）会商部门

会商工作机制中的“部门”，包括中央有关职能部门和地方有关职能部门。国家安全主要是中央事权，地方同样负有维护国家安全的职责。因此，跨部门会商机制既包括中央有关职能部门之间的会商，也包括地方有关职能部门之间的会商。中央与地方之间的工作联系不叫会商，而是属于《国家安全法》第49条规定的中央和地方之间的协同联动的问题。所以，跨部门会商不包括中央有关职能部门和地方有关职能部门相互之间的联系。跨部门会商工作机制的会商属于同等层级部门之间的横向协同形式，需要明确的牵头部门。〔9〕

（四）会商目的

建立跨部门会商工作机制的目的是“就维护国家安全工作的重大事项进行会商研判，提出意见和建议”。会商研判包括“会商”和“研判”两层含义。会商如前所述，是共同商量，涉及跨部门的重大事项，需要征求相关部门的意见，进行广泛的讨论，推动部门达成共识、达成一致。因此会商的目的是消除分歧或求同存异，最终形成可行意见。而研判就是对事情的走向和发展趋势进行预测分析，为决策提供依据。这就要求会商要遵循一定的原则和规则，努力提高研判的水平和质量。会商研判的原则就是以宪法法律为依据、以客观事实为准绳，同时坚持民主决策、科学决策。研判是各部门充分表达意见的过

〔9〕《关于深化行政管理体制改革的意见》中提出：理顺部门职责分工，坚持一件事情原则上由一个部门负责，确需多个部门管理的事项，要明确牵头部门，分清主次责任。健全部门间协调配合机制。

程，属于发扬民主的过程，不存在集中的问题，研判要解决的是发生概率问题，理论上要穷尽可能，这样提出的意见建议才具有参考价值。

六、国家安全协同联动机制

（一）协同联动机制的内涵

协同，是指国家为使中央与地方之间、部门之间、军地之间、地方之间能分工合作、协同一致地开展维护国家安全工作所进行的各类活动。协同的作用在于，使每一个具有维护国家安全职能的部门、人员和其他参与主体都能形成国家安全工作的一部分，从而保证整个国家安全工作体系有条不紊地运行。联动是指国家安全工作各参与主体联合行动、步调一致、互相配合，以实现共同维护国家安全的目标。协同的目的是联动，协同是过程和手段，联动是目的和结果。

（二）协同联动机制的必要性

我国维护国家安全体制机制总体是好的，但也存在不适应的问题。这些问题主要体现三个方面：(1)部门职能分工形成的管理壁垒。各部门之间信息交流不畅造成一个个“信息孤岛”，无法从总体上认知事件发生的性质。导致危机信息的监测不能有效提供预警，不利于实现“早发现、早处理”。部门分工和分管体制经常阻碍部门协作，难以形成共同应对危机事件的合力。(2)政府之间区域分割形成的管理壁垒。危机事件往往超出一定行政区域，涉及多个同级行政区域，区域之间政府的协调联动将极大影响危机事件的处置结果。区域之间政府的协作非常薄弱，对于不同区域政府之间的协调联动存在障碍。(3)条块关系状态下的矛盾产生的壁垒。地方政府与上级政府主管部门之间的条块关系上产生障碍。我国行政组织呈条块分割，下级部门在服从上级部门指导和服从本级政府领导之间有时出现两难，容易妨碍国家安全风险事件的统一行动部署，引发协同问题。为解决各部门各自为政，相互缺乏衔接和协调，发挥整体优势，中央和地方政府在行政实践中广泛采取了协同联动机制，统一部署管理行政事务。如社会治安形势分析研判联席会议制度、境外中国公民和机构安全保护工作部际联席会议制度等。要解决这些问题建立健全协同联动机制非常必要。

（三）协同联动机制的内容

国家安全协同联动机制和前述的中央职能部门以及地方职能部门跨部门

会商机制不同,其涉及中央与地方之间、部门之间、军地之间以及地区之间的关系,通常具有以下特点:(1)为专门任务或综合性项目而启动,涉及条和块、中央部门和地方政府的关系;(2)既有政策制定职能,也肩负政策实施的职责;(3)中央有关职能部门拥有对地方职能部门进行业务指导的权利,同时掌握地方政府需要的一些重要资源,因此在协同可运用的手段或工具、运作过程、实际效果等方面,和跨部门会商有明显的不同。[10]

维护和实现国家安全不是国家安全机关、公安机关、军事机关等几家的"独角戏",司法机关、外交部门等各级机关和各类政府部门都是国家安全工作体系的重要组成部分。在总体国家安全观的指导下和中央国家安全委员会的协调下,国家安全各专门机关和各职能部门处理好部门之间、中央与地方之间以及党政军之间的关系,要打破中央与地方之间、部门之间、军地之间、地方之间的壁垒,既各司其职、各负其责,又密切配合、通力合作,在应对重大国家安全危机上,步调一致、上下贯通、无缝对接、协同推进,形成维护国家安全的整体合力。可以尝试"按照统一领导、综合协调、分类管理、分级负责、属地管理为主的原则构建国家安全的治理体制"。[11]

七、国家安全决策咨询机制

国家安全作为治国理政的头等大事,关乎国家治理体系和治理能力现代化建设。建立健全国家安全领域的决策咨询机制,提升国家安全决策的科学化水平,既是国家安全形势发展的客观需要,也是国家安全工作自身规律的必然要求。《国家安全法》第50条规定,国家建立国家安全决策咨询机制,组织专家和有关方面开展对国家安全形势的分析研判,推进国家安全的科学决策。

(一)决策咨询机制的含义

2012年11月,党的十八大报告提出:"坚持科学决策、民主决策、依法决策,健全决策机制和程序,发挥思想库作用。"2013年11月,党的十八届三中全会通过的《中共中央关于全面深化改革若干重大问题的决定》明确提出,加强中国特色新型智库建设,建立健全决策咨询制度。2015年1月,中共中央

---

[10] 参见周志忍:《中国政府跨部门协同机制探析——一个叙事与诊断框架》,载《公共行政评论》2013年第1期。

[11] 徐晓林、朱国伟:《国家安全治理体系:人本位、综合安全与总体治理》,载《华中科技大学学报》2014年第3期。

办公厅、国务院办公厅印发了《关于加强中国特色新型智库建设的意见》。决策咨询机构作为知识和智慧的“蓄水池”，可以其专业化、系统化、综合化的优势为政府决策提供有力支持，有助于解决公共决策中“谋”与“断”的问题，实现二者的有效整合。政府决策咨询就是政府主体对公共事务问题实施决策时，征询专设研究机构、专家学者或咨询公司建议的一种活动和过程。[12] 决策咨询机制的建立对于科学决策、民主决策，推进国家治理体系和治理能力现代化具有重要意义。

（二）建立决策咨询制度的必要性

1. 决策者面临的日益复杂化的决策环境之客观要求。世界各国的国家安全委员会都是一个非常精简的机构，美俄英等国国家安全委员会的主要工作人员多为数十人到数百人之间。在复杂多变的社会大系统中，任何决策者都难以单凭自身的经验、知识、智慧和能力对国家安全各领域的问题和事务进行全面治理。除了依赖各职能部门外，需要一定的专业机构提供决策咨询。

2. 各部门、各行业的联系越来越密切，任何一项决策都会涉及众多部门、行业的利益和不同科学的知识，决策需要综合性的“大工程”。国家安全决策体系既需要不同学科、不同部门、不同高校之间加强协作，也需要研究机构与实际工作部门之间、自然科学与社会科学之间开展协作。决策咨询能够让决策者、各类专家学者和有关部门、行业进行互动，实现不同知识大融合，而且促成了多元利益主体的商谈。在广泛倾听相关职能部门意见的前提下，为了尽可能规避部门利益的干扰，国家安全委员会建立自己的独立咨询顾问团队十分重要。[13]

3. 决策咨询机制建设也是社会主义民主政治的需要。建立决策咨询机制，能保证决策来自民众的启发，决策意图反映民众的要求，体现民众的利益。

（三）决策咨询机制的内容框架

政府为保障决策咨询活动的规范化和法治化，需要建立决策咨询的组织机构、制度规范和工作程序。一是建立为决策者服务的专业化机构。这种专业化机构一般称为“专家委员会”或“决策咨询委员会”。其人员以专家学者

〔12〕 参见李金龙、杨伟才：《我国政府决策咨询发展路径初探》，载《湖南文理学院学报》2008 年第 5 期。

〔13〕 参见胡波：《经济视角下的中国国家安全委员会决策》，载《国际关系研究》2014 年第 5 期。

为主，也包括政府及其职能部门人员，还可吸收民间机构的人员。二是建立社情民意反映制度。一方面要创建收集和表达社情民意、收集和分析国家安全形势和情报信息的民间机构，另一方面还要畅通便于公众或组织参与的制度渠道。许多国家安全事项与群众利益密切相关，要通过公示、听证会等方式，保障公众广泛参与决策过程。三是建立政策评估制度。通过建立符合我国国情的评估方法、指标体系、标准化流程以及决策咨询大数据等内容，将使评估过程成为国家科学决策体系中的必要性环节，以此进一步完善我国决策咨询制度建设。政策评估工作在正式启动后将依次开展以下四项基本程序：(1)明确独立性的评估主体；(2)确定评估工作的原则与标准；(3)运用一定的评估方法对政策方案作出具体评估；(4)根据评估结果提出相应的建议和措施。[14] 四是决策咨询的程序性规则。在制度体系中，程序主要是规定“该怎么做”的问题。在管理过程中，在明确了“该干什么”和“不该干什么”之后，必须严格规定“该怎么干”的程序，这些程序即程序性规则。五是决策责任追究制度。只有建立了以执行为导向的决策责任追究制度，才能使决策者认真负责地行使决策权，防止一些部门和个人决策的专治独断。按照“谁决策，谁负责”的原则，建立决策责任制。明确决策实施前和实施中各个环节的责任单位、责任人以及需要承担的相应责任。

第二节　情 报 信 息

一、情报信息概述

（一）情报信息的概念

在《现代汉语词典》中，情报，是“关于某种情况的消息或报告，多带机密性质”。[15] 受文学作品的或影视作品的影响，普通人眼中的“情报”一般是与战争或间谍有关。20 世纪末，我国学界对于情报概念进行过集中讨论，学者提出了各种定义。[16] 大致分为以下几类：(1)情报是一种知识，如情报就是为

[14] 参见李曜坤、田琳琳：《构建公共政策评估机制推进决策咨询机制》，载《中国经济时报》2017 年 7 月 18 日，第 5 版。

[15] 中国社会科学院语言研究所主编：《现代汉语词典》，商务印书馆 2005 年版，第 1574 页。

[16] 参见黄耀煌：《近两年我国情报概念争鸣的剖析》，载《情报学刊》1983 年第 1 期。

了解决一个特定问题所需要的知识;(2)情报是一种信息,如情报是使人的知识、状态朝着一个预定的方向变化的信息;(3)情报的本质是情况,如情报是最新情况的报道;(4)情报呈多种形式,如凡传递(或报道、传达、交流、接受、报告)的知识(或消息、情况、动态、变化)都是情报,等等。可以看出,学者对“情报”一词的解释各不相同,还没有形成统一的定义。情报本质上是一种为解决特定问题所需要传递的知识,是针对特定目的、特定对象、特定时间所提供或寻找的能起借鉴或参考作用的信息。

(二)总体国家安全观下情报信息的概念

传统国家安全观下的情报工作集中在传统安全领域,主要是情报机关为维护国家安全和利益所开展的搜集、分析、反情报及隐蔽行动等一系列工作。然而,全球化时代的国家安全威胁更加多元化,新型的网络攻击、经济全球化问题、非政府组织和恐怖主义活动等非传统安全威胁不断增加。新的国家安全观下既要应对传统安全威胁,也要应对多样化的非传统安全威胁,情报工作不再局限于传统的情报活动。

总体国家安全观下既要重视政治、军事等传统安全,又要重视经济、能源、金融、生态环境、信息网络、反恐怖主义等非传统安全问题,构建集政治安全、国土安全、军事安全、经济安全、文化安全、社会安全、科技安全、信息安全、生态安全、资源安全、核安全等于一体的国家安全体系,统筹国内与国外两个安全大局,各个领域都需要情报信息提供服务和决策支持。总体国家安全观下的情报信息,是在总体国家安全观的指导下,为了保障国家和平与发展的安全状态,应对传统国家安全问题和非传统国家安全问题,而开展的情报和反情报活动中获取的信息。

(三)情报信息的作用

1. 情报信息是国家安全决策的主要依据。在战争时期,情报是决定战争胜负的关键性因素,其作用不容置疑。西方军事理论之父克劳塞维茨认为,“准确、及时的情报,以及对情报的正确判断和使用”是赢得战争胜利的关键。在和平建设时期,情报不仅能够有效防范和化解国家安全风险,还可以对国家的重大决策起支撑作用,是一个国家维护国家安全必不可少的强力手段之一。

2. 情报信息是国家安全保障体系的重要组成部分。在国家安全体系中,国家安全情报被给予厚望,实践中发挥着举足轻重的作用。每一个安全领域都有相应的安全情报,并为该领域的安全提供服务、支持、决策和管理,如在军事安全领域,需要军事情报及时准确地提供世界各国军事动态情报信息、重点国家或地区军事部署、军事科技研发、军事战略规划等。

二、情报信息的属性与分类

(一)情报信息的属性

1. 知识性。情报首先是一种知识,人们通过读书看报、听广播看电视、浏览网页、开展人际交流、参加会议和参观访问等活动获得的知识,是形成情报的基础,知识性是情报的根本属性。

2. 目的性。情报和信息在英文、俄文中都是一个词,人们通常认为信息就是情报。其实情报和信息有着本质的区别——情报是为了解决特定目的、特定问题有针对性搜集和获取的信息,目的性是情报的专有属性。

3. 效用性。情报源于知识却高于知识的最根本原因,是因为其具有效用性,是知识和信息的增值。知识不管用与不用,都是客观存在的,而只有当人们认识到知识的价值并准备利用时,知识才能变为"情报",能为决策制定和实施起到借鉴或参考作用。效用性是情报的价值属性。

4. 可传递性。情报是经过搜集、加工、制作开发的活的知识和智慧。只有知识传递给可以利用它创造新的价值的人或组织时,才能够成为情报,情报是被激活了、活化了的知识,可传递性是情报的动态属性。

5. 秘密性。情报是为了解决特定问题而生的,从其产生的那一刻就拥有了一定的独占特征,其拥有者为了达到解决问题的目的,会在一定时间和范围内限制情报的再传递,因此附带产生了情报的另一属性——秘密性。[17]

(二)情报信息的分类

按照不同标准,情报可分为不同类型:从内容和应用的角度可分为政治情报、经济情报、外交情报、军事情报、科技情报等;从获取的方法和途径可分为公开情报、秘密情报、人力情报、技术情报等。公开情报是指通过公开或半公开渠道获取的情报信息。秘密情报是指以窃取、刺探、渗透、策反、收买等方式秘密获取的情报信息。人力情报是指通过经营或指导直接或间接地通过人来完成的情报。技术情报是指运用技术手段或工具直接获取图像情报和信号情报,通过技术监视和邮电检查等手段得到的情报。从情报加工程序可分为一

---

〔17〕 参见保密科学技术编辑部:《我国首部〈情报法〉正式施行》,载《保密科学技术》2017 年第 8 期。

次情报、二次情报、三次情报等。一次情报,是指没有加工过的原始情报,如实验记录、科研论文等。二次情报是在一次情报的基础上对之进行分析研判而使用的情报。三次情报是在二次情报的基础上对之分析研判而使用的情报。[18] 从情报的地域对象可分为对外情报和对内情报。对外情报以外国政府、组织和人员为对象,但情报活动范围不仅限于境外。对内情报以境内组织和人员为对象,但情报活动范围不仅限于境内。[19] 从情报的载体形式可分为文字情报、实物情报、声像情报等。文字情报是指用文字记录下来的情报资料。声像情报是指音频和视频介质传播的情报。实物情报是指以样品等实物为传播情报的实物载体。

三、总体国家安全观下的情报信息工作

中华人民共和国成立之后,我们国家虽然不时公布间谍案件,也在《刑法》和 1993 年《国家安全法》中分别规定了间谍犯罪和反间谍机关的工作职责,但一直没有公开承认自己有情报工作,没有向外公开过自己的情报机构、情报工作原则,等等,没有制定和公开发布过任何形式的情报法律。2015 年《国家安全法》确定了情报信息工作的制度机制。为进一步落实总体国家安全观和推进国家安全法治建设,2017 年 6 月 27 日,第十二届全国人大常委会第二十八次会议通过《国家情报法》,该法首次确定了国家情报工作的体制、基本原则,明确规定了情报机构的权力和责任,为国家情报工作提供了重要保障。国家情报法条款内容目前侧重于针对情报机构,其他方面尚未包含在内,实质上是一部情报机构法,但是它明确了我国国家情报工作的总体思路、体制、基本原则和各种专门情报机构的权利边界和责任。[20]

(一)情报信息工作的责任主体

《国家安全法》第 52 条规定,国家安全机关、公安机关、有关军事机关根据职责分工,依法搜集涉及国家安全的情报信息。国家机关各部门在履行职责中,对于获取的涉及国家安全的有关信息,应及时上报。可见,国家安全机关、公安机关、有关军事机关作为搜集情报的专门机关,根据职责分工,依法搜

〔18〕 参见王洪林:《情报术语定义新探》,载《术语标准化与信息技术》2005 年第 1 期。
〔19〕 参见王存奎等:《情报界定的相关基础理论研究》,载《保密科学技术》2013 年第 9 期。
〔20〕 参见赖茂生:《新环境、新范式、新方法、新能力——新时代情报学发展的思考》,载《情报理论与实践》2017 年第 12 期。

集涉及国家安全的情报信息;其他国家机关虽然不是搜集情报的专门机关,但是在履行职责过程中,要树立国家安全意识,及时关注、掌握并上报本领域涉及国家安全的情况。

(二)情报信息工作的流程

2015年《国家安全法》提出了情报工作的流程。该法第53条规定开展情报信息工作,应当充分运用现代科学技术手段,加强对情报信息的鉴别、筛选、综合和研判分析;第54条规定情报信息的报送应当及时、准确、客观,不得迟报、漏报、瞒报和谎报;第67条规定国家健全国家安全危机的信息报告和发布机制。从这些规定可以看出,情报工作的流程包括搜集、鉴别、筛选、综合和研判分析、有效使用和共享,以及报送、信息发布等环节。[21]

(三)情报信息工作协调机制

由于情报信息工作涉及多个责任主体、多个工作流程,为提高工作实效,有必要建立工作协调机制。协调机制是指各部门按照职责分工,在统一归口、反应灵敏、准确高效、运转顺畅的情报信息收集、研判和使用这个基本制度的基础上,不断建立完善相关工作协调机制,充分发挥各部门合力,统筹协调各项情报工作,最终实现情报信息的及时收集、准确研判、有效使用和共享,发挥情报信息对于维护国家安全的重要作用。[22]《国家情报法》规定,国家健全统一归口、反应灵敏、准确高效、运转顺畅的情报信息收集、研判和使用制度,建立情报信息工作协调机制。"统一归口"主要是指情报信息工作坚持统一领导、归口管理,不断加强情报信息工作的系统性、科学性、全面性、集成性。"反应灵敏"主要是指情报信息的收集、研判、使用要紧紧围绕维护国家安全的实际需要,特别是对于时效性要求较高的重大突发事件的情报信息,要根据维护国家安全的需要,作出及时反应,为开展处置工作提供情报信息支持和参考。"准确高效"主要是指情报信息搜集具有很强的客观性、时效性,收集、研判情报的过程中,要保证情报信息内容的准确性和流转的效率,确保情报信息及时有效地发挥作用,不得迟报、漏报、瞒报、谎报。"运转顺畅"主要是指情报信息工作在运作过程中要尊重客观规律,形成并不断完善情报信息顺畅流转的制度机制。

---

〔21〕 参见闫志开、王延飞:《新〈国家安全法〉背景下的中国情报学》,载《情报杂志》2016年第7期。

〔22〕 参见郑淑娜主编:《中华人民共和国国家安全法解读》,中国法制出版社2016年版,第251页。

第三节　风险预防、评估和预警

当前,我们面临的重大风险,既包括国内的经济、政治、意识形态、社会风险以及来自自然界的风险,也包括国际经济、政治、军事风险等。不确定性是风险的本质特征,但这种不确定性并不代表风险是不可知、不可测和不可控的。风险从发生、潜伏到爆发都要经历一定的时间过程,如果在危机爆发之前就控制事态,及时消除危机产生的根源因素——风险因子,可以预防危机的产生,从而避免危机爆发带来的巨大损失。因此,必须把预防风险摆在突出位置。

一、国家安全风险概述

(一)国家安全风险的内涵

安全与风险是相互对立又相互联系的一对概念。当一个群体感觉到风险逼近时,不安全感油然而生,这就凸显了安全的意义。风险在人类社会中一直存在,但它在现代社会中的表现与过去已经有本质的不同。农业社会的风险是简单而确定的,工业社会的风险是低度复杂和不确定的,而后工业社会的风险是高度复杂和高度不确定的。[23] 今天,中国正在经历从工业社会向后工业社会转型,国家安全既要应对工业社会的已知风险、熟悉风险,也要应对后工业社会的未知风险、陌生风险。因此,国家安全风险可以说是国家政权、主权、统一和领土完整,人民福祉,经济社会可持续发展以及国家其他重大利益所面临的危险和灾难的可能性。

(二)国家安全风险与危机的关系

风险与危机是两个不同的客观事物。从社会形态来看,风险是社会系统功能弱化的前期状态,危机则是社会系统弱化后期表现。从公共性层面角度来看,风险是危机发生的一种概率和可能性;危机本身更侧重于已经发生的损失,以及这种损失附带的经济、政治、社会各方面的不良后果和负面影响。从事物发展的先后时间顺序来看,风险在前,危机在后,二者之间存在内在的因

---

〔23〕 参见王宏伟:《总体安全观指导下的国家安全系统性风险及其治理》,载《现代国际关系》2014年第11期。

果关系——风险是危机产生的根本原因,危机是风险带来的直接后果。就风险与危机的关系而言,二者并不是独立的两个过程,而是有着内在因果关系的一个过程的两个阶段,二者是一个“连续统”。[24] 风险与危机的逻辑关系同样适用于国家安全风险和国家安全危机。国家安全风险和国家安全危机之间的因果关系是潜在的隐性关系,只有在触发因子或者导火索的引发下,这种隐形关系才能转化为外在的显性关系,这个触发因子通常是“危害国家安全的事件”。

二、国家安全风险防控机制的内容

化解安全威胁的关键在于预防,一旦安全风险没有得到事前有效控制,就会上升为安全危机。维护国家安全应当坚持预防为主,在各个领域建立起风险评估、预警和报告制度,将危害国家安全的各种风险因素消灭在萌芽状态。

(一)国家安全风险的预案制度

根据《国家安全法》第 55 条的规定,国家制定完善应对各领域国家安全风险预案。预案的核心在于识别和评估潜在的重大风险、事故类型发生的可能性、发生过程、后果和影响程度的基础上,对应急管理机构与职责、人员、技术、装备、设施、物资、行动及其指挥协调方面预先做出的具体安排。[25] 我国已经建立了风险预案制度和体系,例如,《突发事件应对法》就建立健全突发事件应急预案体系作出了详细规定。在此基础上,国务院及其有关部门分别制定了国家突发事件总体应急预案、专项应急预案和部门应急预案,地方各级政府和有关部门分别制定了本地区、本部门的应急预案。《反恐怖主义法》也规定,国家建立健全恐怖事件应对处置预案体系。除此之外,在核安全、食品安全、金融安全等方面都建立预防制度。这些预防制度和应急预案体系,为建立国家安全风险预案体系提供了较为坚实的制度基础。

(二)国家安全风险的评估和报告制度

风险评估,是指对风险发生的可能性、强度、持续时间、作用方式、风险后果等各个方面的因素进行量化评估。[26] 风险评估应有助于认识风险及其对

---

〔24〕 参见刘晋:《“社会风险——公共危机”演化逻辑下的应急管理研究》,载《社会主义研究》2013 年第 6 期。

〔25〕 参见陶振:《突发事件应急预案:体系、编制与优化》,载《公共危机管理》2013 年第 5 期。

〔26〕 参见何雪梅:《风险预防原则在美国的适用及对我国的启示》,载《经济体制改革》2014 年第 1 期。

目标的潜在影响，有助于为决策者提供信息，以便其选择对应策略。根据《国家安全法》第56条的规定，国家建立国家安全风险评估机制，定期开展各领域国家安全风险调查评估，有关部门应当定期向中央国家安全领导机构提交国家安全风险评估报告。这一规定可从两个方面理解：(1)有关部门要根据维护国家安全的现实需求，定期组织开展实地调查研究，全面收集整理与政治、国土、军事、经济、文化、社会、科技、网络信息、生态、能源资源、核等各领域国家安全风险相关的信息，并运用科学方法就这些风险的危害性和发展态势进行全面细致的评估。(2)有关部门要定期向中央国家安全领导机构提交国家安全风险评估报告，以保证中央国家安全领导机构全面、准确掌握各领域国家安全风险评估情况，并根据汇总的风险评估报告综合研判、统筹协调、科学决策。

(三)国家安全风险的监测预警制度

风险监测的主要目的在于及时发现风险征兆，准确把握风险诱因、未来发展趋势和演变规律。根据《国家安全法》第57条的规定，国家健全国家安全风险监测预警制度，根据国家安全风险程度，及时发布相应风险预警。这一规定可从两个方面加以理解：(1)监测是准确预警和有效管控风险和危机的前提。各领域的国家安全风险，孳生原因和发展态势各有不同，各地区、各部门必须及时跟踪掌握有关信息，根据风险的种类和特点，通过精细划分监测区域和确定监测项目，建立起常态化、动态化的监测体系，才有可能实现对国家安全风险的实时监测，为有效防范、化解和管控风险打下基础。(2)预警是指在各领域国家安全风险发生蔓延并造成现实危害之前，根据以往总结的规律或监测得到的可能性前兆，向有关部门和社会发出紧急信号、报告危险情况，以便及时采取有效响应措施应对安全风险，避免国家重大利益因应对准备不足而造成损失。

(四)危害国家安全事件的报告制度

根据《国家安全法》第58条的规定，对可能即将发生或者已经发生的危害国家安全的事件，县级以上地方人民政府及其有关主管部门应当立即按照规定向上一级人民政府及其有关主管部门报告，必要时可以越级上报。报告的主要内容包括：(1)事件的性质、起因、危害程度和发展态势；(2)已经采取的先期处置措施；(3)拟采取的处置方案；(4)请求上级批准的重大事项等。

第四节 审 查 监 管

为适应对外开放和国家安全形势发展变化的需要，进一步发挥国家安全审查制度在维护国家安全方面的作用，《国家安全法》对国家安全审查制度作出明确规定，要求建立国家安全审查和监管的制度和机制，有效预防和化解国家安全风险。

一、国家安全审查制度概述

从词义上看，国家安全审查监管制度，是指对一切威胁到国家安全的事物加以审查和监测、预防、处置的制度。目前常说的“国家安全审查”制度主要针对涉外事项。以外国投资国家安全审查为例，包括美国、俄罗斯、法国、德国、英国、加拿大、澳大利亚、日本等在内的主要国家均已建立起国家安全审查制度。国家安全审查是国际社会普遍认可的东道国对外国投资准入的监管措施。一国基于国家主权，依照本国法律，为保障国家安全之目的对外国投资行为进行审查并作出批准或否决的决定。[27] 目前各国在国家安全审查实践中存在专门立法与混合立法两种模式。采专门立法模式的国家对国家安全审查的机构、程序、标准、措施等作出单独立法，美国、加拿大、澳大利亚、俄罗斯等国采此模式。采混合立法模式的国家并不针对国家安全审查进行专门立法，而是通过反垄断法、国家安全法、外汇法等法律对影响国家安全的外国投资进行审查，法国、德国、日本等国采此模式。

外国国家安全审查制度有以下几个特点：(1)对涉外因素以及重要敏感的领域进行审查。国家安全审查的目的是要确认是否会对国家安全形成威胁，审查的重点为国防军事、关键性基础设施、关键技术、战略性和敏感性产业的投资。(2)“国家安全”的界定标准模糊。国家安全是一个不确定的概念，也就决定了无法为危害国家安全确定一个准确具体的衡量、判断标准，只能采用相对模糊、抽象的标准。各国对国家安全的定义有所不同，即使作出定义也较为模糊。各国在进行国家安全审查时具有极大的自由裁量权来判断外资是否威胁了国家安全。(3)具有政治因素及主观性。国家安全审查界限和范围

---

〔27〕 参见陶立峰：《外国投资国家安全审查的可问责性分析》，载《法学》2016年第1期。

的模糊，以及法律对审查标准规定得较为原则、模糊，其所带来的消极后果便是国家安全审查过程中不可避免地夹杂政治因素的考量。

二、国家安全审查的范围

（一）外商投资

一般而言，外商投资国家安全审查是指以涉及“国家安全”为理由，由专门的机构和机制对归入审查范围的特定外商投资行为进行全面审查，以评估该投资行为对东道国国家安全产生的风险和影响，从而作出决策并进行风险干预管控的专门制度。我国《反垄断法》规定了外资并购境内企业或者以其他方式参与经营者集中的，涉及国家安全的，除依法进行经营者集中审查外，还应当按照国家有关规定进行国家安全审查。该法首次以法律的形式提出了“国家安全审查”的概念。2011 年 2 月，国务院办公厅发布《关于建立外国投资者并购境内企业安全审查制度的通知》，同年 8 月，商务部公布了《商务部实施外国投资者并购境内企业安全审查制度的规定》，对外国投资国家安全审查制度进行了较为具体的规定，涵盖审查主体、审查内容、审查程序等内容。依据上述规定，国家安全审查的对象为外国投资者并购境内“关系军工及军工配套企业，重点、敏感军事设施周边企业，以及关系国防安全的其他单位；关系国家安全的重要农产品、重要能源和资源、重要基础设施、重要运输服务、关键技术、重大装备制造等企业，且实际控制权可能被外国投资者取得”。2015 年 4 月，国务院发布《自贸区外商投资国家安全审查试行办法》明确了国家安全审查总的原则是，对影响或可能影响国家安全、国家安全保障能力，涉及敏感投资主体、敏感并购对象、敏感行业、敏感技术、敏感地域的外商投资进行安全审查。安全审查对象从外资并购扩大到一切外商投资，同时将互联网、文化、重要信息技术产品和服务等敏感领域纳入进来。2019 年 3 月 15 日，第十三届全国人民代表大会第二次会议通过新的《中华人民共和国外商投资法》（以下简称《外商投资法》）第 35 条规定，国家建立外商投资安全审查制度，对影响或者可能影响国家安全的外商投资进行安全审查。依法作出的安全审查决定为最终决定。这标志着我国从法律层面正式确立了外商投资国家安全审查制度。

（二）特定物项和技术

我国法律、行政法规和部门规章对特定物项和关键技术的进出口作出了规定，实行严格的管理。我国《对外贸易法》规定了为维护国家安全或者社会公共利益,可以限制或禁止进口和出口特定情形的货物、技术,可以限制或禁止有关的国际服务贸易。《对外贸易法》还规定,根据维护国家安全的需要,对与裂变、聚变物质或者衍生此类物质的物质有关的货物、技术进出口,以及与武器、弹药或者其他军用物资有关的进出口,可以采取任何必要的措施,对与军事有关的国际服务贸易,以及与裂变、聚变物质或者衍生此类物质的物质有关的国际服务贸易,可以采取任何必要的措施。为了进一步规范货物进出口管理,维护货物进出口秩序,《中华人民共和国货物进出口管理条例》对货物进出口实行统一的管理制度,对《对外贸易法》规定的禁止、限制的情形的货物目录,由国务院对外经贸主管部门会同国务院有关部门制定、调整并公布。《中华人民共和国技术进出口管理条例》对通过贸易、投资或者经济技术合作的方式转移技术的行为技术进行管理,对技术进出口实行统一的管理制度,《对外贸易法》规定的禁止或者限制进出口的技术,由国务院对外经贸主管部门会同国务院有关部门,制定、调整并公布禁止或者限制出口的技术目录。

实行出口管制是维护国家安全和发展利益,反恐防暴、保护战略稀缺资源、履行防止大规模杀伤性武器、常规武器及其相关两用物项和技术在全球范围内的扩散等国际义务的重要手段。2020 年 12 月 1 日,我国《出口管制法》正式施行。该法明确了出口管制范围,确保管制物项、管制主体和行为全覆盖。根据该法的规定,从中国境内向境外转移管制物项,以及中国公民、法人和非法人组织向外国组织和个人提供管制物项,均受本法约束。明确对出口经营者的行为规制。该法建立了出口管制清单、临时管制和全面管制。明确国家出口管制管理部门根据出口管制政策,会同有关部门制定、调整并发布出口管制清单,对管制物项作出明确列举。国家出口管制管理部门可以发布公告,对出口管制清单以外的货物、技术和服务实施临时管制。未列入出口管制清单、未实行临时管制的物项,出口经营者知道或者应当知道,或者得到国家出口管制管理部门通知,相关物项可能存在危害国家安全和利益等风险的,也实行出口管制。该法还明确了关于域外适用和对等采取措施。实施出口管制,是国际通行的履行防扩散等国际义务的做法。当下,出口管制成为维护国家安全和利益的重要手段。

(三)网络信息技术产品和服务

网络空间被视为继陆、海、空、天之后的大国博弈的第五空间,网络空间安全已成为国家安全战略的重要组成部分。近年来,我国逐步构建了网络安全审查制度。2014年5月22日，国家网信办宣布为维护国家网络安全、保障中国用户合法利益，我国将推出网络安全审查制度。《国家安全法》第59条正式确立了网络信息技术产品和服务的国家网络安全审查制度。2016年11月7日通过的《网络安全法》第35条提出，关键信息基础设施的运营者采购网络产品和服务，可能影响国家安全的，应当通过国家网信部门会同国务院有关部门组织的国家安全审查。2016年12月27日，国家互联网信息办公室发布的《国家网络空间安全战略》要求建立实施“网络安全审查制度”，包括“加强供应链安全管理，对党政机关、重点行业采购使用的重要信息技术产品和服务开展安全审查，提高产品和服务的安全性和可控性，防止产品服务提供者和其他组织利用信息技术优势实施不正当竞争或损害用户利益”。2017年5月2日，国家互联网信息办公室发布了《网络产品和服务安全审查办法（试行）》。由此，我国构建起包括审查范围、审查内容、审查机构、网络产品和服务提供者的权利和义务以及法律责任的网络产品和服务安全审查的基本制度框架。2019年5月21日，国家互联网信息办公室发布《网络安全审查办法（征求意见稿）》，以提高关键信息基础设施安全可控水平。

网络安全审查重点审查网络产品和服务的安全性、可控性，主要包括：产品和服务自身的安全风险，以及被非法控制、干扰和中断运行的风险；产品及关键部件生产、测试、交付、技术支持过程中的供应链安全风险；产品和服务提供者利用提供产品和服务的便利条件非法收集、存储、处理、使用用户相关信息的风险；产品和服务提供者利用用户对产品和服务的依赖，损害网络安全和用户利益的风险；其他可能危害国家安全的风险。

（四）涉及国家安全事项的建设项目

《行政许可法》第12条第1款规定，直接涉及国家安全、公共安全、经济宏观调控、生态环境保护以及直接关系人身健康、生命财产安全等特定活动的，需要按照法定条件予以批准的事项，可以设定行政许可。《国务院对确需保留的行政审批项目设定行政许可的决定》（国务院令第412号）附件第66项规定：涉及国家安全事项的建设项目审批，由安全部、地方各级国家安全机关审批。一些地方性法规规章对涉及国家安全事项建设项目审批和管理作出了规定。如《南昌市涉及国家安全事项建设项目管理条例》《山东省国家安全技术保卫条例》《安徽省建设项目涉及国家安全事项管理规定》《浙江省国家安全技术保卫办法》等。

涉及国家安全事项的建设项目，需要按照规定经国家安全机关审查批准后方可建设，建设项目通常主要包含：重要国家机关、军事设施、国防科研、军工企业、重要公务接待场所等要害单位周边国家安全控制区域内的建设项目，机场、港口、火车站、出入境口岸、电信枢纽、邮政枢纽等建设项目，国家规定的其他涉及国家安全事项的建设项目。[28]

（五）其他重大事项和活动审查

这一兜底条款，为随着经济社会发展和维护国家安全利益的需要，动态调整国家安全审查的范围提供了法律依据。比如，近年来，我国经济科技快速发展，掌握了一批核心关键技术，为确保我国重要领域核心关键技术的自主发展可控性，2018 年，国务院办公厅印发的《知识产权对外转让有关工作办法（试行）》规定，对技术出口、外国投资者并购境内企业等活动中涉及国家安全的知识产权对外转让行为进行审查。

三、国家安全审查的主体及程序

（一）审查主体

表 5　国家安全审查事项及主体

审查事项	法律法规依据	审查主体
外商投资国家安全审查	国务院办公厅《关于建立外国投资者并购境内企业安全审查的通知》 《商务部实施外国投资者并购境内企业安全审查制度的规定》 《外商投资法》	外商投资并购境内企业安全审查部级联席会议 联席会议在国务院领导下，由国家发展和改革委员会、商务部牵头，与外国投资并购所涉及的行业和领域相关的部门组成
特定物项和关键技术的国家安全审查	《对外贸易法》	商务部主管全国货物进出口、技术进出口和国际服务贸易的对外贸易工作 国家军品贸易管理委员会主管全国的军品出口工作 国家军品贸易局对全国的军品出口实施监督管理
	《中华人民共和国核出口管制条例》	国家原子能机构、国防科学技术工业委员会、商务部审查或者复审出口核出口管制清单所列的核材料、核设备和反应堆用非核材料等物项及其相关技术

[28] 参见《安徽省建设项目涉及国家安全事项管理规定》第 4 条规定。

续表

审查事项	法律法规依据	审查主体
特定物项和关键技术的国家安全审查	《中华人民共和国核两用品及相关技术出口管制条例》	商务部会同国家原子能机构或者会同国家原子能机构商国务院有关部门,涉及外交政策的,并商外交部,审查出口管制清单所列的核两用品及相关技术
	《中华人民共和国生物两用品及相关设备和技术出口管制条例》	商务部单独或会同有关部门对出口管制清单所列的生物两用品及相关设备和技术进行审查
网络信息技术产品和服务的国家安全审查	《网络安全法》 《网络产品和服务安全审查办法(试行)》	网络安全审查办公室具体组织实施网络安全审查。金融、电信、能源、交通等重点行业和领域主管部门,根据国家网络安全审查工作要求,组织开展本行业、本领域网络产品和服务安全审查工作
涉及国家安全事项的建设项目审查	《行政许可法》 《国务院对确需保留的行政审批事项设定行政许可的决定》	国家安全部、地方国家安全机关

(二)审查方式及程序

目前,国家安全审查主要采取跨部门会审、联审等方式。行政审批通常以书面审查决定或者审查意见、行政许可、强制认证等方式,准予其从事特定活动、认可其资格资质。例如,军品出口项目,由国家军品贸易局或者由国家军品贸易局会同国务院、中央军事委员会的有关部门审查批准。核出口由国家原子能机构在收到核出口申请表和文件之日起 15 个工作日,提出审查意见。两用物项出口管制主管部门受理两用物项出口申请,单独或会同有关部门依法审查后,作出准予或不予许可的决定,作出准予许可决定的,由发证机关统一颁发出口许可证。主管部门严格按照法律、行政法规规定的审查程序作出审查决定或提出审查意见,对审查决定或审查意见,有关部门、当事人都应当遵照执行,而履行审查职责的有关部门及协调机构也要加强对审查决定或者审查意见执行的监管。

第五节 危 机 管 控

一、国家安全危机管控概述

（一）国家安全危机的含义

危机对策研究的先驱C. E. 赫尔曼将危机定义为，威胁到决策集团优先目标的一种形势。在这种形势中，决策集团作出反应的时间非常有限，且形势常常朝着令决策集团惊奇的方向发展。[29] 其含义经过丰富后可以确定为，对于一个社会系统及其组成单元会引起潜在负面影响的大事件，如果不能及时、科学地解除，将危害到系统的基本价值和各方面目标。这些大事件能够对国家主权和领土完整或对社会稳定造成严重威胁，或者对人民生命财产造成严重伤害。

在新的时代条件下，随着国际形势和国家安全形势的发展变化，国家安全领域正在进行前所未有的拓展，国家安全层次的危机也随之复杂化、多样化、常态化。一是危机从四面八方涌来，多种多样：既有来自内部的，也有来自外部的；既有来自传统领域的，也有来自非传统领域的。二是危机间的联动性增强，日益复杂，其中既有国际与国内的跨空间联动，也有不同危机之间的跨议题联动，且传统安全危机与非传统安全危机相互交织渗透。一种危机的爆发会迅速产生传动、外溢效应，从而刺激、引发其他种类危机的发生。三是危机呈现常态化趋势，控制难度不断加大，大多数国家在有效应对危机上的理论准备、机制准备和资源准备等方面都明显不足。[30]

（二）国家安全危机的种类

根据我国宪法及其他法律，国家安全危机主要有以下三种类型：

1. 战争。一般认为包括对外战争和内战两种情形。其中，对外战争一般是指“遇到国家遭受武装侵犯”或者“必须履行国际间共同防止侵略的条约”这两种情况，而决定采取武装行动的情形。内战一般是指遇有造成分裂国家的事实，或者即将发生国家分裂的重大事变，或者导致国家和平统一的可能性

---

〔29〕 参见中国现代国际关系研究所危机管理与对策研究中心编著：《国际危机管理概论》，时事出版社2003年版，第5页。

〔30〕 参见赵景芳：《中国亟需加强国家安全危机管理研究》，载《中国评论》2011年第6期。

完全丧失的情况，而决定采取武装行动的情形。

2. 国防动员。主权、统一、领土完整和安全，是独立国家的主要标志和必须捍卫的最高原则。当这四个方面受到威胁时，国家应行使实施国防动员的职权。比如，当国家遭受外敌武装侵略或其他军事威胁时、当国家的统一和领土完整面临被分裂被肢解的现实危险时、当国内外敌对势力对国家政权进行重大颠覆活动时等，全国人民代表大会常务委员会即可依照宪法和法律规定的权限和程序作出实施国防动员的决定，国家主席根据全国人民代表大会常务委员会的决定，发布动员令。[31]

3. 紧急状态。紧急状态是一种非正常的危机状态，是战争、各种突发性事件或某种重大危险严重威胁到国家、社会安全与法律秩序，有权机关基于必要而决定并宣布实施的一种暂时的、例外的非常社会秩序。[32] 紧急状态是危及一个国家正常的宪法和法律秩序、对人民的生命和财产安全构成严重威胁的正在发生的或者是迫在眉睫的危险事态。

二、国家安全危机管控的法规体系

（一）国家安全危机管控制度

国家安全危机管控是国家安全研究领域中的重大课题，是站在国家安全的高度，在对国内国际战略环境进行客观分析判断基础上，综合运用政治、经济、军事、外交等手段对危机进行预防、谋划、处置的科学与艺术。《国家安全法》在总结已有的危机管理制度的基础上，明确要求建立统一领导、协同联动、有序高效的国家安全危机管控制度，为国家安全危机管控提供统一有效的法律保障。根据《国家安全法》第 62 条的规定，国家建立统一领导、协同联动、有序高效的国家安全危机管控制度。其中，“统一指挥”，就是国家安全危机管控要依法服从统一指挥，不能各部门、各地方各行其是，中央国家安全领导机构要在国家安全危机管控工作中依法开展有关统一决策指挥工作，各部门、各地方要按照统一指挥，立足本部门职能和本地方实际，依法履行职责，形成维护国家安全的整体合力。“协同联动”，就是各相关部门、相关地方在危机管控工作中要相互配合、密切协作，既注重相互协调配合，从全局、整体出发

---

〔31〕 参见国家国防动员委员会综合办公室：《关于全国人大常委会和国家主席的国防动员职权的规定》，载《国防》2011 年第 2 期。

〔32〕 参见李卫海：《紧急状态下的人权克减研究》，中国法制出版社 2007 年版，第 32 页。

开展工作,又注重相互联系沟通,形成维护国家安全的有机整体。“有序高效”,是对整个危机管理流程的效率要求,是指应对国家安全危机和采取相应管控措施要符合有关法律法规和规范性文件、政策的流程和要求,有序开展,并注重效率,确保有关危机管控措施及时执行、落实到位,实现预期管控效果。[33]

(二)国家安全危机管控的配套立法

目前,我国法律法规对危机管控制度作出了一些规定。一类是对自然灾害的危机管理制度,包括防震减灾危机处理机制、防洪救灾危机处理机制、核事故危机处理机制、传染病防止危机处理机制等。这些危机管理机制由《突发事件应对法》《防震减灾法》《中华人民共和国防洪法》《核事故应急条例》《环境保护法》《海洋环境保护法》《中华人民共和国大气污染防治法》《中华人民共和国传染病防治法》《突发公共卫生事件应急条例》等法律法规规定。另一类是处理社会动乱的戒严制度,不仅宪法对戒严制度作了明确的规定,还有专门的《戒严法》《国防法》《国防动员法》等法律规定防止动乱和发生战争如何处理相关危机问题。

三、国家安全危机管控措施

(一)国家安全危机应急预案

应急预案,是指针对各类可能危及国家安全的重大事件,规定应对的基本原则、组织体系、运行机制,制定应急管理、指挥、救援等工作方案,并明确事前、事中、事后各个过程相关部门和人员的职责。预案的编制,应当依据有关法律、行政法规和制度,结合实际、有针对性,要根据事件发生、发展和演变规律,针对风险的特点,科学制定和实施应急预案。同时,要随着应急预案中的应急目标、应急技术、调度方案等的变化不断修正应急预案,加强预案动态管理,突出时效性。在做好应急决策后需要立即启动危机管控的应急预案,建立快速反应机制,建立统一领导、指挥和行动网络,迅速按照应急预案开展危机管控工作。有关各部门和各级地方政府在处理危机国家安全重大事件时,应当按照规定,及时启动预案,控制事态发展。

(二)国家安全重大事件的管控措施

1. 对重大事件的发生地或相关区域进行现场控制。《突发事件应对法》

---

[33] 参见郑淑娜主编:《中华人民共和国国家安全法解读》,中国法制出版社 2016 年版,第 293 ~ 294 页。

规定，突发事件发生后，可以迅速控制危险源，标明危险区域，封锁危险场所，划定警戒区，实行交通管制以及其他控制措施，对特定区域内的建筑物、交通工具、设备、设施以及燃料、燃气、电力、水的供应进行控制。《戒严法》规定，戒严期间，戒严实施单位可以决定在戒严地区采取交通管制措施，限制人员进出交通管制区域，并对进出交通管制区域人员的证件、车辆、物品进行检查。《网络安全法》规定，因维护国家安全和社会公共秩序，处置重大突发社会安全事件的需要，经国务院决定或者批准，可以在特定区域对网络通信采取限制等临时措施。

2. 对相关人员人身或其活动进行控制。突发事件发生后，可以中止人员密集的活动或者可能导致危害扩大的生产经营活动，强制隔离使用器械相互对抗或者以暴力行为参与冲突的当事人。《戒严法》规定，戒严期间，为保证戒严的实施和维护社会治安秩序，国家可以依照法律在戒严地区内，对宪法、法律规定的公民权利和自由的行使作出特别规定。戒严期间，戒严实施机关可以决定在戒严地区禁止或者限制集会、游行、示威、街头讲演以及其他聚众活动，禁止罢工、罢市、罢课，实行出境入境管制。

3. 实行紧急状态或者进入战争状态。当危机事件可能严重威胁国家生存和公民的生命财产时，国家可以通过宣布整个国家或部分地区进入紧急状态或者战争状态，克服危机。在紧急状态或者战争状态下，有关部门和地方可以采取特别措施来限制社会成员的行动，或者强制公民提供一定劳务或者财务。在发生严重危及国家的统一、安全或者社会公共安全的动乱、暴乱或者严重骚乱，不采取非常措施不足以维护社会秩序、保护人民的生命和财产安全的紧急状态时，国家可以决定实行戒严。

4. 国家安全危机管控中的特别措施。履行国家安全危机管控职责的有关机关依照法律规定或者全国人民代表大会常务委员会规定，有权采取限制公民和组织的权利、增加公民和组织的义务的特别措施。特别措施是指国家在进入非常状态时，根据需要，依法对经济和社会生活的某些领域所实行的特殊管理制度和强制性措施。当决定和宣布进入非常状态时，会导致国际法律关系的变化，国内公权力和公民权利的变更，给公民的生命和财产自由带来重大影响。因此，采取特别措施的条件要严格限定，特别措施的决定和组织实施必须符合法定要求。

危机管控措施在实施过程中，要符合合理性原则。合理原则又称适当原则、比例原则、禁止过度原则，是行政法上一个非常重要的原则，被称为“公法中的帝王条款”。合理原则要求行政行为在形式合法的前提下应当尽可能合理、适当和公正。在危机管控中，对公民、组织权益的限制必须在目的和手段之间符合一定的比例，不能为了维护国家安全而完全置公民权利不顾。《公民权利和政治权利国际公约》中要求缔约国对人权“克减的程度以紧急情势所严格需要者为限”，紧急状态措施要合乎比例原则的三个要素：即严重性、时间和地域范围。合理原则要求履行国家安全危机管控职责的有关机关依法采取处置国家安全危机的管控措施时，应遵循以下要求：(1)管控措施应当与国家安全危机可能造成的危害的性质、程度和范围相适应。(2)有多种管控措施可供选择，并具有相同效果的情况下，危机管控机关应当选择有利于最大限度保护公民、组织权益的措施。除此之外，在危机管控中也应尽量考虑非克减原则、法律保留原则、利益衡量原则，最大限度保护人权。

（三）国家安全危机的信息报告和发布机制

1. 信息报告机制。危机管控，无论是危机的预警、准备，还是危机的处置与善后，都必须建立在准确、全面、适时的信息基础之上。《国家安全法》规定，危机发生后，履行国家安全危机管控职责的有关机关在危机管控过程中应收集、报告、传递国家安全危机事件信息，做到“准确、及时”。其他法律也作了类似规定，如《突发公共卫生事件应急条例》规定国家建立突发事件的信息发布制度，《突发事件应对法》规定，对即将发生或者已经发生的社会安全事件，县级以上地方各级人民政府及其有关主管部门应当按照规定向上一级人民政府及其主管部门报告，必要时可以越级上报。另外，国务院《关于全面加强应急管理工作的意见》要求事发地省级人民政府、国务院有关部门要按规定及时、准确地向国务院报告，并向有关地方、部门和应急管理机构通报。

2. 信息发布机制。《国家安全法》规定，履行国家安全危机管控职责的有关机关应统一、准确、及时发布有关危机事件发生、发展、管控处置及善后情况的有关信息。其他法律法规也作了类似规定，如《政府信息公开条例》规定，政府信息公开的内容包括突发事件的应急预案、预警信息及应对情况。《突发事件应对法》规定，履行统一领导职责或者组织处置突发事件的人民政府，应当按照有关规定统一、准确、及时发布有关突发事件事态发展和应急处置工作的信息。

案 例 天津港爆炸事故相关信息舆论管理

2015年8月12日，天津港瑞海国际物流有限公司危险品仓库中，装有危险物品的集装箱出现起火爆炸事故，被国务院调查组认定为一起特别重大生产安全责任事故。天津港爆炸后频现谣言，反映出政府部门发布事故信息不够及时、公开透明，政府危机管理机制不够健全。

据国家互联网信息办公室官网“中国网信网”8月14日、15日消息，天津港“8·12”特别重大火灾爆炸事故发生后，国家互联网信息办公室查处了360多个传播涉谣言信息的微博微信账号；查处了车夫网、美行网、军事中国网、新鲜军事网等50家传播涉天津港火灾爆炸事故谣言的网站。

正如李克强总理16日下午在天津火灾爆炸事故现场强调，要本着对人民群众生命高度负责的精神，对空气、水、土壤质量等环境指标持续准确监测，公开透明及时向公众发布，不得漏报瞒报。“权威发布一旦跟不上，谣言就会满天飞。”政府机构应建立常态化的危机管理机制，在重大事故等灾难发生后，能够立刻针对各个方面进行管控，包括救援行动、治安管理、信息发布、安抚受灾群众等。

（四）国家安全危机管控措施的解除

国家安全危机管控措施的解除主要包括两个方面内容：

1. 及时解除管控措施。发生国家安全危机后，采取的管控措施会对公民、组织的生活、生产产生影响，影响公民、组织的权益。因此，管控措施随着国家安全的重大事件或者特别重大事件的发生而实施，应当随着威胁和危害得到控制和消除而停止。当国家安全危机得到控制或者消除后，应当及时解除管控措施，使非常状态恢复转入平常状态。

2. 做好善后处理工作。善后处理是根据危机的类别和级别，由有关机关在对危机事件的起因、性质、影响、责任、经验教训等问题进行调查的基础上开展的一系列善后工作。主要包括以下几个方面：(1)调查评估。对包括各种设施在内的物质损失、人员伤亡、环境损失等进行评估，对危机事件的源起、性质、造成的影响、各方的责任、决策者应急决策能力、应急响应能力、预警防控能力、危机处置能力、恢复重建能力进行动态的、全过程、全要素、全主体的评估。(2)补偿赔偿。主要是对利益受损者作出补偿和赔偿。危机事件会给社会、公民、组织造成一定的经济损失，为了确保经济的正常发展，生产生活尽快恢复到常态化，需要对危机给公民、组织造成的损失给予一定的经济补偿和救助。(3)恢复重建。当危机得到有效管控后,进入秩序的恢复与重建阶段,建立更具恢复力和风险抵抗力的社会。(4)心理疏导。针对危机事件的特点和可能带来的各种心理问题,采取相应措施,对处于应激状态的公众心理进行实时、正确的疏导和控制,协助人民适应与度过危机,尽快恢复正常功能,减少心理危机和各种心理问题的发生。(5)管理评估。主要是对管理预案、应急管理以及管理绩效进行评估,对各种措施进行反思,力求提高管理水平。(6)责任追究。它包括对过失、渎职乃至故意行为造成危机的主体的责任追究,对危机决策失误和执行不利而造成危机管控失效或减效的主体的责任追究。

课程阅读指南

1. 进一步了解国家安全危机管理的内容,可参阅:

赵子聿、贤峰礼:《国家安全危机决策》,时事出版社 2006 年版。

王勇:《国家安全危机管理研究》,国防大学出版社 2011 年版。

陶振:《突发事件应急预案:体系、编制与优化》,载《公共危机管理》2013 年第 5 期。

王宏伟:《总体国家安全观指导下的国家安全系统性风险及其治理》,载《现代国际关系》2017 年第 11 期。

2. 进一步了解情报工作的内容,可参阅:

赵冰峰:《论国家情报与国家安全及国家发展的互动关系》,载《情报杂志》2015 年第 1 期。

张家年、马费成:《我国国家安全情报体系构建及运作》,载《情报理论与实践》2015 年第 8 期。

高金虎:《论国家安全情报工作——兼论国家安全情报学的研究对象》,载《情报杂志》2019 年第 1 期。

3. 进一步了解国家安全审查的内容,可参阅:

陶立峰:《外国投资国家安全审查的可问责性分析》,载《法学》2016 年第 1 期。

马宁:《浅析〈国家安全法〉中的网络安全审查制度》,载《中国信息安全》2015 年第 8 期。

王东光:《国家安全审查的政治法律化与法律政治化》,载《中外法学》2016 年第 5 期。

杨静:《外资并购国家安全审查制度的平衡机制研究》,法律出版社 2017 年版。

思考题

1. 国家安全工作制度和机制有哪些?
2. 采取特别措施的条件、范围、实施主体和程序以及遵循的原则是什么?
3. 如何在国家安全审查中实现投资开放政策与国家安全利益的平衡?

第十一章　国家安全保障

维护国家安全是国家生存和发展的基本要求。当前,我国面临来自国内国际诸多风险挑战,国家安全形势复杂严峻,维护国家安全的任务艰巨。为更好地开展国家安全工作,适应新形势新时代的使命要求,国家需要加强国家安全总体保障,建立健全国家安全保障体系,在法制、经费、物资、科技、人才、专门工作手段、宣传教育等方面给国家安全工作提供全面的支持,提高维护国家安全的工作能力。本章分七节对我国国家安全保障体系进行介绍。

第一节　法 制 保 障

依法治国是中国共产党领导全国各族人民治理国家的基本方略,并在九届全国人大二次会议时写入《宪法》。2014 年,党的十八届四中全会《关于全面推进依法治国若干重大问题的决定》提出,全面推进依法治国的总目标是建设中国特色社会主义法治体系,建设社会主义法治国家。国家安全是国家生存和发展的基础和前提,国家安全法制保障则是国家安全最基本的保障。

中华人民共和国成立后,我国先后制定了一系列维护国家安全的法律法规,回顾国家安全法制建设进程,大体可分为四个阶段:1983 年之前为奠基阶段,1983 年至 1993 年为起步阶段,1994 年至 2013 年为探索阶段,2014 年至今为跨越发展阶段。目前,我国涉及国家安全的法律法规近 200 部,内容广泛,覆盖政治安全、国土安全、军事安全、经济安全、文化安全、社会安全等领域,已经逐步构建起国家安全法律制度体系。2018 年 4 月 17 日,在十九届中央国家安全委员会第一次会议上,习近平总书记将“加强法治保障”作为国家安全工作适应新时代新要求的重要方面。建立和完善国家安全法律体系,依法维护国家安全,是一项管长远、管根本的基础性工作。以国家安全发展战略为依托,以宪法为根本,以国家安全法为基础,以维护党的执政安全、《国家安全法》制定了“争取到 2020 年基本形成一套立足我国国情、体现时代特点、适应我国所处战略安全环境、内容协调、程序严密、配套完备、运行有效的中国特色国家安全法律制度”的立法目标。这对我们进一步完善中国特色国家安全法律制度体系提出了要求。国家安全法制保障,仍需结合时代和形势的变化进一步完善。

关于我国国家安全法律制度体系的详细内容、国家安全法治的重要性等内容在本书第一、三章已作详细介绍,此处不再重复。

第二节　经费保障

经费是保障国家安全工作的物质基础,在各项保障措施中具有重要的基础地位。国家安全工作的范围广泛,包括政治安全、国土安全、军事安全等十一个安全领域,以及随着社会经济发展新出现的安全领域。在工作内容方面,国家安全工作包括情报信息的收集、研判和使用,风险的预防、评估和预警,国家安全审查和监管,危机管控,国家安全违法犯罪行为的侦查和处置等。开展各个领域的国家安全工作,完成维护国家安全的任务都必须有充足的经费作为保障。《国家安全法》规定,国家加大对国家安全各项建设的投入,保障国家安全工作的经费和装备。

一、国家安全工作的投入范围

国家安全建设的投入包括人、财、物的投入,既包括设备、器械、基础设施等硬件方面的建设投入,也包括人才培养、科技研发等软件方面的建设投入,此外还包括国家安全制度、体制和机制的建设投入。国家加强国家安全建设,需要确保国家安全各项工作的经费支持,建立维护国家安全的坚强体系。

二、国家安全工作的经费来源

国家安全工作的经费来源包括中央和地方财政拨款。国家对国家安全工作的投入应当与国民经济增长的水平相适应,满足国内外国家安全形势和任务发展的需要。中央和地方各级政府应加大对国家安全工作的投入力度,确保维护国家安全工作所需的必要经费,保障国家安全工作的顺利开展。

三、国家安全工作经费筹措和使用原则

国家安全工作经费筹措和使用应坚持三个原则:

1. 中央和地方共同负担原则。维护国家安全是一种国家行为。中央政府是国家安全工作经费来源的主体,地方政府应当承担与其责任相适应的经费开支,将国家安全工作的经费需求列入中央和地方的年度财政预算。

2. 高效使用和节约原则。国家安全工作经费要重视投入和产出效益,高效合理使用,决不能以国家安全为由盲目投入,坚持厉行节约、反对浪费。

3. 突出重点原则。中央层面应抓住国家安全工作的主要矛盾问题,将维护国家安全的经费主要投入到重点地区和重点领域,将经费使用在刀刃上,重点解决国家安全突出问题。

第三节　物 资 保 障

国家安全物资保障工作,是指承担国家安全战略物资储备任务的单位按照国家规定和标准,对国家安全物资进行的收储、保管和维护工作。

国家安全战略物资储备,是国家在平时有计划建立的对国计民生和国家安全具有重要影响的物质资料的储存和积蓄,以应付战争或其他意外情况,保障国民经济正常运转和国家安全的需求。国家安全战略物资储备只能在国家遇到非常情况时方可动用,一般情况下除非定期更换不得随意动用。国家安全战略物资储备包括:对国计民生和国家安全十分重要的物资,国内资源缺少或生产能力不足、需要进口的重要物资,高新技术产业发展必需的稀贵金属和材料等,诸如粮食、棉花、布料、药品、食盐、燃料、钢铁、有色金属、木材、橡胶、纸张、机械设备、武器弹药、运输工具等。

国家安全战略物资储备的原则包括:服从国家安全需要,兼顾经济效益,避免造成浪费;尽量做到数量充足,但也符合国情,不盲目追求数量;既要确保种类齐全又突出重点;布局合理,确保调用物资能快速抵达使用现场。我国《国家安全法》规定了国家安全战略物资储备的相关制度,《国防动员法》规定了国家实行适应国防动员需要的战略物资储备和调用制度,《突发事件应对法》规定了国家建立健全应急物资储备保障制度,其他法规规章,包括《中央储备粮管理条例》《国家物资储备管理规定》等还制定了石油储备、粮食储备

等具体的战略物资储备制度。

一、国家安全战略物资储备的任务单位

国家安全战略物资储备可采用国家储备、军队储备、企业储备等多种存储方式。国家安全战略物资储备的任务单位,是指根据法律法规规定,具备国家规定的资格条件,并经国务院有关主管部门审核批准,实际负责承担战略物资储备任务的企业事业单位,包括国有企业、事业单位及其他所有制单位。承担国家安全战略物资储备的国有企业、事业单位,诸如承担专户储存中央储备粮任务的中国储备粮管理总公司及直属企业、受国务院委托负责国家储备棉经营管理的中国储备棉管理总公司、承担食糖和猪肉储备任务的华商储备中心、承担边销茶和羊毛储存任务的全国供销合作总社、承担食盐储备任务的中国盐业总公司、承担军工专用设备等储备任务的军工企业等。承担国家安全战略物资储备任务的其他所有制单位,诸如实际承担中央储备粮代储任务的代储企业、承担军民融合项目负责军工专用设备等储备任务的民营配套企业、实际承担军队药品代销任务的地方企业等。

二、国家安全战略物资储备制度规定

根据《国家安全法》的规定,承担国家安全战略物资储备任务的单位需要依法对国家安全战略物资收储、保管、维护和定期调整更换,保证储备物资的使用效能和安全。

1. 国家安全战略物资储备工作的总体规划和设计工作。国家发展改革委员会同财政部等部门拟定国家物资储备发展规划,报国务院审批,并依据规划会同财政部等部门拟定年度国家储备物资收储计划,报国务院审批。储备局建立监测预警制度,为国家储备物资收储、动用提供决策支持。

2. 国家安全战略储备物资的保管和维护工作。承担国家安全战略物资储备任务的单位应严格按照国家规定和标准保管和维护国家安全战略储备物资。《中央储备粮管理条例》规定,中国储备粮管理总公司依照国家有关行政法规规章、国家标准和技术规范,建立健全中央储备粮各项业务管理制度,报国家粮食行政管理部门备案;储备粮管理总公司直属企业、中央储备粮代储企业应严格执行国家有关行政法规、规章、国家标准和技术规范,及储备粮管理总公司制定的各项业务管理制度;承储企业必须先保证入库的中央储备粮达到收购、轮换规定的质量等级,并符合国家规定的质量标准;承储企业应对中

央储备粮实行专仓储存、专人保管、专账记载,保证中央储备粮账账相符、账实相符、质量良好、储存安全。

3. 按照国家规定和标准建立定期轮换制度。储备物资在储存期间,由于受到风吹日晒等自然因素影响,容易发生霉变、锈蚀等有形损耗;另外,由于科技进步、产品换代等原因,还会遭遇淘汰、报废等无形损耗。因此,为满足国家安全的需要,必须按照国家规定和标准建立轮换制度。《中央储备粮管理条例》规定了中央储备粮实行均衡轮换制度。《国务院关于改革和加强医药储备管理工作的通知》提出,对储备药品和医疗器械制定相应轮换办法。《国务院关于组建中国储备棉管理总公司有关问题的批复》提出,国家储备棉原则上2~3年轮换一次。按照《国家物资储备管理规定》,国家发展和改革委员会同财政部建立国家储备物资轮换机制,明确轮换条件、程序性等。

4. 国家安全战略储备物资的使用效能和安全的维护保障。《国防法》规定,战略物资储备应当储存安全。《国家物资储备管理规定》规定:国家物资储备的安全保障工作应遵循安全第一、预防为主、综合治理的方针;储备局应当建立健全安全责任、重大事项报告等安全保障工作制度,进行安全监督检查;国家物资储备仓库应在地方政府统一组织下会同有关部门成立保卫工作联防组织,组织专职守卫力量,符合武警部队内卫执勤任务范围规定的国家物资储备仓库应按规定申请派驻武警部队守卫;储备局应建立突发事件预警机制,健全突发事件应急预案体系和应对体系,并定期演练。

第四节 科技保障

维护国家安全,发挥科技的战略支撑作用至关重要。根据《国家安全法》的规定,国家应鼓励国家安全领域的科技创新,发挥科技在维护国家安全工作中的重要作用。以下分传统国家安全领域、非传统国家安全领域分别介绍科技保障情况。

一、传统国家安全领域的科技保障

涉及军事、政治、外交等传统国家安全领域的科技保障问题,相关法律法规进行了明确规定。《国防法》对国防科研生产进行了专门规定:国家建立和完善国防科技工业体系,发展国防科研生产,为武装力量提供性能先进、质量可靠、配套完善、便于操作和维修的武器装备，满足国防需要；国家促进国防科学技术进步，加强高新技术研究，发挥高新技术在武器装备发展中的先导作用，增加技术储备，研制新型武器装备；国家采取必要措施，培养国防科学技术人才，创造有利的环境和条件，充分发挥他们的作用。《反间谍法》规定：国家安全机关因侦察间谍行为的需要，根据国家规定，经过严格批准手续，可采取技术侦察措施；国家安全机关可根据反间谍工作需要，会同有关部门制定反间谍技术防范标准，指导落实反间谍技术防范措施，依法进行反间谍技术防范检查和检测。《国家情报法》规定，国家情报机构应当运用科学技术手段，提高对情报信息的鉴别、筛选、综合和研判分析水平。

二、非传统国家安全领域的科技保障

非传统安全领域包括资源能源、粮食、社会、环境等诸多领域，我国的相关法律法规对上述各领域安全问题的科技保障制度和措施进行了明确规定。

（一）资源能源安全领域

《中华人民共和国节约能源法》规定，县级以上各级人民政府应当把节能技术研究开发作为政府科技投入的重点领域，支持科研单位和企业开展节能技术应用研究，制定节能标准，开发节能共性和关键技术，促进节能技术创新与成果转化；国务院管理节能工作的部门会同国务院有关部门制定并公布推广目录，引导用能单位和个人使用先进节能技术和产品；国务院管理节能工作部门会同有关部门组织实施重大节能科研项目、节能示范项目和重点节能工程。

（二）粮食安全领域

《农业法》规定，国务院和省级人民政府应当制定农业科技、农业教育发展规划，发展农业科技、教育事业；县级以上人民政府应按照国家规定增加农业科技经费和教育经费，鼓励和吸引企业等社会力量增加农业科技投入，鼓励农民、农业生产经营组织、企业事业单位等依法举办农业科技、教育事业；国家保护农业相关知识产权，鼓励和引导农业科研、教育单位加强农业科学技术基础研究和应用研究，传播和普及科技知识，加速成果转化，促进科技进步；国务院有关部门组织农业重大关键技术科技攻关；促进国际农业科技、教育合作交流，鼓励引进国外先进技术。

（三）社会安全领域

《突发事件应对法》规定，国家鼓励、扶持教学科研机构和有关企业研究开发用于突发事件预防、监测、预警、应急处置与救援的新技术、设备和工具。《反恐怖主义法》规定：电信业务经营者、互联网服务提供者应为公安机关、国家安全机关防范和调查恐怖活动提供技术接口和解密等技术支持和协助，依法落实安全技术防范措施；公安机关、国家安全机关和军事机关在职责范围内，因反恐怖主义情报信息工作的需要，根据国家规定，经过严格的批准手续，可采取技术侦察措施；国家鼓励和支持反恐怖主义科学研究和技术创新，开发和推广使用先进的反恐技术和设备。

（四）环境安全领域

《环境保护法》规定，国家支持和保护科学技术研究、开发和应用，鼓励环境保护产业发展，促进环境保护信息化建设，提高环境保护科学技术水平。

（五）核安全领域

《核安全法》规定，国家鼓励和支持核安全科学技术的研究、开发和利用，加强知识产权保护，注重人才培养；国务院有关部门应在相关科研规划中安排与核设施、核材料安全和辐射环境监测、评估相关的关键技术研究专项，推广先进可靠的核安全技术；核设施运营单位和为其提供设备、工程、服务等的单位、与核安全有关的科研机构等，应持续开发先进可靠的核安全技术，充分利用先进科学技术成果，提高核安全水平。《民用核安全设备监督管理条例》也规定了国家鼓励民用核安全设备设计、制造、安装和无损检验的科学技术研究，提高安全水平。

第五节　人才保障

国家安全工作是维护国家安全的专门工作，具有对抗性、专业性、秘密性等特点。国家安全工作的特殊性决定着对国家安全工作人员的特殊要求，从事国家安全工作的人员应当具备坚定的政治信仰、过硬的业务知识、较强的专业工作能力和一定的心理素质等。加强国家安全工作需要建立一支专业化的国家安全工作队伍，建立一整套符合国家安全工作特点的人事管理制度和职业保障体系，从专门工作的特点出发，对国家安全的专门人才和特殊人才的招录、培养和管理的各个环节加强法律保障和政策支持,为国家安全工作的开展提供坚实的人才保障。

一、国家安全工作专门人才、特殊人才的招录工作

国家安全专门人才,主要指为了开展国家安全工作的需要,招录、培养、选拔、任用的具有开展有关专门工作职业素养的人才力量。国家安全特殊人才,主要是指国家安全工作中具备特殊能力、才能的人才力量。人才队伍是国家安全工作开展的保障力量。世界大国对国家安全工作人才的招录和吸纳都十分重视,设立有专门制度。《美国1947年国家安全法》规定,国家情报主任与情报系统的其他机构或部门负责人及相关部门负责人协商后,规定符合情报系统需要的人事政策和计划。《美国国家安全局法》规定,为实现国家安全局职能,在必要时可设立有关职位并任命相应工作人员,不受公务员法的约束。《韩国国家情报院职员法》要求,国家情报院的职员在资格、任用、教育培训、服务和奖励等方面,不同于普通国家公务员法的规定,对于具备与国家安全工作相关的特别学识、经验、技术或研究成果的人员,可在录用时不参加有关竞争考试。我国《国家情报法》规定,国家建立适应情报工作需要的人员录用制度。由于国家安全工作的特殊性和专业性,国家安全相关职能部门应根据国家安全工作的需要,采取有别于普通公务员的录用制度和特殊标准,招录符合工作需要的专门人才和特殊人才。

二、国家安全工作专门人才、特殊人才的培养工作

国家安全人才培养工作一方面应在国民教育体系中根据国家安全工作的需要设置相应的专业,培养国家安全工作所需的专业人才,适应国家安全形势的需要;另一方面应完善对在职工作人员的培训、培养,建立符合国家安全工作特点的人事培养制度,使国家安全队伍能够适应不断发展和变化的国家安全工作任务需要。《美国1947年国家安全法》规定了教育对国家情报工作的支持,国家情报主任有权对根据国家安全工作需要攻读有关科学和技术专业硕士学位的个人提供奖学金,有权集中情报系统资源开展跨学科教育培训,设定情报系统奖学金计划、外语计划等。《美国中央情报局条例》规定,中央情报局的任何官员和雇员可以被指定或选派在国内外各种机构、协会、军事机构、商行等的课程班接受特别的指导、研究和训练。《韩国国家情报院职员法》规定,根据情报工作需要,韩国国家情报院可派遣职员到韩国国内外教育

机构、研究机构进行培训。我国对国家安全人才的培养也设立了相关制度。我国《国家情报法》规定，国家加强国家情报工作机构建设，对人员等实行特殊管理，给予特殊保障。我国《突发事件应对法》规定，国家鼓励和扶持具备相应条件的教学科研机构培养应急管理专门人才。我国《核安全法》规定，国家鼓励和支持核安全相关科学技术的研究、开发和利用，加强知识产权保护，注重核安全人才的培养。

三、国家安全工作专门人才、特殊人才的管理工作

对国家安全人才队伍的管理工作包括干部职级、考核、奖惩、退出等制度机制，以及有关工作人员履行职责遇险时的营救、安置机制等。世界主要大国均建立了相关制度，如《美国 1947 年国家安全法》对专门人才、特殊人才的身份保密、福利、津贴、奖金等都作出了详细规定。《俄罗斯联邦对外情报法》对专门人才、特殊人才的职级待遇、津贴补贴等保障措施进行了详细规定，对外情报机构工作人员及家属的社会保障由联邦法律保护，对外情报机构的骨干人员享有国家人身保险，骨干或家属在搜集情报过程中健康受损要给予补偿，执行任务死亡时，由国家承担丧葬等费用，并给予家属生活补助，在解决社会保障问题时给予优待。对外情报机构骨干因密码被破译或其他不取决本人的原因部分或全部丧失工作能力时，对外情报机构给其安排工作或创作工作条件。

我国在国家安全人才管理方面也建立了相关制度。如我国《国家情报法》规定，国家建立适应情报工作需要的人员录用、选调、考核、培训、待遇、退出等管理制度；国家情报工作机构工作人员因执行任务，或者与国家情报工作机构建立合作关系的人员因协助国家情报工作，其本人或者近亲属人身安全受到威胁时，国家有关部门应当采取必要措施，予以保护、营救；对为国家情报工作作出贡献并需要安置的人员，国家给予妥善安置；对因开展国家情报工作或者支持、协助和配合国家情报工作导致伤残或者牺牲、死亡的人员，按照国家有关规定给予相应的抚恤优待；个人和组织因支持、协助和配合国家情报工作导致财产损失的，按照国家有关规定给予补偿。我国《反恐怖主义法》的规定，对因履行反恐怖主义工作职责或者协助、配合有关部门开展反恐怖主义工作导致伤残或者死亡的人员，按照国家有关规定给予相应的待遇。

第六节　专门工作手段保障

国家安全直接关系到国家主权独立、领土完整、政治稳定等核心利益。防范、制止和处置危害国家安全的违法犯罪活动以及国家情报工作等国家安全专门工作,本质往往是国家间的较量。国家安全工作因而具有极强的对抗性、专业性、艰巨性和政策性。通过法律授予国家安全专门工作职权,明确国家安全专门工作的必要手段和方式,是世界各国的通行做法。根据我国《国家安全法》的规定,国家安全机关、公安机关、有关军事机关开展国家安全专门工作时,可依法采取必要手段和方式,有关部门和地方应在职责范围内支持和配合。

一、国家安全专门工作的手段和方式

国家安全专门工作的手段和方式包括一般手段和特殊手段。

1. 一般手段,是指依法开展的一般执法活动,包括法律赋予的一般行政执法职权和刑事执法职权,如行政许可、行政处罚、行政强制等行政执法活动,以及搜查、询问证人、讯问犯罪嫌疑人、勘验、检查等刑事侦查职权和拘传、取保候审、监视居住、拘留、逮捕等刑事强制措施。

2. 特殊手段主要是根据维护国家安全的特殊需要和国家安全工作的特殊要求,当一般手段无法实现维护国家安全的任务时,依法经过严格审批,由国家安全机关、公安机关、有关军事机关采取的特殊工作手段和方式。大致可以分为几类:

(1)侦察手段。侦察,是指在立案前,为防止犯罪或在有犯罪迹象而嫌疑不明确的情况下进行的调查活动。除进入有关场所和单位,查阅或调取有关档案、资料、物品,查验身份证明,调查、询问有关情况等一般调查活动外,侦察还包括各种技术侦察手段的运用,即国家安全机关根据法律及国家授权,为发现、控制和防范危害国家安全的行为而运用技术手段进行的秘密调查和侦察活动。根据《反间谍法》《国家情报法》《反恐怖主义法》规定,公安机关、国家安全机关、军事机关在职责范围内,经过严格的批准手续,可采取技术侦察措施。相比于侦察手段,《刑事诉讼法》还设立专门一节规定技术侦查措施实施的具体规定,为立案后采取技术手段侦查危害国家安全的犯罪案件提供法律

依据。

(2)应对处置手段。《人民警察法》规定对严重危害社会治安秩序的突发事件可依法实行现场管制,采取必要手段强行驱散,对拒不服从人员强行带离现场或立即拘留。《反恐怖主义法》规定,对现场持凶器或使用其他危险方法,正在或准备实施暴力行为的人员,经警告无效的,可使用武器,紧急情况下或警告后可能导致更严重后果的可直接使用武器。《军事设施保护法》规定,对非法进入军事禁区、军事管理区,或非法对上述区域非法摄影、摄像、录音、勘察、测量、描绘和记述,或进行破坏、危害军事设施活动的,军事设施管理单位执勤人员可依法强制带离非法进入人员,情节严重的扣留并移送公安机关或国家安全机关,立即制止信息传输行为,扣押相关器材,在紧急情况下清除障碍物,在法定紧急情况下使用武器。

(3)保护手段。根据《国家情报法》的规定,国家情报工作机构根据工作需要,按照国家规定,经过严格的批准手续,可采取身份保护措施。《反恐怖主义法》规定,因报告和制止恐怖活动,作证或从事反恐工作,本人或近亲属安全面临危险时,经申请,公安机关和有关部门应采取保护措施。

(4)法定条件下的优先职权和要求有关部门配合的职权。如《反间谍法》规定:国家安全机关工作人员在依法执行紧急任务的情况下,经出示相应证件,可优先乘坐公共交通工具,遇交通阻碍时优先通行;国家安全机关因反间谍工作需要,按规定可优先使用或依法征用机关、团体、组织和个人的交通、通信工具及场地和建筑物。国家安全机关因反间谍工作需要,提请海关、边防等检查机关对有关人员和资料、器材免检。《反恐怖主义法》规定,电信业务经营者、互联网服务提供者依法提供技术接口和解密等技术支持和协助。

(5)境外工作手段。《国家情报法》规定,国家情报工作机构根据工作需要,依法使用必要的方式、手段和渠道,在境内外开展情报工作。《反恐怖主义法》规定,中国在境外的机构、人员、重要设施遭受严重恐怖袭击后,经与有关国家协商同意后,国家反恐工作领导机构可组织外交、公安、国家安全等部门派出工作人员赴境外开展应对处置工作。

(6)其他专门工作手段。如《国家情报法》规定,国家情报工作机构可按国家有关规定,与有关个人和组织建立合作关系,委托开展工作。

二、相关部门和地方对国家安全专门工作的义务

国家安全工作坚持专门工作与群众路线相结合的原则,充分发挥专门机

关和其他有关机关维护国家安全的职能作用,广泛动员公民和组织,防范、制止和依法惩治危害国家安全的行为。国家安全工作不能脱离人民群众和社会环境而孤立开展,国家安全工作在实践中往往需要有关部门和地方在职责范围内予以配合。《国家安全法》规定,中华人民共和国公民、一切国家机关、武装力量、政党、人民团体、企业事业组织和其他社会组织都有维护国家安全的责任和义务。具体实践中,有关部门和地方提供的支持和配合根据国家安全工作的具体需要来确定。具体而言,包括及时提供其履行职责中掌握的有关档案、资料、信息、数据,协助发现、调查、制止危害国家安全的行为,协助对支持国家安全工作人员及近亲属的保护,配合对国家安全工作人员的人身保护和安置保障措施,保守国家安全工作秘密等。

第七节　宣传教育保障

开展国家安全宣传教育工作,有利于增强各级机关领导干部对国家安全工作的重视,提高领导干部防范和应对国家安全风险的认识,有利于增强全民维护国家安全的意识,在全社会形成学习国家安全法律法规的良好氛围,从而形成维护国家安全的整体合力。

一、加强国家安全新闻宣传和舆论引导工作

做好国家安全的宣传、普及和舆论引导工作,要坚持马克思主义的新闻观,牢牢把握正确的思想导向,提高国家安全新闻宣传和舆论引导的及时性、权威性、公信力、影响力,发挥宣传党的主张、弘扬社会正气、通达社情民意、引导社会热点、疏导公众情绪、搞好舆论监督的重要作用,充分保障人民的知情权、参与权、表达权、监督权。近年来,一些西方媒体对我国国内热点问题、重点事件进行炒作,成为国家安全宣传工作的一个挑战。面对热点问题,国家安全宣传工作应加强对舆情的分析研判和社会热点难点问题的引导,从群众关注点入手,科学解惑,凝聚共识,占据舆论制高点,充分展现党和国家依法维护国家安全的决心和信心。在体制机制上,完善新闻发布制度,健全应急报道和舆论引导机制,提高时效性,增强透明度。面对西方媒体的质疑,应旗帜鲜明、理直气壮地回应国际关切,努力争取境内外舆论的理解和支持,营造和谐稳定的舆论氛围。

二、丰富国家安全宣传教育工作的形式和途径

国家机关、武装力量、各政党、各社会团体、各企业事业组织和其他社会组织都应积极组织开展本部门、本单位及面向社会的国家安全宣传教育工作，广大党员特别是党的领导干部要发挥带头学习的作用，要开展多种形式的国家安全宣传教育活动，加强对全民的国家安全宣传教育工作。一是推动国家安全教育进学校、进企业、进单位、进乡村、进社区，增强宣传教育工作的针对性和实效性。二是借助电信、互联网等现代传媒手段，发挥好国家安全机关举报受理平台（www. 12339. gov. cn）、国家安全举报电话“12339”的作用，提高全民对国家安全工作的关注度和参与度，同时通过互联网等新媒体进行宣传，引导广大人民群众正确认识国家安全工作形势，增强维护国家安全的自觉性和积极性。三是发挥全民国家安全教育日活动效用，在每年 4 月 15 日集中开展国家安全教育活动，形成全民学习国家安全知识的氛围。

三、将国家安全教育纳入国民教育和公务员培训体系

国民教育体系是由正规学校教育的国家基本教育制度和体系，包括学前教育、小学教育、初中教育、高中教育和高等教育等层级，在类型上可分为普通教育和职业教育。教育是民族振兴和社会进步的基石。将国家安全教育纳入国民教育体系有助于提高全民的国家安全意识、树立应对国家安全风险的认识、增强自觉维护和支持配合国家安全工作的意识。有必要将国家安全教育纳入各个阶段的教育过程中去。2018 年 4 月，教育部印发《关于加强大中小学国家安全教育的实施意见》，该意见提出了构建完善国家安全教育内容体系、研究开发国家安全教育教材、推动国家安全学科建设、改进国家安全教育教学活动、推进国家安全教育实践基地建设、加强国家安全教育师资队伍建设等要求。

公务员培训体系针对全体公务员，分为初任培训、任职培训、专门业务培训和在职培训等，根据公务员职级的不同，每年应参加的培训时长也有不同要求。《国家安全法》规定，国家机关及工作人员在履行职责时应维护国家安全，应严格依法履职，不得超越和滥用职权，不得侵犯个人和组织的合法权益。将国家安全教育纳入公务员培训体系中去，有利于提高公务员的履职能力，培养自觉维护国家安全的意识和工作原则。这一要求已纳入《干部教育培训工作条例》，该条例第 21 条第 2 款规定，“开展总体国家安全观教育，增强干部国

家安全意识和推进国家安全建设的本领”。

课程阅读指南

1. 进一步了解国家安全保障体系,可参阅:

李秀石:《日本国家安全保障战略研究》,时事出版社2015年版。

陈蔚:《普京执政以来的国家安全保障体系建设》,载《社会科学文摘》2006年第5期。

马怀德:《国家安全的法律保障——学习贯彻〈中华人民共和国国家安全法〉》,载《求是》2016年第4期。

2. 进一步了解国家安全教育的内容,可参阅:

从丛、李联明:《美国高校外语教学服务国家安全战略的启示》,载《南京社会科学》2008年第10期。

曹晓飞、唐少莲:《美国〈国家安全教育法〉的颁布及其影响》,载《重庆高教研究》2015年第4期。

解松、辛宏冬:《新时代加强国家安全教育的若干思考》,载《江南社会学院学报》2018年第2期。

思考题

1. 为何要对国家安全专门人才、特殊人才在招录、培养、选拔等方面提供特殊政策?
2. 当前我国国家安全教育存在哪些不足?如何改进?

第十二章　公民、组织的义务和权利

根据《国家安全法》的规定，国家安全关乎国家核心利益，在国家安全工作中，强调公民和组织维护国家安全的义务和责任；同时也注重保护公民、组织在维护国家安全中的权利，包括公民、组织在国家安全工作中有申请人身保护的权利，获得补偿和抚恤优待的权利，对国家机关及其工作人员提出申诉、控告和检举的权利等。[1] 虽然《国家安全法》突出强调了公民和组织的义务，与宪法和其他法律对权利的强调相比而言更有所侧重，但在宪法中也同样有其根源，如《宪法》第54条、第55条规定，中华人民共和国公民有维护祖国的安全、荣誉和利益的义务，不得有危害祖国的安全、荣誉和利益的行为。保卫祖国、抵抗侵略是中华人民共和国每一个公民的神圣职责。

第一节　公民和组织维护国家安全的一般义务

我国《宪法》第54条、第55条规定了公民维护国家安全的义务。《国家安全法》将此项义务细化为公民和组织两个主体。第77条对公民和组织维护国家安全的一般义务进行了细化。《国家安全法》第77条第1款详细规定了公民和组织在维护国家安全方面应当履行的7项积极义务。所谓积极义务，即必须要主动作出一定行为。第2款规定了个人和组织在维护国家安全方面必须遵循的2项消极义务，即禁止性的行为。

一、积极义务

7项积极义务又可以分入三个范畴：遵守法律法规的义务、配合国家安全工作的义务以及保守秘密的义务。

---

〔1〕 参见乔晓阳主编：《中华人民共和国国家安全法释义》，法律出版社2016年版，第329页。

（一）遵守法律法规的义务

1. 遵守宪法、法律法规关于国家安全的有关规定。公民和组织要履行该项义务，必须积极主动地从事下列活动：首先，必须对宪法、法律法规关于国家安全的有关规定内容有比较全面和系统的了解，在准确理解宪法、法律法规关于国家安全的有关规定内容含义基础上，自觉地遵守宪法、法律法规关于国家安全的有关规定；其次，公民和组织要充分了解和准确地理解宪法、法律法规关于国家安全的有关规定内容，除了可以通过自学方式掌握相关法律规定的精神之外，还应当参加由党政机关、专门的普法机构以及单位、社区、学校等组织的学习宣传教育活动，以提高自身对有关规定的立法宗旨和立法意义的认识，增强遵守宪法、法律法规的自觉性；最后，公民和组织遵守宪法、法律法规关于国家安全的有关规定最核心的要求是遵守各项规定，履行维护国家安全的义务。[2]

2. 法律、行政法规规定的其他义务。这是对《国家安全法》第 11 条第 1 款所规定的任何个人和组织"都有维护国家安全的责任和义务"要求的呼应性规定，强调了公民和组织在维护国家安全方面具有广泛的法律义务，必须以高度的责任心来认真履行各项维护国家安全的法律义务。[3] 实际上这是一项兜底性条款，鉴于国家安全内涵的扩大，在《国家安全法》第 77 条第 1 款第 1 项以外又作了一定程度的保留。

（二）配合国家安全工作的义务

《国家安全法》第 9 条规定，维护国家安全需要专门工作与群众路线相结合，充分发挥专门机关和其他有关机关维护国家安全的职能作用，广泛动员公民和组织，防范、制止和依法惩治危害国家安全的行为。因此，法律对公民和组织设定了配合国家安全工作的义务。具体包括：

1. 及时报告危害国家安全活动的线索。危害国家安全活动在各个领域都有各自不同的表现，且往往具有很大的隐蔽性，仅靠专门的国家安全机构自身发现能力是有限的，必须依靠社会公众提供的线索来及时跟踪、调查和发现危害国家安全活动的线索。因此，公民和组织应当积极主动及时地报告危害国

---

〔2〕 参见乔晓阳主编：《中华人民共和国国家安全法释义》，法律出版社 2016 年版，第 330～331 页。

〔3〕 参见乔晓阳主编：《中华人民共和国国家安全法释义》，法律出版社 2016 年版，第 333 页。

家安全活动的线索,增强专门的国家安全机关侦查危害国家安全活动的能力,以维护国家安全。

2. 如实提供所知悉的涉及危害国家安全活动的证据。履行本项义务的重点注意事项有三个方面:(1)要“如实”,只有实事求是地提供实情,才能保证专门的国家机构处理危害国家安全活动案件时作出正确判断;(2)提供涉及危害国家安全活动的证据应当是其“知悉”的,不是道听途说或者是通过间接传闻渠道获得的,这样可以保证专门的国家机构处理相关证据时避免浪费时间和精力,保证办案质量和效率;(3)应当提供的“证据”是涉及危害国家安全活动的,“证据”本身应当符合法律法规所规定的证据特征。[4]

公民和组织如实提供所知悉的涉及危害国家安全活动的证据的意义在于三个方面,针对三类主体:一是帮助专门的国家安全机构及时和有效地侦破危害国家安全活动的案件,二是为检察机关依法提起公诉提供充分的事实根据,三是为法院作出正确的判决、及时和有效地依法惩治危害国家安全活动提供可靠的定罪量刑依据。

3. 为国家安全工作提供便利条件或者其他协助。维护国家安全不仅是各类专门的国家安全机关的职责,也是公民和组织的法律义务。这就要求公民和组织应当积极配合专门的国家安全机构有效地开展各项维护国家安全的工作,为国家安全工作提供便利条件或者其他协助。本项所规定的“为国家安全工作提供便利条件”既包括允许执行国家安全任务的机构和人员进入特定场所、使用特定工具、查阅必要材料,也包括拆除各种妨碍国家安全工作的设施设备、停止影响国家安全工作的行为、暂时中断与外界的联系等;本项所规定的“其他协助”范围很广,涉及人力、物力、财力等多方面的协助,必要时包括直接参与某些特定的国家安全工作。[5]

4. 向国家安全机关、公安机关和有关军事机关提供必要的支持和协助。该项义务与第 9 条第 1 款第 4 项规定的公民和组织有“为国家安全工作提供便利条件或者其他协助”的法律义务区别在于,后者是面向所有国家安全工作而言的,前者是一项特定义务。“国家安全机关、公安机关和有关军事机关”依法赋予公民和组织特定任务,接受这些特定任务的公民和组织必须要

---

〔4〕 参见乔晓阳主编:《中华人民共和国国家安全法释义》,法律出版社 2016 年版,第 331 页。

〔5〕 参见乔晓阳主编:《中华人民共和国国家安全法释义》,法律出版社 2016 年版,第 332 页。

认真履行，公民所在的单位以及有关组织的上级领导机关应当无条件给予支持。[6]

（三）保守秘密的义务

保守国家秘密是宪法、法律所规定的公民的基本义务。《保守国家秘密法》第3条第2款明确规定："一切国家机关、武装力量、政党、社会团体、企业事业单位和公民都有保守国家秘密的义务。"保守国家秘密与维护国家安全密切相关，本项规定将公民和组织的保密义务具体化到在维护国家安全方面必须"保守所知悉的国家秘密"。

二、消极义务

《国家安全法》第77条第2款规定了个人和组织在维护国家安全方面必须遵循的两项禁止性义务。(1)不得有危害国家安全的行为；(2)不得向危害国家安全的个人或者组织提供任何资助或者协助。同时，为确保公民和组织严格遵守上述两项禁止性义务，《国家安全法》第13条第2款规定："任何个人和组织违反本法和有关法律，不履行维护国家安全义务或者从事危害国家安全活动的，依法追究法律责任。"从而将公民和组织在维护国家安全方面的"义务"与"责任"连接，通过设定法律责任来保障公民和组织自觉地履行该法所规定的各项义务。

第二节　组织的特殊义务

《国家安全法》第78条规定："机关、人民团体、企业事业组织和其他社会组织应当对本单位的人员进行维护国家安全的教育，动员、组织本单位的人员防范、制止危害国家安全的行为。"这一规定设定了组织的特殊义务，也为组织对其人员之行为设置了规定。《反间谍法》第19条继承了上述规定："机关、团体和其他组织应当对本单位的人员进行维护国家安全的教育，动员、组织本单位的人员防范、制止间谍行为。"而《国家安全法》第78条在主体上对"单位"又有了丰富和明确，由"机关、团体和其他组织"拓展为"机关、人民团

---

[6] 参见乔晓阳主编：《中华人民共和国国家安全法释义》，法律出版社2016年版，第332～333页。

体、企业事业组织和其他社会组织”，强调了“人民团体”“企业事业单位”在履行本法所规定的“单位”义务中应当发挥的重要作用。

关于“单位”和“本单位的人员”的法律义务，可从以下的解释进行理解。“单位”的法律义务包括两个方面：(1)是应当对“本单位的人员”进行维护国家安全的教育，也就是说，对单位人员进行国家安全教育的义务应当由“本单位”来承担；(2)“单位”还应当承担动员、组织“本单位的人员”防范、制止危害国家安全的行为。“本单位的人员”的法律义务包括两个方面：一方面是积极义务，即应当按照本单位的组织、要求进行“防范、制止危害国家安全行为”。另一方面是消极义务：首先，必须无条件地接受本单位所组织的国家安全教育，自觉地学习、领会和掌握国家安全方面的知识和技能；其次，在单位进行“动员、组织本单位的人员防范、制止危害国家安全的行为”工作时，必须主动参与，不得无故推辞。为了提高“单位”在组织“本单位的人员”进行国家安全教育工作以及动员、组织“本单位的人员”防范、制止危害国家安全行为的工作效率和实际效果，“单位”在履行法律规定的义务时，应当接受本法规定的专门国家安全机构的协调和指导。“单位”还可以建立必要的考核奖惩制度，将“本单位的人员”履行本条所规定的法律义务的情况纳入单位绩效奖惩考核制度体系。[7]

第三节 企业事业组织配合有关部门的义务

《国家安全法》第79条规定：“企业事业组织根据国家安全工作的要求，应当配合有关部门采取相关安全措施。”这一规定是根据国家安全工作的特点，设置给企业事业组织的一项维护国家安全的特定义务，要求企业事业组织“根据国家安全工作的要求”，应当积极配合“有关部门”采取相关“安全措施”。企业事业组织配合有关部门采取相关安全措施的义务具体体现在网络安全、信息安全、科技安全等方面，具体规定在《国家安全法》第25条、第53条、第59条、第73条、第75条的内容之中。

对于《国家安全法》第75条规定义务的具体落实，还可以参见《反恐怖主

〔7〕 参见乔晓阳主编：《中华人民共和国国家安全法释义》，法律出版社2016年版，第332～333页。

义法》的相关规定。如第19条规定,电信业务经营者、互联网服务提供者应当依照法律、行政法规规定,落实网络安全、信息内容监管制度和安全技术防范措施,防止含有恐怖主义、极端主义内容的信息传播;发现含有恐怖主义、极端主义内容信息的,应当立即停止传输,保存相关记录,删除相关信息,并向公安机关或者有关部门报告。《反恐怖主义法》第20条规定,铁路、公路、水上、航空的货运和邮政、快递等物流运营单位应当实行安全查验制度,对客户身份进行查验,依照规定对运输、寄递物品进行安全检查或者开封验视。对禁止运输、寄递,存在重大安全隐患,或者客户拒绝安全查验的物品,不得运输、寄递。《反恐怖主义法》第21条规定,电信、互联网、金融、住宿、长途客运、机动车租赁等业务经营者、服务提供者,应当对客户身份进行查验。对身份不明或者拒绝身份查验的,不得提供服务。

第四节　公民和组织支持配合国家安全工作受法律保护

《国家安全法》第80条规定:"公民和组织支持、协助国家安全工作的行为受法律保护。因支持、协助国家安全工作,本人或者其近亲属的人身安全面临危险的,可以向公安机关、国家安全机关请求予以保护。公安机关、国家安全机关应当会同有关部门依法采取保护措施。"这一规定,为公民和组织支持、协助国家安全工作设置了法律的保护,根据此项权利公民和组织可以向公安机关、国家安全机关请求保护;同时法律规定公安机关、国家安全机关应当会同有关部门依法采取保护措施。

一、公民和组织支持、协助国家安全工作受法律保护

具体来说,《国家安全法》第80条规定的"公民和组织支持、协助国家安全工作",主要是根据《国家安全法》和其他法律规定,履行支持、协助国家安全的义务。《国家安全法》规定的支持、协助国家安全的义务包括及时报告危害国家安全活动的线索,如实提供所知悉的涉及危害国家安全活动的证据,为国家安全工作提供便利条件或者其他协助,向国家安全机关、公安机关和有关军事机关提供信息技术支持和协助,以及对国家安全专门工作依法采取必要手段和方式的支持配合等。根据其他法律规定履行支持、协助国家安全的义

务。如根据《中华人民共和国人民警察法》，对人民警察依法执行职务给予支持和协助；根据《反间谍法》，为反间谍工作提供便利或者其他协助，及时向国家安全机关报告间谍行为，如实提供有关间谍行为的情况证据等；根据《人民武装警察法》的规定，对人民武装警察部队执行安全保卫任务给予必要的支持和协助；根据《国防动员法》，接受依法征用用于社会生产、服务和生活的设施、设备、场所、物资等民用资源；根据《反恐怖主义法》，协助、配合有关部门开展反恐怖主义工作，发现恐怖活动嫌疑或者恐怖活动嫌疑人员时及时向公安机关或者有关部门报告；等等。

二、公安机关、国家安全机关会同有关部门依法对有关人员采取保护措施

（一）人身安全保护请求权

公民因支持、协助国家安全工作，本人或者其近亲属的人身安全面临危险的，可以向公安机关、国家安全机关请求予以保护。该条立法的目的在于“对支持、协助国家安全工作的公民予以人身保护，不仅体现了一切为了人民、一切依靠人民，而且体现了维护国家安全坚持尊重和保障人权的原则，体现了公民在维护国家安全中权利和义务的一致性，有利于保护公民支持、协助国家安全工作的积极性，构筑坚不可摧的人民防线，形成全社会共同维护国家安全的良好局面”。〔8〕所谓的“人身安全面临危险”，主要是指公民或者其近亲属因支持、协助国家安全工作，面临被胁迫、被威胁，或者面临打击报复，或者在境外人身自由和基本权利受到威胁等现实的危险。关于近亲属的范围，按照《刑事诉讼法》第106条规定，是指夫、妻、父、母、子、女、同胞兄弟姊妹。维护国家安全的过程中，有些工作政治性、对抗性很强，特别是危害国家安全的犯罪往往性质恶劣、组织性强，公民支持、协助国家安全工作，往往成为发现、防范、制止和惩治危害国家安全活动的重要渠道和突破口，公民本人及其近亲属，容易成为有关敌对势力、敌对分子威胁、恐吓、打击报复的对象，人身安全处于危险状态，因此有关公民支持、协助国家安全工作，发现本人或近亲属的人身安全面临威胁时，采取自我保护和避险措施的同时，有权向公安机关、国家安全机关请求保护。

---

〔8〕 乔晓阳主编：《中华人民共和国国家安全法释义》，法律出版社2016年版，第340页。

（二）保护措施

公安机关、国家安全机关应当会同有关部门依法采取保护措施。公民依法向公安机关、国家安全机关请求对其或其近亲属的人身安全予以保护的，公安机关、国家安全机关要迅速开展审查甄别，根据公民人身安全现实危险的实际情况，具体掌握是否有必要采取特别保护措施、采取哪些特别保护措施，符合法律规定应予保护的，要及时采取一项或多项保护措施。保护措施包括：(1)在国家安全工作中，不公开有关公民的真实姓名、住址和工作单位等个人信息，对这些个人信息采取适当的保密措施，包括在有关工作记录、法律文书中使用化名以替代有关公民真实的个人信息等，并且使用化名替代的要对载有有关公民真实身份信息的材料标明密级，严格保密，妥善管理。(2)有关公民需要作为证人出庭作证的要采取不暴露其外貌、真实声音的相关技术措施，使有关公民的外貌声音等不暴露给被告人和旁听人员等。(3)根据具体情况，确有必要时，对有关公民采取一定的人身安全保护措施，禁止可能对其实施打击报复的特定人员在一定期间、一定范围内接触有关公民。(4)视情对有关公民的人身和住宅采取专门性保护措施，保护人身和住宅的安全。(5)在极特殊的情况下，根据国家安全工作需要，可以为有关公民更换住宅、姓名等。(6)根据公民面临人身安全危险的实际程度、具体情况和有关客观条件，采取其他必要的保护措施。

此外，考虑到公安机关、国家安全机关对符合本条规定的公民依法采取保护措施，具体情况千差万别，比较复杂，有时需要动用国家资源和力量，需要其他有关部门给予支持配合。公安机关、国家安全机关要根据维护国家安全和保护公民人身安全不受威胁的需要和实际情况，明确需要有关部门予以支持配合的事项，有关部门应当在本部门职责范围内，积极予以支持配合，共同落实保障相关公民人身安全的具体措施。

第五节 获得补偿和抚恤优待的权利

《国家安全法》第 81 条对补偿和抚恤优待作了规定："公民和组织因支持、协助国家安全工作导致财产损失的，按照国家有关规定给予补偿；造成人身伤害或者死亡的，按照国家有关规定给予抚恤优待。"这一规定的立法目的是对个人和组织积极履行国家安全义务的行为给予法律上的有效保障。本条分两个层次规定了积极履行国家安全义务的行为应当得到法律上有效保障的措施:一是财产权利,即对经济损失给予相应补偿,体现了我国《宪法》规定的对公民合法私有财产保护的原则;二是人身权利,即对人身伤害或死亡,给予抚恤优待,体现了法律上的公平和公正待遇原则,也是《宪法》规定的公民获得物质帮助权的体现。

一、财产权利

《国家安全法》所规定的“公民和组织因支持、协助国家安全工作导致财产损失的,按照国家有关规定给予补偿”的权利基础,可以追溯到《宪法》第13条,公民的合法的私有财产不受侵犯。

在现代国家,财产权是公民享有的一项基本权利。财产权与公民其他基本权利相比,更具有基础性。这是因为,财产是公民实现个人自由、保持个人尊严以及实现自身发展的必要条件。没有财产权,或者财产得不到保护,个人就很容易受制于他人,处于服从、被强制状态,很难保持独立的人格和尊严。可以说,财产权是其他一切自由和权利的物质基础。各国宪法都将对财产权的保护作为一项基本原则。但是同时,宪法也规定国家为了公共利益的需要,可以依照法律规定对公民的私有财产实行征收或者征用并给予补偿。征收和征用是两个不同的法律概念。征收,是指为了公共利益需要,国家将私人所有的财产强制地征归国有;征用,是指为了公共利益需要而强制性地使用公民的私有财产。

从国家机关的角度,对公民的私有财产实行征收和征用,应当遵循三个原则:第一,公共利益原则。公共利益通常是指全体社会成员的共同利益和社会的整体利益,要同商业利益相区别,同部门、单位和小集体的利益相区别。第二,依照法定程序原则。征收、征用在一定程度上限制了公民的私有财产权,为了防止这种手段的滥用,平衡私有财产保护和公共利益需要的关系,征收征用必须严格依照法律规定的程序进行。第三,依法给予补偿原则。尽管征收和征用是为了公共利益的需要,但都不能采取无偿剥夺的方式,必须依法给予补偿。

《国家安全法》第81条是从公民权利的角度出发,进一步明确规定了公民和组织因支持、协助国家安全工作导致财产损失的,有按照国家有关规定获得补偿的权利。涉及国家许多领域的其他法律,也都作了相关具体规定。例如,《国防动员法》第 58 条规定:“被征用的民用资源使用完毕,县级以上地方人民政府应当及时组织返还;经过改造的,应当恢复原使用功能后返还;不能修复或者灭失的,以及因征用造成直接经济损失的,按照国家有关规定给予补偿。”《人民武装警察法》第 13 条规定:“人民武装警察部队因执行安全保卫任务的需要,在特别紧急情况下,经现场最高指挥员出示人民武装警察证件,可以临时使用有关单位或者个人的设备、设施、场地、交通工具以及其他物资,使用后应当及时返还,并支付适当费用;造成损失的,按照国家有关规定给予补偿。”

二、人身权利

(一)公职人员的人身权利

对于从事国家安全相关工作的国家机关工作人员和军人的抚恤优待,我国法律作了明确规定。例如,《中华人民共和国人民警察法》第 41 条规定:“人民警察因公致残的,与因公致残的现役军人享受国家同样的抚恤和优待。人民警察因公牺牲或者病故的,其家属与因公牺牲或者病故的现役军人家属享受国家同样的抚恤和优待。”《公务员法》第 77 条第 2 款规定:“公务员因公致残的,享受国家规定的伤残待遇。公务员因公牺牲、因公死亡或者病故的,其亲属享受国家规定的抚恤和优待。”《国防法》规定:“国家和社会抚恤优待残疾军人,对残疾军人的生活和医疗依法给予特别保障。国家和社会优待现役军人家属,抚恤优待烈士家属和因公牺牲、病故军人的家属,在就业、住房、义务教育等方面给予照顾。民兵、预备役人员和其他人员依法参加军事训练,担负战备勤务、防卫作战任务时,应当履行自己的职责和义务;国家和社会保障其享有相应的待遇,按照有关规定对其实行抚恤优待。”

(二)非公职人员的人身权利

除了上述人员以外,涉及国家安全某些领域的法律也对一般公民因支持、协助相关工作造成人身伤害或者死亡的抚恤优待作了规定。例如,《中华人民共和国人民警察法》第 34 条第 2 款规定:“公民和组织因协助人民警察执行职务,造成人身伤亡或者财产损失的,应当按照国家有关规定给予抚恤或者补偿。”《国防动员法》第 53 条规定:“因执行国防勤务伤亡的,由当地县级人民政府依照《军人抚恤优待条例》等有关规定给予抚恤优待。”《中华人民共和国消防法》第 50 条规定:“对因参加扑救火灾或者应急救援受伤、致残或者死亡的人员,按照国家有关规定给予医疗、抚恤。”

(三)非特定情形下公民和组织的权利

前述法律规定主要都是针对某一个特定的国家安全领域的情形。《国家安全法》进一步明确,只要是公民和组织因支持、协助国家安全工作造成人身伤害或者死亡的,都应当按照国家有关规定抚恤优待。民政部于2013年修改了《伤残抚恤管理办法》,规定为维护社会治安同违法犯罪分子进行斗争致残的人员,为抢救和保护国家财产、人民生命财产致残的人员,法律、行政法规规定应当由民政部门负责伤残抚恤的其他人员,都依据《伤残抚恤管理办法》进行抚恤。伤残人员从被批准残疾等级评定后的第二个月起,由发给其伤残证件的县级人民政府民政部门按照规定予以抚恤。根据个人所得税法规定,抚恤金免交个人所得税。

此外,根据《烈士褒扬条例》的规定,公民牺牲符合下列情形之一的,评定为烈士:(1)在依法查处违法犯罪行为、执行国家安全工作任务、执行反恐怖任务和处置突发事件中牺牲的;(2)抢险救灾或者其他为了抢救、保护国家财产、集体财产、公民生命财产牺牲的;(3)在执行外交任务或者国家派遣的对外援助、维持国际和平任务中牺牲的;(4)在执行武器装备科研试验任务中牺牲的;(5)其他牺牲情节特别突出,堪为楷模的。公民被评定为烈士的,依照条例的规定予以褒扬。烈士的遗属,依照条例的规定享受抚恤优待。按照《烈士褒扬条例》规定,国家给烈士遗属发给一次性的烈士褒扬金。符合条件的遗属还可以按月领取定期抚恤金。烈士遗属享受相应的医疗优惠待遇。烈士的子女在公务员考录、接受教育等方面予以优待,烈士遗属在就业、住房保障等方面给予优先、优惠照顾。

第六节　提出批评建议以及申诉、控告和检举的权利

《国家安全法》第82条规定:“公民和组织对国家安全工作有向国家机关提出批评建议的权利,对国家机关及其工作人员在国家安全工作中的违法失职行为有提出申诉、控告和检举的权利。”

在我国,国家的一切权力属于人民。人民可以用直接民主的方式,自己直

接行使当家作主的权利,但主要还是通过间接民主的方式,选举自己的代表组成各级国家政权机关,代表人民行使当家作主的权力。对于人民群众个人直接行使权力,就不存在自己监督自己的问题。但是,对于人民通过选举产生各级国家机关及其工作人员,代表人民行使权力,就存在一个接受人民监督的问题。在国家机构及其工作人员代表人民行使权力的过程中,人民可以通过各种途径和形式对他们实行监督,以保证各级国家机关及其工作人员不折不扣地代表人民行使权力,全心全意为人民服务。《国家安全法》第 82 条规定的公民和组织的批评、建议权以及申诉、控告和检举权就是就国家安全工作对国家机关及其工作人员的监督权利。

一、公民和组织的批评、建议权

《宪法》第 41 条第 1 款规定,中华人民共和国公民对于任何国家机关和国家工作人员,有提出批评和建议的权利。批评权,是指公民对国家机关及其工作人员在工作中的缺点和错误,提出批评意见的权利。建议权,是指公民为帮助国家机关及其工作人员改进工作,对国家机关及其工作人员的各项工作,提出意见和建议的权利。本条所规定的国家机关,是指国家的各级权力机关、行政机关、审判机关、检察机关、监察机关及其所属部门。国家机关不符合人民利益的所作所为,不仅限于违法失职方面的行为,还包括其他方面的不负责行为、不适当行为、效率不高行为等,因此,国家机关即使没有违法失职的行为,公民和组织对国家安全工作也有提出批评和建议的权利。

二、申诉、控告和检举的权利

《宪法》第 41 条第 1、2 款规定,中华人民共和国公民对于任何国家机关和国家工作人员的违法失职行为,有向有关国家机关提出申诉、控告或者检举的权利,但是不得捏造或者歪曲事实进行诬告陷害。对于公民的申诉、控告或者检举,有关国家机关必须查清事实,负责处理。任何人不得压制和打击报复。申诉权,是指公民对本人及其亲属所受到的有关处罚或者处分不服,或者受到不公正的待遇,向有关国家机关陈述理由、提出要求的权利。申诉分为法律中的申诉和非法律中的申诉。法律中的申诉,是指公民对已经发生法律效力的判决或者裁定不服,而向上级司法机关申诉的行为。非法律中的申诉,是指公民对有关国家机关给予的处分或者处罚不服而向司法机关以外的国家机关提出的申诉。控告权,是指公民向有关国家机关指控或者告发某些国家机关及其工作人员各种违法失职行为的权利，包括到司法机关就有关的刑事诉讼、民事诉讼和行政诉讼的案件进行告发，到党的纪律检查机关告发，到行政机关告发等。检举权，是指公民对国家机关及其工作人员违法失职行为向有关国家机关予以揭发的权利。公民和组织对国家机关及其工作人员在国家安全工作中的违法失职行为有提出申诉、控告和检举的权利。不同于批评、建议权，该项权利针对的是“国家机关及其工作人员在国家安全工作中的违法失职行为”。同时，根据宪法和有关法律，对国家机关及其工作人员提出申诉、控告和检举，不得捏造或者歪曲事实进行诬告陷害。

三、权利保障的其他法律依据

对于公民和组织的批评、建议权以及申诉、控告和检举权，除了《国家安全法》外，我国还有多部单行立法予以保护。如《反间谍法》第 26 条第 1 款规定：“任何个人和组织对国家安全机关及其工作人员超越职权、滥用职权和其他违法行为，都有权向上级国家安全机关或者有关部门检举、控告……”《反恐怖主义法》第 94 条第 2 款规定：“反恐怖主义工作领导机构、有关部门及其工作人员在反恐怖主义工作中滥用职权、玩忽职守、徇私舞弊或者有其他违法违纪行为的，任何单位和个人有权向有关部门检举、控告……”《刑法》对国家机关工作人员滥用职权、假公济私，对控告人、申诉人、批评人、举报人实行报复陷害的刑罚作了规定。

第七节　特别措施的合法性和合理性要求

《国家安全法》第 83 条规定：“在国家安全工作中，需要采取限制公民权利和自由的特别措施时，应当依法进行，并以维护国家安全的实际需要为限度。”这是关于特别措施应遵循合法性和合理性的规定，既可以看作是对公民权利的保障，也是对公民义务的克减。

国家安全工作的性质决定了在一些特殊情况下，有关机关及其工作人员有必要采取限制公民权利和自由的特别措施。如《宪法》第 40 条规定：“中华人民共和国公民的通信自由和通信秘密受法律的保护。除因国家安全或者追查刑事犯罪的需要，由公安机关或者检察机关依照法律规定的程序对通信进行检查外，任何组织或者个人不得以任何理由侵犯公民的通信自由和通信秘密。”根据这一规定，因国家安全需要，公安机关或者检察机关就可以依照法律规定的程序对宪法规定的公民通信自由和通信秘密进行一定的限制。《国家安全法》第65条也规定，国家决定进入紧急状态、战争状态或者实施国防动员后，履行国家安全危机管控职责的有关机关依照法律规定或者全国人民代表大会常务委员会规定，有权采取限制公民和组织权利增加公民和组织义务的特别措施。这里规定的特别措施包括了《戒严法》《突发事件应对法》《国防动员法》等法律规定的许多措施涉及对公民权利和自由的限制。例如，《戒严法》规定的禁止或者限制集会、游行、示威、街头讲演以及其他聚众活动，禁止罢工、罢市、罢课，实行新闻管制，实行通讯、邮政、电信管制，实行出境入境管制；《突发事件应对法》规定的禁止或者限制使用有关设备、设施，关闭或者限制使用有关场所，封锁有关场所、道路，查验现场人员的身份证件，限制有关公共场所内的活动等。

但是根据《国家安全法》总则中关于尊重与保障人权原则的规定，《国家安全法》既是授权法，也是限权法。为了防止权力滥用，即使在特殊情况下也要最大限度地维护公民的权利和自由，国家机关在采取上述特别措施时，一是必须依法进行，遵循合法性原则；二是必须以维护国家安全的实际需要为限度，遵循适当原则，或者说合理性原则。

一、特别措施应当依法进行

权力法定和依法行政是一项基本的宪法原则，也是对公权力行使的最基本要求。根据宪法规定，一切国家机关和武装力量、各政党和各社会团体、各企业事业组织都必须遵守宪法和法律，任何组织或者个人都不得有超越宪法和法律的特权，在国家安全工作领域也不能例外。《行政强制法》第4条规定，“行政强制的设定和实施，应当依照法定的权限、范围、条件和程序”。为了进一步推进依法行政，加快建设法治政府，党的十八届四中全会进一步要求，行政机关不得法外设定权力，没有法律法规依据不得作出减损公民、法人和其他组织合法权益或者增加其义务的决定。一般而言，合法性原则要求，采取限制公民权利和自由的特别措施的权限、范围、条件和程序都应当依法进行。

（一）按照法定的权限、范围实施特别措施

不是所有从事国家安全工作的国家机关都有权实施限制公民权利和自由

的特别措施，通常涉及规定这一类措施的单行法，都会对采取措施的主体进行明确规定。即使是有权采取措施的机关，在实施措施时也不得超越本部门的职权范围，不能实施应当由其他机关实施的措施。

（二）按照法定的条件实施特别措施

《国家安全法》第65条规定的条件是"国家决定进入紧急状态、战争状态或者实施国防动员后"，相关国家机关才可以采取特别措施。有关法律也对进入这些状态的前提条件作出了明确规定。例如，《戒严法》规定，在发生严重危及国家的统一、安全或者社会公共安全的动乱、暴乱或者严重骚乱，不采取非常措施不足以维护社会秩序、保护人民的生命和财产安全的紧急状态时，国家可以决定实行戒严。全国或者个别省、自治区、直辖市的戒严，由国务院提请全国人民代表大会常务委员会决定；中华人民共和国主席根据全国人民代表大会常务委员会的决定，发布戒严令。省、自治区、直辖市的范围内部分地区的戒严，由国务院决定，国务院总理发布戒严令。只有在出现上述法定条件的时候，有关国家机关才可以依法采取特别措施。

（三）按照法定的程序实施特别措施

《行政强制法》等法律，对于采取行政强制措施的一般程序作了规定，有关单行法还对具体的特别措施的实施程序作了明确。例如，《民用运力国防动员条例》就对战时及平时特殊情况下，国家根据国防动员需要依法对民用运载工具及相关设备、设施、人员进行统一组织和调用的具体程序，包括国防交通主管机构根据上级下达的民用运力国防动员任务和使用单位提出的申请，迅速启动、实施民用运力国防动员预案；国防交通主管机构会同人民武装动员机构，按照上级下达的民用运力国防动员要求，通知被征民用运力的单位和个人，明确其被征民用运载工具及相关设备的类型、数量和操作、保障人员，以及民用运力集结的时间、地点和方式；被征民用运力的单位和个人按照通知要求，组织被征民用运力在规定时限内到达集结地点，并保证被征民用运载工具及相关设备的技术状态和操作、保障人员的技能符合军事行动的要求；被征民用运力集结地的人民武装动员机构会同国防交通主管机构及有关部门组成精干的指挥机构，对集结后的民用运力进行登记编组，查验装备情况，组织必要的应急训练，保证按时交付使用单位；被征民用运力交接后，有关民用运载工具及相关设备的安全防护、后勤保障和装备维修等，由使用单位负责，其执行任务所在地的人民政府予以协助。有关机关在实施特别措施时，也必须严格遵照这些法定程序执行。

二、特别措施应以维护国家安全实际需要为限

有关法律在规定特别措施时，通常都会留有一定的自由裁量余地，例如，《突发事件应对法》规定，"自然灾害、事故灾难或者公共卫生事件发生后，履行统一领导职责的人民政府可以采取下列一项或者多项应急处置措施"，并在后面列举了十项措施可供选择。为了防止自由裁量权的滥用，在采取特别措施时，既要合法，也要适当、合理。这是在合法性基础上对于采取特别措施的机关的更高要求。具体而言，所谓的适当或者合理，就是实施的特别措施应以维护国家安全实际需要为限。在行政强制领域中这通常被称为"比例原则"，也就是指行政机关在可以采用多种方式实现某一行政目的的情况下，应当采用对当事人权益损害最小的方式，这样做才是适当和合理的。根据比例原则，在强制手段和非强制手段都能达到目的时，应当采用非强制手段；同样是采取限制公民权利和自由的特别措施，在达到目的的前提下，应当选择对公民损害最小的；当采用一项应急处置措施就可以达到控制危机的效果时，不应采用多项处置措施。在一些法律法规中，对于这一原则也有明确规定。例如《突发事件应对法》规定，突发事件的威胁和危害得到控制或者消除后，履行统一领导职责或者组织处置突发事件的人民政府应当停止执行依照本法规定采取的应急处置措施。《中华人民共和国人民警察使用警械和武器条例》规定，人民警察遇有八类情形，经警告无效的，可以使用警棍、催泪弹、高压水枪、特种防暴枪等驱逐性、制服性警械，但是人民警察依照规定使用警械，应当以制止违法犯罪行为为限度；当违法犯罪行为得到制止时，应当立即停止使用。《海关工作人员使用武器和警械的规定》第 6 条也规定，海关工作人员使用武器或者警械时，应当以制服对方为限度。

课程阅读指南

进一步深化对本章内容的理解，可参阅：

林来梵：《宪法学讲义》（第 3 版），法律出版社 2018 年版。

姜明安主编：《行政法与行政诉讼法》（第 6 版），北京大学出版社 2015 年版。

乔晓阳主编：《中华人民共和国国家安全法释义》，法律出版社 2016 年版。

郑淑娜主编：《中华人民共和国国家安全法解读》，中国法制出版社 2016 年版。

思考题

1. 国家安全法律制度体系中权利和义务的主体有哪些?
2. 与宪法和一般法律相比,公民的权利和义务在国家安全法中有哪些特殊性?
3. 国家安全法中对权利和义务的规定中哪些条文体现了比例原则?

第十三章 国家安全法律责任

在《国家安全法》中，对法律责任的规定主要见于该法第13条。该条既规定了国家机关工作人员因职务行为而造成的法律责任，也规定了公民和组织的一般性法律责任。[1] 关于一般责任的笼统性，在立法阶段即有关于"审议稿对法律责任的规定比较笼统，操作性不强，建议单列'法律责任'一章"，对此立法机关认为，"考虑到本法作为一部综合性、全局性、基础性的法律，涉及领域广泛，在本法中对违反国家安全的行为追究法律责任可以作出原则性规定，但具体的法律责任还需要通过其他法律来明确。比如，我国《刑法》《反间谍法》等法律，都对相关违法犯罪行为追究法律责任作了具体规定"。对于将一般责任与职务责任在同一条款混合则是"参照《国防法》在总则中对法律责任作原则性规定的做法"。[2] 由此可见，在《国家安全法》的层面上，法律条文对于法律责任的规定是笼统的，探讨国家安全法律责任，需要深入到特别法律的层面。我国法律关于国家安全法律责任，主要是集中在刑法和行政法领域。但在此之前，还有一个需要明确界定的概念，即危害国家安全的行为。这也是讨论法律责任的前提所在。

---

〔1〕《国家安全法》第13条规定，国家机关工作人员在国家安全工作和涉及国家安全活动中，滥用职权、玩忽职守、徇私舞弊的，依法追究法律责任。任何个人和组织违反本法和有关法律，不履行维护国家安全义务或者从事危害国家安全活动的，依法追究法律责任。

〔2〕参见时任全国人大法律委员会副主任委员李适时2015年6月24日在第十二届全国人民代表大会常务委员会第十五次会议上《全国人民代表大会法律委员会关于〈中华人民共和国国家安全法(草案)〉审议结果的报告》，收录于乔晓阳主编：《中华人民共和国国家安全法释义》，法律出版社2016年版，第382～386页。

第一节　危害国家安全的行为

一、危害国家安全行为的概念

长期以来,“国家安全”作为一个国家法学基本范畴、一个法律专门术语出现时,都是被当作一个不证自明的概念而加以运用的。进入新世纪以来,尽管提到“国家安全”的法律法规越来越多,国家对于国家安全的重视程度也越来越高,但国家安全的概念仍缺乏具体的定义。对“国家安全”概念不作明确的立法界定,就会模糊国家安全工作的范围和权限,为从事这类特殊工作的国家工作人员不适当地滥用或误用职权、侵犯公民的合法权益和自由提供了可能。[3]

对于危害国家安全的行为,在1993年《国家安全法》中被定义为境外机构、组织、个人实施或者指使、资助他人实施的,或者境内组织、个人与境外机构、组织、个人相勾结实施的下列危害中华人民共和国国家安全的行为:(1)阴谋颠覆政府,分裂国家,推翻社会主义制度的;(2)参加间谍组织或者接受间谍组织及其代理人的任务的;(3)窃取、刺探、收买、非法提供国家秘密的;(4)策动、勾引、收买国家工作人员叛变的;(5)进行危害国家安全的其他破坏活动的。可见,该法对于危害国家安全行为的界定,是从狭义的国家安全领域即反间谍领域出发的。

在刑法领域,1997年《刑法》将1979年《刑法》中的“反革命罪”更名为“危害国家安全罪”。一方面,《刑法》规定的危害国家安全行为的外延比1993年《国家安全法》规定得要广,即《刑法》规定的危害国家安全行为不仅指境外间谍机关和其他敌对势力所实施的,还包括外部军事入侵、国内敌对分子和敌对势力制造的动乱、暴乱、民族分裂等;而另一方面,1993年《国家安全法》规定的危害国家安全行为比《刑法》规定的危害国家安全行为的内涵更丰富,不仅含有危害国家安全的特质(如参加间谍组织或者接受间谍组织及其代理人的任务等),还包含妨害社会管理秩序(如非法持有国家绝密、机密文件、资料、物品,非法生产、销售间谍专用器材等)、妨碍司法(如拒绝提供间谍犯罪

〔3〕 参见吴庆荣、李竹:《我国国家安全法的完善论纲》,载《河北法学》2003年第2期。

证据等)、渎职等特质(如故意泄露国家秘密等)。

随着总体国家安全观的确立,1993 年《国家安全法》的局限性越来越为人们所认识。因此,2015 年新《国家安全法》出台,1993 年《国家安全法》被废止;对危害国家安全的行为也应该进行新的理解。

二、总体国家安全观视域下危害国家安全行为的内涵和外延

1993 年《国家安全法》的废止,标志着局限于反间谍领域的狭义的危害国家安全行为的概念已经不能适应时代的要求。要对危害国家安全行为的内涵和外延作出界定,可以从两种路径出发:一是从总体国家安全观下对国家安全的内涵和外延出发,从而对危害国家安全的行为作出界定;二是从现行法律法规出发,对危害国家安全行为进行归纳和总结。前者是界定危害国家安全行为的前提,后者是归纳危害国家安全行为的依据。

(一)以总体国家安全观把握危害国家安全行为的内涵和外延

《国家安全法》第 3 条规定,国家安全工作应当坚持总体国家安全观,以人民安全为宗旨,以政治安全为根本,以经济安全为基础,以军事、文化、社会安全为保障,以促进国际安全为依托,维护各领域国家安全,构建国家安全体系,走中国特色国家安全道路。

总体国家安全观作为对国家安全的一种价值判断,明确了国家安全的宗旨(人民安全)、根本、基础、保障和依托,力求构建覆盖包括政治安全、国土安全、军事安全、经济安全、文化安全、社会安全、科技安全、信息安全、生态安全、资源安全、核安全等领域在内的总体国家安全体系。这十几个安全领域覆盖了过去传统安全与非传统安全的方方面面;同时,总体安全观又超越了传统安全和非传统安全思路的局限,依据对立统一的辩证思维创造性地提出了外部安全与内部安全、国土安全与国民安全的关系,丰富了国家安全观的内涵和外延。

通过把握总体国家安全观下国家安全的内涵和外延,我们可以对应地得出如下的认识,危害了政治安全、国土安全、军事安全、经济安全、文化安全、社会安全、科技安全、信息安全、生态安全、资源安全、核安全的行为即属于危害国家安全的范畴。在国家安全法律体系逐步建立的过程中,根据上述价值判断进行学理推论,危害国家安全的行为将扩充至政治、经济、文化、社会、科技、信息、生态、资源以及核领域等方方面面,似乎突破了现行法律的框架和范围。但实际上,我国现行实体法律对被归为危害国家安全的行为虽然未统一在国

家安全法律责任下进行规制，但对于非传统安全领域还是有很多规制的。因此如果要集中深入讨论危害国家安全的行为及其法律责任，对相应的实体法条文开展一番实证调研仍是不可或缺的。

（二）以实体法律规定为路径考察危害国家安全行为的法律规定

如前所述，综观我国实体法律有关危害国家安全行为的规定，同样存在两种体系：一种是分散在行政法体系下的各专门法律对危害国家安全的具体行为的界定，如《反间谍法》对间谍行为的规定，《反恐怖主义法》对恐怖主义行为的规定；另一种是在刑法体系下对危害国家安全行为的界定，主要集中在刑法分则第一章危害国家安全罪的章节下。

1. 行政法体系下危害国家安全的行为

局限于反间谍领域的 1993 年《国家安全法》的废止和 2014 年《反间谍法》、2015 年新《国家安全法》的出台，使在行政法领域内规制危害国家安全的行为的法律呈现出一种以 2015 年新《国家安全法》为统领、各领域分散立法的特点，见表 6 所示：

表 6 各个具体国家安全领域的危害国家安全的行为可能涉及的法律

领域	涉及的部分法律	具体行为举例
政治安全	《反间谍法》	间谍行为
	《保守国家秘密法》	泄密行为
	《境外非政府组织境内活动管理法》	境外人员境内非法活动行为
国土安全	《反分裂国家法》	分裂国家行为
	《测绘法》	非法测绘行为
	《领海及毗连区法》	非法进入行为
军事安全	《军事设施保护法》	非法进入、非法摄影、摄像、录音、勘察、测量、描绘和记述、破坏、危害军事设施的行为
经济安全	《对外贸易法》	非法进出口行为
文化安全	《中华人民共和国公共文化服务保障法》	违反侵占、挪用公共文化服务资金等行为

续表

领域	涉及的部分法律	具体行为举例
社会安全	《反恐怖主义法》	恐怖主义行为
	《突发事件应对法》	违反未按规定采取预防措施，导致发生突发事件等行为
生态安全	《环境保护法》	污染环境和破坏环境行为
	《中华人民共和国种子法》	违反未经许可进出口种子等行为
科技安全	《促进科技成果转化法》	泄露技术秘密行为
	《中华人民共和国专利法》	泄露国家重要机密行为
信息安全	《网络安全法》	危害网络安全行为、侵害个人信息行为
	《中华人民共和国档案法》	携运禁止出境的档案或者其复制件出境的行为
资源安全	《中华人民共和国矿产资源法》	违反未取得采矿许可证擅自采矿、超越批准的矿区范围采矿等行为
核安全	《核安全法》	违反危害核设施、核材料安全，或者编造、散布核安全虚假信息等行为

2. 刑法体系下危害国家安全的行为

刑法体系下危害国家安全的行为可以具象化为危害国家安全罪，它是指危害中华人民共和国的主权、领土完整与安全，颠覆国家政权、推翻社会主义制度的行为。[4] 对于涉及国家安全的法律规定，在传统上一般认为是《刑法》分则第一章危害国家安全罪章节中。《刑法》分则第一章危害国家安全罪，共有三种类型：(1)危害国家、颠覆政权的犯罪，包括背叛国家罪、分裂国家罪、煽动分裂国家罪、武装叛乱、暴乱罪、颠覆国家政权罪、煽动颠覆国家政权罪、资助危害国家安全犯罪活动罪；(2)叛变、叛逃的犯罪，包括投敌叛变罪和叛逃罪；(3)间谍、资敌的犯罪，包括间谍罪、为境外窃取、刺探、收买、非法提供国家秘密、情报罪和资敌罪。

与行政法规制的危害国家安全行为相比，刑法体系下危害国家安全行为

[4] 参见张明楷：《刑法学》(第5版)，法律出版社2016年版，第679页。

的危害程度更大,情节严重,在法律责任上要受到刑罚处罚。此外,《刑法》分则第一章的罪名集中在政治安全领域,在某种程度上看,是将危害国家安全行为的法益进行了某种程度的限缩。这也是刑法本身谦抑性的必然要求。对于政治安全领域外的经济、文化、社会、科技、信息、生态、资源以及核等领域内危害国家安全的行为,刑法更倾向于以对其他法益的保护来设定罪名。

根据以上的讨论,我们可以发现,危害国家安全的行为从价值判断和实证分析的两条路径出发,可以有不同的理解。随着执政党和国家立法、司法和行政机关对于总体国家安全观的深入贯彻落实,国家安全法律体系不断完善,司法改革的进程不断深化,两条路径会逐步融合。

第二节 行政法律责任

一、国家安全行政法律责任——行政处罚

国家安全行政法律责任,主要表现为行政处罚,它是指行政主体为达到对违法者予以惩戒,促使其以后不再违反,以有效实施行政管理,维护公共利益和社会秩序,保护公民、法人或者其他组织的合法权益的目的,依法对行政相对人违反行政法律规范尚未构成犯罪的行为(违反行政管理秩序的行为),给予人身的、财产的、名誉的及其他形式的法律制裁的行政行为。[5]

国家安全行政处罚,是指国家安全机关对违反国家安全行政法规范尚未构成犯罪的行政受体依法予以惩处的具体行政行为。[6] 同样在“总体国家安全观”提出以后,这个定义的主体也要扩充至国家安全机关以及其他国家行政机关。

除了行政处罚以外,针对国家机关工作人员在国家安全工作和涉及国家安全活动中,滥用职权、玩忽职守、徇私舞弊的,除构成犯罪的追究刑事法律责任外,也存在行政处分的情况,但不是一种严格意义上的法律责任,因此在以下的讨论中不考虑这种情况。

---

〔5〕 参见姜明安主编:《行政法与行政诉讼法》(第6版),北京大学出版社2015年版,第265页。

〔6〕 参见吴庆荣:《国家安全行政法基本论》,时事出版社2008年版,第167页。

二、国家安全行政法律责任的种类

根据《行政处罚法》第8条的规定,我国行政处罚共有7种,具体为警告,罚款,没收违法所得、没收非法财物,责令停产停业,暂扣或者吊销许可证、暂扣或者吊销执照,行政拘留,法律、行政法规规定的其他行政处罚。按照行程处罚的类型进行具体划分,可以分为人身罚、财产罚、行为罚和申诫罚四种。

1. 人身罚。人身罚也称自由罚,是限制或剥夺违法者人身自由的行政处罚。在现阶段,我国人身罚的执行主体只有公安机关和国家安全机关。最主要的执行方式即为行政拘留,在公安机关又称治安拘留。《治安管理处罚法》《反间谍法》《反恐怖主义法》《出境入境管理法》中都设置了行政拘留的行政处罚。在行政拘留的时间期限上,一般的规定为1日以上15日以下,在《出境入境管理法》中为特定情况下的外国人设置了最高60天的拘留审查时间。[7]

除了行政拘留以外,还有一类行政处罚为驱逐出境、禁止入境或者出境、限期离境。因为《行政处罚法》中未明确列明此种处罚方式,因此关于上述行政行为的归类也有一些争议。有学说将其列入《行政处罚法》中的"其他行政处罚"一类。[8] 还有学者认为禁止入境属于行政强制。[9]

2. 财产罚。财产罚,是指特定的行政机关或者法定的其他组织强迫违法者交纳一定数额的金钱或者一定数量的物品,或者限制、剥夺其某种财产权的处罚,主要包括罚款、没收等。罚款,是指有行政处罚权的行政主体依法强制违反行政法律规范的行为人在一定期限内向国家缴纳一定数额的金钱的处罚方式;没收,是指有处罚权的行政主体依法将违法行为人的违法所得和非法财物收归国有的处罚形式。在国家安全领域,大多数法律都对财产罚特别是罚款作了设定。值得注意的是,在《反间谍法》中,并没有设定罚款的行政处罚形式。

3. 行为罚。行为罚亦称能力罚,是限制或者剥夺行政违法者某些特定行

---

〔7〕《出境入境管理法》第60条规定:"外国人有本法第五十九条第一款规定情形之一的,经当场盘问或者继续盘问后仍不能排除嫌疑,需要作进一步调查的,可以拘留审查。实施拘留审查,应当出示拘留审查决定书,并在二十四小时内进行询问。发现不应当拘留审查的,应当立即解除拘留审查。拘留审查的期限不得超过三十日;案情复杂的,经上一级地方人民政府公安机关或者出入境边防检查机关批准可以延长至六十日。对国籍、身份不明的外国人,拘留审查期限自查清其国籍、身份之日起计算。"

〔8〕参见姜明安主编:《行政法与行政诉讼法》(第6版),北京大学出版社2015年版,第267页。

〔9〕参见吴庆荣:《国家安全行政法基本论》,时事出版社2008年版,第163页。

为能力和资格的处罚，行为罚主要包括责令停产停业和暂扣或者吊销许可证、执照。在国家安全领域，行为罚主要集中在非传统安全领域。例如，《网络安全法》第61条规定："网络运营者违反本法第二十四条第一款规定，未要求用户提供真实身份信息，或者对不提供真实身份信息的用户提供相关服务的，由有关主管部门责令改正；拒不改正或者情节严重的，处五万元以上五十万元以下罚款，并可以由有关主管部门责令暂停相关业务、停业整顿、关闭网站、吊销相关业务许可证或者吊销营业执照，对直接负责的主管人员和其他直接责任人员处一万元以上十万元以下罚款。"第62条规定："违反本法第二十六条规定，开展网络安全认证、检测、风险评估等活动，或者向社会发布系统漏洞、计算机病毒、网络攻击、网络侵入等网络安全信息的，由有关主管部门责令改正，给予警告；拒不改正或者情节严重的，处一万元以上十万元以下罚款，并可以由有关主管部门责令暂停相关业务、停业整顿、关闭网站、吊销相关业务许可证或者吊销营业执照，对直接负责的主管人员和其他直接责任人员处五千元以上五万元以下罚款。"

4. 申诫罚。申诫罚亦称精神罚或者影响声誉罚，是指行政机关向违法者发出警诫，申明其有违法行为，通过对其名誉、荣誉、信誉等施加影响，引起其精神上的警惕，使其不再违法的处罚形式，主要有警告和通报批评两种形式。[10]

案　例　公民不配合执法受处罚

2016年11月2日，北京市国家安全机关工作人员在一家五星级中外合资酒店发现有外国间谍嫌疑人活动，遂立即与酒店保卫部门联系，要求酒店工作人员配合开展秘密侦察工作。面对国家安全机关人员保密而紧急的工作，酒店保安主管马某却百般刁难，声称只有美国总部才能做主，酒店其他经理也相互推脱责任，一致声称决策权在美国总部领导手中。

在国家安全机关的再三要求下，马某仍消极配合调查，并解释自己是听从上级领导张某的安排。2016年11月2日至22日，国家安全机关工作人员多次到酒店，要求配合国家安全机关开展工作，张某竟一直拒不露面，只让保安主管马某以各种理由搪塞，严重影响了国家安全工作的顺利开展。事后张某

---

〔10〕 参见姜明安主编：《行政法与行政诉讼法》（第6版），北京大学出版社2015年版，第268～269页。

甚至将国家安全机关有关工作意图泄露给他人，而这属于故意泄露国家秘密的行为。最后，马某和张某分别受到了法律的制裁，被予以行政拘留。

三、国家安全行政法律责任的具体规定

关于部分法律中所设定的涉及具体危害国家安全行为的行政处罚规定，如表7所示：

表7　具体危害国家安全行为的行政处罚

序号	法律依据	法律具体规定
1	《反间谍法》第29条	明知他人有间谍犯罪行为，在国家安全机关向其调查有关情况、收集有关证据时，拒绝提供的，由其所在单位或者上级主管部门予以处分，或者由国家安全机关处十五日以下行政拘留；构成犯罪的，依法追究刑事责任。
2	《反间谍法》第30条第2款	故意阻碍国家安全机关依法执行任务，未使用暴力、威胁方法，造成严重后果的，依法追究刑事责任；情节较轻的，由国家安全机关处十五日以下行政拘留。
3	《反间谍法》第31条	泄露有关反间谍工作的国家秘密的，由国家安全机关处十五日以下行政拘留；构成犯罪的，依法追究刑事责任。
4	《反间谍法》第32条	对非法持有属于国家秘密的文件、资料和其他物品的，以及非法持有、使用专用间谍器材的，国家安全机关可以依法对其人身、物品、住处和其他有关的地方进行搜查；对其非法持有的属于国家秘密的文件、资料和其他物品，以及非法持有、使用的专用间谍器材予以没收。非法持有属于国家秘密的文件、资料和其他物品，构成犯罪的，依法追究刑事责任；尚不构成犯罪的，由国家安全机关予以警告或者处十五日以下行政拘留。
5	《反间谍法》第34条	境外人员违反本法的，可以限期离境或者驱逐出境。

续表

序号	法律依据	法律具体规定
6	《反恐怖主义法》第80条	参与下列活动之一，情节轻微，尚不构成犯罪的，由公安机关处十日以上十五日以下拘留，可以并处一万元以下罚款： （一）宣扬恐怖主义、极端主义或者煽动实施恐怖活动、极端主义活动的； （二）制作、传播、非法持有宣扬恐怖主义、极端主义的物品的； （三）强制他人在公共场所穿戴宣扬恐怖主义、极端主义的服饰、标志的； （四）为宣扬恐怖主义、极端主义或者实施恐怖主义、极端主义活动提供信息、资金、物资、劳务、技术、场所等支持、协助、便利的。
7	《反恐怖主义法》第81条	利用极端主义，实施下列行为之一，情节轻微，尚不构成犯罪的，由公安机关处五日以上十五日以下拘留，可以并处一万元以下罚款： （一）强迫他人参加宗教活动，或者强迫他人向宗教活动场所、宗教教职人员提供财物或者劳务的； （二）以恐吓、骚扰等方式驱赶其他民族或者有其他信仰的人员离开居住地的； （三）以恐吓、骚扰等方式干涉他人与其他民族或者有其他信仰的人员交往、共同生活的； （四）以恐吓、骚扰等方式干涉他人生活习俗、方式和生产经营的； （五）阻碍国家机关工作人员依法执行职务的； （六）歪曲、诋毁国家政策、法律、行政法规，煽动、教唆抵制人民政府依法管理的； （七）煽动、胁迫群众损毁或者故意损毁居民身份证、户口簿等国家法定证件以及人民币的； （八）煽动、胁迫他人以宗教仪式取代结婚、离婚登记的； （九）煽动、胁迫未成年人不接受义务教育的； （十）其他利用极端主义破坏国家法律制度实施的。
8	《反恐怖主义法》第82条	明知他人有恐怖活动犯罪、极端主义犯罪行为，窝藏、包庇，情节轻微，尚不构成犯罪的，或者在司法机关向其调查有关情况、收集有关证据时，拒绝提供的，由公安机关处十日以上十五日以下拘留，可以并处一万元以下罚款。

续表

序号	法律依据	法律具体规定
9	《反恐怖主义法》第83条	金融机构和特定非金融机构对国家反恐怖主义工作领导机构的办事机构公告的恐怖活动组织及恐怖活动人员的资金或者其他资产，未立即予以冻结的，由公安机关处二十万元以上五十万元以下罚款，并对直接负责的董事、高级管理人员和其他直接责任人员处十万元以下罚款；情节严重的，处五十万元以上罚款，并对直接负责的董事、高级管理人员和其他直接责任人员，处十万元以上五十万元以下罚款，可以并处五日以上十五日以下拘留。
10	《反恐怖主义法》第84条	电信业务经营者、互联网服务提供者有下列情形之一的，由主管部门处二十万元以上五十万元以下罚款，并对其直接负责的主管人员和其他直接责任人员处十万元以下罚款；情节严重的，处五十万元以上罚款，并对其直接负责的主管人员和其他直接责任人员，处十万元以上五十万元以下罚款，可以由公安机关对其直接负责的主管人员和其他直接责任人员，处五日以上十五日以下拘留： （一）未依照规定为公安机关、国家安全机关依法进行防范、调查恐怖活动提供技术接口和解密等技术支持和协助的； （二）未按照主管部门的要求，停止传输、删除含有恐怖主义、极端主义内容的信息，保存相关记录，关闭相关网站或者关停相关服务的； （三）未落实网络安全、信息内容监督制度和安全技术防范措施，造成含有恐怖主义、极端主义内容的信息传播，情节严重的。
11	《反恐怖主义法》第85条	铁路、公路、水上、航空的货运和邮政、快递等物流运营单位有下列情形之一的，由主管部门处十万元以上五十万元以下罚款，并对其直接负责的主管人员和其他直接责任人员处十万元以下罚款： （一）未实行安全查验制度，对客户身份进行查验，或者未依照规定对运输、寄递物品进行安全检查或者开封验视的； （二）对禁止运输、寄递，存在重大安全隐患，或者客户拒绝安全查验的物品予以运输、寄递的； （三）未实行运输、寄递客户身份、物品信息登记制度的。

续表

序号	法律依据	法律具体规定
12	《反恐怖主义法》第86条	电信、互联网、金融业务经营者、服务提供者未按规定对客户身份进行查验，或者对身份不明、拒绝身份查验的客户提供服务的，主管部门应当责令改正；拒不改正的，处二十万元以上五十万元以下罚款，并对其直接负责的主管人员和其他直接责任人员处十万元以下罚款；情节严重的，处五十万元以上罚款，并对其直接负责的主管人员和其他直接责任人员，处十万元以上五十万元以下罚款。 住宿、长途客运、机动车租赁等业务经营者、服务提供者有前款规定情形的，由主管部门处十万元以上五十万元以下罚款，并对其直接负责的主管人员和其他直接责任人员处十万元以下罚款。
13	《反恐怖主义法》第87条	违反本法规定，有下列情形之一的，由主管部门给予警告，并责令改正；拒不改正的，处十万元以下罚款，并对其直接负责的主管人员和其他直接责任人员处一万元以下罚款： （一）未依照规定对枪支等武器、弹药、管制器具、危险化学品、民用爆炸物品、核与放射物品作出电子追踪标识，对民用爆炸物品添加安检示踪标识物的； （二）未依照规定对运营中的危险化学品、民用爆炸物品、核与放射物品的运输工具通过定位系统实行监控的； （三）未依照规定对传染病病原体等物质实行严格的监督管理，情节严重的； （四）违反国务院有关主管部门或者省级人民政府对管制器具、危险化学品、民用爆炸物品决定的管制或者限制交易措施的。
14	《反恐怖主义法》第88条	防范恐怖袭击重点目标的管理、营运单位违反本法规定，有下列情形之一的，由公安机关给予警告，并责令改正；拒不改正的，处十万元以下罚款，并对其直接负责的主管人员和其他直接责任人员处一万元以下罚款： （一）未制定防范和应对处置恐怖活动的预案、措施的； （二）未建立反恐怖主义工作专项经费保障制度，或者未配备防范和处置设备、设施的； （三）未落实工作机构或者责任人员的； （四）未对重要岗位人员进行安全背景审查，或者未将有不适合情形的人员调整工作岗位的； （五）对公共交通运输工具未依照规定配备安保人员和相应设备、设施的； （六）未建立公共安全视频图像信息系统值班监看、信息保存使用、运行维护等管理制度的。

续表

序号	法律依据	法律具体规定
		大型活动承办单位以及重点目标的管理单位未依照规定对进入大型活动场所、机场、火车站、码头、城市轨道交通站、公路长途客运站、口岸等重点目标的人员、物品和交通工具进行安全检查的，公安机关应当责令改正；拒不改正的，处十万元以下罚款，并对其直接负责的主管人员和其他直接责任人员处一万元以下罚款。
15	《反恐怖主义法》第89条	恐怖活动嫌疑人员违反公安机关责令其遵守的约束措施的，由公安机关给予警告，并责令改正；拒不改正的，处五日以上十五日以下拘留。
16	《反恐怖主义法》第90条	新闻媒体等单位编造、传播虚假恐怖事件信息，报道、传播可能引起模仿的恐怖活动的实施细节，发布恐怖事件中残忍、不人道的场景，或者未经批准，报道、传播现场应对处置的工作人员、人质身份信息和应对处置行动情况的，由公安机关处二十万元以下罚款，并对其直接负责的主管人员和其他直接责任人员，处五日以上十五日以下拘留，可以并处五万元以下罚款。 个人有前款规定行为的，由公安机关处五日以上十五日以下拘留，可以并处一万元以下罚款。
17	《反恐怖主义法》第91条	拒不配合有关部门开展反恐怖主义安全防范、情报信息、调查、应对处置工作的，由主管部门处二千元以下罚款；造成严重后果的，处五日以上十五日以下拘留，可以并处一万元以下罚款。 单位有前款规定行为的，由主管部门处五万元以下罚款；造成严重后果的，处十万元以下罚款；并对其直接负责的主管人员和其他直接责任人员依照前款规定处罚。
18	《反恐怖主义法》第92条	阻碍有关部门开展反恐怖主义工作的，由公安机关处五日以上十五日以下拘留，可以并处五万元以下罚款。 单位有前款规定行为的，由公安机关处二十万元以下罚款，并对其直接负责的主管人员和其他直接责任人员依照前款规定处罚。 阻碍人民警察、人民解放军、人民武装警察依法执行职务的，从重处罚。
19	《反恐怖主义法》第93条	单位违反本法规定，情节严重的，由主管部门责令停止从事相关业务、提供相关服务或者责令停产停业；造成严重后果的，吊销有关证照或者撤销登记。

续表

序号	法律依据	法律具体规定
20	《境外非政府组织境内管理法》第45条	境外非政府组织代表机构、开展临时活动的境外非政府组织或者中方合作单位有下列情形之一的,由设区的市级以上人民政府公安机关给予警告或者责令限期停止活动;没收非法财物和违法所得;情节严重的,由登记管理机关吊销登记证书、取缔临时活动: (一)未按照规定办理变更登记、备案相关事项的; (二)未按照登记或者备案的名称、业务范围、活动地域开展活动的; (三)从事、资助营利性活动,进行募捐或者违反规定发展会员的; (四)违反规定取得、使用资金,未按照规定开立、使用银行账户或者进行会计核算的; (五)未按照规定报送年度活动计划、报送或者公开年度工作报告的; (六)拒不接受或者不按照规定接受监督检查的。 境外非政府组织代表机构、开展临时活动的境外非政府组织或者中方合作单位以提供虚假材料等非法手段,取得代表机构登记证书或者进行临时活动备案的,或者有伪造、变造、买卖、出租、出借登记证书、印章行为的,依照前款规定处罚。
21	《境外非政府组织境内管理法》第46条	有下列情形之一的,由设区的市级以上人民政府公安机关予以取缔或者责令停止违法行为;没收非法财物和违法所得;对直接责任人员给予警告,情节严重的,处十日以下拘留: (一)未经登记、备案,以境外非政府组织代表机构、境外非政府组织名义开展活动的; (二)被撤销登记、吊销登记证书或者注销登记后以境外非政府组织代表机构名义开展活动的; (三)境外非政府组织临时活动期限届满或者临时活动被取缔后在中国境内开展活动的; (四)境外非政府组织未登记代表机构、临时活动未备案,委托、资助中国境内单位和个人在中国境内开展活动的。 中国境内单位和个人明知境外非政府组织未登记代表机构、临时活动未备案,与其合作的,或者接受其委托、资助,代理或者变相代理其开展活动、进行项目活动资金收付的,依照前款规定处罚。

续表

序号	法律依据	法律具体规定
22	《境外非政府组织境内管理法》第47条	境外非政府组织、境外非政府组织代表机构有下列情形之一的，由登记管理机关吊销登记证书或者取缔临时活动；尚不构成犯罪的，由设区的市级以上人民政府公安机关对直接责任人员处十五日以下拘留： （一）煽动抗拒法律、法规实施的； （二）非法获取国家秘密的； （三）造谣、诽谤或者发表、传播其他有害信息，危害国家安全或者损害国家利益的； （四）从事或者资助政治活动，非法从事或者资助宗教活动的； （五）有其他危害国家安全、损害国家利益或者社会公共利益情形的。 境外非政府组织、境外非政府组织代表机构有分裂国家、破坏国家统一、颠覆国家政权等犯罪行为的，由登记管理机关依照前款规定处罚，对直接责任人员依法追究刑事责任。
23	《境外非政府组织境内管理法》第48条	境外非政府组织、境外非政府组织代表机构违反本法规定被撤销登记、吊销登记证书或者临时活动被取缔的，自被撤销、吊销、取缔之日起五年内，不得在中国境内再设立代表机构或者开展临时活动。 未登记代表机构或者临时活动未备案开展活动的境外非政府组织，自活动被取缔之日起五年内，不得在中国境内再设立代表机构或者开展临时活动。 有本法第四十七条规定情形之一的境外非政府组织，国务院公安部门可以将其列入不受欢迎的名单，不得在中国境内再设立代表机构或者开展临时活动。
24	《境外非政府组织境内管理法》第49条	境外非政府组织代表机构被责令限期停止活动的，由登记管理机关封存其登记证书、印章和财务凭证。对被撤销登记、吊销登记证书的，由登记管理机关收缴其登记证书、印章并公告作废。
25	《境外非政府组织境内管理法》第50条	境外人员违反本法规定的，有关机关可以依法限期出境、遣送出境或者驱逐出境。

续表

序号	法律依据	法律具体规定
26	《网络安全法》第59条	网络运营者不履行本法第二十一条、第二十五条规定的网络安全保护义务的，由有关主管部门责令改正，给予警告；拒不改正或者导致危害网络安全等后果的，处一万元以上十万元以下罚款，对直接负责的主管人员处五千元以上五万元以下罚款。 关键信息基础设施的运营者不履行本法第三十三条、第三十四条、第三十六条、第三十八条规定的网络安全保护义务的，由有关主管部门责令改正，给予警告；拒不改正或者导致危害网络安全等后果的，处十万元以上一百万元以下罚款，对直接负责的主管人员处一万元以上十万元以下罚款。
27	《网络安全法》第60条	违反本法第二十二条第一款、第二款和第四十八条第一款规定，有下列行为之一的，由有关主管部门责令改正，给予警告；拒不改正或者导致危害网络安全等后果的，处五万元以上五十万元以下罚款，对直接负责的主管人员处一万元以上十万元以下罚款： （一）设置恶意程序的； （二）对其产品、服务存在的安全缺陷、漏洞等风险未立即采取补救措施，或者未按照规定及时告知用户并向有关主管部门报告的； （三）擅自终止为其产品、服务提供安全维护的。
28	《网络安全法》第61条	网络运营者违反本法第二十四条第一款规定，未要求用户提供真实身份信息，或者对不提供真实身份信息的用户提供相关服务的，由有关主管部门责令改正；拒不改正或者情节严重的，处五万元以上五十万元以下罚款，并可以由有关主管部门责令暂停相关业务、停业整顿、关闭网站、吊销相关业务许可证或者吊销营业执照，对直接负责的主管人员和其他直接责任人员处一万元以上十万元以下罚款。
29	《网络安全法》第62条	违反本法第二十六条规定，开展网络安全认证、检测、风险评估等活动，或者向社会发布系统漏洞、计算机病毒、网络攻击、网络侵入等网络安全信息的，由有关主管部门责令改正，给予警告；拒不改正或者情节严重的，处一万元以上十万元以下罚款，并可以由有关主管部门责令暂停相关业务、停业整顿、关闭网站、吊销相关业务许可证或者吊销营业执照，对直接负责的主管人员和其他直接责任人员处五千元以上五万元以下罚款。

续表

序号	法律依据	法律具体规定
30	《网络安全法》第63条	违反本法第二十七条规定，从事危害网络安全的活动，或者提供专门用于从事危害网络安全活动的程序、工具，或者为他人从事危害网络安全的活动提供技术支持、广告推广、支付结算等帮助，尚不构成犯罪的，由公安机关没收违法所得，处五日以下拘留，可以并处五万元以上五十万元以下罚款；情节较重的，处五日以上十五日以下拘留，可以并处十万元以上一百万元以下罚款。 单位有前款行为的，由公安机关没收违法所得，处十万元以上一百万元以下罚款，并对直接负责的主管人员和其他直接责任人员依照前款规定处罚。 违反本法第二十七条规定，受到治安管理处罚的人员，五年内不得从事网络安全管理和网络运营关键岗位的工作；受到刑事处罚的人员，终身不得从事网络安全管理和网络运营关键岗位的工作。
31	《网络安全法》第64条	网络运营者、网络产品或者服务的提供者违反本法第二十二条第三款、第四十一条至第四十三条规定，侵害个人信息依法得到保护的权利的，由有关主管部门责令改正，可以根据情节单处或者并处警告、没收违法所得、处违法所得一倍以上十倍以下罚款，没有违法所得的，处一百万元以下罚款，对直接负责的主管人员和其他直接责任人员处一万元以上十万元以下罚款；情节严重的，并可以责令暂停相关业务、停业整顿、关闭网站、吊销相关业务许可证或者吊销营业执照。 违反本法第四十四条规定，窃取或者以其他非法方式获取、非法出售或者非法向他人提供个人信息，尚不构成犯罪的，由公安机关没收违法所得，并处违法所得一倍以上十倍以下罚款，没有违法所得的，处一百万元以下罚款。
32	《网络安全法》第65条	关键信息基础设施的运营者违反本法第三十五条规定，使用未经安全审查或者安全审查未通过的网络产品或者服务的，由有关主管部门责令停止使用，处采购金额一倍以上十倍以下罚款；对直接负责的主管人员和其他直接责任人员处一万元以上十万元以下罚款。
33	《网络安全法》第66条	关键信息基础设施的运营者违反本法第三十七条规定，在境外存储网络数据，或者向境外提供网络数据的，由有关主管部门责令改正，给予警告，没收违法所得，处五万元以上五十万元以下罚款，并可以责令暂停相关业务、停业整顿、关闭网站、吊销相关业务许可证或者吊销营业执照；对直接负责的主管人员和其他直接责任人员处一万元以上十万元以下罚款。

续表

序号	法律依据	法律具体规定
34	《网络安全法》第 67 条	违反本法第四十六条规定，设立用于实施违法犯罪活动的网站、通讯群组，或者利用网络发布涉及实施违法犯罪活动的信息，尚不构成犯罪的，由公安机关处五日以下拘留，可以并处一万元以上十万元以下罚款；情节较重的，处五日以上十五日以下拘留，可以并处五万元以上五十万元以下罚款。关闭用于实施违法犯罪活动的网站、通讯群组。 单位有前款行为的，由公安机关处十万元以上五十万元以下罚款，并对直接负责的主管人员和其他直接责任人员依照前款规定处罚。
35	《网络安全法》第 68 条	网络运营者违反本法第四十七条规定，对法律、行政法规禁止发布或者传输的信息未停止传输、采取消除等处置措施、保存有关记录的，由有关主管部门责令改正，给予警告，没收违法所得；拒不改正或者情节严重的，处十万元以上五十万元以下罚款，并可以责令暂停相关业务、停业整顿、关闭网站、吊销相关业务许可证或者吊销营业执照，对直接负责的主管人员和其他直接责任人员处一万元以上十万元以下罚款。 电子信息发送服务提供者、应用软件下载服务提供者，不履行本法第四十八条第二款规定的安全管理义务的，依照前款规定处罚。
36	《网络安全法》第 69 条	网络运营者违反本法规定，有下列行为之一的，由有关主管部门责令改正；拒不改正或者情节严重的，处五万元以上五十万元以下罚款，对直接负责的主管人员和其他直接责任人员，处一万元以上十万元以下罚款： （一）不按照有关部门的要求对法律、行政法规禁止发布或者传输的信息，采取停止传输、消除等处置措施的； （二）拒绝、阻碍有关部门依法实施的监督检查的； （三）拒不向公安机关、国家安全机关提供技术支持和协助的。
37	《国家情报法》第 28 条	违反本法规定，阻碍国家情报工作机构及其工作人员依法开展情报工作的，由国家情报工作机构建议相关单位给予处分或者由国家安全机关、公安机关处警告或者十五日以下拘留；构成犯罪的，依法追究刑事责任。
38	《国家情报法》第 29 条	泄露与国家情报工作有关的国家秘密的，由国家情报工作机构建议相关单位给予处分或者由国家安全机关、公安机关处警告或者十五日以下拘留；构成犯罪的，依法追究刑事责任。

续表

序号	法律依据	法律具体规定
39	《出境入境管理法》第59条	对涉嫌违反出境入境管理的人员，可以当场盘问；经当场盘问，有下列情形之一的，可以依法继续盘问： （一）有非法出境入境嫌疑的； （二）有协助他人非法出境入境嫌疑的； （三）外国人有非法居留、非法就业嫌疑的； （四）有危害国家安全和利益，破坏社会公共秩序或者从事其他违法犯罪活动嫌疑的。 当场盘问和继续盘问应当依据《中华人民共和国人民警察法》规定的程序进行。 县级以上地方人民政府公安机关或者出入境边防检查机关需要传唤涉嫌违反出境入境管理的人员的，依照《中华人民共和国治安管理处罚法》的有关规定执行。
40	《出境入境管理法》第60条	外国人有本法第五十九条第一款规定情形之一的，经当场盘问或者继续盘问后仍不能排除嫌疑，需要作进一步调查的，可以拘留审查。 实施拘留审查，应当出示拘留审查决定书，并在二十四小时内进行询问。发现不应当拘留审查的，应当立即解除拘留审查。 拘留审查的期限不得超过三十日；案情复杂的，经上一级地方人民政府公安机关或者出入境边防检查机关批准可以延长至六十日。对国籍、身份不明的外国人，拘留审查期限自查清其国籍、身份之日起计算。
41	《出境入境管理法》第62条	外国人有下列情形之一的，可以遣送出境： （一）被处限期出境，未在规定期限内离境的； （二）有不准入境情形的； （三）非法居留、非法就业的； （四）违反本法或者其他法律、行政法规需要遣送出境的。 其他境外人员有前款所列情形之一的，可以依法遣送出境。 被遣送出境的人员，自被遣送出境之日起一至五年内不准入境。
42	《出境入境管理法》第70条	本章规定的行政处罚，除本章另有规定外，由县级以上地方人民政府公安机关或者出入境边防检查机关决定；其中警告或者五千元以下罚款，可以由县级以上地方人民政府公安机关出入境管理机构决定。

续表

序号	法律依据	法律具体规定
43	《出境入境管理法》第71条	有下列行为之一的,处一千元以上五千元以下罚款;情节严重的,处五日以上十日以下拘留,可以并处二千元以上一万元以下罚款: (一)持用伪造、变造、骗取的出境入境证件出境入境的; (二)冒用他人出境入境证件出境入境的; (三)逃避出境入境边防检查的; (四)以其他方式非法出境入境的。
44	《出境入境管理法》第72条	协助他人非法出境入境的,处二千元以上一万元以下罚款;情节严重的,处十日以上十五日以下拘留,并处五千元以上二万元以下罚款,有违法所得的,没收违法所得。 单位有前款行为的,处一万元以上五万元以下罚款,有违法所得的,没收违法所得,并对其直接负责的主管人员和其他直接责任人员依照前款规定予以处罚。
45	《出境入境管理法》第73条	弄虚作假骗取签证、停留居留证件等出境入境证件的,处二千元以上五千元以下罚款;情节严重的,处十日以上十五日以下拘留,并处五千元以上二万元以下罚款。 单位有前款行为的,处一万元以上五万元以下罚款,并对其直接负责的主管人员和其他直接责任人员依照前款规定予以处罚。
46	《出境入境管理法》第74条	违反本法规定,为外国人出具邀请函件或者其他申请材料的,处五千元以上一万元以下罚款,有违法所得的,没收违法所得,并责令其承担所邀请外国人的出境费用。 单位有前款行为的,处一万元以上五万元以下罚款,有违法所得的,没收违法所得,并责令其承担所邀请外国人的出境费用,对其直接负责的主管人员和其他直接责任人员依照前款规定予以处罚。
47	《出境入境管理法》第75条	中国公民出境后非法前往其他国家或者地区被遣返的,出入境边防检查机关应当收缴其出境入境证件,出境入境证件签发机关自其被遣返之日起六个月至三年以内不予签发出境入境证件。

续表

序号	法律依据	法律具体规定
48	《出境入境管理法》第76条	有下列情形之一的,给予警告,可以并处二千元以下罚款: (一)外国人拒不接受公安机关查验其出境入境证件的; (二)外国人拒不交验居留证件的; (三)未按照规定办理外国人出生登记、死亡申报的; (四)外国人居留证件登记事项发生变更,未按照规定办理变更的; (五)在中国境内的外国人冒用他人出境入境证件的; (六)未按照本法第三十九条第二款规定办理登记的。 旅馆未按照规定办理外国人住宿登记的,依照《中华人民共和国治安管理处罚法》的有关规定予以处罚;未按照规定向公安机关报送外国人住宿登记信息的,给予警告;情节严重的,处一千元以上五千元以下罚款。
49	《出境入境管理法》第77条	外国人未经批准,擅自进入限制外国人进入的区域,责令立即离开;情节严重的,处五日以上十日以下拘留。对外国人非法获取的文字记录、音像资料、电子数据和其他物品,予以收缴或者销毁,所用工具予以收缴。 外国人、外国机构违反本法规定,拒不执行公安机关、国家安全机关限期迁离决定的,给予警告并强制迁离;情节严重的,对有关责任人员处五日以上十五日以下拘留。
50	《出境入境管理法》第78条	外国人非法居留的,给予警告;情节严重的,处每非法居留一日五百元,总额不超过一万元的罚款或者五日以上十五日以下拘留。 因监护人或者其他负有监护责任的人未尽到监护义务,致使未满十六周岁的外国人非法居留的,对监护人或者其他负有监护责任的人给予警告,可以并处一千元以下罚款。
51	《出境入境管理法》第79条	容留、藏匿非法入境、非法居留的外国人,协助非法入境、非法居留的外国人逃避检查,或者为非法居留的外国人违法提供出境入境证件的,处二千元以上一万元以下罚款;情节严重的,处五日以上十五日以下拘留,并处五千元以上二万元以下罚款,有违法所得的,没收违法所得。 单位有前款行为的,处一万元以上五万元以下罚款,有违法所得的,没收违法所得,并对其直接负责的主管人员和其他直接责任人员依照前款规定予以处罚。

续表

序号	法律依据	法律具体规定
52	《出境入境管理法》第80条	外国人非法就业的，处五千元以上二万元以下罚款；情节严重的，处五日以上十五日以下拘留，并处五千元以上二万元以下罚款。 介绍外国人非法就业的，对个人处每非法介绍一人五千元，总额不超过五万元的罚款；对单位处每非法介绍一人五千元，总额不超过十万元的罚款；有违法所得的，没收违法所得。 非法聘用外国人的，处每非法聘用一人一万元，总额不超过十万元的罚款；有违法所得的，没收违法所得。
53	《出境入境管理法》第81条	外国人从事与停留居留事由不相符的活动，或者有其他违反中国法律、法规规定，不适宜在中国境内继续停留居留情形的，可以处限期出境。 外国人违反本法规定，情节严重，尚不构成犯罪的，公安部可以处驱逐出境。公安部的处罚决定为最终决定。 被驱逐出境的外国人，自被驱逐出境之日起十年内不准入境。
54	《出境入境管理法》第82条	有下列情形之一的，给予警告，可以并处二千元以下罚款： （一）扰乱口岸限定区域管理秩序的； （二）外国船员及其随行家属未办理临时入境手续登陆的； （三）未办理登轮证件上下外国船舶的。 违反前款第一项规定，情节严重的，可以并处五日以上十日以下拘留。
55	《出境入境管理法》第83条	交通运输工具有下列情形之一的，对其负责人处五千元以上五万元以下罚款： （一）未经查验准许擅自出境入境或者未经批准擅自改变出境入境口岸的； （二）未按照规定如实申报员工、旅客、货物或者物品等信息，或者拒绝协助出境入境边防检查的； （三）违反出境入境边防检查规定上下人员、装卸货物或者物品的。 出境入境交通运输工具载运不准出境入境人员出境入境的，处每载运一人五千元以上一万元以下罚款。交通运输工具负责人证明其已经采取合理预防措施的，可以减轻或者免予处罚。

续表

序号	法律依据	法律具体规定
56	《出境入境管理法》第84条	交通运输工具有下列情形之一的,对其负责人处二千元以上二万元以下罚款: (一)中国或者外国船舶未经批准擅自搭靠外国船舶的; (二)外国船舶、航空器在中国境内未按照规定的路线、航线行驶的; (三)出境入境的船舶、航空器违反规定驶入对外开放口岸以外地区的。

第三节 刑事法律责任

国家安全刑事法律责任的规定主要见于我国《刑法》分则第一章,具体责任规定可归纳如下:

一、危害国家、颠覆政权的犯罪

(一)背叛国家罪

背叛国家罪,是指勾结外国或与境外机构、组织、个人相勾结,危害中华人民共和国的主权、领土完整和安全的行为。"境外机构、组织",包括境外机构、组织在中华人民共和国境内设立的分支(代表)机构和分支组织;"境外个人"包括居住在中华人民共和国境内不具有中华人民共和国国籍的人。"勾结"外国实施危害中华人民共和国的主权、领土完整和安全的行为,是指与外国或境外机构、组织、人员共同策划或者进行危害中华人民共和国的主权、领土完整和安全的活动;接受外国或境外机构、组织、人员资助或者指使,进行危害中华人民共和国的主权、领土完整和安全的活动;与外国或境外机构、组织、人员建立联系,取得支持、帮助,进行危害中华人民共和国的主权、领土完整与安全的活动。

《刑法》第102条规定,犯背叛国家罪的,处无期徒刑或者10年以上有期徒刑。根据《刑法》第113条的规定,犯背叛国家罪,对国家和人民危害特别严重、情节特别恶劣的,可以判处死刑;犯危害国家安全罪的,可以并处没收财产。《刑法》第56条规定,犯危害国家安全罪的,应当附加剥夺政治权利。

(二)分裂国家罪

分裂国家罪,是指组织、策划、实施分裂国家、破坏国家统一的行为。组织、策划、实施分裂国家、破坏国家统一,是指就另立伪政府实行地方割据拒绝中央政府的领导,或者制造民族分裂、破坏国家统一的事项进行组织、密谋策划或者具体实施。组织和利用邪教组织,组织、策划、实施分裂国家、破坏国家统一活动的,成立本罪。只要实施了组织、策划、实施行为之一,即构成本罪既遂。[11] 犯分裂国家罪的,根据《刑法》第 103 条第 1 款、第 113 条、第 56 条的规定处罚;根据《刑法》第 106 条的规定,与境外机构、组织、个人相勾结犯本罪的,从重处罚。

(三)煽动分裂国家罪

煽动分裂国家罪,是指煽动分裂国家,破坏国家统一的行为。本罪的"煽动",是指为了实现分裂国家、破坏国家统一的犯罪,而对不特定人或者多数人实施的,使其产生分裂国家的犯罪决意,或者刺激、助长其已产生的分裂国家的犯罪决意的行为。煽动行为包括口头、书面与其他方式(如利用信息网络煽动),煽动内容必须能够为不特定或者多数人所知悉;被煽动者是否实施分裂国家、破坏国家统一的行为不影响本罪的成立。明知出版物中载有煽动分裂国家、破坏国家统一的内容,而予以出版、印刷、复制、发行、传播的,成立本罪;组织和利用邪教组织,煽动分裂国家、破坏国家统一的,以及利用突发传染病疫情等灾害,制造、传播谣言,煽动分裂国家、破坏国家统一的,构成本罪。犯煽动分裂国家罪的,根据《刑法》第 103 条第 2 款、第 106 条、第 113 条和第 56 条的规定处罚。

案　例　尔力煽动分裂国家案[12]

尔力·艾合提,东北师范大学数学学院 2010 级学生。2013 年 3 月至 7 月间,伙同肖克热提·赛卖提拉拢、串联吉林大学、东北师范大学、长春师范大学等院校新疆籍维吾尔族学生艾某某、麦某某等人,以校外的两间出租屋为据点,对艾某某等学生灌输"圣战"思想,大肆宣扬"圣战"是正确的道路,维吾尔族大学生要出国参加"圣战",取得经验后回国在新疆组织"圣战",把新疆从

[11]　参见张明楷:《刑法学》(第 5 版),法律出版社 2016 年版,第 681 页。

[12]　吉林省高级人民法院刑事裁定书(2014)吉刑经终字第 23 号。

中国分裂出去,建立“东突厥斯坦伊斯兰国”等分裂国家的言论,煽动他人实施分裂国家的行为。长春市中级人民法院审理认定,尔力·艾合提犯煽动分裂国家罪,判处有期徒刑八年,剥夺政治权力四年。吉林高院二审,驳回上诉,维持原判。

(四)武装叛乱、暴乱罪

武装叛乱、暴乱罪,是指组织策划、实施武装叛乱、武装暴乱的行为。“实施”,是指直接实施武装叛乱或者武装暴乱的行为。“组织、策划”,不仅包括负责组织武装叛乱、武装暴乱成员,领导、指挥他人进行武装叛乱、武装暴乱的行为,而包括策动胁迫、勾引、收买他人进行武装叛乱、武装暴乱的行为。策动,是指利用某种事件、某种观念鼓动、煽动他人进行武装叛乱或武装暴乱;胁迫,是指以使人产生恐惧心理的方注,迫使他人进行武装叛乱或武装暴乱;勾引,是指利用名利、地位、情色等引诱他人进行武装叛乱或武装暴乱;收买,是指利用金钱、物资等收买他人进行武装叛乱或武装暴乱。武装叛乱与武装暴乱,都是以武装或暴力方式及较大规模形式实施的危害国家安全的破坏行为,区别在于叛乱具有叛变或投奔境外的性质,而暴乱则是在境内实施的烧杀抢夺等破坏行为。犯武装叛乱、暴乱罪的,根据《刑法》第 104 条、第 106 条、第 113 条和第 56 条的规定处罚。

(五)颠覆国家政权罪

颠覆国家政权罪,是指组织策划、实施颠覆国家政权、推翻社会主义制度的行为。颠覆国家政权、推翻社会主义制度,是指采取暴力等不法手段使国家政权、社会主义制度覆灭。组织和利用邪教组织,组织、策划、实施颠覆国家政权、推翻社会主义制度活动的,成立本罪。犯本罪的,根据《刑法》第 105 条第 1 款、第 106 条、第 113 条和第 56 条的规定处罚。

(六)煽动颠覆国家政权罪

煽动颠覆国家政权罪,是指以造谣、诽谤或者其他方式煽动颠覆国家政权、推翻社会主义制度的行为。造谣、诽谤是指编造、捏造歪曲、损害、诋毁、污蔑国家政权与社会主义制度的事实;其他方式,是指除造谣、诽谤以外的方式。行为人所采取的各种方式,都旨在鼓动不特定人或多数人颠覆国家政权、推翻社会主义制度。明知出版物中载有煽动颠覆国家政权、推翻社会主义制度的内容,而予以出版、印刷、复制、发行、传播的,或者利用互联网煽动颠覆国家政权推翻社会主义制度的,以本罪论处。组织和利用邪教组织,煽动颠覆国家政权、推翻社会主义制度的，构成本罪。犯本罪的，根据《刑法》第 105 条第 2 款、第 106 条、第 113 条和第 56 条的规定处罚。

（七）资助危害国家安全犯罪活动罪

资助危害国家安全犯罪活动罪，是指境内外机构、组织、个人资助实施背叛国家罪，分裂国家罪，煽动分裂国家罪，武装叛乱、暴乱罪，颠覆国家政权罪，煽动颠覆国家政权罪的行为。本罪的构成要件行为是资助危害国家安全犯罪活动的行为。资助，是指向有特定的危害国家安全犯罪行为的组织或者个人提供经费、场所和物资，向犯罪组织、个人提供用于进行危害国家安全活动的经费、场所和物资。资助方式没有限制；资助时间没有限定，在犯罪组织或个人实施上述特定犯罪之前、之中、之后进行资助的，都成立本罪。如果境内外机构、组织或者个人的行为超出了资助的范围，与犯罪组织或者个人共同故意组织、策划、实施《刑法》第 102 条至第 105 条规定的上述犯罪的，应以上述犯罪的共犯论处。本罪的责任形式为故意，要求行为人认识到他人即将实施、正在实施或者已经实施了上述特定的危害国家安全犯罪行为。犯资助危害国家安全犯罪活动罪的，根据《刑法》第 107 条、第 113 条和第 56 条的规定处罚。

二、叛变、叛逃的犯罪

（一）投敌叛变罪

投敌叛变罪，是指中国公民投奔敌人营垒进行危害国家安全的活动，或者在被敌人捕俘后投降敌人进行危害国家安全活动的行为。

行为主体必须是中国公民。构成要件行为表现为投敌叛变，主要有两种情况：一是投奔敌人营垒，为敌人效劳，进行危害国家安全的活动；二是被敌人捕俘后屈膝投降，进行危害国家安全的活动。行为人既可能是主动投敌叛变，也可能是在他人策动、勾引、收买下投敌叛变。行为主体必须具有危害国家安全的故意，不具有这种故意投奔敌人占领区域而偷越国（边）境，没有实施危害国家安全活动的，不能认定为投敌叛变罪。犯投敌叛变罪的，根据《刑法》第 108 条、第 113 条和第 56 条的规定处罚。

（二）叛逃罪

叛逃罪，是指国家机关工作人员在履行公务期间，擅离岗位，叛逃境外或者在境外叛逃的行为，以及掌握国家秘密的国家工作人员，叛逃境外或者在境外叛逃的行为。国家机关工作人员构成本罪的，要求在履行公务期间，擅离岗位，叛逃境外或者在境外叛逃。(1)必须在履行公务期间叛逃。(2)必须是擅离岗位叛逃；没有离开自己工作岗位的，不可能成为叛逃行为。(3)必须有叛逃行为，包括两种方式：一是在境内履行公务期间叛逃至境外；二是在境外履行公务期间叛逃。掌握国家秘密的国家工作人员构成本罪的，只需要有叛逃境外或者在境外叛逃的行为。犯叛逃罪的，根据《刑法》第109条、第113条和第56条的规定处罚。

三、间谍、资敌的犯罪

(一)间谍罪

间谍罪，是指参加间谍组织，接受间谍组织及其代理人的任务，或者为敌人指示轰击目标，危害国家安全的行为。

本罪构成要件包括三种危害国家安全的行为：一是参加间谍组织充当间谍。二是接受间谍组织及其代理人的任务，在我国进行间谍活动。间谍组织代理人，是指受间谍组织或者其成员的指使、委托、资助，进行或者授意、指使他人进行危害中华人民共和国国家安全活动的人。三是为敌人指示轰击目标。实施上述三种行为之一，危害国家安全的，即构成本罪，同时实施这三种行为的，也不实行并罚。本罪只能由故意构成，故意的认识内容因行为方式不同而不完全相同：参加间谍组织的，必须明知是间谍组织而参加；接受间谍任务的，必须明知是间谍组织或其代理人派遣的任务而接受；指示轰击目标的，必须明知对方是敌人而向其指示轰击目标。

犯间谍罪，根据《刑法》第110条、第113条和第56条的规定处罚。根据《反间谍法》第27条第2款、第28条的规定，实施间谍行为，有自首或者立功表现的，可以从轻、减轻或者免除处罚；有重大立功表现的，给予奖励。在境外受胁迫或者受诱骗参加敌对组织、间谍组织，从事危害中华人民共和国国家安全的活动，及时向中华人民共和国驻外机构如实说明情况，或者入境后直接或者通过所在单位及时向国家安全机关、公安机关如实说明情况，并有悔改表现的，可以不予追究。

(二)为境外窃取、刺探、收买、非法提供国家秘密、情报罪

本罪是指为境外的机构、组织或者个人窃取、刺探、收买、非法提供国家秘密或者情报的行为。本罪构成要件的内容是，为境外的机构、组织或者个人窃取、刺探、收买、非法提供国家秘密或者情报。

1. 必须是为境外的机构、组织、个人窃取、刺探、收买、非法提供国家秘密或者情报。境外机构、组织、个人的性质没有限定,即境外机构、组织与个人是否与我国为敌,并不影响本罪的成立,但宜限定为境外企图搜集我国国家秘密与情报的机构、组织与个人。此外,为境内的机构、组织、个人或出于其他目的窃取、刺探、收买国家秘密或者情报后,非法提供给境外机构、组织或者个人的,仍然成立为境外非法提供国家秘密、情报罪。

2. 行为表现为四种方式:窃取,是指通过盗取文件或者使用计算机、电磁波、照相机等方式取得国家秘密或者情报(抢劫、抢夺国家秘密或者情报的行为,也符合窃取的基本要求);刺探,是指使用探听、侦察、搜集、骗取等方式获取国家秘密或者情报;收买,是指利用金钱、物质或其他利益换取国家秘密或者情报;非法提供,是指违反法律规定,直接或者间接地使境外机构、组织或者个人知悉国家秘密情报的内容,通过互联网将国家秘密或者情报非法发送给境外的机构、组织、个人的,属于非法提供。前三种行为以实际获得国家秘密或者情报为既遂标准;后一种行为以将国家秘密或者情报提供给境外机构、组织、人员为既遂标准。

3. 行为对象是国家秘密或者情报。国家秘密,是指关系国家安全和利益,依照法定程序确定,在一定时间内只限一定范围的人员知悉的事项。详言之,涉及国家安全和利益且泄露后可能损害国家在政治、经济、国防、外交等领域的安全和利益的下列事项属于国家秘密:国家事务重大决策中的秘密事项、国防建设和武装力量活动中的秘密事项、外交和外事活动中的秘密事项以及对外承担保密义务的秘密事项、国民经济和社会发展中的秘密事项;科学技术中的秘密事项、维护国家安全活动和追查刑事犯罪中的秘密事项、经国家保密行政管理部门确定的其他秘密事项。政党的秘密事项中符合上述条件的,属于国家秘密。国家秘密的密级分为绝密、机密、秘密三级。绝密级国家秘密是最重要的国家秘密,泄露会使国家安全和利益遭受特别严重的损害;机密级国家秘密是重要的国家秘密,泄露会使国家安全和利益遭受严重的损害;秘密级国家秘密是一般的国家秘密,泄露会使国家安全和利益遭受损害。

4. 本罪的责任形式为故意,即明知是国家秘密或者情报,而为境外机构、组织、个人窃取、刺探、收买或者非法提供。相对于窃取、刺探、收买行为而言,"为境外机构、组织、个人"属于责任要素,即只要行为人为了提供给境外机构、组织、个人而窃取、刺探、收买国家秘密或者情报,即构成本罪。相对于非法提供行为而言,"为境外机构、组织、个人"属于构成要件要素,即只要行为人将国家秘密或者情报非法提供给境外机构、组织、个人,即构成本罪;当然,要求行为人明知对方为境外机构、组织、个人。

5. 根据《刑法》第111条、第113条和第56条的规定,犯本罪的,处5年以上10年以下有期徒刑;情节特别严重的,处10年以上有期徒刑或者无期徒刑;情节较轻的,处5年以下有期徒刑、拘役、管制或者剥夺政治权利;对国家和人民危害特别严重、情节特别恶劣的可以判处死刑。犯本罪的,可以并处没收财产,应当附加剥夺政治权利。

(三)资敌罪

资敌罪,是指战时供给敌人武器装备、军用物资资敌的行为。其中的"敌人"不是指个别的敌对分子,而是指敌对营垒或敌对的武装力量;资助的时间仅限于战时;资助的方法仅限于供给敌人武器装备、军用物资。责任形式为故意,即明知处于战时,明知对方为敌人,而故意供给武器装备、军用物资予以资助。犯资敌罪的,根据《刑法》第112条、第113条和第56条的规定处罚。

四、《刑法》分则第一章以外的危害国家安全犯罪行为的法律责任

《刑法》分则第一章是否能够囊括所有危害国家安全的犯罪行为?从刑法教义学和总体国家安全观出发,得出的答案可能会不尽相同。有学者认为,危害国家安全的犯罪与对国家法益的犯罪不是同等的概念,对国家法益的犯罪分为对国家存在的犯罪和对国家作用的犯罪,而危害国家安全的犯罪基本上只是对国家存在的犯罪。[13] 而按照总体国家安全观的要求,国家安全的范围涵盖了政治安全、国土安全、军事安全、经济安全、文化安全、社会安全、科技安全、信息安全、生态安全、资源安全、核安全等11大领域,基本上《刑法》分则各章均有涉及,而《刑法》分则第一章所关注的主要还是在政治安全领域。因此在未来如何将刑法教义学与总体国家安全观有效衔接,必定成为学界与实务界的一项重要任务所在。

课程阅读指南

进一步加深对危害国家安全行为法律责任的理解,可参阅:

邓超英等主编:《危害国家安全罪办案一本通》,长安出版社2007年版。

---

〔13〕 参见张明楷:《刑法学》(第5版),法律出版社2016年版,第680页。

吴庆荣:《国家安全行政法基本论》,时事出版社 2008 年版。
王世州等主编:《危害国家安全罪研究》,中国检察出版社 2015 年版。
赵秉志主编:《危害国家安全罪暨相关犯罪的法律适用》,中国法制出版社 2015 年版。
张明楷:《刑法学》(下)(第 5 版),法律出版社 2016 年版。

思考题

1. 实体法上危害国家安全的行为的确定如何与总体国家安全观相对接?
2. 国家安全法律责任的认定中如何界定刑事责任与行政责任?
3. 如何对危害国家安全犯罪行为的司法认定与判断?
4. 刑法和刑事诉讼法对危害国家安全的犯罪行为有哪些特殊规定? 为什么?

附　录

《中华人民共和国国家安全法》

（2015 年 7 月 1 日第十二届全国人民代表大会常务委员会第十五次会议通过　2015 年 7 月 1 日中华人民共和国主席令第 29 号公布　自公布之日起施行）

目　录

第一章　总　则

第一条　为了维护国家安全，保卫人民民主专政的政权和中国特色社会主义制度，保护人民的根本利益，保障改革开放和社会主义现代化建设的顺利进行，实现中华民族伟大复兴，根据宪法，制定本法。

第二条　国家安全是指国家政权、主权、统一和领土完整、人民福祉、经济社会可持续发展和国家其他重大利益相对处于没有危险和不受内外威胁的状态,以及保障持续安全状态的能力。

第三条 国家安全工作应当坚持总体国家安全观,以人民安全为宗旨,以政治安全为根本,以经济安全为基础,以军事、文化、社会安全为保障,以促进国际安全为依托,维护各领域国家安全,构建国家安全体系,走中国特色国家安全道路。

第四条 坚持中国共产党对国家安全工作的领导,建立集中统一、高效权威的国家安全领导体制。

第五条 中央国家安全领导机构负责国家安全工作的决策和议事协调,研究制定、指导实施国家安全战略和有关重大方针政策,统筹协调国家安全重大事项和重要工作,推动国家安全法治建设。

第六条 国家制定并不断完善国家安全战略,全面评估国际、国内安全形势,明确国家安全战略的指导方针、中长期目标、重点领域的国家安全政策、工作任务和措施。

第七条 维护国家安全,应当遵守宪法和法律,坚持社会主义法治原则,尊重和保障人权,依法保护公民的权利和自由。

第八条 维护国家安全,应当与经济社会发展相协调。

国家安全工作应当统筹内部安全和外部安全、国土安全和国民安全、传统安全和非传统安全、自身安全和共同安全。

第九条 维护国家安全,应当坚持预防为主、标本兼治,专门工作与群众路线相结合,充分发挥专门机关和其他有关机关维护国家安全的职能作用,广泛动员公民和组织,防范、制止和依法惩治危害国家安全的行为。

第十条 维护国家安全,应当坚持互信、互利、平等、协作,积极同外国政府和国际组织开展安全交流合作,履行国际安全义务,促进共同安全,维护世界和平。

第十一条 中华人民共和国公民、一切国家机关和武装力量、各政党和各人民团体、企业事业组织和其他社会组织,都有维护国家安全的责任和义务。

中国的主权和领土完整不容侵犯和分割。维护国家主权、统一和领土完整是包括港澳同胞和台湾同胞在内的全中国人民的共同义务。

第十二条 国家对在维护国家安全工作中作出突出贡献的个人和组织给予表彰和奖励。

第十三条 国家机关工作人员在国家安全工作和涉及国家安全活动中,滥用职权、玩忽职守、徇私舞弊的,依法追究法律责任。

任何个人和组织违反本法和有关法律,不履行维护国家安全义务或者从事危害国家安全活动的,依法追究法律责任。

第十四条 每年4月15日为全民国家安全教育日。

第二章 维护国家安全的任务

第十五条 国家坚持中国共产党的领导,维护中国特色社会主义制度,发展社会主义民主政治,健全社会主义法治,强化权力运行制约和监督机制,保障人民当家作主的各项权利。

国家防范、制止和依法惩治任何叛国、分裂国家、煽动叛乱、颠覆或者煽动颠覆人民民主专政政权的行为;防范、制止和依法惩治窃取、泄露国家秘密等危害国家安全的行为;防范、制止和依法惩治境外势力的渗透、破坏、颠覆、分裂活动。

第十六条 国家维护和发展最广大人民的根本利益,保卫人民安全,创造良好生存发展条件和安定工作生活环境,保障公民的生命财产安全和其他合法权益。

第十七条 国家加强边防、海防和空防建设,采取一切必要的防卫和管控措施,保卫领陆、内水、领海和领空安全,维护国家领土主权和海洋权益。

第十八条 国家加强武装力量革命化、现代化、正规化建设,建设与保卫国家安全和发展利益需要相适应的武装力量;实施积极防御军事战略方针,防备和抵御侵略,制止武装颠覆和分裂;开展国际军事安全合作,实施联合国维和、国际救援、海上护航和维护国家海外利益的军事行动,维护国家主权、安全、领土完整、发展利益和世界和平。

第十九条 国家维护国家基本经济制度和社会主义市场经济秩序,健全预防和化解经济安全风险的制度机制,保障关系国民经济命脉的重要行业和关键领域、重点产业、重大基础设施和重大建设项目以及其他重大经济利益安全。

第二十条 国家健全金融宏观审慎管理和金融风险防范、处置机制,加强金融基础设施和基础能力建设,防范和化解系统性、区域性金融风险,防范和抵御外部金融风险的冲击。

第二十一条 国家合理利用和保护资源能源,有效管控战略资源能源的开发,加强战略资源能源储备,完善资源能源运输战略通道建设和安全保护措施,加强国际资源能源合作,全面提升应急保障能力,保障经济社会发展所需的资源能源持续、可靠和有效供给。

第二十二条　国家健全粮食安全保障体系，保护和提高粮食综合生产能力，完善粮食储备制度、流通体系和市场调控机制，健全粮食安全预警制度，保障粮食供给和质量安全。

第二十三条　国家坚持社会主义先进文化前进方向，继承和弘扬中华民族优秀传统文化，培育和践行社会主义核心价值观，防范和抵制不良文化的影响，掌握意识形态领域主导权，增强文化整体实力和竞争力。

第二十四条　国家加强自主创新能力建设，加快发展自主可控的战略高新技术和重要领域核心关键技术，加强知识产权的运用、保护和科技保密能力建设，保障重大技术和工程的安全。

第二十五条　国家建设网络与信息安全保障体系，提升网络与信息安全保护能力，加强网络和信息技术的创新研究和开发应用，实现网络和信息核心技术、关键基础设施和重要领域信息系统及数据的安全可控；加强网络管理，防范、制止和依法惩治网络攻击、网络入侵、网络窃密、散布违法有害信息等网络违法犯罪行为，维护国家网络空间主权、安全和发展利益。

第二十六条　国家坚持和完善民族区域自治制度，巩固和发展平等团结互助和谐的社会主义民族关系。坚持各民族一律平等，加强民族交往、交流、交融，防范、制止和依法惩治民族分裂活动，维护国家统一、民族团结和社会和谐，实现各民族共同团结奋斗、共同繁荣发展。

第二十七条　国家依法保护公民宗教信仰自由和正常宗教活动，坚持宗教独立自主自办的原则，防范、制止和依法惩治利用宗教名义进行危害国家安全的违法犯罪活动，反对境外势力干涉境内宗教事务，维护正常宗教活动秩序。

国家依法取缔邪教组织，防范、制止和依法惩治邪教违法犯罪活动。

第二十八条　国家反对一切形式的恐怖主义和极端主义，加强防范和处置恐怖主义的能力建设，依法开展情报、调查、防范、处置以及资金监管等工作，依法取缔恐怖活动组织和严厉惩治暴力恐怖活动。

第二十九条　国家健全有效预防和化解社会矛盾的体制机制，健全公共安全体系，积极预防、减少和化解社会矛盾，妥善处置公共卫生、社会安全等影响国家安全和社会稳定的突发事件，促进社会和谐，维护公共安全和社会安定。

第三十条　国家完善生态环境保护制度体系，加大生态建设和环境保护力度，划定生态保护红线，强化生态风险的预警和防控，妥善处置突发环境事件，保障人民赖以生存发展的大气、水、土壤等自然环境和条件不受威胁和破坏，促进人与自然和谐发展。

第三十一条 国家坚持和平利用核能和核技术，加强国际合作，防止核扩散，完善防扩散机制，加强对核设施、核材料、核活动和核废料处置的安全管理、监管和保护，加强核事故应急体系和应急能力建设，防止、控制和消除核事故对公民生命健康和生态环境的危害，不断增强有效应对和防范核威胁、核攻击的能力。

第三十二条 国家坚持和平探索和利用外层空间、国际海底区域和极地，增强安全进出、科学考察、开发利用的能力，加强国际合作，维护我国在外层空间、国际海底区域和极地的活动、资产和其他利益的安全。

第三十三条 国家依法采取必要措施，保护海外中国公民、组织和机构的安全和正当权益，保护国家的海外利益不受威胁和侵害。

第三十四条 国家根据经济社会发展和国家发展利益的需要，不断完善维护国家安全的任务。

第三章 维护国家安全的职责

第三十五条 全国人民代表大会依照宪法规定，决定战争和和平的问题，行使宪法规定的涉及国家安全的其他职权。

全国人民代表大会常务委员会依照宪法规定，决定战争状态的宣布，决定全国总动员或者局部动员，决定全国或者个别省、自治区、直辖市进入紧急状态，行使宪法规定的和全国人民代表大会授予的涉及国家安全的其他职权。

第三十六条 中华人民共和国主席根据全国人民代表大会的决定和全国人民代表大会常务委员会的决定，宣布进入紧急状态，宣布战争状态，发布动员令，行使宪法规定的涉及国家安全的其他职权。

第三十七条 国务院根据宪法和法律，制定涉及国家安全的行政法规，规定有关行政措施，发布有关决定和命令；实施国家安全法律法规和政策；依照法律规定决定省、自治区、直辖市的范围内部分地区进入紧急状态；行使宪法法律规定的和全国人民代表大会及其常务委员会授予的涉及国家安全的其他职权。

第三十八条 中央军事委员会领导全国武装力量，决定军事战略和武装力量的作战方针，统一指挥维护国家安全的军事行动，制定涉及国家安全的军事法规,发布有关决定和命令。

第三十九条 中央国家机关各部门按照职责分工,贯彻执行国家安全方针政策和法律法规,管理指导本系统、本领域国家安全工作。

第四十条 地方各级人民代表大会和县级以上地方各级人民代表大会常务委员会在本行政区域内,保证国家安全法律法规的遵守和执行。

地方各级人民政府依照法律法规规定管理本行政区域内的国家安全工作。

香港特别行政区、澳门特别行政区应当履行维护国家安全的责任。

第四十一条 人民法院依照法律规定行使审判权,人民检察院依照法律规定行使检察权,惩治危害国家安全的犯罪。

第四十二条 国家安全机关、公安机关依法搜集涉及国家安全的情报信息,在国家安全工作中依法行使侦查、拘留、预审和执行逮捕以及法律规定的其他职权。

有关军事机关在国家安全工作中依法行使相关职权。

第四十三条 国家机关及其工作人员在履行职责时,应当贯彻维护国家安全的原则。

国家机关及其工作人员在国家安全工作和涉及国家安全活动中,应当严格依法履行职责,不得超越职权、滥用职权,不得侵犯个人和组织的合法权益。

第四章 国家安全制度

第一节 一 般 规 定

第四十四条 中央国家安全领导机构实行统分结合、协调高效的国家安全制度与工作机制。

第四十五条 国家建立国家安全重点领域工作协调机制,统筹协调中央有关职能部门推进相关工作。

第四十六条 国家建立国家安全工作督促检查和责任追究机制,确保国家安全战略和重大部署贯彻落实。

第四十七条 各部门、各地区应当采取有效措施,贯彻实施国家安全战略。

第四十八条 国家根据维护国家安全工作需要,建立跨部门会商工作机制,就维护国家安全工作的重大事项进行会商研判,提出意见和建议。

第四十九条 国家建立中央与地方之间、部门之间、军地之间以及地区之间关于国家安全的协同联动机制。

第五十条 国家建立国家安全决策咨询机制，组织专家和有关方面开展对国家安全形势的分析研判，推进国家安全的科学决策。

第二节 情报信息

第五十一条 国家健全统一归口、反应灵敏、准确高效、运转顺畅的情报信息收集、研判和使用制度，建立情报信息工作协调机制，实现情报信息的及时收集、准确研判、有效使用和共享。

第五十二条 国家安全机关、公安机关、有关军事机关根据职责分工，依法搜集涉及国家安全的情报信息。

国家机关各部门在履行职责过程中，对于获取的涉及国家安全的有关信息应当及时上报。

第五十三条 开展情报信息工作，应当充分运用现代科学技术手段，加强对情报信息的鉴别、筛选、综合和研判分析。

第五十四条 情报信息的报送应当及时、准确、客观，不得迟报、漏报、瞒报和谎报。

第三节 风险预防、评估和预警

第五十五条 国家制定完善应对各领域国家安全风险预案。

第五十六条 国家建立国家安全风险评估机制，定期开展各领域国家安全风险调查评估。

有关部门应当定期向中央国家安全领导机构提交国家安全风险评估报告。

第五十七条 国家健全国家安全风险监测预警制度，根据国家安全风险程度，及时发布相应风险预警。

第五十八条 对可能即将发生或者已经发生的危害国家安全的事件，县级以上地方人民政府及其有关主管部门应当立即按照规定向上一级人民政府及其有关主管部门报告，必要时可以越级上报。

第四节 审查监管

第五十九条 国家建立国家安全审查和监管的制度和机制，对影响或者可能影响国家安全的外商投资、特定物项和关键技术、网络信息技术产品和服务、涉及国家安全事项的建设项目,以及其他重大事项和活动,进行国家安全审查,有效预防和化解国家安全风险。

第六十条 中央国家机关各部门依照法律、行政法规行使国家安全审查职责,依法作出国家安全审查决定或者提出安全审查意见并监督执行。

第六十一条 省、自治区、直辖市依法负责本行政区域内有关国家安全审查和监管工作。

第五节 危 机 管 控

第六十二条 国家建立统一领导、协同联动、有序高效的国家安全危机管控制度。

第六十三条 发生危及国家安全的重大事件,中央有关部门和有关地方根据中央国家安全领导机构的统一部署,依法启动应急预案,采取管控处置措施。

第六十四条 发生危及国家安全的特别重大事件,需要进入紧急状态、战争状态或者进行全国总动员、局部动员的,由全国人民代表大会、全国人民代表大会常务委员会或者国务院依照宪法和有关法律规定的权限和程序决定。

第六十五条 国家决定进入紧急状态、战争状态或者实施国防动员后,履行国家安全危机管控职责的有关机关依照法律规定或者全国人民代表大会常务委员会规定,有权采取限制公民和组织权利、增加公民和组织义务的特别措施。

第六十六条 履行国家安全危机管控职责的有关机关依法采取处置国家安全危机的管控措施,应当与国家安全危机可能造成的危害的性质、程度和范围相适应;有多种措施可供选择的,应当选择有利于最大程度保护公民、组织权益的措施。

第六十七条 国家健全国家安全危机的信息报告和发布机制。

国家安全危机事件发生后,履行国家安全危机管控职责的有关机关,应当按照规定准确、及时报告,并依法将有关国家安全危机事件发生、发展、管控处置及善后情况统一向社会发布。

第六十八条 国家安全威胁和危害得到控制或者消除后,应当及时解除管控处置措施,做好善后工作。

第五章　国家安全保障

第六十九条　国家健全国家安全保障体系，增强维护国家安全的能力。

第七十条　国家健全国家安全法律制度体系，推动国家安全法治建设。

第七十一条　国家加大对国家安全各项建设的投入，保障国家安全工作所需经费和装备。

第七十二条　承担国家安全战略物资储备任务的单位，应当按照国家有关规定和标准对国家安全物资进行收储、保管和维护，定期调整更换，保证储备物资的使用效能和安全。

第七十三条　鼓励国家安全领域科技创新，发挥科技在维护国家安全中的作用。

第七十四条　国家采取必要措施，招录、培养和管理国家安全工作专门人才和特殊人才。

根据维护国家安全工作的需要，国家依法保护有关机关专门从事国家安全工作人员的身份和合法权益，加大人身保护和安置保障力度。

第七十五条　国家安全机关、公安机关、有关军事机关开展国家安全专门工作，可以依法采取必要手段和方式，有关部门和地方应当在职责范围内提供支持和配合。

第七十六条　国家加强国家安全新闻宣传和舆论引导，通过多种形式开展国家安全宣传教育活动，将国家安全教育纳入国民教育体系和公务员教育培训体系，增强全民国家安全意识。

第六章　公民、组织的义务和权利

第七十七条　公民和组织应当履行下列维护国家安全的义务：

（一）遵守宪法、法律法规关于国家安全的有关规定；

（二）及时报告危害国家安全活动的线索；

（三）如实提供所知悉的涉及危害国家安全活动的证据；

（四）为国家安全工作提供便利条件或者其他协助；

（五）向国家安全机关、公安机关和有关军事机关提供必要的支持和协助；

（六）保守所知悉的国家秘密；

（七）法律、行政法规规定的其他义务。

任何个人和组织不得有危害国家安全的行为，不得向危害国家安全的个人或者组织提供任何资助或者协助。

第七十八条　机关、人民团体、企业事业组织和其他社会组织应当对本单位的人员进行维护国家安全的教育，动员、组织本单位的人员防范、制止危害国家安全的行为。

第七十九条　企业事业组织根据国家安全工作的要求，应当配合有关部门采取相关安全措施。

第八十条　公民和组织支持、协助国家安全工作的行为受法律保护。

因支持、协助国家安全工作，本人或者其近亲属的人身安全面临危险的，可以向公安机关、国家安全机关请求予以保护。公安机关、国家安全机关应当会同有关部门依法采取保护措施。

第八十一条　公民和组织因支持、协助国家安全工作导致财产损失的，按照国家有关规定给予补偿；造成人身伤害或者死亡的，按照国家有关规定给予抚恤优待。

第八十二条　公民和组织对国家安全工作有向国家机关提出批评建议的权利，对国家机关及其工作人员在国家安全工作中的违法失职行为有提出申诉、控告和检举的权利。

第八十三条　在国家安全工作中，需要采取限制公民权利和自由的特别措施时，应当依法进行，并以维护国家安全的实际需要为限度。

第七章　附　　则

第八十四条　本法自公布之日起施行。